王毓莹　史智军　著

建设工程施工合同纠纷

疑难问题和裁判规则解析

ANALYSIS ON DIFFICULT PROBLEMS AND ADJUDICATION RULES OF Construction Contract Disputes

法律出版社 | LAW PRESS
北京

图书在版编目(CIP)数据

建设工程施工合同纠纷疑难问题和裁判规则解析 / 王毓莹，史智军著. -- 北京 ：法律出版社，2022(2024.1 重印)

ISBN 978 -7 -5197 -6982 -6

Ⅰ. ①建… Ⅱ. ①王… ②史… Ⅲ. ①建筑施工－合同纠纷－审判－研究－中国 Ⅳ. ①D923.65

中国版本图书馆 CIP 数据核字(2022)第 137273 号

建设工程施工合同纠纷疑难问题和裁判规则解析
JIANSHE GONGCHENG SHIGONG HETONG JIUFEN YINAN WENTI HE CAIPAN GUIZE JIEXI

王毓莹　史智军　著

策划编辑 李　群
责任编辑 董　昱　张红蕊　赵雪慧
装帧设计 汪奇峰

出版发行 法律出版社
编辑统筹 法规出版分社
责任校对 陶玉霞
责任印制 耿润瑜
经　　销 新华书店

开本 710 毫米×1000 毫米　1/16
印张 30　　**字数** 492 千
版本 2022 年 9 月第 1 版
印次 2024 年 1 月第 3 次印刷
印刷 北京金康利印刷有限公司

地址:北京市丰台区莲花池西里 7 号(100073)
网址:www. lawpress. com. cn
投稿邮箱:info@ lawpress. com. cn
举报盗版邮箱:jbwq@ lawpress. com. cn
销售电话:010 - 83938349
客服电话:010 - 83938350
咨询电话:010 - 63939796

书号:ISBN 978 - 7 - 5197 - 6982 - 6
定价:108. 00 元

凡购买本社图书,如有印装错误,我社负责退换。电话:010 - 83938349

序　言

长期以来，建设工程施工合同纠纷以其专业性强、疑难问题集中而出名，而要解决这些实务难点，离不开持续的积累、思考和分析。我一直致力于该领域的研究，并对越来越多的人加入这一领域的研究而感到欣喜。作为深耕这个领域的专业人士，毓莹教授和智军法官既有理论基础，又有实务经验，相信两位合作而成的这本专业著作对于实践问题的解决会提供一些有益参考。毓莹教授曾在最高人民法院从事近二十年的民商事审判工作，参与和见证了建工司法解释的起草、修改与完善的过程，到高校任教后也有得天独厚的条件，促使其更加系统、深入地研究、完善建工领域相关理论与实践问题。智军法官历经基层、中级人民法院的审判岗位，经验丰富、善于思考，是北京法院系统的司法实务研究专家，在建设工程领域形成了不少高质量的研究成果。就本书的内容而言，既坚持立足实践，体现出强烈的问题意识；又不忘探本溯源，寻求法理的支撑，殊为难得。具体来说，贯穿其中的四个特点令人印象深刻，也彰显出本书的独特之处。

第一，对诸多制度进行了脉络式梳理。很多问题的解决，不仅需要知其然，更需要知其所以然。本书作者对于实践中的困惑，并没有满足于提出问题、列明争议观点，而是更进一步、更深一点，对于这些问题的由来和所依附的制度进行了脉络式的梳理。比如，关于质量保证金，书中结合规范性文件和施工合同示范文本的演变，系统整理了质量保证金的发展脉络、交纳和保管的方式，在此基础上分析质量保证金的性质，其论证过程自然也会更加扎实。再如，企业资质等级的改革情况、传统“四证”的含义及流程关系、挂靠的历史演变和分布领域等章节，也都充分显示了作者对于制度由来的梳理功底。熟悉和掌握建筑行业的相关历史和发展现状，对于经常需要解决问题的法律人来说，不仅是一件好事，也是一件必要之事。

第二，对问题的思考深入细致。建设工程施工领域的很多问题由来已久，观点也不乏分歧，若要找到相对妥当的解决路径，需要在宽泛的视角下进行更深入的思考，本书在此方面也有较为充分体现。比如，对于违法分包行为，书中不仅梳理了行政和司法的各自标准，提出了司法层面的认定规则，更进一步分析了行政执法标准如何在司法中得以具体应用。还有，对于实践中已司空见惯的竣工日期、竣工验收合格之日、缺陷责任期和保修期起点计算等问题，也都提出了较为深刻的见解，为实务问题的解决提供了不同的参考视角。

第三，依赖的资料丰富广泛。“他山之石，可以攻玉。”充分了解已有的理论、实践成果，是展开更高质量研究、找到问题解决途径的基础。该书对于资料的参考、引用，不限于传统的书籍、期刊论文等内容，还搜集了大量的地方规范性文件，借鉴了自媒体、新媒体上刊登的高质量实务文章。另外，为了让形成的观点更有实用性，书中还引用了大量的典型案例进行佐证，从中可见其研究的基础颇为扎实。博采众家之长，辨识、分析进而形成了本书，其中的诸多见解会给阅读者带来全新的思考。

第四，写作形式具有鲜明的实务导向。除了内容涉及广泛之外，本书在形式上的新颖和实用性也值得一提。两位作者长期从事建设工程施工合同纠纷案件的审理，写作风格体现了很强的问题意识。在每一节的开头和结尾，作者都专门设置了“实务疑难问题”“裁判规则指引”两个栏目，前者结合实践现状，提炼出若干疑难问题；后者概括性地提炼出与问题相关的裁判规则。至于更为详细的分析过程，读者自然可在对应章节中逐字阅读，品茗论证过程和论据。对于阅读者来说，这种写作形式，简洁明了、重点突出，其实务参考价值不言而喻。

以上为序，将这本颇具匠心的著作推荐给施工合同纠纷领域的实务人士。期待在不断探讨的基础上，该领域形成越来越多的共识，为法律适用统一和建筑业的良性发展贡献更多积极的力量。

最高人民检察院检察委员会委员

最高人民检察院第六检察厅厅长

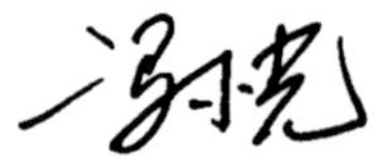

2022 年 7 月 1 日

凡　例

一、机构名称全称与简称对照

全　称	简　称
中华人民共和国住房和城乡建设部	住建部
中华人民共和国国家发展和改革委员会	发改委
中华人民共和国财政部	财政部
高级人民法院	高院
中级人民法院	中院

二、司法解释、规范性文件、示范合同文本全称与简称对照

全　称	简　称
《最高人民法院关于适用〈中华人民共和国民事诉讼法〉的解释》	《民事诉讼法解释》
《最高人民法院关于适用〈中华人民共和国民法典〉有关担保制度的解释》	《民法典担保制度解释》
《最高人民法院关于审理建设工程施工合同纠纷案件适用法律问题的解释（一）》	《新建设工程施工合同解释（一）》
《最高人民法院关于人民法院办理执行异议和复议案件若干问题的规定》	《执行异议和复议规定》
《最高人民法院关于审理买卖合同纠纷案件适用法律问题的解释》	《买卖合同纠纷解释》
《中华人民共和国标准施工招标文件》（2007 年版）	2007 版《标准施工招标文件》
《全国法院民商事审判工作会议纪要》	《民商事审判工作纪要》

续表

全　称	简　称
《建设项目工程总承包合同（示范文本）》（GF－2020－0216）	2020 版《总承包合同示范文本》
《建设工程施工合同（示范文本）》（GF－2017－0201）	2017 版《施工合同示范文本》

三、已废止的司法解释和合同示范文本全称与简称对照

全　称	简　称
《最高人民法院关于审理建设工程施工合同纠纷案件适用法律问题的解释》（已废止）	《建设工程施工合同解释》
《最高人民法院关于审理建设工程施工合同纠纷案件适用法律问题的解释（二）》（已废止）	《建设工程施工合同解释（二）》
《最高人民法院关于建设工程价款优先受偿权问题的批复》（已废止）	《优先受偿权问题批复》
《建设工程施工合同（示范文本）》（GF－1999－0201）（已废止）	1999 版《施工合同示范文本》
《建设工程施工合同（示范文本）》（GF－2013－0201）（已废止）	2013 版《施工合同示范文本》

目　录

第一章　建设工程概念、识别及管辖

第二章　施工合同效力

第三章 工程工期

第四章 工程竣工、质量与保修

第五章 工程价款结算

第六章 工程价款优先受偿权

附录

第一章

建设工程概念、识别及管辖

第一节　建设工程概念的梳理与辨析

实务疑难问题

1. 建设工程的内涵是什么？具体包括哪些？
2. 建设工程与建筑工程、土木工程、机电工程、市政基础设施工程之间是什么关系？
3. 《建筑法》[①] 和《建设工程质量管理条例》的规制对象是什么？

实践中，面对同一标的物，有的称之为“建设工程”，有的称之为“建筑工程”“土木工程”。这些概念之间是何种关系以及如何界定“建设工程”的内涵，是探究施工合同领域诸多裁判规则的基础。

一、法律、行政法规及规范性文件中的“建设工程”

（一）《建筑法》中的“建设工程”

《建筑法》第二条第二款规定：“本法所称建筑活动，是指各类房屋建筑及其附属设施的建造和与其配套的线路、管道、设备的安装活动。”

在立法机关的释义资料中，对该条涉及的“建筑活动”作如下表述：“广义的建筑活动，包括各种土木工程的建造活动及有关设施、设备的安装活动。既包括各类房屋建筑的建造活动，也包括铁路、公路、机场、港口、矿井、水库、通信线路等专业建筑工程的建造及其设备安装活动。在提交全国人大常委会审议的建筑法（草案）中，曾将适用本法的建筑活动，规定为是指土木建筑工程和建筑业范围内的线路、管道、设备安装工程的新建、扩建、改建及建筑装修装饰活动。这样规定，就将铁路、公路、机场、港口、矿井、

① 为便于阅读，书中的法规名称使用简称。

水库、通信线路等专业建设工程的建筑活动统统包括在建筑法的适用范围之内。立法机关在对草案进行审议时认为，草案规定的适用范围过宽。房屋建筑与铁路、公路、机场、港口、矿井、水库、通信线路等专业建筑工程的建造活动有较大的不同。专业工程建设也各有其主管部门，本法对各专业建设工程的建筑活动难以完全适用和解决对它们的监督管理问题。由于房屋建筑涉及千家万户和社会各个方面，实践中存在的问题也比较突出，本法的适用范围应当规定为适用于包括民用住宅、工业用房和作为公共活动场所的房屋建筑在内的各类房屋建筑及其附属设施的建造和与其配套的线路、管道、设备的安装活动。这样规定重点突出，针对性强，管理体制上也比较顺。至于铁路、公路、机场、港口、矿井、水库、通信线路等各项专业建筑工程的建筑活动，可以依照本法规定的有关原则，根据各专业建筑活动的特点，由国务院另行制定具体适用办法。”“经过反复认真的研究，全国人大法律委员会在向全国人大常委会提出的建筑法（草案修改稿）中，对草案的规定作了修改，将适用本法规定的建筑活动的范围限定为‘是指各类房屋建筑及其附属设施的建造和与其配套的线路、管道、设备的安装活动。’全国人大常委会同意法律委员会所作的修改。”①

从立法机关的上述背景资料中可知，《建筑法》的调整对象限定在了“房屋建筑”及其附属和配套设施，并不包含公路、机场等各种专业建筑活动，故其规制的是一种狭义层面的“建设工程”。至于何谓“房屋建筑及其附属设施”，立法机关在释义中进一步明确：“本条所称的各类‘房屋建筑’，是指具有顶盖、梁柱和墙壁，供人们生产、生活等使用的建筑物，包括民用住宅、厂房、仓库、办公楼、影剧院、体育馆、学校校舍等各类房屋。本条所说的‘附属设施’，是指与房屋建筑配套建造的围墙、水塔等附属的建筑设施。本条所说的‘配套的线路、管道、设备的安装活动’，是指与建筑配套的电气、通讯、煤气、给水、排水、空气调节、电梯、消防等线路、管道和设备的安

---

① 《中华人民共和国建筑法释义》，载中国人大网 2000 年 11 月 28 日，http：//www.npc.gov.cn/npc/c2173/200011/153a28871361445aa328ea3503a1baa8.shtml。

装活动。”①

至于与建筑物相关的装修装饰活动，是否属于《建筑法》调整的范围，则需要区分建筑过程中的装修和建筑完成后的装修，立法机关在释义中指出："如果是建筑过程中的装修，则属于建造活动的组成部分，适用本法规定，不必单独列出。对已建成的建筑进行装修，如果涉及建筑物的主体或承重结构变动，则应按照本法第四十九条的规定执行；不涉及主体或承重结构变动的装修，不属于本法调整范围。此外，对不包括建筑装修内容的建筑装饰活动，因其不涉及建筑物的安全性和基本使用功能，完全可以因使用者的爱好和审美情趣的不同而各有不同，不需要以法律强制规范，因此本法的调整范围不包括建筑装饰活动。”②

由上文可知，《建筑法》调整的领域以房屋建筑为核心，包括与之相伴随的附属设施及配套的线路、管道、设备的安装活动，但不包括公路、机场、通信线路等专业建设工程，也不包括建筑完成后不涉及主体或承重结构变动的装饰装修活动，故《建筑法》所界定的“建筑活动”只是建设工程中的部分内容。但需要关注的是，该法第八十一条的“扩大适用”：“本法关于施工许可、建筑施工企业资质审查和建筑工程发包、承包、禁止转包，以及建筑工程监理、建筑工程安全和质量管理的规定，适用于其他专业建筑工程的建筑活动，具体办法由国务院规定。”国务院依照《建筑法》的授权制定了《建设工程质量管理条例》，从更宽泛的意义上将各种工程统称为建设工程，其中包含了“建筑工程”这一子概念，且其将“建筑工程”的含义进一步明确为“房屋建筑工程”（详见下文），除此之外，并不存在“其他专业建筑工程”，故此，《建筑法》第八十一条中的“其他专业建筑工程”应当如何界定，不免会给实践造成一定困惑。

① 《中华人民共和国建筑法释义》，载中国人大网 2000 年 11 月 28 日，http：//www. npc. gov. cn/npc/c2173/200011/153a28871361445aa328ea3503a1baa8. shtml。

② 《中华人民共和国建筑法释义》，载中国人大网 2000 年 11 月 28 日，http：//www. npc. gov. cn/npc/c2173/200011/153a28871361445aa328ea3503a1baa8. shtml。

（二）《建设工程质量管理条例》中的“建设工程”

《建设工程质量管理条例》第二条中规定：“本条例所称建设工程，是指土木工程、建筑工程、线路管道和设备安装工程及装修工程。”

由此可见，该条例中的“建设工程”比《建筑法》中的“建筑活动”含义更广泛，其将“建筑活动”囊括其中。对于建设工程项下的具体内容，相关释义资料中记载：“这里所指的土木工程包括矿山、铁路、公路、隧道、桥梁、堤坝、电站、码头、飞机场、运动场、营造林、海洋平台等工程；建筑工程是指房屋建筑工程，即有顶盖、梁柱、墙壁、基础以及能够形成内部空间，满足人们生产、生活、公共活动的工程实体，包括厂房、剧院、旅馆、商店、学校、医院和住宅等工程；线路、管道和设备安装工程包括电力、通信线路、石油、燃气、给水、排水、供热等管道系统和各类机构设备、装置的安装活动；装修工程包括对建筑物内、外进行以美化、舒适化、增加使用功能为目的的工程建设活动。”①

由上文可知，《建设工程质量管理条例》对建设工程的界定采取了一种宽泛的视角，将其更具体地划分为四种类别：房屋建筑工程、土木工程、线路管道和设备安装工程、装修工程。

（三）其他规范性文件中的“建设工程”

其一，《建筑工程施工发包与承包违法行为认定查处管理办法》是行政部门查处工程领域发承包违法行为的重要依据，其第二条规定：“本办法所称建筑工程，是指房屋建筑和市政基础设施工程及其附属设施和与其配套的线路、管道、设备安装工程。”

与《建筑法》所表述的“建筑活动”相比，该办法使用了“建筑工程”；在范围上，比《建筑法》多了一个“市政基础设施工程”。

其二，《建筑工程施工发包与承包计价管理办法》是行政部门对发承包计

---

① 参见国务院法制办等编著：《建设工程质量管理条例释义》，中国城市出版社2000年版，第23页。

价等事宜进行指导的规范性文件，其第二条中规定："本办法所称建筑工程是指房屋建筑和市政基础设施工程。"

与上述《建筑工程施工发包与承包违法行为认定查处管理办法》相比，该规定中建筑工程的范围较窄，缺少了附属设施及配套的线路、管道、设备安装工程。

其三，《建筑业企业资质管理规定》是对建筑业企业准入资质进行管理的规范性文件。从主、客体对应范围上分析，建筑业企业所从事的范围应当是各类工程，故对该类企业的定义，同样影响着建设工程的概念理解。该规定第二条第二款中明确："本规定所称建筑业企业，是指从事土木工程、建筑工程、线路管道设备安装工程的新建、扩建、改建等施工活动的企业。"

由此可以看出，其对于建筑业企业的定义参照了《建设工程质量管理条例》的内容，但也存在一些区别，如上述范围没有包括装修工程。

其四，《建筑工程施工许可管理办法》第二条第一款规定："在中华人民共和国境内从事各类房屋建筑及其附属设施的建造、装修装饰和与其配套的线路、管道、设备的安装，以及城镇市政基础设施工程的施工，建设单位在开工前应当依照本办法的规定，向工程所在地的县级以上地方人民政府住房城乡建设主管部门（以下简称发证机关）申请领取施工许可证。"

工程开工之前申请领取施工许可证，是行政部门的监管方式之一。故此，何种工程需要领取施工许可证也是观察"建设工程"范围的一个窗口。规制许可证的上述办法名称为"建筑工程"的施工许可证，然其规制范围比《建筑法》所界定的建筑活动更加广泛，与《建筑工程施工发包与承包违法行为认定查处管理办法》第二条相似，但又多了装修装饰的内容。

其五，《建设工程安全生产管理条例》第二条第二款规定："本条例所称建设工程，是指土木工程、建筑工程、线路管道和设备安装工程及装修工程。"《建筑施工企业安全生产许可证管理规定》第二条第三款规定："本规定所称建筑施工企业，是指从事土木工程、建筑工程、线路管道和设备安装工程及装修工程的新建、扩建、改建和拆除等有关活动的企业。"《建设领域农民工工资支付管理暂行办法》第一条第二款规定："本办法所指建筑业企业，是指从事土木工程、建筑工程、线路管道设备安装工程、装修工程的新建、扩建、改建活动的企业。”

上述三份规范性文件，无论是对于建筑施工企业、建筑业企业还是建设工程的表述，虽词语上存在细微差别，但对于建设工程和建筑业企业从事范围的界定基本一致，都源自《建设工程质量管理条例》。

二、司法实务中的“建设工程”

客观而言，无论是《建设工程质量管理条例》还是相关司法解释，其所界定的客体范围都是“建设工程”，但《建筑法》和住建部等单位出台的一系列规范性文件中，界定的客体多为“建筑工程”，实务中，对上述两者内涵的认识模糊，在一定程度上也导致了概念使用层面的分歧，相关内容列举如下：

（一）专业建设工程是否属于《建筑法》调整的范围

有观点认为，专业建设工程不属于《建筑法》调整的范围，如有案例认为：“建筑法所规范的建筑活动是各类房屋建筑及其附属设施的建造和与其配套的线路、管道、设备的安装活动。本案所涉的风力发电项目建设工程不属于建筑法规范的工程范畴。泓基公司依据建筑法的规定要求电建公司对力新公司欠付爆破款及利息承担付款责任的诉求该院不予支持。”① 但也有观点认为专业建设工程属于《建筑法》调整范围，进而应当适用该法中关于转包、分包的强制性规定，如上述案例的二审法院认为，“华润公司与电建公司签订的《华润新能源平顶山舞钢祥龙风电场36MW项目土建及安装工程施工合同》系双方当事人真实意思表示，不违反法律、行政法规的强制性规定，应为有效合同。后电建公司与力新公司签订《工程施工合同》，将该工程转包给力新公司，违反《中华人民共和国建筑法》第二十八条关于‘禁止承包单位将其承包的全部建筑工程转包给他人，禁止承包单位将其承包的全部建筑工程肢解以后以分包的名义分别转包给他人’的规定”。

① 河南省平顶山市中级人民法院（2019）豫04民终2964号民事判决书。该观点为判决书中引用的一审法院观点，二审法院对此进行改判，详见下文。

（二）装饰装修是否属于《建筑法》调整的范围

有案例持肯定性观点，如“本案中涉及的装饰装修工程是否属于《中华人民共和国建筑法》第二十六条的适用范围是本案应当重点厘清的焦点。虽然该法第二条‘在中华人民共和国境内从事建筑活动，实施对建筑活动的监督管理，应当遵守本法。本法所称建筑活动，是指各类房屋建筑及其附属设施的建造和与其配套的线路、管道、设备的安装活动。’并未明确包含装修活动，但在该法第四十九条规定，‘涉及建筑主体和承重结构变动的装修工程，建设单位应当在施工前委托原设计单位或者具有相应资质条件的设计单位提出设计方案；没有设计方案的，不得施工。’显然《中华人民共和国建筑法》仍然将装饰装修工程视为建筑活动的一种进行了规制，并未将其排除在《中华人民共和国建筑法》的适用范围以外”。[①] 但也有案例持否定性观点，如“《中华人民共和国建筑法》中规定，对已建成的建筑进行装修，如果是不涉及建筑物的主体或承重结构变动的装修，不属于建筑法调整范围。因此，家庭住宅或店面装饰装修合同，只要不涉及建筑物的主体或承重结构变动，不属于建筑法的调整范围”。[②]

除此之外，由于对“建设工程”内涵的认识差异，导致诸多非典型的“建设成果”能否纳入“建设工程施工合同”案由项下，也出现了不同观点。比如，实务中多见的农业大棚，有观点坚持其建设行为属于施工合同，如“因建设工程施工合同包括建设和安装两方面的合同。而本案诉争工程是由寿光领成温室工程有限公司包工包料进行建设安装，双方所签订的也是《温室工程施工合同》，故符合建设工程施工合同纠纷案件的性质和法律特征”。[③] 但也有观点坚持其建设行为属于承揽合同，如“农业大棚属于农业设施建设，不具备建设工程的诸多特点，当事人就农业大棚建设签订的合同，并非建设工程合同的范围，本案系承揽合同纠纷，而非建设工程施工合同纠纷”[④]。

---

① 四川省成都市中级人民法院（2019）川01民终511号民事判决书。

② 云南省玉溪市中级人民法院（2014）玉中民一终字第419号民事判决书。

③ 黑龙江省绥化市中级人民法院（2019）黑12民终843号民事判决书。

④ 甘肃省武威市中级人民法院（2017）甘06民辖终6号民事裁定书。

三、"建设工程"内涵界定的现状反思

通过上述梳理可以看出，对于"建设工程"的内涵，规范和实践中的定义均存在一定的差异之处。之所以出现如此情况，笔者认为，其原因大概可归结为以下四个方面。

（一）《建筑法》的规制范围有待拓展

就法律层面而言，我国目前仅有一部《建筑法》，然其规制范围主要限于房屋建筑及相关活动，并不包括水利、公路等专业建设工程，也难以涵盖广泛意义上的机电工程，进而也就使各个专业领域内的建设工程，或缺乏详细的规范，或由各自的主管部门分别制定规范性文件进行规制，容易导致多个规范依据、概念表述、监管措施之间出现差异。故此，如果将来能将《建筑法》的名称及其规制范围适当进行拓展，确保建设工程领域一些基本概念、共性监管措施保持一致性，将更有利于实践问题的解决。

（二）多部门监管之间有待进一步协调

对于全范围的建设工程领域，目前仅有《建设工程质量管理条例》进行规制，其第四十三条第二款规定："国务院建设行政主管部门对全国的建设工程质量实施统一监督管理。国务院铁路、交通、水利等有关部门按照国务院规定的职责分工，负责对全国的有关专业建设工程质量的监督管理。"住建部作为建设行政主管部门，其主要的规制范围还是房屋建筑和市政基础设施。至于铁路、交通、水利等专业建设工程领域，各自有相应的行政监管部门，出台各自领域的管理性文件，由此也形成了多部门、多文件存在的现象，进而也就难免在概念界定等层面出现一些差异。故此，如果将来能在监管和文件出台方面，形成统一性的协调机制，将有助于分歧问题的解决。

（三）同一部门的规范性文件有待进一步统一

对于建筑工程或者建筑业企业的定义，不少规范性文件均出自同一部门。然而在表述上，还是存在界限不同的差异，也容易模糊"建筑工程"或"建

设工程”的内涵。故此，如果将来能由一个部门或者多个部门对常用的行业词汇进行统一界定，无疑是解决概念分歧的一个有力措施。

（四）专业概念的适用需要进一步规范

从专业角度而言，建设工程分类具有国家标准即《建设工程分类标准》，其分别从总则、术语、建筑工程、土木工程、机电工程等多个方面进行了界定。该标准的编制就是为了“弥补现行建设工程分类的缺陷，突破工程实施过程中的管理障碍，促进我国建筑业企业跨地区、跨行业发展”，① 但是部分规范性文件以及司法实务中，对于上述国家标准应用的重视程度还需要进一步提高，以求在概念界定层面的统一。

四、“建设工程”的概念及范围界定

如果对“建设工程”的概念作出界定，除却法律有特殊范围的规制要求之外，专业领域内的判断当最为严谨。作为国家标准，《建设工程分类标准》对于建设工程项下的各种专业类别进行了详细的划分，其不仅是工程类高等教育专业设置的重要依据，也是建设工程规划管理、项目管理的重要基础，② 故实务参考意义不言而喻。该标准将建设工程定义为“为人类生活、生产提供物质技术基础的各类建（构）筑物和工程设施”。

从概念界定的角度，上述表述具有一定的抽象性。对于司法实践而言，仅有概念的界定还不足以解决困惑，司法实践关注的角度集中在两个层面：其一，建设工程的范围以及其与建筑工程、土木工程等概念之间具体是什么关系？其二，相关法律法规、规范性文件中的“建设工程”或“建筑工程”的专业边界在哪里？对此，笔者认为，只有在将专业概念和法律法规、规范性文件内容结合的基础上，才能妥当回应上述问题。

---

① 《建设工程分类标准》编写组编：《〈《建设工程分类标准》GB/T 50841－2013〉释义》，中国计划出版社2013年版，第3页。

② 《建设工程分类标准》编写组编：《〈《建设工程分类标准》GB/T 50841－2013〉释义》，中国计划出版社2013年版，第10页。

（一）建设工程的专业概念和范围

《建设工程分类标准》对于相关概念的内涵和外延进行了界定，应作为司法实践的重要基础和参考。除却上文所述的“建设工程”之外，该标准还界定了其他相关类别。如：“建筑工程”是供人们进行生产、生活或其他活动的房屋或场所；“土木工程”是建造在地上或地下、陆上或水中，直接或间接为人类生活、生产、科研等服务的各类工程；“机电工程”是按照一定的工艺和方法，将不同规格、型号、性能、材质的设备、管路、线路等有机组合起来，满足使用功能要求的工程。

至于更为具体的范围，《建设工程分类标准》依照不同性质进行了细化。以自然属性为基础，建设工程包括建筑工程、土木工程、机电工程三大类；以使用功能为基础，建设工程包括房屋建筑工程、铁路工程、公路工程、水利工程、市政工程、煤炭矿山工程、水运工程、海洋工程、民航工程、商业与物资工程、农业工程、林业工程、粮食工程、石油天然气工程、海洋石油工程、火电工程、水电工程、核工业工程、建材工程、冶金工程、有色金属工程、石化工程、化工工程、医药工程、机械工程、航天与航空工程、兵器与船舶工程、轻工工程、纺织工程、电子与通信工程和广播电影电视工程等三十一个行业类别。从专业领域而言，建筑工程、土木工程、机电工程都属于建设工程的范畴，分别属于建设工程项下的子概念。

（二）法律、行政法规和规范性文件中“建设工程”的专业边界

1. 关于《建筑法》

依照上文所述立法机关的释义，其调整的建筑活动限定在“狭义”层面，仅是“建设工程”的一部分，其范围包括：以各类房屋及其附属设施为主体，围绕该主体所发生的建造、配套线路、管道、设备安装；不包括铁路、公路、机场等专业工程，不涉及主体或承重结构变动的装修。故此，结合《建设工程分类标准》，按照使用功能划分，《建筑法》调整的专业边界是：房屋建筑工程。至于与此相关的附属设施及配套的线路、管道、设备安装工程，其本身就属于房屋建筑项下的分部工程，故从专业角度无须再进行特殊说明。

2. 关于《建设工程质量管理条例》

依照上文所述立法机关释义，其范围包括四个方面：土木工程、建筑工程、线路管道和设备安装工程、装修工程。其本质与《建设工程分类标准》确定的范围相符，只是在表述层面有些区别。《建设工程分类标准》对机电工程的定位为“按照一定的工艺和方法，将不同规格、型号、性能、材质的设备、管路、线路等有机组合起来，满足使用功能要求的工程”，由此可见，《建设工程质量管理条例》所界定的线路管道和设备安装本质上就是机电工程。对于装修工程而言，其在划分上无法与三大类即建筑工程、机电工程、土木工程并列，多个领域内的工程施工都可能涉及装修内容，故《建设工程分类标准》将装饰装修纳入具体工程类别项下，将其作为分部工程。如该标准第 3. 1. 2 项规定：建筑工程按照组成结构可分为地基与基础工程、主体结构工程、建筑屋面工程、建筑装饰装修工程和室外建筑工程。故此，按照自然属性划分，《建设工程质量管理条例》调整的专业边界是：土木工程、建筑工程、机电工程三大类。至于装修工程，考虑到建设完成后单独发包的情况，将其单独列出也具有实践意义。

3. 关于上文所述的规范性文件

该类文件主要涉及两个概念：一是“建筑工程”，在以“建筑工程”作为规制对象的诸多文件中，该词语的范围限于以房屋建筑、市政基础设施工程为主体。结合《建设工程分类标准》可知，该类规范性文件主要采取的是“使用功能”分类，即调整的专业边界是：房屋建筑工程、市政工程。至于与此相关的附属设施及配套的线路、管道、设备安装工程，其本身就属于房屋建筑和市政工程项下的分部工程，故从专业角度无须再进行特殊说明。另外，虽然部分文件在调整范围中缺少配套线路、管道等内容的表述，但从工程整体性角度分析，也应将其纳入规制范围。

二是建筑业企业，上述规范性文件中该类企业的从事范围，基本上与《建设工程质量管理条例》调整的范围一致，即土木工程、建筑工程、机电工程三大类，至于装修装饰，因其本就属于诸多建设工程中的分部工程，故除非特别排除，自然属于建筑业企业的从事范围。关于建筑业企业从事的活动形式，无论改建、扩建、新建，自然都属建造范围，这一点当无争议。至于拆除是否属于建设工程范围，可参照住建部的相关意见，如 2015 年公布的《关于土石方、混凝土预制构件等 8 类专业承包企业申领安全生产许可证事宜的意见》，曾明确“拆除作业按工程性质由具有相应资质类别的企业承担，该类企业应申领建筑施工企业安全生产许可证”。

裁判规则指引

❶ 依照《建设工程分类标准》，建设工程是为人类生活、生产提供物质技术基础的各类建（构）筑物和工程设施。建设工程按自然属性可分为建筑工程、土木工程和机电工程三大类，按使用功能可分为房屋建筑工程、铁路工程、公路工程、水利工程、市政工程、煤炭矿山工程、水运工程、海洋工程、民航工程、商业与物资工程、农业工程、林业工程、粮食工程、石油天然气工程、海洋石油工程、火电工程、水电工程、核工业工程、建材工程、冶金工程、有色金属工程、石化工程、化工工程、医药工程、机械工程、航天与航空工程、兵器与船舶工程、轻工工程、纺织工程、电子与通信工程和广播电影电视工程等三十一个类别。

❷ 依照《建设工程分类标准》，建筑工程是供人们进行生产、生活或其他活动的房屋或场所；土木工程是建造在地上或地下、陆上或水中，直接或间接为人类生活、生产、科研等服务的各类工程；机电工程是按照一定的工艺和方法，将不同规格、型号、性能、材质的设备、管路、线路等有机结合起来，满足使用功能要求的工程。按自然属性分类前提下，建筑工程、土木工程、机电工程均属于建设工程项下的子概念；按使用功能分类前提下，房屋建筑工程、市政工程均属于建设工程项下的子概念。

❸ 参照立法机关释义资料，《建筑法》的调整范围是：以各类房屋及其附属设施为主体，围绕该主体所发生的建造和配套线路、管道、设备安装活动；但不包括铁路、公路、机场等专业工程，不涉及主体或承重结构变动的装修。若参考《建设工程分类标准》，《建筑法》调整的专业范围就是房屋建筑工程，与此相关的附属设施及配套的线路、管道、设备安装工程，都可纳入房屋建筑项下的分部工程。

❹ 与《建筑法》相比，《建设工程质量管理条例》的调整范围更加广泛，包括土木工程、建筑工程、线路管道和设备安装工程、装修工程四个类别。若参考《建设工程分类标准》，《建设工程质量管理条例》调整的专业范围就是土木工程、建筑工程、机电工程三大类。至于装修工程，考虑到建设完成后单独发包的情况，《建设工程质量管理条例》将其单独列出具有实践意义。

第二节　建设工程合同与“体内”相关合同的关系

实务疑难问题

1. 建设工程合同与农村建房施工合同之间是什么关系?
2. 专业工程分包合同与劳务作业分包合同有什么区别?
3. 建设工程分包合同与劳务作业分包合同之间是什么关系?
4. 建设工程合同与装饰装修合同之间是什么关系?

厘清建设工程的概念之后，尚需明确建设工程合同的范围，以便在整体背景下更好地分析建设工程施工合同。建设工程的判断侧重于专业概念，区分标的物本身性质，工程领域专业性更强。建设工程合同的判断，侧重于法律关系角度；具体到司法实务，就是应当将其对应到何种案由之下。案由的划分不仅涉及诉讼主体，还关系到管辖法院的确定，这一点对于适用专属管辖的“建设工程施工合同”而言，尤为重要。

具体到建设工程合同的范围及其与相关合同的区别，本书选择从“体内”和“体外”两个层面进行梳理辨析。所谓“体内”，侧重于对《民事案件案由规定》中“建设工程合同”内部的若干案由进行对比分析；所谓“体外”，侧重于对建设工程合同与承揽合同及其他相关合同的对比分析。

一、建设工程合同的范围

（一）《民法典》中建设工程合同的范围

我国《民法典》中，建设工程合同作为典型合同，规定在第三编第十八章中，第七百八十八条规定：“建设工程合同是承包人进行工程建设，发包人支付价款的合同。建设工程合同包括工程勘察、设计、施工合同。”从《民法典》的规范角度来看，建设工程的范围就是建设工程勘察合同、建设工程设计合同、建设工程施工合同。但在实践中，由于该三类合同项下又存在多种分包合同、装修合同以及优先受偿权等分支内容，故最高人民法院又以法律关系为基础，从民事案由的角度对此进行区分，细化了司法实践中建设工程合同的范围。

（二）民事案件案由体系中建设工程合同的范围

是否属于建设工程合同以及属于何种具体合同，可能涉及是否适用于法律规范中的特殊规则，如专属管辖、资质审查、招投标程序、优先受偿权等。最高人民法院《民事案件案由规定》在第四部分“合同、准合同纠纷”项下规定了二级案由“合同纠纷”，其下又规定了三级案由“建设工程合同纠纷”，该案由项下包括九个四级案由，这便是建设工程合同纠纷在审判实践中的具体范围，包括：建设工程勘察合同纠纷、建设工程设计合同纠纷、建设工程施工合同纠纷、建设工程价款优先受偿权纠纷、建设工程分包合同纠纷、建设工程监理合同纠纷、装饰装修合同纠纷、铁路修建合同纠纷、农村建房施工合同纠纷。同时，依照《民事案件案由规定》相关释义资料的记载，每个具体案由所涉基础法律关系的内涵如下。

1. 建设工程勘察合同

建设工程勘察合同是指发包人与勘察人就完成建设工程地理、地质状况的调查研究工作而达成的协议；勘察人一般应当是专门的地质工程单位。

2. 建设工程设计合同

建设工程设计合同包括初步设计合同和施工设计合同，前者是指在建设工程立项阶段，承包人为项目决策提供可行性资料设计而与发包人签订的协议；后者是指承包人与发包人就具体施工设计达成的协议。

3. 建设工程施工合同

建设工程施工合同包括建筑和安装两方面的合同，有时二者合二为一，建筑是指对工程进行营造的行为，安装主要指与工程有关的线路、管道、设备等设施的装配。

4. 建设工程价款优先受偿权

建设工程价款优先受偿权是指建设工程承包人的优先受偿权；所谓优先

受偿权，是指债务人同时存在数个债权人，其中一债权人就债务人的财产优先于其他债权人受清偿的权利。

5. 建设工程分包合同

建设工程分包合同是指工程总承包人、勘察承包人、设计承包人、施工承包人承包建设工程后，经发包人同意，将其承包的某一部分工程或若干部分工程，再发包给其他承包人，与其签订承包合同项下的合同。

6. 建设工程监理合同

建设工程监理合同是指由具有法定资质条件的工程监理单位与发包人签订的明确建设工程监理中双方权利义务的协议；所谓建设工程监理，是指工程监理单位根据发包人的委托，依照法律、行政法规及其他有关的建设工程技术标准、设计文件和建设工程合同，对承包人在施工质量、建设工期和建设资金使用等方面，代表发包人对工程建设过程实施监督的专门活动；监理合同本质上属于委托合同，因为与建设工程合同密切相关，故归入建设工程合同项下。

7. 装饰装修合同

装饰装修合同是指建筑装饰装修企业与发包方订立的明确装饰装修中双方权利义务的协议；建筑装饰装修是指为使建筑物，构筑物内、外空间达到一定的环境质量要求，使用装饰装修材料，对建筑物、构筑物外表和内部进行修饰处理的工程建筑活动。

8. 铁路修建合同

铁路修建合同，又称铁路建设工程施工合同，是指承包人与发包人为建设或修整铁路而签订的明确双方权利义务的协议。

9. 农村建房施工合同

农村建房施工合同是指农村建房户与施工方为建设房屋而签订的明确双方权利义务的协议。①

---

① 最高人民法院研究室编著：《最高人民法院新民事案件案由规定理解与适用》，人民法院出版社2021年版，第341－342页。

二、建设工程合同与农村建房施工合同

（一）农村建房相关制度梳理

虽然《民事案件案由规定》中，农村建房施工合同属于“建设工程合同”的范畴，但由于农村建房情形复杂，不是所有此类施工都可纳入“建设工程合同”。为方便对农村建房的背景和规则进行了解，笔者对相关制度作出如下梳理。

1. 法律、行政法规相关内容

《建筑法》第八十三条第三款规定：“抢险救灾及其他临时性房屋建筑和农民自建低层住宅的建筑活动，不适用本法。”

《建设工程质量管理条例》第八十条规定：“抢险救灾及其他临时性房屋建筑和农民自建低层住宅的建设活动，不适用本条例。”

《村庄和集镇规划建设管理条例》第二十一条规定：“在村庄、集镇规划区内，凡建筑跨度、跨径或者高度超出规定范围的乡（镇）村企业、乡（镇）村公共设施和公益事业的建筑工程，以及二层（含二层）以上的住宅，必须由取得相应的设计资质证书的单位进行设计，或者选用通用设计、标准设计。跨度、跨径和高度的限定，由省、自治区、直辖市人民政府或者其授权的部门规定。”第二十三条规定：“承担村庄、集镇规划区内建筑工程施工任务的单位，必须具有相应的施工资质等级证书或者资质审查证书，并按照规定的经营范围承担施工任务。在村庄、集镇规划区内从事建筑施工的个体工匠，除承担房屋修缮外，须按有关规定办理施工资质审批手续。”

《建设工程勘察设计管理条例》第四十四条规定：“抢险救灾及其他临时性建筑和农民自建两层以下住宅的勘察、设计活动，不适用本条例。”

2. 部门规范性文件相关内容

2004年《建设部关于加强村镇建设工程质量安全管理的若干意见》第三条规定：“（一）对于建制镇、集镇规划区内的所有公共建筑工程、居民自建两层（不含两层）以上、以及其它建设工程投资额在30万元以上或者建筑面积在300平方米以上的所有村镇建设工程、村庄建设规划范围内的学校、幼

儿园、卫生院等公共建筑（以下称限额以上工程），应严格按照国家有关法律、法规和工程建设强制性标准实施监督管理。建制镇、集镇规划区内所有加层的扩建工程必须委托有资质的设计单位进行设计，并由有资质的施工单位承建。（二）对于建制镇、集镇规划区内建设工程投资额 30 万元以下且建筑面积 300 平方米以下的市政基础设施、生产性建筑，居民自建两层（含两层）以下住宅和村庄建设规划范围内的农民自建两层（不含两层）以上住宅的建设活动（以下简称限额以下工程）由各省、自治区、直辖市结合本地区的实际，依据本意见‘五’明确的对限额以下工程的指导原则制定相应的管理办法。（三）对于村庄建设规划范围内的农民自建两层（含两层）以下住宅（以下简称农民自建低层住宅）的建设活动，县级建设行政主管部门的管理以为农民提供技术服务和指导作为主要工作方式。”

2006 年《建设部关于加强农民住房建设技术服务和管理的通知》第六条规定：“三层（含三层）以上的农民住房建设管理要严格执行《建筑法》、《建设工程质量管理条例》等法律法规的有关规定。”

（二）建设工程合同与农村建房施工合同的关系

作为建设工程领域为数不多的法律法规，《建筑法》和《建设工程质量管理条例》都将“农民自建低层住宅”排除在了适用范围之外。何为“农民自建低层住宅”，法律法规条文中均未作出解释，但《建设工程质量管理条例》第八十条的释义资料中显示“依照本条规定，有三类工程建设活动可以不执行本条例”，其中第三类是“农民自建两层以下住宅”。[①]

关于农村房屋的建设是否需要与普通建设工程一样，经过有资质单位的勘察设计、施工等程序，《村庄和集镇规划建设管理条例》《建设工程勘察设计管理条例》都有涉及，但两者又存在矛盾之处。

前者要求农村两层及两层以上的住宅均需进行设计，施工者也必须具备资质，显然将其纳入了普通的建设工程之中；而后者将农民自建两层以下的

---

① 国务院法制办等编著：《建设工程质量管理条例释义》，中国城市出版社 2000 年版，第 155 页。

住宅进行了排除性规定，然该项排除是否包含“两层”缺乏明确性。从两部规范性文件的内容角度分析，似乎可以推断《建设工程勘察设计管理条例》第四十四条排除适用的范围不包括农民自建两层房屋的情况。然若如此，则会与传统民法领域对于“以上”“以下”的含义解读存在分歧，如《民法典》第一千二百五十九条规定：“民法所称的‘以上’、‘以下’、‘以内’、‘届满’，包括本数”。

笔者认为：一般情形下，农民自建两层（含两层）以下的住宅房屋，不属于建设工程的范围，因此而签订的合同也不应纳入建设工程合同的范畴。① 具体理由主要有以下三个方面。

1. 从行政法规的角度，农民自建两层及以下房屋不需要勘察设计

《村庄和集镇规划建设管理条例》颁布于 1993 年且至今未曾修订，已与经济社会的发展情况不完全匹配。当下大多农村地区的低层房屋施工难以找到有施工资质的企业接手，且对于个体工匠而言，涉及其资质的《村镇建筑工匠从业资格管理办法》也于2004 年废止。2009 年《住房和城乡建设部关于组织实施阳光工程村镇建筑工匠培训项目的通知》并未设置村镇建筑工匠从业资格，只是强调各地住建部门要强化对个体工匠的职业培训。实务中，多地主管部门在培训后向个体工匠颁发的也只是《建筑工匠培训证书》。②

《建设工程勘察设计管理条例》颁布于 2000 年且最近一次修订在 2017 年，时间在后。依照新法优于旧法的原则，该条例应当优先适用。故农民自

---

① 大多数观点认为，农民因自建两层及以下住宅而签订的合同，不属于建设工程合同，应纳入承揽合同范围，本书也采取了该观点。但需要说明的是，该观点也并非尽善尽美，依然存在进一步探讨的空间，如果仅从农村住宅的建筑属性分析，其完全符合《建设工程分类标准》中对于“建筑工程”的定义，即“供人们进行生产、生活或其他活动的房屋或场所”；由于我国诸多建设工程领域的法律法规、规范性文件都将农民自建低层住宅排除在外，导致其在法律视野下并未如其他建设工程一样呈现出行业的典型特征。但在司法实践中，存在大量的农村建房施工合同纠纷，且据笔者观察，在该类纠纷因管辖出现争议时多地适用了与建设工程施工合同纠纷相关的专属管辖规则。故此，在将农民自建低层住宅排除在建设工程范围之外的观点中，如何解决“管辖”规则是需要破解的实践问题之一。此外，如果将该类纠纷纳入承揽合同，如何处理“留置权”“定作人的任意解除权”等问题，都值得进一步思考。

② 参见《我县开展农村建筑工匠证书换发工作》，载仙居县人民政府网，http：//www. zjxj. gov. cn/art/2019/6/13/art_ 1635106_ 34674474. html；《浙江省农村建筑工匠管理办法（修订）》第五条规定：“农村建筑工匠参加首次培训的时间不少于 16 学时。经培训考核合格的，由市、县（市、区）住房城乡建设主管部门颁发《浙江省农村建筑工匠培训证书》（以下简称培训证书）。”

建两层及以下住宅的活动不需要经过勘察、设计等传统建设工程的必备程序，换言之，不具备建设工程的典型特征。至于“两层以下”是否包括“两层”，结合《民法典》的规定和我国法律规范用语的通常含义，自然应当包含在内。

2. 从部门监管的角度，行政主管部门对农民自建两层及以下房屋以提供技术服务和指导为主要管理方式

上文所述的规范性文件对于农村房屋建设的种类，从两种规划 + 不同建筑的角度进行了划分。

第一种，属于建设工程的范围：（1）建制镇、集镇规划范围内的所有公共建筑工程、居民自建两层（不含两层）以上、其他建设工程投资额在 30 万元以上或者建筑面积在 300 平方米以上的所有村镇建设工程、所有加层的扩建工程。（2）村庄建设规划范围内的学校、幼儿园、卫生院等公共建筑；三层（含三层）以上的农民住房建设。

第二种，属于授权地方管理的范围：（1）建制镇、集镇规划区内建设工程投资额 30 万元以下且建筑面积 300 平方米以下的市政基础设施、生产性建筑。（2）居民或农民自建两层（含两层）以下住宅。

在地方管理范围内，对于农民自建两层及以下住宅，行政部门以为农民提供技术服务和指导为主，与建设工程的强制监管程序存在很大不同。

此外，一般建设工程需要严格遵循勘验、设计、施工的行政监管流程，历经申请建设用地规划许可证、建设工程规划许可证、施工许可证、竣工验收备案等手续。对于低层农村建房施工合同而言，一般无须履行上述流程。即使有个别地区的规定，如《北京市村庄规划建设管理指导意见（试行）》要求建房人申请乡村建设规划许可证，但其后续的建设流程，也主要是乡镇政府审批验收，目的在于规制农村房屋建设乱象，与建设工程的严格的“法定”流程存在区别。

3. 从司法实践的现状分析，部分法院明确将农民自建的两层及以下房屋排除在“强制性资质”范围之外

如《北京市高级人民法院关于审理建设工程施工合同纠纷案件若干疑难问题的解答》第六条中规定：“施工人签订合同承建小型建筑工程或两层以下（含两层）农民住宅，或者进行家庭住宅室内装饰装修，当事人仅以施工人缺

乏相应资质为由，主张合同无效的，一般不予支持。对于当事人确实违反企业资质管理规定承揽工程的，可以建议有关行政主管部门予以处理。”

需要特别关注的是，农村房屋的建设情况与各地的经济社会发展状况紧密相关，故对于“低层住宅”的理解也不乏一些特殊情况，进而对当地的司法实践也会产生一些影响。如《浙江省农村住房建设管理办法》中将农民自建的三层住宅也纳入了“低层住宅”的范围，其第七条中规定：“建设农村住房，由建房村民委托建设工程设计单位或者建筑、结构专业的注册设计人员进行设计并出具施工图；建设三层以及三层以下且不设地下室的农村住房（以下统称低层农村住房）的，也可以选用免费提供的农村住房设计通用图集，或者委托具有建筑、结构专业中级以上职称的设计人员进行设计并出具施工图。”第十条第一款中规定：“除法律、法规另有规定外，农村住房建设不需要办理建筑工程施工许可证。建设非低层农村住房的，建房村民应当委托建筑施工企业施工；建设低层农村住房的，也可以委托具有相应技能的农村建筑工匠施工。”

此外，对于上述法律法规中涉及的“农民自建”应如何理解，笔者认为，农民自建是从建设主体即权利主体而言的，不论是农民自己施工，还是将工程承包给个人工匠或建筑施工企业建设，都属于农民自建。①

三、建设工程分包合同与劳务作业分包合同

（一）专业工程分包和劳务作业分包的关系

就分包而言，广泛存在于房屋建筑、土木工程和机电工程三个领域，因其在各细分领域的本质基本相同，故以房屋建筑领域作为规范梳理的基础。

依据《房屋建筑和市政基础设施工程施工分包管理办法》第五条的规定，分包主要分为专业工程分包和劳务作业分包两种。所谓专业工程分包，是指施工总承包企业将其所承包工程中的专业工程发包给具有相应资质的其他建筑业企业完成的活动；所谓劳务作业分包，是指施工总承包企业或者专业承

---

① 参见刘竹梅：《农民自建房是否适用〈建筑法〉》，载最高人民法院民事审判第一庭编：《中国民事审判前沿》（2005 年第 2 集），法律出版社 2005 年版，第 95 页。

包企业将其承包工程中的劳务作业发包给劳务作业分包企业完成的活动。两者存在以下区别。

1. 合同标的不同

依照《建筑业企业资质标准》的规定，专业承包的内容包括地基基础工程、起重设备安装工程、预拌混凝土、电子与智能化工程等36个种类；施工劳务序列不分类别和等级，其主要内容包括木工、砌筑、抹灰、石制作、油漆、架线作业等劳务内容。从中可以看出，专业工程分包的标的是建设工程中专业性内容；劳务作业分包的标的是劳务作业，技术含量相对较少。

2. 施工内容不同

专业工程分包中，分包人以自己的设备、材料、技术等独立完成工程；劳务作业分包中，分包人提供的一般是劳动力和辅料，时常需要借助于总包人或专业工程分包人的技术和管理才能完成劳动成果。

3. 程序要件不同

专业工程分包需要按照约定或经发包人同意；劳务作业分包无须经发包人或总包人同意。当然，发包人是否同意与合同效力的关系则是另外一个问题，详见下文分析。

从《民事案件案由规定》的角度分析，上述相关释义资料中对“建设工程分包合同”的表述更类似乎“专业工程分包”，但鉴于劳务作业分包属于建设工程分包领域的一个类别，故应当认为“建设工程分包合同”案由包含了专业工程分包和劳务作业分包。

（二）劳务企业资质改革及其对合同性质的影响

近些年建筑市场的改革，特别是劳务资质的政策变化，对于劳务作业分包合同的效力判断也产生了不少影响。

1. 劳务企业资质的改革梳理

1997年《建筑法》和2000年《建设工程质量管理条例》均从整体层面明确了建筑领域承包工程的资质准入制度。

关于劳务企业的资质要求，2001年《建筑业企业资质管理规定》（已废止）将建筑业企业资质分为施工总承包、专业承包和劳务分包[①]三个序列，又将劳务分包按照工程性质和技术特点划分为若干资质类别，各资质类别再按照规定的条件划分为若干等级。2001 年《建筑业企业资质等级标准》（已废止）按照木工作业、砌筑作业等不同范围划分为 13 种劳务分包企业资质类别，在每种资质类别项下或再划分为不同等级，或不划分等级。

2015 年《建筑业企业资质管理规定》虽然将建筑业企业资质依然划分为施工总承包资质、专业承包资质、施工劳务资质三个序列。但同时明确施工劳务资质不分类别与等级。同年实施的《建筑业企业资质标准》也仅从企业主要资产和主要人员两个角度对资质条件进行了限定，取得资质者可承担各类施工劳务作业。

2017 年 2 月，国务院办公厅发布了《关于促进建筑业持续健康发展的意见》，劳务作业分包领域的改革力度加大，明确了逐步取消劳务企业资质的趋势。该意见要求“进一步简化工程建设企业资质类别和等级设置，减少不必要的资质认定。选择部分地区开展试点，对信用良好、具有相关专业技术能力、能够提供足额担保的企业，在其资质类别内放宽承揽业务范围限制，同时，加快完善信用体系、工程担保及个人执业资格等相关配套制度，加强事中事后监管”，“改革建筑用工制度。推动建筑业劳务企业转型，大力发展木工、电工、砌筑、钢筋制作等以作业为主的专业企业。以专业企业为建筑工人的主要载体，逐步实现建筑工人公司化、专业化管理”。

随后，各地行政部门陆续对劳务资质松绑。如山东省住房和城乡建设厅于 2017 年 12 月发布了《山东省建筑业劳务用工制度改革试行方案》，其中明确：“在全省范围内房屋建筑和市政工程中，一律取消对劳务企业的资质及其安全生产许可证要求。各级住房城乡建设主管部门不再将建筑劳务企业的资质及其安全生产许可证列入建筑市场监管事项。”至于以后的发展趋势，该省明确“发展以作业为主的专业企业。通过引导现有劳务企业转型、鼓励专业

① 劳务分包与劳务作业分包属于同一含义，但在不同的规范性文件中采用了不同表述，如 2001 年的《建筑业企业资质管理规定》采用了“劳务分包”，2019 年的《房屋建筑和市政基础设施工程施工分包管理办法》采用了“劳务作业分包”。为了行文方便，除了涉及特定文件时尊重其原文内容外，其他地方的表述均统一为“劳务作业分包”。

承包企业做专做精、支持具有一定管理能力的班组长组建小微企业或注册个体工商户，推动发展一批防水工、砌筑工、混凝土工、钢筋工、架子工、手工木工和装配式建筑施工等职业（工种）作业为主的专业企业。以专业作业企业作为建筑工人的主要载体，逐步实现建筑工人公司化、专业化管理。专业作业企业取得工商登记后，可持营业执照副本（复印件）到当地县级住房城乡建设主管部门报送其所从事的主要工种、联系人等基本信息；县级住房城乡建设部门将报送信息在本部门网站公开发布”。

江苏省住房和城乡建设厅于2018年6月发布的《关于取消施工劳务企业资质要求的公告》明确，取消施工劳务企业资质要求：在江苏省行政区域内从事建筑劳务作业的企业不需要提供施工劳务资质；持有营业执照的劳务作业企业即可承接施工总承包、专业承包企业的劳务分包作业；各地建设主管部门在开展建筑市场执法检查活动中不再将劳务作业企业是否具有施工劳务资质列为检查内容。

除此之外，尚有黑龙江、安徽等诸多省份取消劳务资质，鼓励发展以作业为主的专业企业模式。

2. 劳务企业资质改革与合同性质的认定

劳务企业资质与合同效力之间的关系留待后面章节讨论，本节主要探讨在劳务资质逐步取消的背景下，劳务作业分包合同是否还属于建设工程合同范畴。对此，存在不同观点。一种观点认为，因施工企业劳务资质已经取消，劳务作业分包合同应不属于建设工程合同；另一种观点认为，在全国范围内，并未取消劳务资质，劳务作业分包合同还应界定为建设工程合同。①

笔者认为，对于该问题的探讨应立足于当下和未来发展两个层面。立足于当下实践，作为建设工程分包合同项下的劳务作业分包合同依然属于建设工程合同范畴，理由如下：

其一，从平等对待的角度，劳务资质的取消尚未在全国铺开，在诸多省区依然存在着劳务资质的许可制度，在“试点”铺开的过程中，不宜在不同省区对于劳务作业分包合同采取区别对待的标准。

---

① 李玉生主编：《建设工程施工合同案件审理指南》，人民法院出版社2019年版，第29页。

其二，从现行法律的角度，劳务作业分包合同依然属于建设工程合同的范围，如《新建设工程施工合同解释（一）》第五条专门规定了劳务分包合同的效力问题，《房屋建筑和市政基础设施工程施工分包管理办法》中将施工分包划分为专业工程分包和劳务作业分包。

立足于未来发展，劳务作业分包合同应当从建设工程合同范畴内分离出去，理由如下：

其一，从改革的趋势分析，劳务领域面临着两项变化：一是大力发展木工、电工、砌筑、钢筋制作等以作业为主的专业企业；二是取消概括性的劳务企业资质。由此导致的结果是“专业化”的工人队伍逐步壮大，工程承包人将面临与多个“专业班组”建立平衡性的多种雇佣关系，如果将此类合同均界定为建设工程合同，不仅会数量剧增，而且从实践的角度分析，也无必要。

其二，从改革后将要形成的专业化工人队伍分析，其可能是合伙企业、个体工商户等主体，该类群体不参与工程本身的发包、承包，不需要被审查劳务资质，更不是工程建设相关行政手续的办理者，主要依靠提供劳务获得报酬，从发展的趋势分析，根据作业的内容将其纳入承揽或劳务合同更为妥当。

四、建设工程合同与装饰装修合同

（一）装饰装修相关的规范梳理

《民事案件案由规定》中，装饰装修合同属于建设工程合同范畴；《新建设工程施工合同解释（一）》第三十七条规定了装饰装修工程承包人的优先受偿权，故从一般意义上将装饰装修合同界定为建设工程合同当无异议。但就实践而言，还存在住宅装饰装修和非住宅装饰装修之分，而且两者之间存在诸多差别。

1. 家庭住宅装饰装修相关规范梳理

1997 年 6 月，原建设部发布的《家庭居室装饰装修管理试行办法》第二条规定：“本办法所称家庭居室装饰装修，是指居民为改善自己的居住环境，自行或者委托他人对居住的房屋进行修饰处理的工程建设活动。”对于从事装修的施工企业和个人的资质问题，该办法第六条规定：“凡承接家庭居室装饰装修工程的单位，应当持有建设行政主管部门颁发的具有建筑装饰装修工程承包范围的《建筑业企业资质证书》。对于承接家庭居室装饰装修工程的个体装饰装修从业者，应当持所在地乡镇以上人民政府有关主管部门出具的务工证明、本人身份证、暂时居住证，向工程所在地的建设行政主管部门或者指定的机构登记备案，实行‘登记注册、持证上岗’的制度。具体办法由省、自治区、直辖市人民政府建设行政主管部门制订。”缺乏资质者，禁止从事装饰装修，即第七条规定：“凡没有《建筑业企业资质证书》或者建设行政主管部门发放的个体装饰装修从业者上岗证书的单位和个人，不得承接家庭居室装饰装修工程。”

2011 年《住宅室内装饰装修管理办法》第二条第二款明确：“本办法所称住宅室内装饰装修，是指住宅竣工验收合格后，业主或者住宅使用人（以下简称装修人）对住宅室内进行装饰装修的建筑活动。”对于装修企业的资质问题，该办法第九条规定：“装修人经原设计单位或者具有相应资质等级的设计单位提出设计方案变动建筑主体和承重结构的，或者装修活动涉及本办法第六条、第七条、第八条内容的，必须委托具有相应资质的装饰装修企业承担。”① 第二十二条规定：“承接住宅室内装饰装修工程的装饰装修企业，必须经建设行政主管部门资质审查，取得相应的建筑业企业资质证书，并在其资质等级许可的范围内承揽工程。”

2. 非住宅装饰装修相关规范梳理

2006 年，原建设部颁布的《建筑装饰装修工程设计与施工资质标准》（已废止）将各类建设工程中的建筑室内、外装饰装修工程（建筑幕墙工程除

---

① 《住宅室内装饰装修管理办法》第六条规定：“装修人从事住宅室内装饰装修活动，未经批准，不得有下列行为：（一）搭建建筑物、构筑物；（二）改变住宅外立面，在非承重外墙上开门、窗；（三）拆改供暖管道和设施；（四）拆改燃气管道和设施。本条所列第（一）项、第（二）项行为，应当经城市规划行政主管部门批准；第（三）项行为，应当经供暖管理单位批准；第（四）项行为应当经燃气管理单位批准。”第七条规定：“住宅室内装饰装修超过设计标准或者规范增加楼面荷载的，应当经原设计单位或者具有相应资质等级的设计单位提出设计方案。”第八条规定：“改动卫生间、厨房间防水层的，应当按照防水标准制订施工方案，并做闭水试验。”

外）的设计和施工资质划分为一级、二级、三级等三个级别。依照上述规定，取得建筑装饰装修工程设计与施工资质的企业，可从事各类建设工程中的建筑装饰装修项目的咨询、设计、施工和设计与施工一体化工程，还可承担相应工程的总承包、项目管理等业务（建筑幕墙工程除外）。同时，还明确了不同级别的资质企业承接的建筑装饰装修工程的规模。

2015 年，住建部印发的《住房和城乡建设部关于取消建筑智能化等 4 个工程设计与施工资质有关事项的通知》废止了《建筑装饰装修工程设计与施工资质标准》，同时取消建筑智能化、消防设施、建筑装饰装修、建筑幕墙 4 个工程设计与施工资质（统称一体化资质）的行政审批；已取得一体化资质的企业，依照程序申请换发资质证书，按简单换证原则分别换领原一体化资质相应等级和类别的工程设计资质证书、建筑业企业资质证书。自此，建筑装饰装修设计已经被纳入“工程设计”范围，当受《建设工程勘察设计资质管理规定》的约束；建筑装饰装修的施工已经被纳入建筑业企业资质的范畴。

2015 年，住建部颁布了《建筑业企业资质标准》，专业承包序列资质标准中包括了“建筑装饰装修工程专业承包资质标准”，在该标准项下划分了两个级别：一级和二级。其中一级资质可承担各类建筑装修装饰工程，以及与装修工程直接配套的其他工程的施工。二级资质可承担单项合同额 2000 万元以下的建筑装修装饰工程，以及与装修工程直接配套的其他工程的施工。其中与装修工程直接配套的其他工程是指在不改变主体结构的前提下的水、暖、电及非承重墙的改造。

（二）建设工程合同与装饰装修合同的关系

对于建设工程合同与装饰装修合同之间的关系，笔者认为，需要适当区分住宅类装饰装修合同与非住宅类装饰装修合同，分别予以判断。

对于住宅类装饰装修合同，正如上文所述，虽有规范性文件将其纳入资质准入的范围，但对于其是否属于建设工程合同，存在一定争议。一种观点认为，家庭室内居室装修的，不属于建设工程，适用承揽合同的规定。[1] 另一

---

① 李玉生主编：《建设工程施工合同案件审理指南》，人民法院出版社 2019 年版，第 28 页。

种观点认为，无论是住宅装饰装修合同，还是非住宅装饰装修合同，都属于建设工程合同。①

对于建设工程而言，其典型特征主要表现为以下四个方面。其一，具有公共性，建设工程规模大、工期长，时常涉及不特定多数人的安全，具有一定的公共性；其二，行政监管性，正因为工程质量关乎公共安全，故主管部门对其进行行政监管的手续远超过传统的民事合同；其三，具有一定的资质准入性，即对于工程承包人而言，一般需要具有一定的专业资质，且专业资质的具备与否直接影响合同的效力；其四，承包人享有特定的担保性权利即建设工程价款优先受偿权。在此基础上，再来观察住宅装饰装修合同，其并不具有上述特征，只是住宅的处分权人对其使用空间的自我改造，也不具有公共性，更难以涉及行政部门的监管手续，通说也认为住宅的装修承包人不享有装修价款的优先受偿权。故此，笔者认为，将其纳入建设工程合同确无必要，其应当归属于承揽合同。

此外，司法实践中，多地法院关于施工合同的规范性文件中虽涉及了该类合同，但都是从提示的角度明确其具有“特殊性”。如《四川省高级人民法院关于审理建设工程施工合同纠纷案件若干疑难问题的解答》第十一条规定：“施工人签订合同承建小型建筑工程或两层以下（含两层）农民住宅，或者进行家庭住宅室内装饰装修，当事人仅以施工人缺乏相应资质为由，主张合同无效的，一般不予支持。”《北京市高级人民法院关于审理建设工程施工合同纠纷案件若干疑难问题的解答》第六条中规定：“施工人签订合同承建小型建筑工程或两层以下（含两层）农民住宅，或者进行家庭住宅室内装饰装修，当事人仅以施工人缺乏相应资质为由，主张合同无效的，一般不予支持。对于当事人确实违反企业资质管理规定承揽工程的，可以建议有关行政主管部门予以处理。”

---

① 邬砚：《建设工程合同纠纷：254 个裁判规则深度解析》，法律出版社 2019 年版，第 6 页。

裁判规则指引

❶ 农民为自建两层（含两层）以下低层住宅和施工人所签订的合同不属于建设工程合同，应根据其内容认定为承揽合同或劳务合同；当事人仅以施工人缺乏相应资质为由，主张合同无效的，一般不予支持。

❷ 农民为建设三层（含三层）以上的住宅和施工人所签订的合同属于建设工程合同，应执行《建筑法》《建设工程质量管理条例》等法律法规的有关规定，但当地行政主管部门对于仅接受行政部门技术服务和指导的“低层住宅”的范围另有规定的除外。

❸ 建设工程分包合同包括专业工程分包合同和劳务作业分包合同两种。前者一般是指施工总承包企业将其所承包工程中的专业工程发包给具有相应资质的其他建筑业企业完成而签订的合同。后者一般是指施工总承包企业或者专业承包企业将其承包工程中的劳务作业发包给劳务作业分包企业完成而签订的合同。

❹ 虽然部分省市已经取消劳务企业资质，但考虑该项制度尚未在全国铺开，故依据现有法律规定，劳务作业分包合同仍然属于建设工程合同范畴。

❺ 专业工程的分包一般需要按照约定或经发包人同意；劳务作业分包一般无须经发包人或总包人同意。但发包人是否同意与合同效力之间并无必然联系。

❻ 装饰装修合同可分为住宅类装饰装修合同和非住宅类装饰装修合同。住宅类装饰装修合同不属于建设工程施工合同的范畴，应界定为承揽合同，故施工人资质的缺乏不影响合同效力。

第三节　建设工程合同与“体外”相关合同的关系

实务疑难问题
1. 建设工程合同与承揽合同之间应当如何区分？
2. 建设工程合同与委托代建合同之间是什么关系？

从“体外”的角度分析，与建设工程可能发生交叉或者混淆的合同亦不在少数。如何准确区分建设工程合同与这些相近合同，是界定法律关系进而解决争议的关键所在。

一、建设工程合同与承揽合同的区分

对于建设工程合同与承揽合同的联系，实务中的观点较为一致，即建设工程合同是承揽合同的特殊一种。《民法典》也明确规定，建设工程合同章节没有规定的，适用承揽合同的有关规定。

同时由于建设工程合同具有一定的特殊性，《民事诉讼法》《民法典》及相关司法解释对其进行了专门规制，确定了与普通承揽合同不同的“专属”规范，如建设工程施工合同的专属管辖、建设工程价款优先受偿权、实际施工人对合同相对性的突破等，诸多此类的规范都直接影响当事人权利的实现途径，故此，准确区分建设工程合同与承揽合同确为实务所需。对于二者的区别标准，实务中存在一定分歧。

（一）实务中的分歧观点

第一种观点认为，应从以下三个方面区分建设工程合同与承揽合同。其一，审查是否属于《建筑法》的调整范围，《建筑法》规定了其适用范围和排除适用的领域，如果属于《建筑法》调整范围的活动，则属于建设工程合

同；如果不属于，则一般不应认定为建设工程合同；其二，审查是否需要具备相应的资质，从事建设工程活动一般需要具备相应的资质要求，对于有资质要求的工程，可以认定为建设工程合同；其三，审查是否受到建设行政主管部门的管理，需要接受建设行政主管部门监督管理的合同，一般可以认定为建设工程合同。①

第二种观点认为，应从四个方面区分建设工程合同与承揽合同。其一，普通承揽合同在定义中强调承揽人的工作依据为定作人的要求，而建设工程合同在定义中未明确承包人工作依据。其二，建设工程合同的承揽标的是作为不动产的“建设工程”，承包人的工作成果是合同约定的满足发包人合同目的的有形的建设工程；普通承揽合同的标的是“工作的完成”，即劳务成果，该成果可以是家具制作等有形动产，也可以是谱曲、演出、提供法律意见等无形成果。其三，建设工程合同承包人对于已经验收合格而交付的工作成果仍然要承担质量瑕疵担保义务和工程保修义务，这些义务不仅取决于当事人约定，还受限于法定要求；普通承揽合同中，承揽人对已经交付的工作成果，如其承担质量瑕疵担保义务或保修义务，通常仅取决于合同约定。其四，建设工程合同的承包人主体资格有法定资质要求，某些情形下对发包人也有主体资格的法定要求；普通承揽合同对定作人和承揽人通常均无超出民事合同当事人民事行为能力和民事责任能力以外的其他法定要求。②

（二）本书的观点

在判断某一合同属于建设工程合同还是承揽合同时，应结合建设工程的特殊性，考察以下四个要素进行区分。

1. 合同标的差异

建设工程合同的标的物包括建筑工程、土木工程、机电工程，以不动产为主，工程规模较大；至于其范围，可参照《建设工程分类标准》。承揽合同

---

① 李玉生主编：《建设工程施工合同案件审理指南》，人民法院出版社 2019 年版，第 27－28 页。

② 曹文衔、宿辉、曲笑飞：《民法典建设工程合同章条文释解与司法适用》，法律出版社 2021 年版，第 3 页；黄喆：《〈合同法〉第 261 条（工作成果的交付与验收）评注》，载《法学家》2020 年第 2 期。

对于标的物并没有特定限制，主要是定作人提出要求，承揽人依靠自身技术去完成，其标的物可为体力劳动成果，也可为脑力劳动成果。

2. 合同主体差异

建设工程投资大，技术要求高，且涉及公共安全，故行政机关对其监管严格，一般施行资质准入制度，故其承包人当是具有相应资质的法人，公民个人难以成为承包人。反观承揽合同，对于承揽人的主体资格一般没有限制。

3. 合同权利义务差异

与一般民事合同相比，承揽合同有两项比较特殊的权利。一是承揽人享有留置权，《民法典》第七百八十三条规定："定作人未向承揽人支付报酬或者材料费等价款的，承揽人对完成的工作成果享有留置权或者有权拒绝交付，但是当事人另有约定的除外。"二是定作人享有随时解除合同权，《民法典》第七百八十七条规定："定作人在承揽人完成工作前可以随时解除合同，造成承揽人损失的，应当赔偿损失。"对于建设工程合同而言，发包人并不享有随时解除权，也不享有留置权，只能依照合同约定或法定程序行使解除权。此外，建设工程合同中，承包人享有一项特殊的权利，即工程价款优先受偿权；而一般承揽合同的当事人并不享有该项权利。

4. 行政介入程度差异

因建设工程涉及国计民生和公众安全，故与传统的民事合同不同，公权力对其介入较多，工程建设的全流程大都存在行政监管手续。如部分工程需要经过招投标程序；工程开工前需要从行政主管部门处取得工程规划许可证、施工许可证；施工过程中需要接受质量监督检查，现场施工检查等；施工完毕后需要接受质量检验、备案等手续。反之，在承揽合同领域，更多体现的是当事人的意思自治，行政机关一般不会进行管理、干预。

二、建设工程合同与委托代建合同的关系

关于委托代建合同，因为其与传统的"发包人""承包人"的合同主体存在差异，故对于此类合同是否属于建设工程合同范畴，实践中存在一定争议。

（一）委托代建相关的规范梳理

1. 国务院和部门规范性文件层面

笔者查询到最早的相关规定，是2004年7月公布的《国务院关于投资体制改革的决定》，其中载明："对非经营性政府投资项目加快推行'代建制'，即通过招标等方式，选择专业化的项目管理单位负责建设实施，严格控制项目投资、质量和工期，竣工验收后移交给使用单位。增强投资风险意识，建立和完善政府投资项目的风险管理机制。"

2015年2月，水利部公布的《关于水利工程建设项目代建制管理的指导意见》有如下相关内容。其一，代建制的含义。"水利工程建设项目代建制，是指政府投资的水利工程建设项目通过招标等方式，选择具有水利工程建设管理经验、技术和能力的专业化项目建设管理单位（以下简称代建单位），负责项目的建设实施，竣工验收后移交运行管理单位的制度。"其二，代建合同的签订。"代建单位确定后，项目管理单位应与代建单位依法签订代建合同。代建合同内容应包括项目建设规模、内容、标准、质量、工期、投资和代建费用等控制指标，明确双方的责任、权利、义务、奖惩等法律关系及违约责任的认定与处理方式。"其三，资金的使用。"代建项目资金管理要严格执行国家有关法律法规和基本建设财务管理制度……做好代建项目建账核算工作，严格资金管理，确保专款专用。""代建项目建设资金的拨付按财政部门相关规定和合同约定执行。"其四，代建单位的报酬。"代建管理费要与代建单位的代建内容、代建绩效挂钩，计入项目建设成本，在工程概算中列支。代建管理费由代建单位提出申请，由项目管理单位审核后，按项目实施进度和合同约定分期拨付。"

2015年5月，交通运输部公布的《公路建设项目代建管理办法》有如下相关内容。其一，代建的含义。"本办法所称代建，是指受公路建设项目的项目法人（以下简称'项目法人'）委托，由专业化的项目管理单位（以下简称'代建单位'）承担项目建设管理及相关工作的建设管理模式。"其二，代建合同的签订。"代建单位应当依法通过招标等方式选择。采用招标方式的，应当使用交通运输部统一制定的标准招标文件。""项目法人应当与所选择的代建单位签订代建合同。”其三，代建单位的报酬。“代建服务费应当根据代建工作内容、代建单位投入、项目特点及风险分担等因素合理约定。”“代建服务费宜按照工程进度和目标考核情况分期支付。”

2. 地方政府层面

2004 年 3 月，北京市公布的《北京市政府投资建设项目代建制管理办法（试行）》有如下相关内容。其一，代建制的含义。“本办法所称代建制，是指政府通过招标的方式，选择社会专业化的项目管理单位（以下简称代建单位），负责项目的投资管理和建设组织实施工作，项目建成后交付使用单位的制度。代建期间代建单位按照合同约定代行项目建设的投资主体职责。有关行政部门对实行代建制的建设项目的审批程序不变。”其二，合同签订与代建单位职责。“市发改委与建设实施代建单位、使用单位三方签订书面《项目代建合同》，建设实施代建单位按照合同约定在建设实施阶段代行使用单位职责。”其三，资金的使用。“项目建设资金由建设实施代建单位负责管理。《项目代建合同》签订后，市发改委根据国家和市政府有关规定，批准该项目正式年度投资计划，并根据项目具体进展情况，实施按进度拨款。建设实施代建单位根据实际工作进度和资金需求，提出资金使用计划，经项目使用单位和监理单位确认后，报请市发改委安排建设资金。市发改委将建设资金投资计划直接下达给建设实施代建单位，由市财政部门拨付给建设实施代建单位按规定使用。”其四，代建单位的报酬。“前期工作代理单位管理费和建设实施代建单位管理费，在招投标中确定。前期代理单位管理费与建设实施代建单位管理费最高可按管理费总额的 3∶7 比例确定。”

2019 年 12 月，海南省公布的《海南省政府投资项目代建制管理办法》有如下相关内容。其一，代建制的含义。“本办法所称的政府投资项目代建制，是指项目单位将本部门或本单位政府投资项目的策划、建设等管理行为，委托给专业建设管理机构代理项目单位在一定期限内具体负责项目策划、建设的管理模式。”其二，代建的合同签订。“项目代建单位确定后，由项目单位和代建单位根据代建的内容签订项目代建合同。合同必须明确代建项目的范围、形式、双方的权利和义务以及奖罚办法等法律关系。”其三，代建单位的报酬。“代建单位的代建管理费计列项目概算总投资之中。根据代建内容和要求，按照项目建设管理费标准核定，计入项目建设成本，不再计列建设单位管理费。一般不得同时列支代建管理费和建设单位管理费，确需同时发生的，按财政部门规定执行。”

2021 年 9 月，陕西省公布的《陕西省省直政府投资项目代建制管理办法（试行）》有如下相关内容。其一，代建制含义。“本办法所称的代建制，是指项目单位通过招标方式选择专业化的项目管理单位（以下简称代建单位），代为负责项目建设全过程组织实施，严格控制项目投资、质量、工期和安全，项目竣工验收合格后移交项目单位的制度。”其二，代建合同的签订。“代建项目实行合同管理制，项目单位和代建单位签订委托代建合同，项目单位、代建单位与设计、监理、施工、设备材料供应单位签订三方合同，明确各方的责任、权利、义务、奖惩等内容。合同与基本建设工程资料一并归档。”其三，资金的使用。“代建项目建设资金由代建单位按期向项目单位提出申请，项目单位确认后直接拨付相关服务、参建、材料设备供应等单位，并将拨付情况抄告代建单位。建设资金审核、拨付、监管的具体方式和流程按国家、省级有关规定执行。”其四，代建单位的报酬。“代建管理费是代建单位在行使项目建设管理职责过程中，为项目单位提供项目前期工作、建设实施、竣工验收及财务决算等阶段管理服务并独立承担控制项目投资、质量和工期的责任和风险所收取的费用。代建管理费不额外增加项目投资，取费按照国家和省级有关标准规定计取。”

3. 简要小结

对于代建制模式，我国一直在探索和完善之中。对比分析上述规范性文件，可以发现如下几个特点：其一，代建的含义基本相同。各地虽在表述上存在文字差异，但核心都是政府投资项目选择专业机构负责组织建设，完成后移交给相关单位的模式。其二，代建单位的报酬形式基本相同。虽然计算标准存在部分差异，但代建单位报酬的表现形式都是代建管理费（服务费）。其三，规制责任的方向基本相同。各地规范中涉及的责任多是项目单位（建设单位）和代建单位之间，没有涉及具体施工人。其四，代建合同签订主体存在差异。有的要求发改委、代建单位、使用单位三方签订代建合同；有的要求项目单位、代建单位签订代建合同；有的还要求项目单位、代建单位与设计、监理、施工、设备材料供应单位签订三方合同。其五，项目资金的拨付存在差异。有的是财政部门将资金直接拨付给代建单位，有的是代建单位申请后由项目单位直接拨付相关服务、参建、材料设备供应等单位。

（二）委托代建合同性质的观点梳理

关于委托代建合同的性质，特别是能否将其划定为建设工程合同，实践中不乏争议，主要观点如下。

第一种观点认为，委托代建合同属于建设工程合同范畴，所有人、发包人应当作为共同被告。如《深圳市中级人民法院关于建设工程施工合同纠纷案件的裁判指引》第二条规定："建设工程施工合同的发包人并非建设工程项目的所有人，发包人以自己的名义实际履行合同的，人民法院应把建设工程的所有人与发包人列为建设工程施工合同纠纷案件的共同诉讼人。工程代建合同的受托人以自己的名义与承包人签订并履行建设工程施工合同的，人民法院应把工程代建合同的委托人与受托人列为建设工程施工合同纠纷案件的共同诉讼人，但建设工程施工合同明确约定仅由受托人、委托人或发包人承担合同约定义务的除外。"

第二种观点认为，委托代建合同不属于建设工程合同范畴，委托代建法律关系性质为房地产开发经营合同。委托代建合同与施工合同是两个独立的法律关系，原则上在审理建设工程施工合同纠纷案件中，不宜追加委托人为本案当事人，不宜判令委托人对发包人偿还工程欠款承担连带责任。委托人也无权以承包人为被告向人民法院提起诉讼，主张承包人对工程质量缺陷承担责任。委托人与代建人就委托代建合同发生的纠纷，也不宜追加承包人为本案当事人。[①]

第三种观点认为，委托代建合同属于工程管理服务合同。代建制的核心

---

① 冯小光：《回顾与展望——写在〈最高人民法院关于审理建设工程施工合同纠纷案件适用法律问题的解释〉颁布实施三周年之际》，载中华人民共和国最高人民法院民事审判第一庭编：《民事审判指导与参考》[2008 年第 1 集（总第 33 集）]，法律出版社 2008 年版，第 86 页。相同观点还可参见宁夏回族自治区高级人民法院（2019）宁民终 36 号民事判决书；江西省高级人民法院（2020）赣民终 419 号民事判决书。

是建设单位向代建单位采购代建管理服务，此类工程管理服务合同与监理合同类似，但又不同于监理合同。代建合同的受托人对工程项目实行全面的管理服务，既包括前期立项，选定施工单位，做好施工准备；也包括施工阶段对工期、工程质量、工程款支付进行全程控制，对施工单位进行监督指导；还包括项目后期的竣工验收、结算、资料移交、试运行等。[①]

第四种观点认为，委托代建合同属于委托合同范围。受托人以自己的名义，在委托人授权范围内与第三人订立合同，第三人在订立合同时知道受托人和委托人之间的代理关系的，该合同是直接约束委托人和第三人的。因此，施工合同尽管由代建人与承包商签订，但依据法律规定同样对业主具有法律约束力，故建筑公司可以直接以业主为原告并向其主张迟延支付的工程款。[②]

（三）本书的观点

我国的代建制尚处在发展阶段，对于委托代建的性质也一直处在探索当中，比如除却上文所列观点之外，理论界对委托代建是行政委托还是民事代理也存在不同见解，委托代建性质被视为建立和完善我国代建制立法所面临的首要和基本问题。[③] 具体到司法实践，笔者倾向认为，在适度区分代建制类型的基础上，谨慎界定代建合同的性质。

1. 关于政府投资背景下的委托代建

该种情形下，代建方和施工人之间的合同关系，应为建设工程合同。建设方（政府部门）和代建方之间的代建合同与传统民事领域的委托合同并不相同，诸多建设单位（使用单位或项目单位）并不能自行决定是否采取委托代建形式，在代建单位选择、资质等方面，也具有一定的行政管理特征，在此基础上，再参考《最高人民法院关于审理行政协议案件若干问题的规定》

---

① 陈鑫、程世刚、张龙：《工程代建合同是否必须进行招投标》，载找法网 2016 年 1 月 15 日，https：//china. findlaw. cn/hetongfa/hetongdongtai/hetongzhishi/jianshegongchenghetongz/1256551. html。

② 谭敬慧：《中国建设工程争议解决年度观察（2013）》，载《北京仲裁》2013 年第 1 辑。

③ 尹贻林、阎孝砚主编：《政府投资项目代建制理论与实务》，天津大学出版社 2006 年版，第 121－122 页。

相关内容，笔者认为，该类合同具有行政协议的部分特征。[①] 实践处理上，在尚未有明确规范界定该类合同性质之前，当将委托代建关系与施工合同关系独立判断，代建中的建设单位与施工中的承包人之间一般不发生权利义务关系。实践中也不乏判例，如最高人民法院（2016）最高法民终675号民事判决书认为："案涉工程为市政工程，由黔西县人民政府委托山城公司进行投资代建，后山城公司将工程发包给圣奇公司，黔西县人民政府与山城公司委托代建法律关系与山城公司、圣奇公司建设工程施工合同法律关系，并非同一法律关系。一审法院未追加黔西县人民政府并无不当。"当然，若特殊情况下，代建中的委托人与施工中的承包人直接签订或发生实际合同关系，则当视合同约定另当别论。

2. 关于社会资本背景下的委托代建

该种情形是指建房人获得国有土地使用权后委托房地产建设企业代建房屋，并向受托房地产建设企业支付酬金的情形，其与政府投资代建制在资质要求、合同签约模式、建设资金拨付等多个方面存在区别，在民事法律关系中可对应到《民事案件案由规定》中"房地产开发经营合同纠纷"项下的"委托代建合同纠纷"，若涉及代建方和施工方的法律关系性质，一般应认定为施工合同。至于建设方是否需要对施工方承担支付款项等责任，笔者倾向于依据《民法典》中对于委托法律关系的规范来判断三者之间的权利义务。当然，该问题的争议广泛存在，其最终的解决还要依赖于代建人履行职责的法律规范进一步完善。

---

① 《最高人民法院关于审理行政协议案件若干问题的规定》第一条规定："行政机关为了实现行政管理或者公共服务目标，与公民、法人或者其他组织协商订立的具有行政法上权利义务内容的协议，属于行政诉讼法第十二条第一款第十一项规定的行政协议。"第二条规定："公民、法人或者其他组织就下列行政协议提起行政诉讼的，人民法院应当依法受理：（一）政府特许经营协议；（二）土地、房屋等征收征用补偿协议；（三）矿业权等国有自然资源使用权出让协议；（四）政府投资的保障性住房的租赁、买卖等协议；（五）符合本规定第一条规定的政府与社会资本合作协议；（六）其他行政协议。"

裁判规则指引

❶ 区分建设工程合同和承揽合同时，应着重结合合同标的、合同主体、合同权利义务和行政监管程度等四个要素进行审查。如果合同标的物属于《建设工程分类标准》范围，承包人需要具备建筑业企业资质，工程建设流程需要接受建设行政主管部门监管，则该合同一般属于建设工程合同范畴，否则，当考虑将其纳入承揽合同范畴。

❷ 我国的代建制尚处在发展阶段，相关问题也一直处在探索当中。关于委托代建合同的性质，特别是能否将其划定为建设工程合同，实践中争议较大，我们倾向在适度区分代建制类型的基础上，谨慎界定代建合同的性质。

❸ 关于政府投资背景下的委托代建，代建方和施工方之间形成建设工程合同关系；建设方（政府部门）和代建方之间的关系与传统委托合同并不相同，具有行政协议的部分特征，该种情形中，建议将委托代建关系与施工合同关系独立判断，即代建中的委托人与施工中的承包人之间一般不发生权利义务关系。

❹ 关于社会资本背景下的委托代建，一般属于“房地产开发经营合同”项下的“委托代建合同”，代建方和施工方之间形成了建设工程施工合同关系。建设方与施工方之间的权利义务，可以参照《民法典》对于委托法律关系的规范进行判断。

第四节　建设工程施工合同管辖的判断规则及相关问题

实务疑难问题

1. 判断施工合同纠纷的管辖法院时，一般应遵循什么规则？
2. 适用专属管辖的施工合同纠纷包括哪些具体案由？
3. 发包人、转包人（违法分包人）、实际施工人中的任意合同相对方存在仲裁协议时，实际施工人提起的诉讼是否属于法院主管范围？
4. 如何根据当事人的诉讼请求判断诉讼标的额大小进而确定级别管辖？
5. 施工合同未履行或工程债权转让引发的纠纷，是否适用专属管辖？
6. 当事人就工程价款单独签订结算协议或还款协议后因履行产生纠纷，是否适用专属管辖？

管辖，是诉讼的基础，也是诉讼程序开启的前端。我国民事诉讼领域的管辖种类大致可分为级别管辖、地域管辖、移送管辖和指定管辖。对于施工合同而言，上述四类均可能涉及，但就级别、移送、指定管辖而言，施工合同与其他合同并无本质区别。施工合同的管辖特点主要反映在地域管辖中，尤其涉及对专属管辖规则的理解。

一、施工合同之管辖判断的一般规则

对于施工合同纠纷管辖的判断，一般需要历经以下四个步骤。第一步，判断是否属于法院主管范围；第二步，判断是否属于施工合同进而适用专属管辖；第三步，判断是否属于专门法院管辖；第四步，判断属于何种级别的法院管辖。

（一）主管：确定是否存在仲裁协议

从审判权的角度，主管问题涉及审判权与其他纠纷处理机制的分工关系，体现国家对民事审判权的空间范围所持的基本态度。[①] 具体到施工合同纠纷，原则上属于法院的主管范围，但双方当事人也可通过约定将争议提交仲裁委员会仲裁，排除法院主管。

我国《仲裁法》第五条规定："当事人达成仲裁协议，一方向人民法院起诉的，人民法院不予受理，但仲裁协议无效的除外。"《最高人民法院关于适用〈中华人民共和国仲裁法〉若干问题的解释》第七条规定："当事人约定争议可以向仲裁机构申请仲裁也可以向人民法院起诉的，仲裁协议无效。但一方向仲裁机构申请仲裁，另一方未在仲裁法第二十条第二款规定期间内提出异议的除外。"

因此，施工合同纠纷中，判断管辖的第一步，是查明当事人之间是否存在有效仲裁协议：若有，则由此引发的纠纷已非法院主管；若无，再进一步探查管辖法院规则。

（二）专属管辖：确定是否属于施工合同纠纷的范围

1. 施工合同纠纷专属管辖的规范内容

所谓专属管辖，是指某些案件必须由特定的法院管理，当事人不能以协议的方式加以变更，具有强制性和排他性。《民事诉讼法》第三十四条确立了专属管辖，第一项规定："因不动产纠纷提起的诉讼，由不动产所在地人民法院管辖。"

对于施工合同纠纷的管辖，《民事诉讼法》并未特别规制。《民事诉讼法解释》对此作出了细化，第二十八条规定："民事诉讼法第三十四条第一项规定的不动产纠纷是指因不动产的权利确认、分割、相邻关系等引起的物权纠纷。农村土地承包经营合同纠纷、房屋租赁合同纠纷、建设工程施工合同纠纷、政策性房屋买卖合同纠纷，按照不动产纠纷确定管辖。不动产已登记的，

---

① 蔡虹：《法院主管若干问题研究》，载《法商研究》2001 年第 5 期。

以不动产登记簿记载的所在地为不动产所在地；不动产未登记的，以不动产实际所在地为不动产所在地。”

2. 适用专属管辖的施工合同纠纷范围

具体到司法实践，因《民事案件案由规定》中的“建设工程施工合同”是最小层级的四级案由，是否只有该案由适用专属管辖，偶有分歧，但最高人民法院权威观点和案例的观点较为明确。

权威观点方面，“应当按照不动产纠纷由不动产所在地法院专属管辖的建设工程施工合同纠纷，不限于《民事案件案由规定》的建设工程合同纠纷项下的第三个第四级案由‘建设工程施工合同纠纷’，应当包括该项下的建设工程施工相关的案件：‘（3）建设工程施工合同纠纷，（4）建设工程价款优先受偿权纠纷，（5）建设工程分包合同纠纷，（6）建设工程监理合同纠纷，（7）装饰装修合同纠纷，（8）铁路修建合同纠纷，（9）农村建房施工合同纠纷’”。[①]

案例方面，最高人民法院（2017）最高法民辖30号民事裁定书认为：“《最高人民法院关于适用〈中华人民共和国民事诉讼法〉的解释》第二十八条第二项规定：‘农村土地承包经营合同纠纷、房屋租赁合同纠纷、建设工程施工合同纠纷、政策性房屋买卖合同纠纷，按照不动产纠纷确定管辖。’对该项涉及的建设工程施工合同纠纷的理解，应不限于《民事案件案由规定》的建设工程合同项下的第三级、第四级案由‘建设工程施工合同纠纷’，还包括该项下的建设工程施工相关案件：建设工程施工合同纠纷、建设工程价款优先受偿权纠纷、建设工程分包合同纠纷、建设工程监理合同纠纷、装饰装修合同纠纷、铁路修建合同纠纷、农村建房施工合同纠纷。”

地方法院中，也不少持相同观点，如2018年《北京市高级人民法院关于立案审判适用法律若干问题的解答（一）》第二十条规定：“实践中，建设工程施工合同纠纷的适用歧义较多，根据最高人民法院立案庭的意见，建设工程施工合同纠纷是指具有建设工程施工性质的类型化合同纠纷的统称，《民事

---

① 高民智：《关于民诉法解释中有关管辖若干问题的理解与适用》，载《人民法院报》2015年8月27日，第5版。

案件案由规定》第三级案由‘建设工程合同纠纷’项下与建设工程施工相关的七个第四级案由，即建设工程施工合同纠纷、建设工程价款优先受偿权纠纷、建设工程分包合同纠纷、建设工程监理合同纠纷、装饰装修合同纠纷、铁路修建合同纠纷、农村建房施工合同纠纷，均应适用不动产专属管辖。”《重庆市高级人民法院关于民事诉讼管辖若干问题的解答》第十七条规定：“合同法第二百六十九条第二款规定，建设工程合同包括工程勘察、设计、施工合同。根据该规定，建设工程合同中工程勘察、设计之外以施工过程中当事人权利义务为内容的合同，属于建设工程施工合同。民事诉讼法司法解释第二十八条第二款规定，建设工程施工合同纠纷按照不动产纠纷确定管辖。这里的建设工程施工合同纠纷，包括《民事案件案由规定》建设工程合同纠纷项下的七个四级案由：即建设工程施工合同纠纷、建设工程价款优先受偿权纠纷、建设工程分包合同纠纷、建设工程监理合同纠纷、装饰装修合同纠纷、铁路修建合同纠纷、农村建房施工合同纠纷。”

此外，如果关系到涉外合同，当事人可能会通过书面协议选择外国法院管辖，但对于施工合同而言，涉外因素并不能排除专属管辖，对此，《民事诉讼法解释》第五百二十九条规定：“涉外合同或者其他财产权益纠纷的当事人，可以书面协议选择被告住所地、合同履行地、合同签订地、原告住所地、标的物所在地、侵权行为地等与争议有实际联系地点的外国法院管辖。根据民事诉讼法第三十四条和第二百七十三条规定，属于中华人民共和国法院专属管辖的案件，当事人不得协议选择外国法院管辖，但协议选择仲裁的除外。”

因此，施工合同纠纷中，判断管辖的第二步，是查明法律关系性质，若案由属于施工合同纠纷范畴，则适用不动产专属管辖。

（三）专门管辖：确定是否属于专门法院范围

《民事诉讼法》中专属管辖的确定虽然以标的物所在地为基本前提，然在确定具体管辖法院时还需要接受专门管辖和级别管辖的约束。就专门管辖而言，依照《人民法院组织法》第十五条第一款的规定，“专门人民法院包括军事法院和海事法院、知识产权法院、金融法院等”。上述规定中，与施工合同纠纷专门管辖相关的主要是军事法院和海事法院。

1. 关于军事法院管辖

《最高人民法院关于军事法院管辖民事案件若干问题的规定》第一条规定:“下列民事案件,由军事法院管辖:(一)双方当事人均为军人或者军队单位的案件,但法律另有规定的除外;(二)涉及机密级以上军事秘密的案件……”第二条第四项规定,下列民事案件,地方当事人向军事法院提起诉讼或者提出申请的,军事法院应当受理,“民事诉讼法第三十三条[①]规定的不动产所在地、港口所在地、被继承人死亡时住所地或者主要遗产所在地在营区内,且当事人一方为军人或者军队单位的案件”。第四条第二款规定:“当事人住所地省级行政区划内没有可以受理案件的第一审军事法院,或者处于交通十分不便的边远地区,双方当事人同意由地方人民法院管辖的,地方人民法院可以管辖,但本规定第一条第(二)项规定的案件除外。”

综上可知,如果涉及军事机密,则施工合同纠纷必须由军事法院管辖。如果施工合同双方当事人均是军人或军队单位,应当由军事法院管辖。但当事人住所地省级行政区划内没有可以受理案件的第一审军事法院,或者处于交通十分不便的边远地区,双方当事人同意由地方人民法院管辖的,地方人民法院可以管辖。如果建设工程位于军队营区且当事人一方为军人或军队的案件,军事法院能否管辖取决于地方当事人是否向其提起诉讼或申请。

2. 关于海事法院的管辖

《最高人民法院关于海事法院受理案件范围的规定》中涉及工程的纠纷包括“海洋、通海可航水域工程建设(含水下疏浚、围海造地、电缆或者管道敷设以及码头、船坞、钻井平台、人工岛、隧道、大桥等建设)纠纷案件”。故此,如果建设工程涉及海洋、通海可航水域,则应当由该工程所在地的海事法院管辖。

3. 铁路运输法院的特殊管辖

1979 年《人民法院组织法》曾规定了铁路运输法院属于专门法院,后被删除。依照 2018 年《人民法院组织法》的规定,我国的专门人民法院并未包

---

① 2021 年《民事诉讼法》第三十四条。

括铁路运输法院。故此，铁路运输法院的管辖是否还属于专门管辖，实践中存在一定争议。然暂时搁置管辖的性质不谈，从铁路运输法院管辖范围而言，相关规定相对明确。《最高人民法院关于铁路运输法院案件管辖范围的若干规定》第三条第六项规定，下列涉及铁路运输、铁路安全、铁路财产的民事诉讼，由铁路运输法院管辖，“与铁路及其附属设施的建设施工有关的合同纠纷”。故此，如果建设工程涉及铁路及其附属设施，则应当由工程所在地所属的铁路运输法院管辖。当然，因改革而取消铁路运输法院的地方则另当别论。

因此，施工合同纠纷中，判断管辖的第三步，是查明合同是否涉及专门管辖因素：如果涉及军事机密，则必须由军事法院管辖；如果施工合同双方当事人均是军人或军队单位的，一般应当由军事法院管辖；如果涉及海洋、通海可航水域工程建设（含水下疏浚、围海造地、电缆或者管道敷设以及码头、船坞、钻井平台、人工岛、隧道、大桥等建设），则应当由海事法院管辖；如果涉及与铁路及其附属设施的建设施工有关的合同纠纷，一般由铁路运输法院管辖。

（四）级别管辖：基层法院、中院或高院受案范围

所谓级别管辖，是指在不同层级组成的法院系统中，确定某一案件由何种层级的法院管辖。到目前为止，最高人民法院发布的涉及建设工程施工合同的级别管辖通知主要有六个：《最高人民法院关于调整中级人民法院管辖第一审民事案件标准的通知》《最高人民法院关于调整河北省、河南省、湖南省高级人民法院所辖中级人民法院管辖第一审民商事案件标准的通知》《最高人民法院关于调整高级人民法院和中级人民法院管辖第一审民事案件标准的通知》《最高人民法院关于调整部分高级人民法院和中级人民法院管辖第一审民商事案件标准的通知》《最高人民法院关于调整高级人民法院和中级人民法院管辖第一审民商事案件标准的通知》《最高人民法院关于明确第一审涉外民商事案件级别管辖标准以及归口办理有关问题的通知》。

上述六个通知之间是不断修正和调整的关系，要从整体上把握级别管辖的内容，需要综合梳理非涉外和涉外的级别管辖标准。（见表1－1、表1－2）

表 1－1　全国各地民商事案件级别管辖标准（非涉外）

地区	法院级别	当事人住所地	一审标的额（元）
全国各地	地方中院	均在或者均不在受理法院所处省级行政辖区	5 亿（含）－50 亿（不含）
	地方中院	一方住所地不在受理法院所处省级行政辖区	1 亿（含）－50 亿（不含）
	战区军事法院、总直属军事法院	不限	1 亿（含）－50 亿（不含）
	地方高院	不限	50 亿（含）以上
	解放军军事法院	不限	50 亿（含）以上

表 1－2　全国各地民商事案件级别管辖标准（涉外）

地区	法院级别	城市性质	一审标的额（元）
北京、上海、江苏、浙江、广东	中院	直辖市、省会城市、计划单列市[1]、经济特区[2]所在市	2000 万（含）－50 亿（不含）
		其他地级市	1000 万（含）－50 亿（不含）
天津、河北、山西、内蒙古、辽宁、安徽、福建、山东、河南、湖北、湖南、广西、海南、四川、重庆	中院	直辖市、省会城市、计划单列市、经济特区所在市	1000 万（含）－50 亿（不含）
		其他地级市	500 万（含）－50 亿（不含）
吉林、黑龙江、江西、云南、陕西、新疆、新疆生产建设兵团	中院	省会城市、计划单列市	500 万（含）－50 亿（不含）
		其他地级市	200 万（含）－50 亿（不含）
贵州、西藏、甘肃、青海、宁夏	中院	省会城市、计划单列市	200 万（含）－50 亿（不含）
		其他地级市	100 万（含）－50 亿（不含）
全国各地	高院	不限制	50 亿（含）以上

---

① 截至目前，我国共有 5 个计划单列市，分别是大连、青岛、宁波、厦门、深圳。

② 截至目前，我国共有 5 个经济特区，分别是深圳、珠海、厦门、汕头、海南。

因此，施工合同纠纷中，判断管辖法院的第四步，是确定受理法院的级别。非涉外案件，需要考察管辖法院所在省级行政区、双方当事人住所地、合同或争议标的额等三个因素确定级别管辖；涉外案件，需要考察管辖法院所在省级行政区、管辖法院所在城市的性质、合同或争议标的额等三个因素确定级别管辖。

二、施工合同管辖相关疑难问题

（一）仲裁协议与实际施工人起诉的主管判断

《新建设工程施工合同解释（一）》第四十三条规定："实际施工人以转包人、违法分包人为被告起诉的，人民法院应当依法受理。实际施工人以发包人为被告主张权利的，人民法院应当追加转包人或者违法分包人为本案第三人，在查明发包人欠付转包人或者违法分包人建设工程价款的数额后，判决发包人在欠付建设工程价款范围内对实际施工人承担责任。"以此为基础，实际施工人经常将发包人、转包人（违法分包人）作为被告一并起诉。在此前提下，如果其中任意的合同相对方之间存在仲裁协议，实际施工人提起的诉讼是否属于法院主管范围，实践中存在分歧，下面区分两种情况进行分析。

1. 实际施工人与转包人（违法分包人）之间存在仲裁条款

对于该种情形，有观点认为根据合同相对性原则，仲裁条款只能约束合同当事人，不能约束发包人，故实际施工人提起的诉讼属于法院主管范围。[①]但多数观点认为实际施工人主张工程价款的基础法律关系，是其与转包人或违法分包人之间的承包合同；在该合同排除了法院管辖的情况下，法院无法对实际施工人与转包人或违法分包人之间的合同争议进行审理，因此，应当驳回实际施工人的起诉。[②] 实务中也不乏类似案例，如最高人民法院（2014）民申字第1591号民事裁定书认为："《最高人民法院关于审理建设工程施工合同纠纷案件适用法律问题的解释》第二十六条规定：'实际施工人以转包人、

---

① 福建省高级人民法院（2017）闽民终1052号民事裁定书。

② 高印立：《法院与仲裁机构的冲突：实际施工人向发包人索赔的管辖》，载《法治日报·法治周末》2021年1月21日。

违法分包人为被告起诉的，人民法院应当依法受理。实际施工人以发包人为被告主张权利的，人民法院可以追加转包人或者违法分包人为本案当事人。发包人只在欠付工程价款范围内对实际施工人承担责任。'本条司法解释第一款确立了实际施工人工程价款请求权的一般规则，即实际施工人可以依法起诉与其具有合同关系的转包人、违法分包人；第二款明确了实际施工人工程价款请求权的例外救济，即实际施工人可以要求发包人在欠付工程价款范围内对实际施工人承担责任。本案中，杰出建筑公司主张工程价款的基础法律关系是其与中交公路公司之间的合同关系，而双方在合同中约定了仲裁条款，排除了法院管辖权。杰出建筑公司将兰渝铁路公司、中交公路公司作为共同被告起诉至甘肃省陇南市中级人民法院，违背了杰出建筑公司与中交公路公司通过仲裁处理双方争议的约定。"概言之，"实际施工人与转包人或者违法分包人之间约定了仲裁条款，实际施工人不得以司法解释为依据起诉发包人"。[①] 笔者赞同上述多数观点，除却实际施工人所主张的权利基础依赖于其与转包人（违法分包人）基础关系的理由之外，从反面推理，如果被告中增加了发包人就允许实际施工人脱离其与相对人的仲裁约定，则会为实际施工人轻易废除仲裁条款提供可乘之机，无疑也会损害合同相对人对于纠纷解决方式的选择利益。

2. 发包人与转包人（违法分包人）之间存在仲裁条款

该种情形下，因为实际施工人与转包人（违法分包人）之间不存在仲裁条款，故其是否应当受到发包人与转包人（违法分包人）之间仲裁条款的约束，实践中争议很大。主要有以下两种观点：

第一种观点认为，实际施工人应当受到发包人与转包人（违法分包人）之间仲裁协议的约束，故实际施工人起诉发包人、转包人（违法分包人）的，应当驳回起诉。[②]

---

① 汪治平：《实际施工人与承包人约定仲裁的情况下不能起诉发包人》，载最高人民法院民事审判第一庭编：《民事审判指导与参考》［2014 年第 4 辑（总第 60 辑）］，人民法院出版社 2015 年版，第 190 页。该篇文章所依据的案例即是上文所述的最高人民法院（2014）民申字第 1591 号民事裁定书。

② 类似观点可参见江西省高级人民法院（2020）赣民终 17 号民事裁定书，福建省高级人民法院（2017）闽民辖终 159 号民事裁定书。

第二种观点认为，实际施工人并非发、承包合同的相对人，不应受到发包人与转包人（违法分包人）之间仲裁协议的约束，故实际施工人起诉发包人、转包人（违法分包人）的，法院应进行实体审理。①

上述两种观点均有不少案例支持，可见该问题的分歧之大，相对而言，笔者更倾向于第一种观点，但在内容上稍有区别：发包人与转包人（违法分包人）的仲裁协议，对于实际施工人的权利行使具有一定影响，但并不妨害实际施工人在程序上同时向转包人（违法分包人）、发包人主张工程款。具体理由如下：

首先，实际施工人向发包人、转包人（违法分包人）主张工程款与发包人、转包人（违法分包人）的仲裁协议之间不一定产生联系。发包人是否需要对实际施工人承担责任，取决于发包人是否欠付工程款，但在诉讼中，如果该项事实并无争议，比如已通过生效仲裁裁决或者发、承包方均认可等方式得以查明，此时，根本不会涉及发包人、转包人（违法分包人）之间的仲裁协议对实际施工人是否产生约束力的问题，法院当然可对此类纠纷进行实体审理。故此，如果仅凭发包人、转包人（违法分包人）之间的仲裁协议，就得出实际施工人无法一并起诉发包人、转包人（违法分包人）的结论，有待商榷。

其次，如果发包人欠付工程款的事实存在争议，就涉及法院能否对此进行审查的问题。此时，因为发包人、转包人（违法分包人）之间存在仲裁协议，已经排除了法院对他们之间纠纷的主管，法院对此当予以尊重，这样既可维护发包人对主管的正常预期，也不会对实际施工人的管辖形成突袭。否则，不仅会变相剥夺当事人对于纠纷解决方式的约定权利，而且容易导致判决认定的事实与仲裁认定的事实出现矛盾。在法院无法对发包人、转包人（违法分包人）之间欠付事实审理的前提下，自然应当裁定驳回实际施工人对发包人的起诉。实践中不乏此类案例，比如最高人民法院（2015）民一终字第 170 号民事裁定书认为：“熊某作为实际施工人，向发包人森科盐化公司和承包人建安建设公司主张支付工程款的权利，涉及熊某与建安建设公司、建

---

① 类似观点可参见河北省高级人民法院（2017）冀民辖终 113 号民事裁定书，山东省高级人民法院（2019）鲁民终 2713 号民事裁定书。

安建设公司与森科盐化公司之间的工程款结算问题。但是，建安建设公司与森科盐化公司签订的《建设工程施工合同》已经明确约定了仲裁条款，故双方之间的工程款结算和支付等争议，应提交由双方约定的仲裁委员会仲裁解决，不属于人民法院主管范围。一审法院受理熊某对森科盐化公司的起诉不当，应予驳回。因熊某与建安建设公司签订的《协议书》对‘双方应本着公平、友好的原则，协商解决合作中的纠纷。如协商不成的，可在工程所在地人民法院起诉解决纠纷’进行了约定，而本案的工程所在地在青海省，根据级别管辖的相关规定，青海省高级人民法院可继续审理熊某诉建安建设公司建设工程施工合同纠纷。”当然，此种处理方式并不影响实际施工人权利的实现，其可待发包人欠付工程款事实明确之后再行起诉。

（二）诉讼标的额的确定与级别管辖

对于施工合同而言，相关规定已经明确诉讼标的额与级别管辖的关系，但实践中的难点在于如何确定当事人诉讼请求的标的额。

1. 合同效力确认及履行、变更、终止与标的额的确定

施工合同纠纷中，当事人的诉讼请求时常是复合型的，可能包括合同效力确认、继续履行、赔偿损失、支付违约金等不同内容的组合，该情形下，应当如何认定诉讼请求标的额，目前尚未见到法律或司法解释层面的统一规定。鉴于该问题的法理性因素较少，更多是程序性设置，故此，列出如下两个地方高级人民法院的规范性文件，供实务中参考。

2014 年《北京市高级人民法院关于规范合同纠纷级别管辖及案件受理费问题的意见》，其中与标的额确定相关的问题，可以概括为如下四个方面。（1）当事人的诉讼请求仅为确认合同效力、继续履行合同或者变更、解除、撤销合同的，应以合同标的总额作为诉讼请求标的额，据以确定级别管辖并收取案件受理费。（2）当事人请求确认部分合同条款的效力、继续履行部分合同义务或者变更、撤销部分合同条款的，应以诉讼请求涉及的合同标的额作为诉讼请求标的额，据以确定级别管辖并收取案件受理费。（3）当事人在请求确认合同效力或者变更、解除、撤销合同的同时，又提出返还财产、支付违约金、赔偿损失等其他诉讼请求的，应按照诉讼请求标的额较高的一项

确定级别管辖并收取案件受理费；当事人请求继续履行合同的，应以诉讼请求涉及的合同标的额加上其他请求金额作为诉讼请求标的额，据以确定级别管辖并收取案件受理费。（4）当事人提出返还财产、支付违约金、赔偿损失等其他诉讼请求，未提出确认合同效力、继续履行合同或者变更、解除、撤销合同诉讼请求的，应以其诉讼请求的金额作为诉讼请求标的额，据以确定级别管辖并收取案件受理费。

2017 年《重庆市高级人民法院关于民事诉讼管辖若干问题的解答》主要内容体现在第十条，相关内容可以概括为如下三个方面。（1）对具有财产内容的合同，当事人起诉请求确认合同效力或者变更合同、撤销合同、解除合同的，以合同标的额为案件诉讼标的额，据此确定案件级别管辖。当事人请求确认部分合同条款的效力、继续履行部分合同义务或者变更、撤销部分合同条款的，应以诉讼请求涉及的合同标的额为案件诉讼标的额，据此确定案件级别管辖。（2）合同无标的额的，由基层人民法院管辖。当事人在起诉请求确认合同效力或者变更、撤销、解除合同的同时，提出返还财产、继续履行、赔偿损失、支付违约金等给付请求的，以合同标的额与给付请求额较高者为案件诉讼标的额，据此确定案件级别管辖。（3）当事人单独或一并请求按照约定或法定利率、一定比例支付利息、违约金、资金占用损失至付清时止的，受诉法院应在立案时要求当事人明确计算至起诉时的具体金额，以确定案件级别管辖。

2. 评估、反诉与标的额的确定

实践中，时常会因为标的物评估、被告提起反诉导致标的额超出一审法院管辖的范围：对于前者，笔者认为，其属于诉讼请求标的额暂未确定，确定后自然应按照标的额移送管辖法院。对于后者，笔者认为，反诉是以本诉为前提，当事人完全可以另行起诉进而依据标的额确定管辖法院，如果当事人选择提起反诉，原则上应当与本诉合并审理。上述观点也可在地方法院的规范性文件中得到印证。如 2015 年《北京市高级人民法院关于民事诉讼管辖若干问题的规定（试行）》第十五条规定："起诉时诉讼标的价值难以确定的，应当按照当事人主张的诉讼标的额确定级别管辖。审理中经评估等程序确定诉讼标的额超出受诉法院级别管辖权范围的，再行移送有管辖权的法院审理。”2018年《北京市高级人民法院关于立案审判适用法律若干问题的解答（一）》第十八条规定：“当事人提出反诉的标的额超出本诉级别管辖的标的额时，根据民事诉讼法解释第二百三十三条第三款的规定，反诉以本诉为前提，通常应予合并审理。除反诉违反专属管辖的规定或者与本诉的诉讼标的及诉讼请求所依据的事实、理由无关联的情况外，均应与本诉合并审理。”

（三）合同未履行、债权转让与专属管辖的适用

1. 合同未履行

施工合同签订后未及履行即发生纠纷，此时能否适用专属管辖的规定。有观点认为，工程尚未开工建设，合同与工程所在地的关联度不大，无须适用专属管辖。但笔者认为，该种情形仍然适用专属管辖。一则，《民事诉讼法解释》在界定施工合同专属管辖时，并未区分履行状态；二则，合同虽未履行，但相关争议仍然是围绕施工合同法律关系展开，如果再以履行状态来区分管辖连接点，不仅会在履行的判断上产生新问题，而且会使简单问题复杂化。实践中也有地方法院和案例持相同观点。比如，2019年《北京市高级人民法院关于立案审判适用法律若干问题的解答（二）》第十条规定：“依据民事诉讼法第三十三条第（一）项和民事诉讼法解释第二十八条关于不动产专属管辖的规定，此类纠纷无论争议合同是否实际履行，均应适用不动产专属管辖。”再如，最高人民法院（2017）最高法民辖61号民事裁定书认为：“本案系履行建设工程施工合同分包合同引发纠纷，应建伟起诉主张案涉工程没有开工，大庆建筑公司重庆分公司亦未按照约定返还工程保证金，依据《最高人民法院关于适用〈中华人民共和国民事诉讼法〉的解释》第二十八条第二款关于‘农村土地承包经营合同纠纷、房屋租赁合同纠纷、建设工程施工合同纠纷、政策性房屋买卖合同纠纷，按照不动产纠纷确定管辖’的规定，本案应由工程所在地贵州省毕节市七星关区人民法院管辖，贵州省毕节市七星关区人民法院裁定将本案移送重庆市渝北区人民法院审理有错误。”

2. 工程债权转让

工程款债权转让后，债务人与受让人因债务履行发生纠纷时，时常会因其应否适用专属管辖产生争议。笔者认为，鉴于该类债权源于建设工程施工

合同，还应按建设工程施工合同纠纷适用专属管辖。如最高人民法院（2018）最高法民辖终221号民事裁定书认为："案涉《路基工程施工合同》由中建七局与北京祁鹏机械租赁处签订，杜金生并非合同当事人或者案涉工程的实际施工人，其之所以向中建七局主张工程款，系基于其通过与北京祁鹏机械租赁处签订《债权转让协议》受让了北京祁鹏机械租赁处在《路基工程施工合同》项下全部权利义务之事实。杜金生在本案中的诉讼请求为确认《路基工程施工合同》无效、中建七局向其支付工程款、五盂高速公路公司承担连带责任等，均是围绕案涉《路基工程施工合同》提出，因此本案法律关系性质仍为建设工程施工合同纠纷。杜金生与北京祁鹏机械租赁处债权转让的后果仅是《路基工程施工合同》权利主体发生变更，并不影响本案的法律关系性质。中建七局上诉提出本案应为债权转让纠纷的主张，缺乏事实和法律依据，本院不予支持。关于建设工程施工合同纠纷的管辖问题……本案建设工程所在地为山西省盂县，因此按照专属管辖以及级别管辖之规定，山西省高级人民法院对本案有管辖权。"①

（四）单独签订结算协议与专属管辖的适用

施工合同履行完毕之后，当事人之间时常会另行签订结算协议或还款协议书，发包人未履行义务时，承包人会依据上述协议起诉要求支付价款。该类案件是否适用专属管辖，有观点认为建设工程合同仅为背景合同，不是管辖依据，应当按照还款协议即普通的债权债务关系确定管辖法院。笔者认为，无论是结算协议还是还款计划，其基础都产生于施工合同，且两者具有紧密的延续关系，无法将二者完全割裂，故此，还是应当按照施工合同纠纷确定专属管辖。比如，最高人民法院（2020）最高法民辖72号民事裁定书认为："北京国电公司与河南青建公司签订《协议书》，约定了工程内容、质量标准、合同总价款及付款方式等建设工程合同内容，二者之间成立建设工程合同关系。在此基础上，《还款协议书》则围绕工程款支付，进一步明确了已付和未付工程款金额，确定了分期付款的具体时间与金额以及河南九嘉公司的担保

---

① 持相同观点的案例还有浙江省高级人民法院（2015）浙民指字第6号民事裁定书。

义务。两份协议是围绕案涉项目施工、工程款支付等产生的系列协议，应整体看待。从上述协议内容看，本案争议的基础合同有建设工程合同，也有三方签订的还款协议书。北京国电公司基于上述合同及还款协议书起诉河南青建公司、河南九嘉公司，请求给付工程款、违约金等，该争议仍属于建设工程合同纠纷。根据《最高人民法院关于适用〈中华人民共和国民事诉讼法〉的解释》第二十八条第二款、第三款关于'农村土地承包经营合同纠纷、房屋租赁合同纠纷、建设工程施工合同纠纷、政策性房屋买卖合同纠纷，按照不动产纠纷确定管辖。不动产已登记的，以不动产登记簿记载的所在地为不动产所在地；不动产未登记的，以不动产实际所在地为不动产所在地'的规定，本案应按照不动产纠纷确定管辖，属专属管辖情形，应由不动产所在地法院管辖。"

裁判规则指引

❶ 关于施工合同纠纷管辖法院的判断，一般需要历经四个步骤，第一步，查明当事人之间是否存在有效的仲裁协议，进而确定是否属于法院主管范围；第二步，查明法律关系性质，进而确定是否属于适用专属管辖的广义施工合同纠纷范畴；第三步，查明施工合同是否涉及专门管辖或特别因素，进而确定是否属于军事法院、海事法院或铁路运输法院管辖；第四步，查明双方当事人住所地、争议标的额、涉外因素等内容，进而确定应当由属地中级人民法院或高级人民法院受理。

❷ 应当按照不动产纠纷由不动产所在地法院专属管辖的建设工程施工合同纠纷，不限于《民事案件案由规定》的建设工程合同纠纷项下的四级案由"建设工程施工合同纠纷"，还包括建设工程价款优先受偿权纠纷、建设工程分包合同纠纷、建设工程监理合同纠纷、装饰装修合同纠纷、铁路修建合同纠纷、农村建房施工合同纠纷。

❸ 发包人与转包人（违法分包人）之间的仲裁协议，对于实际施工人的权利行使具有一定影响，但并不妨害实际施工人在程序上同时向发包人、

转包人（违法分包人）主张工程款。发包人是否需要对实际施工人承担责任，取决于发包人是否欠付工程款：如果发包人欠付工程款的事实并无争议，则不会涉及发包人、转包人（违法分包人）之间的仲裁协议对实际施工人是否产生约束力的问题；如果发包人欠付工程款的事实存在争议，因为发包人、转包人（违法分包人）之间的仲裁协议已经排除了法院对他们之间纠纷的主管，故应当驳回实际施工人对发包人的起诉。

❹ 施工合同纠纷中，当事人的诉讼请求可能包括合同效力确认、继续履行、赔偿损失、支付违约金等不同内容的组合，此时应当如何认定诉讼请求的标的额进而确定级别管辖，尚未有统一规定。鉴于该问题更多涉及程序性安排，故可参考地方高院的规范性文件，如《北京市高级人民法院关于规范合同纠纷级别管辖及案件受理费问题的意见》《重庆市高级人民法院关于民事诉讼管辖若干问题的解答》。

❺ 施工合同纠纷中，时常会因标的物评估、被告提起反诉导致标的额超出一审法院管辖范围。对于前者，因其属于诉讼请求标的额暂未确定，故可待确定后依法移送管辖法院。对于后者，因反诉是以本诉为前提，当事人可以另行起诉进而依据标的额确定管辖法院，如果当事人坚持提起反诉，原则上应当与本诉合并审理。

❻《民事诉讼法解释》在规定施工合同专属管辖时，并未区分履行状态，且即便施工合同未履行，相关争议仍然是围绕施工合同法律关系展开，故施工合同签订后未及履行而发生纠纷的，仍然适用专属管辖。

❼ 工程款债权转让后，债务人与受让人因债务履行发生纠纷时，鉴于转让的债权源自建设工程施工合同，故该类纠纷一般应适用施工合同纠纷的专属管辖规则。

❽ 施工合同履行完毕之后，当事人之间就工程价款另行签订结算或还款协议的，因其基础产生于施工合同，且两者具有紧密的延续关系，故承包人依据上述协议起诉要求发包人支付价款的，应适用施工合同纠纷专属管辖规则。

第二章

施工合同效力

第一节　施工合同无效情形的梳理及分析

实务疑难问题

1. 施工合同无效的原因包括哪些?
2. 承包人超越资质等级范围签订的施工合同是否一律无效?
3. 通谋虚伪是否为认定施工合同无效的典型理由?
4. 任意压缩合理工期的判断标准如何确定?
5. 司法裁判应当如何理解“低于成本价中标”及其适用条件?

2021 年 1 月 1 日，我国第一部《民法典》施行，其影响不言而喻。对于建设工程施工合同而言，《民法典》中诸多普遍性的规则当然适用，特别是合同效力相关的规则，是本节重点关注的内容。此外，2021 年 1 月 1 日，建设工程领域的另一焦点是《新建设工程施工合同解释（一）》施行，其主要整合了之前两部司法解释的内容，在施工合同效力方面，并未因此而发生本质性变化。

一、施工合同无效的类型化梳理

（一）《民法典》之合同无效的情形

所谓合同效力，是指“法律赋予依法成立的合同具有拘束当事人各方及第三人的强制力”①，《民法典》虽然有一章专门规定了“合同的效力”，但更为普遍性的适用规则集中在“民事法律行为的效力”一节中。与原《合同法》相比，《民法典》对合同无效规定的主要变化如下：其一，删除了以欺诈胁迫的手段订立合同损害国家利益和以合法形式掩盖非法目的的情形。其二，

---

① 崔建远：《合同法总论》（上卷），中国人民大学出版社 2011 年版，第 253 页。

在吸收原《合同法》内容的基础上，细化为以下六种情形。

第一种情形，无民事行为能力人签订的合同。《民法典》第一百四十四条规定："无民事行为能力人实施的民事法律行为无效。"

第二种情形，限制民事行为能力人签订的与其年龄、智力、精神健康状况不相适应且未经法定代理人同意或追认的非纯获利益的合同。《民法典》第一百四十五条第一款规定："限制民事行为能力人实施的纯获利益的民事法律行为或者与其年龄、智力、精神健康状况相适应的民事法律行为有效；实施的其他民事法律行为经法定代理人同意或者追认后有效。"

第三种情形，行为人与相对人以虚假的意思表示签订的合同。《民法典》第一百四十六条规定："行为人与相对人以虚假的意思表示实施的民事法律行为无效。以虚假的意思表示隐藏的民事法律行为的效力，依照有关法律规定处理。"

第四种情形，违反法律、行政法规效力性强制性规定的合同。《民法典》第一百五十三条第一款规定："违反法律、行政法规的强制性规定的民事法律行为无效。但是，该强制性规定不导致该民事法律行为无效的除外。"

第五种情形，违背公序良俗的合同。《民法典》第一百五十三条第二款规定："违背公序良俗的民事法律行为无效。"

第六种情形，行为人与相对人恶意串通，损害他人合法权益的合同。《民法典》第一百五十四条规定："行为人与相对人恶意串通，损害他人合法权益的民事法律行为无效。"

虽然建设工程施工合同无效的情形在司法解释和其他规范性文件中有着更为细致的规定，但上述《民法典》的规定依然是施工合同效力判断的基础性来源。

（二）施工合同之无效的十二种情形

关于建设工程施工合同无效的具体情形，主要依据体现在以下四个解释或司法文件中，即《新建设工程施工合同解释（一）》（第一条、第二条、第三条、第四条），《全国民事审判工作会议纪要》（第四部分），《最高人民法院关于当前民事审判工作中的若干具体问题》（第六部分）①，《第八次全国法院民事商事审判工作会议（民事部分）纪要》（第三十条）。概括而言，施工合同无效主要包括了五种类别、十二种情形。

第一种类别，与招投标制度相关。（1）依法必须招投标而未招投标或中标无效；（2）背离中标合同实质性内容而另行签订的合同；（3）低于工程建设成本的工程项目标底订立的合同。

第二种类别，与承包人的建筑业企业资质相关。（1）承包人无资质；（2）承包人超越资质等级签订合同且在建设工程竣工前未取得相应资质等级；（3）没有资质者借用资质。

第三种类别，与发包转包分包相关。（1）发包人肢解发包；（2）承包人转包；（3）承包人违法分包。

第四种类别，与行政手续相关。发包人在纠纷起诉前未取得建设工程规划许可证，但发包人能办而未办且以此为由主张合同无效者例外。

第五种类别，与工程建设强制性标准相关。（1）任意压缩合理工期；（2）降低工程质量标准。

二、企业资质等级与合同效力的关系

对于建筑市场的施工单位，我国法律、行政法规等规定了严格的市场准入制度，体现了国家为了社会公共利益而对市场经营作出的必要干预。《建筑法》第二十六条中规定："承包建筑工程的单位应当持有依法取得的资质证书，并在其资质等级许可的业务范围内承揽工程。禁止建筑施工企业超越本企业资质等级许可的业务范围或者以任何形式用其他建筑施工企业的名义承揽工程。"《建设工程质量管理条例》第二十五条第一款、第二款规定："施工单位应当依法取得相应等级的资质证书，并在其资质等级许可的范围内承揽工程。禁止施工单位超越本单位资质等级许可的业务范围或者以其他施工单位的名义承揽工程。禁止施工单位允许其他单位或者个人以本单位的名义

① 程新文：《关于当前民事审判工作中的若干具体问题》，载杜万华主编：《〈第八次全国法院民事商事审判工作会议（民事部分）纪要〉理解与适用》，人民法院出版社2017年版，第68页。

承揽工程。”

在此基础上，《新建设工程施工合同解释（一）》第一条规定了三种因资质而导致合同无效的情形：承包人未取得建筑业企业资质；承包人超越资质等级；没有资质的实际施工人借用有资质的建筑施工企业名义。

对于承包人未取得资质或者借用资质承揽工程而导致施工合同无效的，一般没有争议。但对于承包人超越资质等级许可的业务范围承揽工程的，需要结合建筑业的改革趋势、具体情况再进一步分析。

（一）企业资质等级的改革情况

2017 年《国务院办公厅关于促进建筑业持续健康发展的意见》，其中有两点与资质相关的内容，其一，“进一步简化工程建设企业资质类别和等级设置，减少不必要的资质认定。选择部分地区开展试点，对信用良好、具有相关专业技术能力、能够提供足额担保的企业，在其资质类别内放宽承揽业务范围限制”；其二，“改革建筑用工制度。推动建筑业劳务企业转型，大力发展木工、电工、砌筑、钢筋制作等以作业为主的专业企业。以专业企业为建筑工人的主要载体，逐步实现建筑工人公司化、专业化管理”。

随后，各地行政监管部门陆续对企业资质松绑。

2018 年《安徽省住房和城乡建设厅关于进一步优化建筑业企业资质管理有关工作的通知》明确：“二级施工总承包建筑业企业同时满足下列条件，可在其资质类别内承接上一等级资质一定范围的房屋建筑和市政工程……1. 企业技术负责人符合上一等级企业资质标准要求；2. 企业承揽工程项目负责人具有上一等级资质相应的工程业绩；3. 企业信用良好且工程建设项目实行工程质量保险。”

2020 年《山东省住房和城乡建设厅、山东省发展和改革委员会关于进一步做好房屋建筑和市政工程招标投标监管工作的通知》明确：“允许信用良好、具有专业技术能力、能够提供足额担保的总承包企业，参与资质类别内上一等级工程项目的投标。”江苏、黑龙江、河南等地也出台了类似文件。总之，该项改革的趋势是：符合一定条件的企业可以超越其资质等级承揽一定范围内的工程。

此外，关于劳务企业的资质，因部分地区已经取消该项资质，故在相应区域内，该资质与承包工程的资格、范围之间已无对应关系，鉴于前文已经作了介绍，就此不再赘述。

（二）企业资质等级与施工合同的效力判断

建设工程领域中，大量无效合同的出现、无法按约实施，特别是对合同无效后果研究相对缺失背景下，一方面容易导致承发包双方及实际施工人的利益失衡甚至变相纵容不诚信行为，另一方面严重影响当事人行为预期和市场有序运行。对此，有观点认为，应淡化资质对于合同效力影响，回归《建筑法》“保证建筑工程的质量和安全”之立法目的；毋庸讳言，此观点在无效合同频繁、当事人利益失衡，乃至当事人故意追求合同无效取得额外利益的背景下有一定的道理，相关行政主管部门亦对此关注并日益完善。[①] 比如，《国务院办公厅关于促进建筑业持续健康发展的意见》中就蕴含了淡化企业资质、强化个人职业资格的新理念。

在此背景下，笔者认为，在改革进程中订立的施工合同，只要符合改革方向，尽管由于修法滞后导致与现行法律规定不吻合，也不轻易认定施工合同无效。[②] 判断因企业资质等级引发的合同效力问题时，需要全面考察该行政区域的监管部门对资质等级的态度，具言之，当事人超越资质等级签订的施工合同不宜一概认定无效，若符合当地行政主管部门的相关规定，则应认定施工合同有效。

三、通谋虚伪在“黑白合同”效力判断中的应用

（一）通谋虚伪与“黑白合同”的界定

所谓通谋虚伪，又称伪装行为、虚假行为，即表意人与相对人进行通谋，双方一致对外作出虚假的、非自己真意的意思表示，其特征在于当事人之间

---

① 杜万华主编：《〈第八次全国法院民事商事审判工作会议（民事部分）纪要〉理解与适用》，人民法院出版社 2017 年版，第 470 页。

② 冯小光：《试论施工合同法律效力的判断原则》，载最高人民法院民事审判第一庭编：《民事审判指导与参考》（2018 年卷），人民法院出版社 2019 年版，第 579 页。

欠缺效果意思。[①] 通谋虚伪的一般结构是当事人之间存在两层意思表示：虚假的意思表示浮现于表面，呈现给外界；真实的意思表示隐藏于内部，为当事人所追求。原《民法总则》确立了该规则，后被《民法典》第一百四十六条吸收，即“行为人与相对人以虚假的意思表示实施的民事法律行为无效。以虚假的意思表示隐藏的民事法律行为的效力，依照有关法律规定处理”。有观点将其广泛应用于“黑白合同”领域，或将其归纳为导致施工合同无效的独立类型。笔者认为，“通谋虚伪”尚不足以构成施工合同无效原因的独立类型，在实践中亦缺乏典型性，下节将就此问题具体分析。

就“黑白合同”而言，其并非法律术语，而是建设工程领域对于同一工程中产生的“表面上的招投标形式订立的合同”和“私底下的自行协商订立的合同”的习惯性称呼。前者是因法律规定而产生，可公开示于他人，故称“白合同”；后者是当事人私下协商规避监管而产生，不愿为他人所知，故称“黑合同”。有观点认为，中标合同合法性是构成“黑白”合同的必要条件，如果中标合同无效，那么即使已经登记备案，亦不能成立黑白合同，所有合同均为无效合同。[②] 笔者认为，“黑”“白”二字本非法律术语，并不具有与合同效力相关的“法定”依据，其本源之意当仅在于从“形式”上区分合同的“出身”而已；故此，本书在辨析“黑白”合同的相关问题时，仅从形式出发，将浮现于表面的通过招投标订立的合同称为“白”，将私下协商就同一工程另行订立的“实质性内容不同”合同称为“黑”。

（二）通谋虚伪在“黑白合同”效力判断中的应用

关于通谋虚伪规范在“黑白合同”中的应用，有观点认为，当事人串标、明招暗投，以及特别约定中标且备案的合同仅用于备案用途，实际双方履行的是另行签订的其他合同，实际上构成虚伪通谋意思表示。[③] 该观点有一定道

---

① 梁慧星：《民法总则立法的若干理论问题》，载《暨南学报（哲学社会科学版）》2016 年第 1 期。

② 常设中国建设工程法律论坛第五工作组：《建设工程施工合同纠纷证据指引理解与适用》，法律出版社 2018 年版，第 88 页。

③ 周利明：《解构与重塑：建设工程合同纠纷审判思维与方法》，法律出版社 2019 年版，第 161 页。

理也颇具代表性。立足于本书的分析重点，笔者更倾向于在区分情形的基础上，分析通谋虚伪规范在“黑白合同”领域是否具有独立应用的空间。

就“黑合同”而言，依据其产生的时间可分为两种：其一，产生于“白合同”签订之前；其二，产生于“白合同”签订之后。

1.“白合同”签订之前产生的“黑合同”

在实践中的表现形式如下：当事人在招投标程序之前已经就工程施工达成实质协议，为了应对行政监管，相约“共同”经历一下招投标过程，再订立一份表面上经过招投标的合同，但仅用于“公示”。此时，通谋虚伪的理由是否有应用的空间？显然，当事人签订的第一份“黑合同”反映内心意思，意在真实履行；第二份“白合同”并非真意，似乎可适用“通谋虚伪”判断其无效。但此时“黑合同”显然也不可能有效，其依据只能归结到“违反法律、行政法规的强制性规定”，进而溯源到《招标投标法》。若真的如此，则在面对“黑白合同”的效力判断时需要借助于不同的规范基础，不免烦琐。换言之，如果完全能够在《招标投标法》的“强制性规定”范围之内解决问题，又何必再次“转接”其他规范。

具体来说，首先，《招标投标法》第三条规定，符合一定条件的工程项目必须招投标，当事人签订的“黑合同”未经招投标程序，违反法律法规的强制性规定被认定无效。其次，《招标投标法》第五十五条规定：“依法必须进行招标的项目，招标人违反本法规定，与投标人就投标价格、投标方案等实质性内容进行谈判的，给予警告，对单位直接负责的主管人员和其他直接责任人员依法给予处分。前款所列行为影响中标结果的，中标无效。”对于“白合同”而言，其一般属于因在先的实质性谈判而影响中标结果的情形，当然，亦有观点认为该种情形构成了《招标投标法》第五十三条所涉及的“串通投标”。[①] 然无论如何，上述“白合同”都可因违反法律的强制性规定而无效。由此可见，该种情形下的“黑白合同”均可在《招标投标法》的基础之上，依照违反法律的强制性规定而将其纳入“中标无效”的类型之中，无须再舍

① 参见王勇：《建设工程施工合同纠纷实务解析》，法律出版社2019年版，第21页；李琪：《建设工程施工合同纠纷案件审理中的疑难问题》，载最高人民法院民事审判第一庭编：《民事审判指导与参考》（2016年卷），人民法院出版社2018年版，第644页。

近求远，引入“通谋虚伪”作为“独立原因”。

2. “白合同”签订之后产生的“黑合同”

在实践中的具体表现形式是：当事人通过合法的招投标签订了“白合同”，随后便将“白合同”束之高阁，基于利益驱使，又重新签订了改变实质性内容的“黑合同”。此时，通谋虚伪的理由是否有应用的空间？首先，对于“白合同”而言，其在签订之初是当事人的真实意思表示，并不存在通谋虚伪，当为有效；“黑合同”是当事人在“白合同”签订后发生的意思变更，自然也无法理解为通谋虚伪。其次，《招标投标法》第四十六条第一款规定：“招标人和中标人应当自中标通知书发出之日起三十日内，按照招标文件和中标人的投标文件订立书面合同。招标人和中标人不得再行订立背离合同实质性内容的其他协议。”此时，同样可以违反法律的强制性规定为由而认定“黑合同”无效，《新建设工程施工合同解释（一）》第二条同样遵循了这一思路。

详细分析，唯一有可能存在通谋虚伪适用空间的情形，就是在签订“白合同”之时，各方将意思表示明确为表面和隐藏的“双层”结构：“白合同”只是用作应对行政监管，各方真实的权利义务关系以随后签订的“黑合同”为准。此时，“白合同”的产生虽然形式上符合法定程序，但因为当事人在签订之时产生的虚假意思表示而无效，随后签订的“黑合同”也因为当事人违反《招标投标法》的规定而无效。

然客观而言，上述理论上的探讨在实践中的“应用场景”非常有限。司法实践中，判断“白合同”是否有效的节点一般集中在招投标过程，如过程符合法定程序，一般都认为合同有效，极少会再去考虑“白合同”签订之时是否存在“通谋虚伪”，因为：一则，“白合同”合法订立之后，即便另行签订的“黑合同”无效也不影响“白合同”的效力，已成“普遍性认知”；二则，如何区分当事人是在签订“白合同”之时形成了通谋虚伪还是签订“白合同”之后临时起意另行签订了“黑合同”，该时间节点的“内心意愿”时常难以证明和判断。

综上所述，笔者认为，通谋虚伪作为导致施工合同无效的一种理由，一般仅可能存在于当事人签订白合同之时的“合意”阶段，然在证明程度上存在很大困难且在实践中并不具有普遍性，故此，通谋虚伪并非认定施工合同无效的典型理由。

四、任意压缩合理工期的判断标准

合理的建设工期，是指正常建设条件下，以科学的施工工艺和管理为基础，结合工程具体建设情况而确定的投资方、各参加单位均获得满意经济效益的合理工期。工程施工中，工期变短的情形并不鲜见，原因包括优化工期和任意压缩合理工期。所谓优化工期是通过压缩关键工作的持续时间而节省出来的时间，其背后原因是科学的管理和技术的驱动；所谓任意压缩合理工期是打乱施工节奏，违背工程建设规律，挤占、取消、缩减必要施工流程，违反国家强制性标准，导致工程质量降低。从法院审理案件情况来看，抢工是造成工程质量缺陷的主要原因，建筑材料缺陷是第二位。① 依照上文所述，任意压缩合理工期构成了合同无效的原因之一，但实践中的问题在于如何确定合理工期被“压缩”了。

首先，住建部发布的《建筑安装工程工期定额》可作为合理工期的参考依据。依照该文件的内容，所谓定额工期，是指自开工之日起，到完成各章、节所包含的工程内容并达到国家验收标准之日止的日历天数（包括法定节假日），不包括三通一平、打试验桩、地下障碍物处理、基础施工前的降水和基坑支护时间、竣工文件编制所需的时间。至于定额工期的产生基础，其是依据国家现行产品标准、设计规范、施工及验收规范、质量评定标准和技术、安全操作规程，按照正常施工条件、常用施工方法、合理劳动组织及平均施工技术装备程度和管理水平，并结合当前常见结构及规模建筑安装工程的施工情况编制的；是国有资金投资工程在可行性研究、初步设计、招标阶段确定工期的依据，非国有资金投资工程参照执行；是签订建筑安装工程施工合同的基础。由此可见，定额工期对于合理工期的确定具有一定的参考性。

其次，可参考各地行政主管部门的意见，各地在具体标准上趋于一致。

---

① 冯小光：《建设工程施工合同纠纷案件法律适用的有关问题》，载最高人民法院民事审判第一庭编：《民事审判指导与参考》（2018 年卷），人民法院出版社 2019 年版，第 436 页。

如2015年《北京市住房和城乡建设委员会关于进一步规范本市建筑市场秩序的通知》明确："建设单位不得任意压缩合理工期。确需压缩施工工期的，建设单位应当按照规定先组织专家进行论证，在通过专家论证，并采取保证建设工程质量和施工安全的措施后，方可组织施工。因压缩工期所增加的费用由建设单位承担，并随工程进度款一并支付。压缩的工期天数不得超过定额工期的30%。超过30%，视为任意压缩合理工期，依照《建设工程质量管理条例》处理。"2015年《河北省住房和城乡建设厅关于加强建设工程工期管理有关工作的通知》中明确："建设单位应当依据工期定额计算工期，在招标文件中注明招标工期和定额工期。拟定的招标工期可以小于定额工期，但不得小于定额工期的70%，否则视为任意压缩合理工期。"

综上所述，笔者认为，当事人约定的工期是否存在任意压缩合理工期的判断，可以《建筑安装工程工期定额》为参考，结合当地行政监管部门的意见综合判断。一般而言，压缩的工期天数超过定额工期的30%的可视为任意压缩合理工期。

五、低于工程建设成本与施工合同效力的关系

关于工程成本，依照《建设工程工程量清单计价规范》的定义，其含义为："承包人为实施合同工程并达到质量标准，在确保安全施工的前提下，必须消耗或使用的人工、材料、工程设备、施工机械台班及其管理等方面发生的费用和按规定缴纳的规费和税金。"关于低于"成本价"中标合同的效力问题，实务中的观点倾向于一致，多认为其无效，至于其无效的"依据"，多引用《招标投标法》第三十三条、第四十一条第二项的规定。[①] 然客观而言，在"管理性强制条款"和"效力性强制条款"不易区分的前提下，对于《招标投标法》中的何种条款会导致合同无效，时常难以直接得出结论，故此，时常需要借助于对司法解释或规范性文件的解读实现"转引"的目的。

---

① 《招标投标法》第三十三条规定："投标人不得以低于成本的报价竞标，也不得以他人名义投标或者以其他方式弄虚作假，骗取中标。"第四十一条规定："中标人的投标应当符合下列条件之一：(一) 能够最大限度地满足招标文件中规定的各项综合评价标准；(二) 能够满足招标文件的实质性要求，并且经评审的投标价格最低；但是投标价格低于成本的除外。"

就工程“成本价”与合同效力的关系问题，笔者查询到的最早起源是2011年《全国民事审判工作会议纪要》，其第四部分记载“以低于工程建设成本的工程项目标底订立的施工合同，应当依据招标投标法第四十一条第（二）项的规定认定无效”。2010年《江苏省高级人民法院建设工程施工合同案件审理指南》（已失效）明确合同无效的情形包括“中标合同约定工程价款低于成本价的”。2012年，广东高院印发《全省民事审判工作会议纪要》（已失效），第十七条的内容与上述2011年《全国民事审判工作会议纪要》的内容一致。随后，在诸多的著作中，低于“成本价”订立的合同被纳入施工合同无效的典型情形，但对于如何确定“成本价”却产生了很大争议。[①]

笔者认为，分析“成本价”与施工合同的效力关系，需要重点关注以下几个方面。

1. 成本价与工程建设项目标底并不相同

解读2011年《全国民事审判工作会议纪要》，“以低于工程建设成本的工程项目标底订立的施工合同”含义存在一定歧义。

如果将“工程建设成本”等同于“工程项目标底”，两者之间属于含义重复，上述句子的中心含义将是“低于工程项目标底”订立施工合同。然而，成本价存在社会平均成本和施工主体个别成本之分，而招标项目的标底，依照《工程建设项目施工招标投标办法》第三十四条的规定，其更多体现的是在工期定额基础上的社会平均成本，故此“工程项目标底”与“工程建设成本”无法等同。

如果将“低于工程建设成本”作为“工程项目标底”的修饰语，则上述纪要内容的中心含义将是：在工程项目标底可能低于、等于或高于成本价的前提下，将以“低于成本价”的“标底”签订的施工合同确定为无效。然而，依据《工程建设项目施工招标投标办法》第三十四条的规定，是否编制标底是由招标人根据项目特点决定的，不可一概而论，那么认为上述纪要仅规制“有标底”的工程而忽视“无标底”的工程缺乏逻辑上的合理性。

---

① 参见李玉生主编：《建设工程施工合同案件审理指南》，人民法院出版社2019年版，第95页；邬砚：《建设工程合同纠纷：254个裁判规则深度解析》，法律出版社2019年版，第17页；谢勇：《建设工程施工合同案件裁判规则解析》，中国法制出版社2020年版，第17页。

故此，结合《招标投标法》第三十三条和第四十一条所要求的投标价格不得低于成本的含义，上述2011年《全国民事审判工作会议纪要》相关内容可以解读为：对以低于工程建设成本订立的施工合同，应当依据《招标投标法》第四十一条第二项的规定认定无效。

2. 导致中标无效的“成本价”解读存在争议，实践多倾向于“个别成本”

虽然上述纪要和部分地方高院均倾向于以低于“成本价”作为否定施工合同效力的基础，但最大的难点在于如何确定“成本价”的含义和标准。就此，存在一定争议。

第一种观点认为，成本价是指整个社会的平均成本。如《建筑工程施工发包与承包计价管理办法》第十一条第二款规定：“对是否低于工程成本报价的异议，评标委员会可以参照国务院住房城乡建设主管部门和省、自治区、直辖市人民政府住房城乡建设主管部门发布的有关规定进行评审。”其中“住房城乡建设主管部门发布的有关规定”指的是主管部门所在当地的定额标准，这种定额标准是主管部门依据当地建设工程行业的平均生产率和平均成本确定的。[①]

第二种观点也是多数观点，认为成本价是指投标人为完成投标项目所支出的个别成本。首先，行政规章层面，《评标委员会和评标方法暂行规定》第二十一条规定：“在评标过程中，评标委员会发现投标人的报价明显低于其他投标报价或者在设有标底时明显低于标底，使得其投标报价可能低于其个别成本的，应当要求该投标人作出书面说明并提供相关证明材料。投标人不能合理说明或者不能提供相关证明材料的，由评标委员会认定该投标人以低于成本报价竞标，应当否决其投标。”投标人以低于社会平均成本但不低于其个别成本的价格投标，是应该被允许和鼓励的，有利于促使投标人挖掘内部潜力，改善经营管理，提高管理水平。[②] 其次，司法案例层面，最高人民法院民

① 常设中国建设工程法律论坛第八工作组：《中国建设工程施工合同法律全书：词条释义与实务指引》，法律出版社2019年版，第129页。

② 国家发展和改革委员会法规司、国务院法制办公室财金司、监察部执法监察司编著：《中华人民共和国招标投标法实施条例释义》，中国计划出版社2012年版，第130页。

一庭就此问题的倾向性意见为："招标投标法第三十三条所称的'低于成本'，是指低于投标人的为完成投标项目所需支出的个别成本。投标人以中标合同约定价格低于社会平均成本为由，主张符合招标投标法第三十三条规定的情形，合同约定价格条款无效的，人民法院不予支持。"[①] 最高人民法院(2015) 民提字第142号民事判决书认为："所谓'投标人不得以低于成本的报价竞标'应指投标人投标报价不得低于其为完成投标项目所需支出的企业个别成本。"江苏高院以公报案例的形式表达相同观点，即"鉴定机构依据社会平均成本作出的鉴定结论不能当然作为认定投标人投标价低于其企业个别成本的依据"[②]。

3. 低于"个别成本"中标的证明具有难度

一个施工单位承包一项工程，其企业成本并非一成不变，而是含有自身管理、项目特征、市场风险、随机性等组合的成本，往往差别较大；实际施工过程中不同的劳务班组、钢材水泥材料的涨跌、周转性材料（如模板）等使用效率的提高、施工管理水平等，注定了企业成本始终存在动态发展的过程。[③] 换言之，结合发、承包人对于合同无效之后的结果预判和技术现状，想在客观上准确地证明施工企业的投标价低于其个别成本的难度非常大。

4. "低于成本"中标的判断应以行政监管为主，司法裁判应谨慎适用

对于招投标合同而言，其中标有效还是无效时常需要面临双重审查，一是行政主管部门或其监督下的评标委员会；二是裁判机构。比较而言，前者的判断带有明显的行业特性和专业性。对于裁判机构而言，对于中标无效的判断更多集中在形式明显、标准容易的情形之中，比如"黑白合同"佐证下的招标前实质性谈判、串通投标等。但"低于成本"中标则是另一种情形，具体分析如下。

首先，面对报价，是否属于"低于成本"投标，无论行政主管部门还是

---

① 最高人民法院民事审判第一庭：《如何理解招标投标法第三十三条所称的"低于成本"》，载最高人民法院民事审判第一庭编：《民事审判指导与参考》（2014年卷），人民法院出版社2018年版，第665页。

② 江苏省高级人民法院（2014）苏民终字第0367号民事判决书。

③ 常设中国建设工程法律论坛第五工作组：《建设工程施工合同纠纷证据指引理解与适用》，法律出版社2018年版，第72页。

评标委员会，应该具有更加专业的评断，如果上述部门并未以低于成本价否定招标的合法性，一般而言，审判机构恐也难以寻找到更为充分的否定依据。

其次，基于对自身条件的认识，通过公开市场竞争，不同的市场主体以自己认为合理的价格承揽工程，有时报价可能存在较大差异，这也是建设工程市场的正常现象；法院一般不应代替市场主体对合同价格是否合理进行判断，而应充分尊重市场竞争的结果。① 如果以“低于成本价”为由否定施工合同效力的情形频繁出现，带来的影响并不积极。一则会变相鼓励承包人违背诚信，承包人可能基于利益驱使，恶意主张合同无效，寻求以高于合同价格的所谓“成本价”主张工程款或其他利益；二则会扰乱招投标市场秩序，对于投标人而言，报价越是走低其中标的可能性越大，故在结果上会催生以下行为：只要能保证中标，后续履行过程中可再以“低于成本价中标投标”为由否定中标效力，进而寻求据实结算的可能。

综上所述，笔者认为，低于成本价中标的判断具有一定专业性、复杂性，在行政监管部门、评标部门未以“低于成本价”为由否定中标效力之时，司法裁判应秉持谨慎的态度，不宜轻易以此为由否定施工合同的效力，除非有充分、明显的证据对此进行佐证。

裁判规则指引

❶ 建设工程施工合同无效主要包括了五个类别、十二种情形。与招投标制度相关的有三种：依法必须招投标而未招投标或中标无效；背离中标合同实质性内容而另行签订的合同；低于工程建设成本的工程项目标底订立的合同。与承包人的企业资质相关的有三种：承包人无资质；承包人超越资质等级签订合同且在建设工程竣工前未取得相应资质等级；没有资质者借用资质。与发包转包分包相关的有三种：发包人肢解发包；承包人转包；承包人违法分包。与行政手续相关的有一种：发包人在纠纷

① 最高人民法院民事审判第一庭：《如何理解招标投标法第三十三条所称的“低于成本”》，载最高人民法院民事审判第一庭编：《民事审判指导与参考》（2014 年卷），人民法院出版社 2018 年版，第 665 页。

起诉前未取得建设工程规划许可证，但发包人能办而未办且以此为由主张合同无效者例外。与工程建设强制性标准相关的有两种：任意压缩合理工期；降低工程质量标准。

❷ 当事人超越资质等级签订的施工合同不宜一概认定无效，若承包工程范围符合当地行政主管部门的相关规定，则应认定施工合同有效。

❸ 通谋虚伪作为导致施工合同无效的一种理由，一般仅可能存在于当事人签订“白合同”之时的“合意”阶段，然在证明程度上存在很大困难且不具有普遍性，故通谋虚伪并非认定施工合同无效的典型理由。

❹ 当事人约定的工期是否属于任意压缩合理工期，可参考《建筑安装工程工期定额》，结合当地行政监管部门的意见综合判断，一般而言，压缩的工期天数超过定额工期的30%可视为任意压缩合理工期。

❺ 低于成本价中标的判断具有一定专业性、复杂性，在行政监管部门、评标部门未以“低于成本价”为由否定中标效力之时，司法裁判应持谨慎态度，不宜轻易以此为由否定施工合同的效力，除非有充分、明显的证据对此进行佐证。

第二节 “许可证”与施工合同效力关系的梳理及分析

实务疑难问题

1. 传统“四证”的含义及其办理流程是什么?
2. 传统“四证”与施工合同效力之间是什么关系?
3. 安全生产许可证与施工合同效力之间是什么关系?

建设工程领域，项目建设一般需要履行相应的行政审批、许可手续，其大多以“许可证”或“行政许可”的形式出现，为行文方便，本节将此类手续统称为“许可证”。

一、“许可证”相关制度梳理

(一) 传统“四证”的含义及流程关系

1. 传统“四证”的含义

建设工程领域内的“四证”虽然已成约定俗称的称呼，但对于其具体名称，并不统一。共识性观点认为包含了建设用地规划许可证、建设工程规划许可证、施工许可证或行政许可，但对于另外一证的名称，有的称为国有土地使用证、集体土地使用证，有的称为不动产权证，其中原因将在下文论及。

(1) 建设用地规划许可证。我国对于城市土地利用与建设工程的规划管理实行法定许可证制度，目的在于加强城乡规划管理，协调城乡空间布局，故需要由城乡规划部门依据控制性详细规划核定建设用地的位置、面积、允许建设的范围，确保符合城乡的总体规划要求。

关于建设用地规划许可证，最早可以追溯到 1990 年施行的《城市规划法》（已废止），其中明确了在城市规划区内进行建设需要申请用地的，需要由城市规划行政主管部门核发建设用地规划许可证。2008 年《城乡规划法》实施，其在区分划拨和出让等土地使用权取得方式的基础上，延续了该项许可证制度。

2019 年，《城乡规划法》再次修正，建设用地规划许可证制度主要体现在第三十七条和第三十八条。前者规定："在城市、镇规划区内以划拨方式提供国有土地使用权的建设项目，经有关部门批准、核准、备案后，建设单位应当向城市、县人民政府城乡规划主管部门提出建设用地规划许可申请，由城市、县人民政府城乡规划主管部门依据控制性详细规划核定建设用地的位置、面积、允许建设的范围，核发建设用地规划许可证。建设单位在取得建设用地规划许可证后，方可向县级以上地方人民政府土地主管部门申请用地，经县级以上人民政府审批后，由土地主管部门划拨土地。"

后者规定："在城市、镇规划区内以出让方式提供国有土地使用权的，在国有土地使用权出让前，城市、县人民政府城乡规划主管部门应当依据控制性详细规划，提出出让地块的位置、使用性质、开发强度等规划条件，作为国有土地使用权出让合同的组成部分。未确定规划条件的地块，不得出让国有土地使用权。以出让方式取得国有土地使用权的建设项目，建设单位在取得建设项目的批准、核准、备案文件和签订国有土地使用权出让合同后，向城市、县人民政府城乡规划主管部门领取建设用地规划许可证。城市、县人民政府城乡规划主管部门不得在建设用地规划许可证中，擅自改变作为国有土地使用权出让合同组成部分的规划条件。"

（2）土地使用证或不动产权证。如上文所述，对于有与土地使用权属相关的"许可证"，实践中存在不同称呼，背后原因是对于我国土地整体利用情况的模糊。

首先，关于我国土地的整体利用情况。依照我国《土地管理法》的规定，从所有权的角度分为国家所有的土地和集体所有的土地；从土地的性质角度，分为农用地、建设用地、未利用地。①

其次，关于利用土地进行建设的情况。《土地管理法》第五十三条规定："经批准的建设项目需要使用国有建设用地的，建设单位应当持法律、行政法规规定的有关文件，向有批准权的县级以上人民政府自然资源主管部门提出建设用地申请，经自然资源主管部门审查，报本级人民政府批准。"第六十条第一款规定："农村集体经济组织使用乡（镇）土地利用总体规划确定的建设用地兴办企业或者与其他单位、个人以土地使用权入股、联营等形式共同举办企业的，应当持有关批准文件，向县级以上地方人民政府自然资源主管部门提出申请，按照省、自治区、直辖市规定的批准权限，由县级以上地方人民政府批准；其中，涉及占用农用地的，依照本法第四十四条的规定办理审批手续。"第六十一条规定："乡（镇）村公共设施、公益事业建设，需要使用土地的，经乡（镇）人民政府审核，向县级以上地方人民政府自然资源主管部门提出申请，按照省、自治区、直辖市规定的批准权限，由县级以上地方人民政府批准；其中，涉及占用农用地的，依照本法第四十四条的规定办理审批手续。"

因此，对于工程建设而言，其利用的土地性质包括国有建设用地、集体建设用地。

关于与此两类土地相关的权属证书名称。以2015年施行的《不动产登记暂行条例》为分水岭。2015年3月1日之前，依照当时的《土地登记办法》（已废止）第十七条的规定，我国土地的权利证书包括四类：国有土地使用证；集体土地所有证；集体土地使用证；土地他项权利证明书。"国有建设用地使用权和国有农用地使用权在国有土地使用证上载明；集体建设用地使用权、宅基地使用权和集体农用地使用权在集体土地使用证上载明；土地抵押权和地役权可以在土地他项权利证明书上载明。"

因此，2015年3月1日之前，如果建设工程占用的是国有土地，其原则

---

① 依照《土地管理法》第四条的规定，农用地是指直接用于农业生产的土地，包括耕地、林地、草地、农田水利用地、养殖水面等；建设用地是指建造建筑物、构筑物的土地，包括城乡住宅和公共设施用地、工矿用地、交通水利设施用地、旅游用地、军事设施用地等；未利用地是指农用地和建设用地以外的土地。

上可获得“国有土地使用证”；如果占用的是集体土地，其原则上可获得“集体土地使用证”。

2015 年 3 月 1 日，《不动产登记暂行条例》实施，在保持之前颁发的各类不动产权属证书继续有效的前提下，其对于新颁发证书名称进行了统一，依照《不动产登记暂行条例实施细则》第二十条第二款的规定：“除办理抵押权登记、地役权登记和预告登记、异议登记，向申请人核发不动产登记证明外，不动产登记机构应当依法向权利人核发不动产权属证书。”

为配合《不动产登记暂行条例》的实施，2015 年《国土资源部关于启用不动产登记簿证样式（试行）的通知》明确，2015 年 3 月 1 日后启用新的不动产登记簿证，并进一步说明：“《不动产权证书》有单一版和集成版两个版本。单一版证书记载一个不动产单元上的一种权利或者互相兼容的一组权利。集成版证书记载同一权利人在同一登记辖区内享有的多个不动产单元上的不动产权利。目前主要采用单一版证书。《不动产登记证明》用于证明不动产抵押权、地役权或者预告登记、异议登记等事项。”依照原国土资源部所颁布的《单一版不动产权证书使用和填写说明》记载，该证书中的“权利类型”一栏用来记载国有建设用地使用权、集体建设用地使用权等具体的权利名称。

因此，2015 年 3 月 1 日之后，除了因历史原因颁布的“旧证”之外，因建设工程占用国有土地和集体土地的，原则上可获得“不动产权证”。

（3）建设工程规划许可证。与建设用地规划许可一样，我国对建设工程采取了同样的管理制度。在特定规划区内进行建筑物、构筑物、道路、管线和其他工程建设，需要由规划行政主管部门进行审核并予以许可。建设工程规划许可证与建设用地规划许可证时常“相互依存”，其产生、发展过程基本一致。现行法律规范主要体现在《城乡规划法》第四十条第一款、第二款：“在城市、镇规划区内进行建筑物、构筑物、道路、管线和其他工程建设的，建设单位或者个人应当向城市、县人民政府城乡规划主管部门或者省、自治区、直辖市人民政府确定的镇人民政府申请办理建设工程规划许可证。申请办理建设工程规划许可证，应当提交使用土地的有关证明文件、建设工程设计方案等材料。需要建设单位编制修建性详细规划的建设项目，还应当提交修建性详细规划。对符合控制性详细规划和规划条件的，由城市、县人民政府城乡规划主管部门或者省、自治区、直辖市人民政府确定的镇人民政府核发建设工程规划许可证。”

关于建设工程规划许可证办理的前提，有的行政部门要求具备土地使用证明文件和建设用地规划许可证；有的行政部门要求具备前述文件之一即可，甚至还有的地方已经取消该许可证的办理。可以看出，建设用地规划许可证并不一定是建设工程规划许可证办理的前提。

（4）施工许可证。相对而言，施工许可的情形比较复杂，与前述三个许可证所对应的同一领域相比，该许可证所对应的领域较为分散，具体而言，依照《建设工程分类标准》内容，我国建设工程可以划分为建筑工程、土木工程和机电工程三类，且不同的工程领域归属于不同的行政主管部门，目前并没有统一的“建设工程”施工许可证，而是依照不同的领域存在相应的施工许可。

关于建筑工程的施工许可，其主要依据是《建筑法》，其第七条规定：“建筑工程开工前，建设单位应当按照国家有关规定向工程所在地县级以上人民政府建设行政主管部门申请领取施工许可证；但是，国务院建设行政主管部门确定的限额以下的小型工程除外。按照国务院规定的权限和程序批准开工报告的建筑工程，不再领取施工许可证。”该领域内，施工许可证由住房和城乡建设部门负责办理，表现形式为“建筑工程施工许可证”。

对于建筑工程之外的其他专业工程，《建筑法》虽在第八十一条明确了“本法关于施工许可、建筑施工企业资质审查和建筑工程发包、承包、禁止转包，以及建筑工程监理、建筑工程安全和质量管理的规定，适用于其他专业建筑工程的建筑活动，具体办法由国务院规定”，但目前主要是由专业工程的主管部门负责施工许可手续。如公路工程的施工许可由各地的交通部门负责办理，水利水电工程由各地的水务部门负责办理，但各地的表现形式多样，或发放“行政许可决定书”，或直接在申请表上加盖行政许可专用章。

2. 传统“四证”的流程关系

明确了“四证”的具体含义之后，尚需了解他们之间的办理流程关系，进而才能更好地判断各种许可证对施工合同效力产生的影响。

工程开工前需要完成的各类“许可证”之间的关系和顺序，综合《城乡规划法》第三十七条、第三十八条、第四十条、第四十一条，《建筑法》第八条等内容，大致梳理如下：

（1）涉及划拨方式的国有土地使用。

第一，建设项目经有关部门批准、核准、备案后，建设单位应当向城乡规划主管部门提出建设用地规划许可申请，由城乡规划主管部门核发“建设用地规划许可证”。

第二，建设单位取得“建设用地规划许可证”后，向土地主管部门申请用地，由土地主管部门划拨土地。①

第三，建设单位或者个人持“使用土地的有关证明”等文件，向城乡规划主管部门或者省、自治区、直辖市人民政府确定的镇人民政府申请办理“建设工程规划许可证”。

第四，建设单位持工程用地批准手续、建设工程规划许可证，向主管行政部门申请核发“施工许可证”或“行政许可”。

（2）涉及出让方式的国有土地使用。

第一，建设单位取得建设项目的批准、核准、备案文件和签订国有土地使用权出让合同后，向城乡规划主管部门申请核发“建设用地规划许可证”。

第二，建设单位或者个人持“使用土地的有关证明”等文件，应当向城乡规划主管部门或者省、自治区、直辖市人民政府确定的镇人民政府申请办理建设工程规划许可证。

第三，建设单位持工程用地批准手续、建设工程规划许可证，向主管行政部门申请核发“施工许可证”或“行政许可”。

（3）涉及集体建设用地使用。

2014年1月，住建部印发《乡村建设规划许可实施意见》，其中对乡村建设规划许可证的申请程序进行了明确。综合该意见和上述法律规范，该许可证的申请程序是：第一，取得自然资源部门的书面意见；第二，建设单位或者个人持各地要求的其他材料向乡、镇人民政府提出申请；第三，乡、镇

---

① 相关行政主管部门需要结合行政机构改革的调整予以确定，原来各地存在规划部门和国土部门分别设立的情况（如规划委员会、国土资源局），现已合并为规划和自然资源委员会，相关行政职能也予以合并。

人民政府报城市、县人民政府城乡规划主管部门核发乡村建设规划许可证。①

综上，可以发现“土地使用证”较为特殊。在工程建设中，是否具备形式意义上的“土地使用证”并不影响整个流程的运转。对于很多建设主体而言，关于土地使用权的合法手续并非仅以“证书”的形式体现，特别是对于新建项目，行政监管部门也并未强行要求以“证书”来证明土地使用权权利，还可以土地出让合同、划拨决定书作为使用土地证明文件②。故此，对于建设主体而言，如涉及国有建设土地，除却部分地区的改革措施之外（详见下文），其传统意义上办理“四证”③ 的关系大致如下：第一步，取得与土地使用相关的证明文件（如划拨决定书、土地出让合同等）；第二步，申请核发建设用地规划许可证；第三步，申请核发建设工程规划许可证；第四步，申请核发施工许可证。如涉及集体建设用地，则取得自然资源主管部门的书面意见之后，申请核发乡村建设规划许可证。

（二）传统“四证”的改革趋势

近年来，建设工程领域的改革加大，在推进政府职能转变、深化“放管服”改革、优化营商环境的背景之下，行政许可的内容和程序都在不断发生变化。

2019 年 3 月，《国务院办公厅关于全面开展工程建设项目审批制度改革的实施意见》发布，其中涉及诸多项目审批的改革措施，比如“精简审批环节。精减审批事项和条件，取消不合法、不合理、不必要的审批事项，减少保留事项的前置条件”，“简化社会投资的中小型工程建设项目审批，对于带方案出让土地的项目，不再对设计方案进行审核，将工程建设许可和施工许可合

---

① 该类许可证在实践中被广泛运用，特别是在集体土地租赁住房、人才公寓等较大型的工程建设当中，因土地为集体建设用地，故部分地方行政部门核发乡村建设规划许可证。然因为工程领域也在不断改革，故对于集体土地建设所涉及的许可手续，各地也在不断变化，如南京市对于利用集体土地进行的工程建设核发的则是“建设工程规划许可证”，具体内容可参见《南京市城乡规划条例》。

② 参见 2019 年《国务院办公厅关于全面开展工程建设项目审批制度改革的实施意见》。

③ 如上文所述，严格意义上分析，“土地使用证”或“不动产权证”并非建设项目流程的必备手续，故传统意义上的“四证”范围应当是土地使用权相关证明文件、建设用地规划许可证、建设工程规划许可证、施工许可证或行政许可。

并为一个阶段”。在此文件指导下，各地陆续开展了审批制度改革。

1. 关于土地使用相关的“证书”和证明文件

关于土地使用相关“证书”在形式上的变化，上文已经提到。关于土地使用的证明文件，一般包括划拨决定书、土地出让合同、建设用地批准书等。《国务院办公厅关于全面开展工程建设项目审批制度改革的实施意见》对此范围进一步扩大，明确“可以将用地预审意见作为使用土地证明文件申请办理建设工程规划许可证”。

此外，2019 年 9 月，《自然资源部关于以“多规合一”为基础推进规划用地“多审合一、多证合一”改革的通知》发布，取消了单独核发的建设用地批准书；将建设用地规划许可证、建设用地批准书合并，自然资源主管部门统一核发新的建设用地规划许可证，不再单独核发建设用地批准书。

2. 关于建设用地规划许可证

该许可证与土地使用权相关证明文件存在一定的重合之处，故有的地方已开始取消该许可证。如 2019 年 4 月施行的《北京市城乡规划条例》（2021 年修正）明确了规划许可证件种类包括选址意见书、建设工程规划许可证、乡村建设规划许可证和相应的临时规划许可证，取消了建设用地规划许可证，因为建设单位取得国有土地使用权，即意味着获得用地许可，建设用地规划许可已不再具有独立存在的意义。① 上述情形并非孤例，2019 年 8 月 1 日起，浙江省海宁市全面取消公开出让类项目建设用地规划许可，以公开出让方式获得国有土地使用权的项目，不再需要办理建设用地规划许可证，推进项目尽早开工建设。②

3. 关于建设工程规划许可证

在《国务院办公厅关于全面开展工程建设项目审批制度改革的实施意见》的指导下，多地出台了诸多“豁免”清单，即对于特定范围的建设工程，不

---

① 殷勇：《关于〈北京市城乡规划条例（修订草案）〉的说明》，载北京市人大常委会网 2019 年 5 月 31 日，http：//www. bjrd. gov. cn/zyfb/zt/d15jrdcwhd9chy/hywjcwh9/202101/t20210129_ 2241511. html。

② 《海宁在全省率先取消公开出让类项目用地规划许可》，载中共嘉兴市委市政府网，http：//www. jiaxing. gov. cn/art/2019/8/27/art_ 1592736_ 37296741. html。

再要求办理建设工程规划许可证。

比如，2020年9月，湘潭市颁布《关于公布建设工程规划许可证豁免清单（第一批）的通知》，免于办理《建设工程规划许可证》的范围，包括道路和桥梁维修工程、小区内非市政道路工程等11项内容；无须办理《建设工程规划许可证》的范围，包括临时用水用电用气工程等14项内容。2021年3月，杭州市颁布《杭州市建设工程规划许可证“豁免”项目清单》，规定了无须规划许可的范围，包括不增加建筑面积、不变动建筑外立面的内部装修工程等12项内容；免于办理建设工程规划许可证的范围，包括5G基站建设所涉及的杆塔、机房、管线等基础设施建设等4项内容。

4. 关于施工许可证

如上文所述，《建筑法》第七条规定了建筑工程的施工许可证制度，但同时明确了国务院建设行政主管部门确定的限额以下的小型工程除外。《建筑工程施工许可管理办法》第二条第二款规定：“工程投资额在30万元以下或者建筑面积在300平方米以下的建筑工程，可以不申请办理施工许可证。省、自治区、直辖市人民政府住房城乡建设主管部门可以根据当地的实际情况，对限额进行调整，并报国务院住房城乡建设主管部门备案。”

上述“小型工程”的标准，对司法实践具有一定影响，因为部分高院的规范意见以“小型工程”为由排除了施工资质对于合同效力的影响。[①] 虽各地就此标准的规定存在差异，但总体上呈现出逐步放宽的趋势，列举其中三例如下。

2019年12月，《北京市住房和城乡建设委员会关于做好社会投资简易低风险工程建设项目建筑工程施工许可有关问题的通知》发布，其中明确：“社会投资工程投资额在100万元以下或建筑面积在300平方米以下（含300平方米）的建筑工程，无需办理建筑工程施工许可证。”

2020年8月，《住房和城乡建设部办公厅关于浙江省调整房屋建筑和市政

---

① 如《北京市高级人民法院关于审理建设工程施工合同纠纷案件若干疑难问题的解答》第六条规定：“施工人签订合同承建小型建筑工程或两层以下（含两层）农民住宅，或者进行家庭住宅室内装饰装修，当事人仅以施工人缺乏相应资质为由，主张合同无效的，一般不予支持。对于当事人确实违反企业资质管理规定承揽工程的，可以建议有关行政主管部门予以处理。”

基础设施工程施工许可证办理限额意见的函》公布，其中明确“工程投资额在200万元以下（不含200万元）或者建筑面积在1000平方米以下（不含1000平方米）的房屋建筑和市政基础设施工程，可以不申请办理施工许可证”。

2021年3月，《甘肃省住房和城乡建设厅关于调整房屋建筑和市政基础设施工程施工许可证办理限额的通知》发布，其中明确：“工程投资额在100万元以下（含100万元）或者建筑面积在500平方米以下（含500平方米）的房屋建筑和市政基础设施工程（以下简称限额以下小型工程），可以不申请办理施工许可证。”

（三）安全生产许可证的含义及其申请

1. 安全生产许可证的含义及相应规范

安全生产许可证，是行政监管部门对于企业具备安全生产条件并能够从事生产经营活动的一种行政许可的表现形式，其规范基础来源于《安全生产法》第二十条：“生产经营单位应当具备本法和有关法律、行政法规和国家标准或者行业标准规定的安全生产条件；不具备安全生产条件的，不得从事生产经营活动。”

对于安全生产许可制度的适用范围，依照《安全生产许可证条例》第二条的规定，我国对矿山企业、建筑施工企业和危险化学品、烟花爆竹、民用爆炸物品生产企业实行安全生产许可制度。企业未取得安全生产许可证的，不得从事生产活动。

具体到建设工程领域的安全生产许可，对其规制的主要有国务院颁布的《建设工程安全生产管理条例》，住建部门颁布的《建筑施工企业安全生产许可证管理规定》《建筑施工企业安全生产许可证管理规定实施意见》。

此外，依照《建筑施工企业安全生产许可证管理规定》，其所适用的企业范围是指“从事土木工程、建筑工程、线路管道和设备安装工程及装修工程的新建、扩建、改建和拆除等有关活动的企业”，囊括了“建设工程”的全部范围。但是，对于专业的建设工程，建设主管部门审查建筑施工企业安全生产许可证申请时，可以征求铁路、交通、水利等有关部门的意见。

2. 安全生产许可证的申请

依照《建筑施工企业安全生产许可证管理规定》第五条，建筑施工企业从事建筑施工活动前，应当向企业注册所在地省、自治区、直辖市人民政府住房城乡建设主管部门申请领取安全生产许可证。关于申请时所需的材料，《建筑施工企业安全生产许可证管理规定实施意见》进行了详细规定。

此外，《建筑施工企业安全生产许可证管理规定》第十三条还规定了安全生产许可证和施工许可证之间的关系：住建部门在审核发放施工许可证时，应当对已经确定的建筑施工企业是否有安全生产许可证进行审查，对没有取得安全生产许可证的，不得颁发施工许可证。

另外，尚需关注的是相关改革措施，部分地区已开始在特定领域内取消安全生产许可证。如2017年《山东省住房和城乡建设厅关于印发山东省建筑业劳务用工制度改革试行方案的通知》明确："在全省范围内房屋建筑和市政工程中，一律取消对劳务企业的资质及其安全生产许可证要求。各级住房城乡建设主管部门不再将建筑劳务企业的资质及其安全生产许可证列入建筑市场监管事项。"2019年《吉林省住房和城乡建设厅关于取消颁发部分建筑业企业安全生产许可证的通知》明确："取消预拌混凝土专业承包、施工劳务企业的安全生产许可证。"

二、"许可证"与施工合同效力的观点梳理

（一）传统"四证"与施工合同效力的观点

关于传统的"四证"与施工合同的效力，实践中能够达成共识的是关于"施工许可证"，因该证的申请时间是在施工合同签订之后、开工之前，涉及该事宜的《建筑法》第七条也属于管理性强制规定，故实践中倾向于认为：是否办理该证不影响施工合同的效力。

关于土地使用证（不动产权证）与合同效力的关系，虽不乏观点认为，未取得土地使用权会导致施工合同无效，[①] 但大多数观点还是倾向于土地使用

---

① 参见《江苏省高级人民法院民一庭建设工程施工合同案件审理指南》第二部分第三项中的第4点。关于该文件的效力，提醒读者在实践中随时进行核实，本书仅作为一种实践观点引用。

证办理与否，不会影响施工合同效力，具体理由详见下文分析。

实践中存在的主要分歧集中在建设用地规划许可证、建设工程规划许可证和施工合同效力关系，可大致分为以下两种观点。

第一种观点可以称为“双证”主义。该观点认为，未办理建设用地规划许可证和建设工程规划许可证违反《土地管理法》《城乡规划法》等法律的效力性强制性规定，由此订立的施工合同无效；① 部分地方高院的规范性意见中也持该观点。如《北京市高级人民法院关于审理建设工程施工合同纠纷案件若干疑难问题的解答》第一条规定：“发包人就尚未取得建设用地规划许可证、建设工程规划许可证等行政审批手续的工程，与承包人签订的建设工程施工合同无效。但在一审法庭辩论终结前发包人取得相应审批手续或者经主管部门批准建设的，应当认定合同有效。发包人未取得建筑工程施工许可证的，不影响施工合同的效力。”

第二种观点可以称为“单证”主义。该观点认为，建设工程规划许可证的颁发目的是解决建设活动的合法性问题，其他权证并不直接针对建设活动是否合法的问题，如未取得建设工程规划许可证则施工合同无效，其他权证是否取得不影响施工合同效力。②

（二）安全生产许可证与施工合同效力的观点

肯定的观点认为，施工单位未取得安全生产许可证将导致施工合同无效。尽管《安全生产许可证条例》第二条未明确规定其为效力性强制性规定，但是违反该条客观上会损害社会公共利益。③ 如有的案例认为：“邓某、黄某和新民煤矿之间实质上属于未通过安监部门审批准许进行井下技改建设，也没有取得安全生产许可证，就约定并已经进行井下技改建设或者煤炭开采。这种约定和履行行为，违反了《中华人民共和国安全生产法》第十七条‘不具

---

① 该观点参见王楷、于秋磊：《建设工程施工合同纠纷法律实务与工程专业知识解答》，法律出版社 2021 年版，第 68 页；王勇：《建设工程施工合同纠纷实务解析》，法律出版社 2019 年版，第 54 页；李玉生主编：《建设工程施工合同案件审理指南》，人民法院出版社 2019 年版，第 94 页。

② 秦德平：《建设工程施工合同审理审查实务》，人民法院出版社 2019 年版，第 38 页。

③ 常设中国建设工程法律论坛第八工作组：《中国建设工程施工合同法律全书：词条释义与实务指引》，法律出版社 2019 年版，第 159 页。

备安全生产条件的，不得从事生产经营活动’和《安全生产许可证条例》第二条‘企业未取得安全生产许可证，不得从事生产经营活动’……上述相关规定虽然未明确规定其为效力性、强制性规定，但是违反上述规定，客观上影响了安全生产和损害广大煤矿工人的生命安全利益……依照《中华人民共和国合同法》第五十二条第四项‘损害社会公共利益’合同无效之规定，《合作劳务协议》中承包合同约定和履行，可以认定为无效。”①

否定的观点认为，施工单位是否取得安全生产许可证与施工合同效力无关。结合2019年《民商事审判工作纪要》第三十条对于“强制性规定”的识别规则，并无法律规定无安全生产许可证缔约属于交易方式严重违法，法律法规关于安全生产许可证的规定属于管理性强制性规定，不能作为判定施工合同效力的依据。②

三、“许可证”与施工合同效力关系的分析

（一）传统“四证”与施工合同效力关系分析

在传统“四证”与施工合同效力关系层面，施工许可证不会产生实质影响，不再赘述。

关于其他“三证”，除了《新建设工程施工合同解释（一）》第三条第二款所列特殊情形外，③ 一般而言，只有“建设工程规划许可证”或同类性质许可证（如乡村建设规划许可证）直接影响合同效力，缺乏者导致合同无效，其他“两证”均非判断施工合同效力的前提条件。理由如下：

其一，从行政监管的角度分析。首先，关于土地使用证（不动产权证），如前文所述，其并非行政机关对建设项目审批流程监管的必备要素。具体来说，建设用地规划许可证和建设工程规划许可证的取得不是必须以取得土地

① 贵州省高级人民法院（2014）黔高民初字第42号民事判决书，该案案由为建设工程施工合同；二审被（2017）最高法民终200号民事判决书维持。

② 王楷、于秋磊：《建设工程施工合同纠纷法律实务与工程专业知识解答》，法律出版社2021年版，第71－72页。

③ 《新建设工程施工合同解释（一）》第三条第二款规定：“发包人能够办理审批手续而未办理，并以未办理审批手续为由请求确认建设工程施工合同无效的，人民法院不予支持。”

使用证（不动产权证）为前提，行政机关对于土地的诸多审批手续已足可证明发包人具有土地使用权利。

其次，关于建设用地规划许可证，如前文所述，部分地区已经取消该证，自然不可能再作为判断合同效力的依据。即便在未取消的地区，因建设用地规划许可证的目的在于保证建设项目整体上符合城市规划，然因“用地规划条件”在确定土地使用权的过程中已基本固定，该证实质上也与“使用土地的有关证明文件”存在重合之处，故部分地区也没有将其作为申请建设工程规划许可证的必备前提，还有部分地区虽然将其作为建设工程规划许可证办理前提，但也正因为行政机关在上述监管流程上的紧密衔接，无须司法机关再对建设用地规划许可证“重复”审查，故此，将建设用地规划许可证作为认定合同效力的前提条件缺乏现实基础。

其二，从司法审判的角度分析。首先，《新建设工程施工合同解释（一）》第三条第一款明确：“当事人以发包人未取得建设工程规划许可证等规划审批手续为由，请求确认建设工程施工合同无效的，人民法院应予支持，但发包人在起诉前取得建设工程规划许可证等规划审批手续的除外。”该条仅提到了缺乏“建设工程规划许可证”，至于其中的“等”字及“规划审批手续”的含义，并不包括“建设用地规划许可证”，理由可从司法解释相关释义资料中发现：“从法律规定和办理相关许可审批的程序来看，取得建设用地规划许可证是取得建设工程规划许可证的前提，故仅需规定建设工程规划许可证即可。”[①] 至于其他审批手续，比如工程建设还可能涉及集体建设土地，此时需要乡村建设规划许可证或同类性质的审批。

其次，从民事审判审查的必要性分析。行政许可自应当有其周延的“逻辑”性要求，在“两证”必备的要求下，对于工程项目，行政机关应当在审查完法定的土地使用、规划条件的前提下，才能审查依附在土地上的建筑物的建设方案，进而颁发建设工程规划许可证。当然，也无法完全排除建设项目拥有建设工程规划许可证却没有建设用地规划许可证的特殊情况，但笔者

---

① 最高人民法院民事审判第一庭编著：《最高人民法院新建设工程施工合同司法解释（一）理解与适用》，人民法院出版社 2021 年版，第 41 页。

认为，除非有证据显示“建设工程规划许可证”的取得严重违法且正被行政机关处理，否则该项凭证足以证明工程建设的合法性。至于该许可证获取的“链条式”过程，并非民事审判应当审查的范围。

（二）安全生产许可证与施工合同效力关系分析

安全生产许可证虽然是行政部门对于企业安全生产的监督管理方式，但是与建设工程施工合同的效力之间并无必然联系，承包人是否具备安全生产许可证，不影响施工合同的效力。具体理由如下：

其一，从司法解释的角度分析。《新建设工程施工合同解释（一）》第一条对无效合同进行了细化，即：“建设工程施工合同具有下列情形之一的，应当依据民法典第一百五十三条第一款的规定，认定无效：（一）承包人未取得建筑业企业资质或者超越资质等级的；（二）没有资质的实际施工人借用有资质的建筑施工企业名义的；（三）建设工程必须进行招标而未招标或者中标无效的。承包人因转包、违法分包建设工程与他人签订的建设工程施工合同，应当依据民法典第一百五十三条第一款及第七百九十一条第二款、第三款的规定，认定无效。”

对于建筑行业而言，其时常涉及不特定公众的利益，故行政机关设置了规划许可、企业资质、禁止转包等一系列制度进行规制，然而何种制度会构成“效力性强制性规定”或“公共利益”，实践中应持谨慎态度，避免因此导致合同无效的泛滥，影响已有的秩序。有鉴于此，在上述司法解释已经依照《民法典》的规定对施工合同无效的情形进行了列举后，不宜再随意扩大无效的范围。

其二，从行政监管的角度分析，安全生产许可证并非违法分包的认定标准。行政部门对于安全生产许可证与违法分包认定之间的关系，经历了一些转变。

2014 年，住建部印发《建筑工程施工转包违法分包等违法行为认定查处管理办法（试行）》（已废止），第九条规定了违法分包的具体情形，其中包括了缺乏安全生产许可情形，即“施工单位将工程分包给不具备相应资质或安全生产许可的单位的”。

2019 年，住建部印发《建筑工程施工发包与承包违法行为认定查处管理办法》，废止了上述 2014 年的办法，最新办法的第十二条对于违法分包进行了重新规定，删除了“安全生产许可”的内容。调整为“施工总承包单位或专业承包单位将工程分包给不具备相应资质单位的”。由此可见，缺乏安全生产许可证也不构成违法分包，难以构成否定施工合同效力的基础，但并不妨害行政监管机构对于施工单位进行处罚。

裁判规则指引

❶ 建设工程领域内传统“四证”的名称为（国有、集体）土地使用证或不动产权证；建设用地规划许可证；建设工程规划许可证；建筑工程施工许可证或行政许可证明文件。

❷ 建设工程开工前一般需经过如下的行政许可流程：获取土地使用相关证明文件（划拨决定书、出让合同、土地使用证等），申请核发建设用地规划许可证，申请核发建设工程规划许可证，申请核发施工许可证或行政许可文件。审批制度改革涉及的领域和地方除外。

❸ 土地使用证（不动产权证）、建设用地规划许可证、施工许可证等手续均不会影响建设工程施工合同的效力，只有建设工程规划许可证或乡村建设规划许可证等同性质的规划审批手续缺乏才会导致建设工程施工合同无效。

❹ 缺乏安全生产许可证并不属于违法分包的认定条件，也不构成建设工程施工合同无效的理由。

第三节　违法分包的司法认定规则

实务疑难问题

1. 违法分包的认定标准有哪些?
2. 行政执法领域对于违法分包的认定标准经历了哪些变化?
3. 行政执法和司法审判在违法分包认定层面是什么关系?

《新建设工程施工合同解释（一）》第一条明确违法分包是导致施工合同无效的理由，但对于何种情形属于违法分包，《建筑法》等法律只明确了原则性的内容，没有具体标准。行政执法标准虽然给司法判断提供了一定基础，但其依据多是部门规章，难以直接成为合同无效的基础。故此，如何在行政执法和司法认定之间寻找到妥当的“衔接”途径，是司法实践需要思考的一个基础问题。

一、违法分包行为认定标准的梳理

（一）法律、法规与违法分包的认定

1. 法律、行政法规层面

《建筑法》和《建设工程质量管理条例》都禁止违法分包，至于何种情形构成“违法分包”，两者虽在表述方式上存在差异，但其本质内容是一致的。

《建筑法》第二十九条对分包中的相关情形作了规定，可以归纳为“两个必须”和“两个禁止”。“两个必须”：总承包人将部分工程分包的，除总包合同有约定外，必须经建设单位认可；施工总承包的，建筑工程主体结构的施工必须由总承包单位自行完成。“两个禁止”：禁止总承包单位将工程分包给不具备相应资质条件的单位；禁止分包单位将其承包的工程再分包。

《建设工程质量管理条例》第七十八条第二款列举了违法分包的情形："(一) 总承包单位将建设工程分包给不具备相应资质条件的单位的；(二) 建设工程总承包合同中未有约定，又未经建设单位认可，承包单位将其承包的部分建设工程交由其他单位完成的；(三) 施工总承包单位将建设工程主体结构的施工分包给其他单位的；(四) 分包单位将其承包的建设工程再分包的。"

2. 地方性法规层面①

虽有部分地区针对违法分包进行了规定，但在认定标准上差异明显，暂列三地的规定如下。

2018 年《天津市建筑市场管理条例》第十五条规定："禁止建设工程承包单位下列行为：(一) 施工总承包单位将建设工程分包给不具备相应等级资质的单位；(二) 施工总承包单位将主体工程分包给其他单位；(三) 总承包合同中未作约定，又未经建设单位书面同意，施工总承包单位将其承包的主体工程以外的部分分包给其他单位；(四) 专业承包单位将其承包的建设工程分包给其他专业承包单位；(五) 劳务分包单位将其承包的劳务作业分包给其他劳务分包单位；(六) 法律、法规、规章禁止的其他违法分包行为。"

2020 年《甘肃省建筑市场管理条例》第二十一条第二款规定："有下列情形之一的，属于违法分包：(一) 承包单位将其承包的工程分包给个人的；(二) 施工总承包单位或者专业承包单位将工程分包给不具备相应资质单位的；(三) 施工总承包单位将施工总承包合同范围内工程主体结构的施工分包给其他单位的，钢结构工程除外；(四) 专业分包单位将其承包的专业工程中非劳务作业部分再分包的；(五) 专业作业承包人将其承包的劳务再分包的；(六) 专业作业承包人除计取劳务作业费用外，还计取主要建筑材料款和大中型施工机械设备、主要周转材料费用的；(七) 法律、法规规定的其他情形。"

2020 年《上海市建筑市场管理条例》第二十八条规定："施工承包单位不得违法分包工程。施工承包单位有下列情形之一的，属于违法分包行为：

---

① 《最高人民法院关于裁判文书引用法律、法规等规范性法律文件的规定》第四条规定："民事裁判文书应当引用法律、法律解释或者司法解释。对于应当适用的行政法规、地方性法规或者自治条例和单行条例，可以直接引用。"

（一）将建设工程分包给不具备相应资质的单位或者个人的；（二）专业分包单位将其承包的建设工程再实行专业分包的；（三）劳务分包单位将其承包的劳务作业再分包的；（四）法律、行政法规规定属于违法分包的其他情形。”

3. 简要小结

《建筑法》和《建设工程质量管理条例》对于违法分包的规定基本一致，都坚持了“两个必须”和“两个禁止”。地方性法规则出现了更细化的内容，如“专业分包单位将其承包的专业工程中非劳务作业部分再分包的”等，但是各地方规定又缺乏一致性，比如有的地方将合同未作约定又未经建设单位书面同意的分包认定为违法分包，有的地方则没有该项规则。

（二）行政监管与违法分包的认定

1. 部门规章层面

2004 年 4 月，原建设部颁布施行的《房屋建筑和市政基础设施工程施工分包管理办法》第九条对专业工程和劳务作业分包进行了明确：“专业工程分包除在施工总承包合同中有约定外，必须经建设单位认可。专业分包工程承包人必须自行完成所承包的工程。劳务作业分包由劳务作业发包人与劳务作业承包人通过劳务合同约定。劳务作业承包人必须自行完成所承包的任务。”第十四条对违法分包的情形从两个方面进行了列举：“禁止将承包的工程进行违法分包。下列行为，属于违法分包：（一）分包工程发包人将专业工程或者劳务作业分包给不具备相应资质条件的分包工程承包人的；（二）施工总承包合同中未有约定，又未经建设单位认可，分包工程发包人将承包工程中的部分专业工程分包给他人的。”该部行政规章历经 2014 年、2019 年两次修订，但上述两个条文并未发生任何变化。

2. 规范性文件层面

（1）第一个阶段，2019 年之前。该阶段中，对于违法分包的认定依据，主要是住建部和水利部颁布的两个规范性文件。

2014 年 10 月，住建部颁布的《建筑工程施工转包违法分包等违法行为认定查处管理办法（试行）》（已废止）[①] 适用领域是房屋建筑和市政基础设施工程，第八条对违法分包的内涵进行了界定："是指施工单位承包工程后违反法律法规规定或者施工合同关于工程分包的约定，把单位工程或分部分项工程分包给其他单位或个人施工的行为。"

第九条用列举的方式细化了违法分包的八种情形："（一）施工单位将工程分包给个人的；（二）施工单位将工程分包给不具备相应资质或安全生产许可的单位的；（三）施工合同中没有约定，又未经建设单位认可，施工单位将其承包的部分工程交由其他单位施工的；（四）施工总承包单位将房屋建筑工程的主体结构的施工分包给其他单位的，钢结构工程除外；（五）专业分包单位将其承包的专业工程中非劳务作业部分再分包的；（六）劳务分包单位将其承包的劳务再分包的；（七）劳务分包单位除计取劳务作业费用外，还计取主要建筑材料款、周转材料款和大中型施工机械设备费用的；[②]（八）法律法规规定的其他违法分包行为。"

2016 年 12 月，水利部颁布《水利工程施工转包违法分包等违法行为认定查处管理暂行办法》，其参照住建部的上述办法，也规定了违法分包的定义和违法分包情形，但在具体内容上存在一些细微差别。关于定义，其第六条规定："本办法所称违法分包，是指施工单位承包工程后违反法律法规规定或者施工合同关于分包的约定，把部分工程或劳务作业分包给其他单位或个人施工的行为。"关于违法分包的情形，其第七条列举了如下内容："（一）承包人将工程分包给不具备相应资质或安全生产许可的单位或个人施工的；（二）施工合同中没有约定，又未经项目法人书面同意，承包人将其承包的部

① 该办法虽然已经废止，但其中大部分内容被新的办法吸收，故为了更全面地分析违法分包情形在行政查处领域的变化，本节对该办法涉及违法分包情形的相关含义进行了说明。

② 2014 年 11 月，住建部建筑市场监管司印发《〈建筑工程施工转包违法分包等违法行为认定查处管理办法（试行）〉释义》，其中对于第七种情形的背景解读为："劳务分包单位收取的费用应仅限定在分包工程的劳务报酬及必要的辅材费用。如果劳务分包单位还计取分包工程主要建筑材料款、周转材料款和大中型施工机械设备费用中一项的，则属于以劳务分包为名，超越资质范围承接工程，也就是常说的扩大劳务分包，因而应当认定为违法分包。"

分工程分包给其他单位施工的;[①] (三) 承包人将主要建筑物的主体结构工程分包的; (四) 工程分包单位将其承包的工程中非劳务作业部分再分包的; (五) 劳务作业分包单位将其承包的劳务作业再分包的; (六) 劳务作业分包单位除计取劳务作业费用外, 还计取主要建筑材料款和大中型机械设备费用的; (七) 承包人未与分包人签订分包合同, 或分包合同未遵循承包合同的各项原则, 不满足承包合同中相应要求的; (八) 法律法规规定的其他违法分包行为。" 该领域违法分包情形大多与住建部上述办法一致, 只有第七项为水利部门的特别规定。

由此可以看出,《建筑工程施工转包违法分包等违法行为认定查处管理办法 (试行)》在当时是认定违法分包的重要依据。至于上述水利工程领域特有的第七项行为, 在司法实务中当会达成共识, 承包人与分包人是否签订分包合同或分包合同与承包人合同的内容差异, 不会成为否定分包合同效力的基础。此外, 住建部在上述办法中明确 "建筑工程以外的其他专业工程参照本办法执行", 可见其具有普遍的参照意义。

简要小结: 结合上述规定, 从类型总结的角度可将 2019 年之前建设工程领域的违法分包, 归纳为以下八种情形: 其一, 分包工程的承包人缺乏建筑业企业施工资质;[②] 其二, 分包工程的承包人缺乏安全生产许可证; 其三, 分包专业工程未经发包人同意也没有总承包合同的约定; 其四, 分包工程是建筑工程的主体结构 (钢结构除外); 其五, 分包专业工程之后再进行分包 (劳务部分除外); 其六, 分包劳务作业之后再进行分包; 其七, 劳务作业计取费

---

① 项目法人责任制是我国建设领域的一项重要制度。该项制度最早可追溯至 1996 年原国家计委印发的《关于实行建设项目法人责任制的暂行规定》(已废止), 其中要求: "国有单位经营性基本建设大中型项目在建设阶段必须组建项目法人。项目法人可按《公司法》的规定设立有限责任公司 (包括国有独资公司) 和股份有限公司等形式。" 1999 年《国务院办公厅关于加强基础设施工程质量管理的通知》要求: "基础设施项目, 除军事工程等特殊情况外, 都要按政企分开的原则组成项目法人, 实行建设项目法人责任制, 由项目法定代表人对工程质量负总责。" 水利部先后下发过系列文件规范水利建设领域的项目法人责任制, 2020 年《水利工程建设项目法人管理指导意见》明确了政府出资、政府和社会资本出资、社会资本出资的水利工程建设项目都应按照相应的要求组织项目法人。从分包合同效力分析的角度, 上述条文中的 "项目法人" 相当于 "发包人"。

② 在我国建设工程领域, 一般而言, 自然人难以获得施工企业应当具备的资质, 故将工程分包给个人的可以统一纳入缺乏资质的承包情形中。

用超越劳务作业范围且涉及特定材料设备费用；其八，其他违法分包行为。

（2）第二个阶段，2019 年之后。2019 年 1 月，住建部颁布的《建筑工程施工发包与承包违法行为认定查处管理办法》废止了 2014 年《建筑工程施工转包违法分包等违法行为认定查处管理办法（试行）》。

在新的查处管理办法中，关于违法分包的规定主要体现在以下两个条文中。第十一条规定："本办法所称违法分包，是指承包单位承包工程后违反法律法规规定，把单位工程或分部分项工程分包给其他单位或个人施工的行为。"第十二条规定："存在下列情形之一的，属于违法分包：（一）承包单位将其承包的工程分包给个人的；（二）施工总承包单位或专业承包单位将工程分包给不具备相应资质单位的；（三）施工总承包单位将施工总承包合同范围内工程主体结构的施工分包给其他单位的，钢结构工程除外；（四）专业分包单位将其承包的专业工程中非劳务作业部分再分包的；（五）专业作业承包人将其承包的劳务再分包的；（六）专业作业承包人除计取劳务作业费用外，还计取主要建筑材料款和大中型施工机械设备、主要周转材料费用的。"

与 2014 年办法相比，可以发现 2019 年办法体现出以下特点。其一，文字表述更为科学，如将"施工单位"更换为"承包单位"。其二，违法分包的表述发生变化，新的办法在界定违法分包依据时不再包括承包人"违反合同约定"，而更换为"违反法律法规规定"。其三，关于劳务承包人称呼产生变化，由"劳务作业分包单位"变化为"专业作业承包人"。① 其四，关于违法分包的列举情形出现较大变化，详见下文分析。

简要小结：鉴于其他专业工程领域并未在该领域发布新的规范，故综合上述规定，从类型总结的角度可将 2019 年之后建设工程领域的违法分包情

---

① 在建筑领域，传统的劳务作业分包企业向专业作业企业转变是改革的一种趋势。2017 年《国务院办公厅关于促进建筑业持续健康发展的意见》，提出要"改革建筑用工制度"，明确要求"推动建筑业劳务企业转型，大力发展木工、电工、砌筑、钢筋制作等以作业为主的专业企业。以专业企业为建筑工人的主要载体，逐步实现建筑工人公司化、专业化管理。鼓励现有专业企业进一步做专做精，增强竞争力，推动形成一批以作业为主的建筑业专业企业"。随后，多地开始推动劳务作业分包企业向专业作业企业过渡。2020 年 12 月，住建部等 12 部门联合印发《关于加快培育新时代建筑产业工人队伍的指导意见》，其中明确："大力发展专业作业企业。鼓励和引导现有劳务班组或有一定技能和经验的建筑工人成立以作业为主的企业，自主选择 1 – 2 个专业作业工种。"

形，归纳为以下五种：其一，分包工程的承包人缺乏建筑业企业施工资质；其二，分包工程是建筑工程的主体结构（钢结构工程除外）；其三，分包专业工程之后再进行分包（劳务部分除外）；其四，分包劳务作业之后再进行分包；其五，劳务作业计取费用超越劳务作业范围且涉及特定材料设备费用。此外，对比2014年办法，2019年办法关于违法分包的具体情形发生了如下变化。其一，删除了“不具备安全生产许可”的情形。关于安全生产许可证及其他同类手续是否影响施工合同的效力，前文已经专门作出论述，不再赘述。其二，删除了“施工合同中没有约定，又未经建设单位认可，施工单位将其承包的部分工程交由其他单位施工的”情形。其三，删除了“其他违法分包行为”的兜底条款。由此，我们可以看出，2019年办法在违法分包情形的列举方面有一个明显的趋势，那就是限缩了“违法分包”的认定范围。

（三）司法实践与违法分包的认定

1. 地方高院的规定

具体到司法实践，多地高院针对违法分包进行了规定，但内容存在差异。如《安徽省高级人民法院关于审理建设工程施工合同纠纷案件适用法律问题的指导意见》第五条规定：“符合下列情形之一的，应认定为违法分包，所签订的建设工程施工合同无效：（1）承包人将建设工程主体结构的施工分包给他人完成；（2）分包单位不具备相应的资质条件；（3）分包未经建设单位认可；（4）分包单位将其承包的工程再行分包。”

《四川省高级人民法院关于审理建设工程施工合同纠纷案件若干疑难问题的解答》则采取另外的标准，第四条中规定：“存在下列情形之一的，一般可以认定为违法分包：（一）建筑施工企业将工程分包给个人的；（二）建筑施工企业将工程分包给不具备相应资质的企业的；（三）施工合同中没有约定，又未经建设单位认可，建筑施工企业将其承包的部分工程交由其他企业施工的；（四）施工总承包企业将除钢结构工程以外的房屋建筑工程的主体结构的施工分包给其他企业的；（五）专业分包企业将其承包的专业工程中非劳务作业部分再分包的；（六）劳务分包企业除计取劳务作业费用外，还计取主要建筑材料款、周转材料款和大中型施工机械设备费用的；（七）法律、行政法规规定的其他违法分包情形。”

2. 简要小结

司法实践中对于违法分包的认定，目前尚无全国层面的统一规定，主要体现在各地法院的规范性文件中。对比分析上述文件，可以发现两个明显的特点。其一，各地法院的规定并不相同，认定违法分包的具体情形存在数量和标准上的差异。其二，吸收行政执法标准的特征明显。大多法院界定违法分包的标准，主要来自《建筑工程施工发包与承包违法行为认定查处管理办法》等行政执法文件。

二、违法分包的司法认定规则

裁判者需要在对违法分包准确识别的基础上，才能判断与此相关的合同效力。然如上文所述，关键问题在于裁判者应当遵循何种规则？行政执法领域的标准能否直接作为司法裁判的基础？对此，需立足于实际，明确如下两个规则。

（一）司法和行政机关在违法分包标准认定上不宜差异过大

对于行政机关而言，如上文所述，违法分包的标准较为确定，一般依照《建筑工程施工发包与承包违法行为认定查处管理办法》对当事人的行为进行认定，再依据《建筑法》《建设工程质量管理条例》实施行政处罚。对于司法机关而言，如上文所言，尚缺乏针对违法分包认定的统一标准，而《建筑工程施工发包与承包违法行为认定查处管理办法》只是行政部门的规范性文件，[①] 难以成为司法裁判的直接依据。但是，行政机关规制违法分包的目的在

① 《立法法》第八十四条第一款规定：“部门规章应当经部务会议或者委员会会议决定。”第八十五条第一款规定：“部门规章由部门首长签署命令予以公布。”《住房城乡建设部行政规范性文件管理办法》第二条规定：“本办法所称行政规范性文件是除住房城乡建设部规章外，由住房城乡建设部依照法定权限、程序制定并公开发布，涉及公民、法人和其他组织权利义务，具有普遍约束力，在一定期限内反复适用的公文。”第七条规定：“行政规范性文件实行统一登记、统一编号、统一印发制度。行政规范性文件使用‘建X规’专门字号，其中‘X’为主办司局代字。”综合上述规定，可以看出《建筑工程施工发包与承包违法行为认定查处管理办法》的性质应为行政规范性文件。

于“维护建筑市场秩序和建筑工程主要参与方的合法权益”。[①] 裁判机关通过对违法分包形成的施工合同效力进行否定，目的也在于规范建筑市场的良性有序发展，故两者最终目的趋于一致。在此前提下，如果两者关于违法分包的认定标准差异太大，不仅会给法律规范的统一适用造成障碍，破坏市场主体的合理预期，也难以形成规制建筑市场的合力。

有鉴于此，部分地方法院和行政机关开始尝试两者之间的良性沟通，可作参考。如江苏省高级人民法院、江苏省住房和城乡建设厅在2015年联合出台了《关于建立化解建设工程合同纠纷案件联动机制的意见》，第十七条规定：“全省各级人民法院在审理建设工程施工合同纠纷的过程中发现建设单位、施工单位和相关人员涉嫌存在以下违法行为的，应当以《江苏省建筑工程施工合同备案管理办法》（苏建规字〔2015〕1号）备案的合同为依据，并依照住房和城乡建设部《建筑工程施工转包违法分包等违法行为认定查处管理办法（试行）》（建市〔2014〕118号文）的规定，向工程所在地的同级建设主管部门提出司法建议，并将相关证据或违法线索一并移送：……（二）施工单位存在转包、违法分包、围标串标等违法行为的……”第十九条规定：“人民法院在审理建设工程合同纠纷案件中，可以参照住房和城乡建设部《建筑工程施工转包违法分包等违法行为认定查处管理办法》的规定对转包、违法分包和挂靠等违法行为进行审查，对建设单位或施工单位存在上述违法行为，且符合《最高人民法院关于审理建设工程施工合同纠纷案件适用法律问题的解释》第一条之规定的，应当依法认定建设工程施工合同无效。”

（二）司法认定违法分包时可采取“原则参照”和“依据审查”相结合规则

基于上文所述，为统一裁判尺度，裁判者对违法分包进行认定时，可从“原则参照”和“依据审查”相结合的角度入手。

---

① 《建筑工程施工发包与承包违法行为认定查处管理办法》第一条规定：“为规范建筑工程施工发包与承包活动中违法行为的认定、查处和管理，保证工程质量和施工安全，有效遏制发包与承包活动中的违法行为，维护建筑市场秩序和建筑工程主要参与方的合法权益，根据……结合建筑活动实践，制定本办法。”

所谓“原则参照”，即原则上，应当尊重行政机关在其监管领域内的专业性，将《建筑工程施工发包与承包违法行为认定查处管理办法》和行政机关的意见作为裁判者认定违法分包的重要参照。

所谓“依据审查”，即在参照行政机关认定标准的基础上，还要再探求违法分包的具体表现及其所对应的法律、行政法规的效力性强制性规定。作为认定合同效力的特殊规范，效力性、管理性强制性规定的区分已是司法共识，但行政机关在确定违法分包标准时并不存在上述区分。故此，裁判者尚需在坚持“原则参照”的基础上，寻求到相对应的决定合同效力的“终极”依据，如果行政机关认定违法分包的标准缺乏效力性强制性规定的依据，则无法构成裁判者认定合同无效的基础；反之，则可作为认定合同无效的基础。至于针对行政执法领域各项具体违法行为的分析，将在下节展开。

裁判规则指引

❶《建筑法》和《建设工程质量管理条例》对于违法分包情形的规定基本一致，可概括为“两个必须”和“两个禁止”：总承包人将部分工程分包的，除合同另有约定外，必须经建设单位认可；施工总承包的，主体结构施工必须由总承包单位自行完成；禁止总承包单位将工程分包给不具备相应资质条件的单位；禁止分包单位将其承包的工程再分包。部分地方法规中对此进一步细化，但彼此之间缺乏一致性。

❷行政执法领域，关于违法分包的具体情形，经历了2019年前、后两个不同阶段。2019年之前，主要依据是《建筑工程施工转包违法分包等违法行为认定查处管理办法（试行）》；2019年之后，主要依据是《建筑工程施工发包与承包违法行为认定查处管理办法》。

❸行政执法领域，2019年之后违法分包的认定，可归纳为五种情形：其一，分包工程的承包人缺乏建筑业企业施工资质；其二，分包工程是建筑工程的主体结构（钢结构工程除外）；其三，分包专业工程之后再进行分包（劳务部分除外）；其四，分包劳务作业之后再进行分包；其五，

劳务作业计取费用超越劳务作业范围且涉及特定设备材料费用。

❹ 从统一法律适用、有效规制建筑市场角度出发，司法和行政机关在违法分包标准的认定上不宜差异过大。裁判者认定违法分包时可采取“原则参照”和“依据审查”相结合的规则：原则上，应当将《建筑工程施工发包与承包违法行为认定查处管理办法》、行政机关的意见作为重要参照；审查上，要查明违法分包事实所对应的法律、行政法规的效力性强制性规定。

第四节　违法分包与合同效力的认定逻辑及具体判断

实务疑难问题
1. 行政执法领域每一项违法分包行为是否都足以导致施工合同无效及其原因是什么？
2. 总包人未经发包人同意与他人签订的专业工程分包合同，是否必然无效？

违法分包将导致施工合同无效，该结论当无疑义。然其背后的法律逻辑是什么，对此思考的意义不仅有助于厘清司法解释的规范基础，而且有利于更清晰地分析每一项具体违法分包行为与施工合同效力之间的关系。

一、违法分包之合同效力认定的法律推理

如果出现了违法分包行为，为什么会导致施工合同无效？对该问题的回答应当遵循如下的法律推理。

首先，是因为《新建设工程施工合同解释（一）》第一条第二款的规定："承包人因转包、违法分包建设工程与他人签订的建设工程施工合同，应当依据民法典第一百五十三条第一款及第七百九十一条第二款、第三款的规定，认定无效。"

其次，《新建设工程施工合同解释（一）》的上述条款是一个转引条款，其所指向的法律依据是《民法典》第一百五十三条第一款和第七百九十一条第二款、第三款。

《民法典》第一百五十三条第一款规定："违反法律、行政法规的强制性规定的民事法律行为无效。但是，该强制性规定不导致该民事法律行为无效的除外。"第七百九十一条第二款、第三款规定："总承包人或者勘察、设计、

施工承包人经发包人同意，可以将自己承包的部分工作交由第三人完成。第三人就其完成的工作成果与总承包人或者勘察、设计、施工承包人向发包人承担连带责任。承包人不得将其承包的全部建设工程转包给第三人或者将其承包的全部建设工程支解以后以分包的名义分别转包给第三人。”“禁止承包人将工程分包给不具备相应资质条件的单位。禁止分包单位将其承包的工程再分包。建设工程主体结构的施工必须由承包人自行完成。”

最后，因合同效力的认定最终都要归结到《民法典》关于民事法律行为效力的认定规则，故依照《民法典》的上述规定，[①] 再结合司法实践对于强制性规定的一贯认知，“违法分包”与“合同效力”之间的关系是：违法分包因为违反了法律法规的效力性强制性规定而无效。

二、行政执法领域六类违法分包行为的司法判断

《建筑工程施工发包与承包违法行为认定查处管理办法》第十二条规定：“存在下列情形之一的，属于违法分包：（一）承包单位将其承包的工程分包给个人的；（二）施工总承包单位或专业承包单位将工程分包给不具备相应资质单位的；（三）施工总承包单位将施工总承包合同范围内工程主体结构的施工分包给其他单位的，钢结构工程除外；（四）专业分包单位将其承包的专业工程中非劳务作业部分再分包的；（五）专业作业承包人将其承包的劳务再分包的；（六）专业作业承包人除计取劳务作业费用外，还计取主要建筑材料款和大中型施工机械设备、主要周转材料费用的。”

以上述法律推理及前文所述司法认定规则为基础，再来观察上述六类违法分包行为与施工合同效力之间的关系。

---

① 《民法典》第一百五十三条第一款内容主要体现了违反法律法规的效力性强制性规定的行为无效。第七百九十一条第二款、第三款虽然是具体性的内容表述，但其最终适用的基础依然要归结到能否将上述两个条款归结到法律法规的效力性强制性规定范畴。

（一）关于第一项、第二项、第六项行为[1]

该三类显然属于承包人未取得资质或者超越资质等级，依照《新建设工程施工合同解释（一）》第一条的规定，可构成合同无效的理由，更深层的基础当然是违反的是《建筑法》第二十六条第二款[2]、第二十九条第三款[3]的效力性强制性规定。

（二）关于第三项行为

《建筑法》第二十九条要求“施工总承包的，建筑工程主体结构的施工必须由总承包单位自行完成”。[4] 其立法目的是防止承包单位借分包的名义转包工程，破坏建筑市场秩序[5]；换言之，如果放开对主体结构的分包限制，变相转包将会愈加频繁。《民法典》第七百九十一条第三款明确“建设工程主体结构的施工必须由承包人自行完成”，上述两个条款均应当理解为效力性强制性条款，违反者将导致合同无效。立法释义资料更进一步明确：“即使经过发包人同意，也不得将主体工程的施工再分包给第三人，承包人违反本款规定，将工程主体部分的施工任务分包给第三人的，该分包合同无效。”[6]

当然，《建筑工程施工发包与承包违法行为认定查处管理办法》第十二条

---

① 《建筑工程施工发包与承包违法行为认定查处管理办法》第十二条第六项与《建筑工程施工转包违法分包等违法行为认定查处管理办法（试行）》第九条第七项的内容基本一致。住建部市场监管司于2014年11月印发《〈建筑工程施工转包违法分包等违法行为认定查处管理办法（试行）〉释义》，其中对该条的含义解释为：“劳务分包单位收取的费用应仅限定在分包工程的劳务报酬及必要的辅材费用。如果劳务分包单位还计取分包工程主要建筑材料款、周转材料款和大中型施工机械设备费用中一项的，则属于以劳务分包为名，超越资质范围承接工程，也就是常说的扩大劳务分包，因而应当认定为违法分包。”

② 《建筑法》第二十六条第二款规定：“禁止建筑施工企业超越本企业资质等级许可的业务范围或者以任何形式用其他建筑施工企业的名义承揽工程。禁止建筑施工企业以任何形式允许其他单位或者个人使用本企业的资质证书、营业执照，以本企业的名义承揽工程。”

③ 《建筑法》第二十九条第三款规定：“禁止总承包单位将工程分包给不具备相应资质条件的单位。禁止分包单位将其承包的工程再分包。”

④ 此处的承包人不包括设计院作为EPC等工程总承包人而将施工部分分包的情形。

⑤ 《中华人民共和国建筑法释义》，载中国人大网2000年11月28日，http：//www.npc.gov.cn/npc/c2173/200011/3ca84cd654bd4ed0a795532c0fe4af62.shtml。

⑥ 黄薇主编：《中华人民共和国民法典释义及适用指南》（中册），中国民主法制出版社2020年版，第1179页。

第三项存在但书条款，即“钢结构工程除外”，对此，相关释义资料解释为：“考虑到工程专业承包的实际情况，以及关键性工作的认定问题，本条在沿用以往法律法规规定的基础上，明确了钢结构工程可以进行分包。”之所以如此，与我国建设工程主体结构的发展和专业承包资质相关。依照《建筑工程施工质量验收统一标准》内容，工程的主体结构的“子分部工程”或者通俗解释为主体结构的类型包括混凝土结构、砌体结构、钢结构、钢管混凝土结构、型钢混凝土结构、铝合金结构、木结构。依据《建筑业企业资质标准》的规定，专业承包序列包括36个类别，其中就包括钢结构工程专业承包，由此可见，钢结构工程所需要的资质为专业承包资质。考虑到目前的建筑市场上，总承包企业多以常规的土建施工为主，钢结构的自行施工技术并没有优势，如果硬性规定钢结构工程由总承包人自行完成，会大大提高钢结构承包的准入门槛，也不利于钢构创新性企业钻研钢构施工的技术革新和专业细化发展，这也是《建筑工程施工发包与承包违法行为认定查处管理办法》规定钢结构工程可以分包的重要原因；至于《建筑法》的内容，因为实施之初我国的建筑市场以钢筋混凝土结构为主，故主体结构自行完成的规定没有考虑例外情形。①

（三）关于第四项行为

该内容对“再分包”的含义进行了明确和限定，专业工程承包人不得将专业工程再进行分包。对于再分包的问题，《建筑法》第二十九条第三款中明确：“禁止分包单位将其承包的工程再分包。”《民法典》第七百九十一条第三款包含了同样的内容。对此，《民法典》相关释义资料载明：“为避免因层层分包造成责任不清及中间环节过多造成实际用于工程的费用减少的问题，依据本款的规定，分包人不得将其承包的工程再分包，即对工程建设项目只能实行一次分包。”② 由此可见，立法中禁止工程再分包的目的在于避免“再

---

① 朱树英、杜欣越：《钢结构工程分包的法律规制及其风险化解》，载“建纬律师”微信公众号2020年4月13日，https：//mp. weixin. qq. com/s/2ytz – Es1QjJwSjxuGoLBMQ。

② 黄薇主编：《中华人民共和国民法典释义及适用指南》（中册），中国民主法制出版社2020年版，第1179页。

分包的承包人为了降低施工成本，获取最大利润而偷工减料，从而难以保证工程质量”[①]。故此，结合《新建设工程施工合同解释（一）》第一条第二款对于违法分包所设计的“转引”条款可知，上述《建筑法》和《民法典》禁止工程再分包的条款属于效力性强制性规定，违反者将导致施工合同无效。

但是，应当明确的是，上述禁止再分包的含义应当限制在“专业工程”之内，换言之，专业工程承包人将其中的劳务作业进行分包的，并不属于禁止范畴。对此，虽然难以直接从《建筑法》第二十九条和《民法典》第七百九十一条中得出结论，但司法解释的规定较为明确，《新建设工程施工合同解释（一）》第五条规定：“具有劳务作业法定资质的承包人与总承包人、分包人签订的劳务分包合同，当事人请求确认无效的，人民法院依法不予支持。”

（四）关于第五项行为

该项行为的本质是禁止专业作业承包人将劳务再进行分包。之所以如此规定，原因在于如专业作业承包人将其承包的劳务再行分包，不但不能体现社会分工、提高生产效率，反而容易滋生劳务作业层层再分包，增加生产成本，降低工程质量，同时也不利于深化建筑用工制度改革和建筑业农民工向建筑工人的转变。[②]《房屋建筑和市政基础设施工程施工分包管理办法》第九条第二款中明确：“劳务作业承包人必须自行完成所承包的任务。”我国建筑领域长期坚持的一大原则是严格限制层层分包，避免过多“中间层”的介入导致管理混乱和工程质量缺陷。从此角度分析，禁止专业作业再分包和禁止专业工程再分包的目的并无差异，故对两者的法律规制态度也应一致，即专业作业承包人将劳务再次分包违反了《建筑法》第二十九条第三款和《民法典》第七百九十一条第三款的效力性强制性规定。

综上分析，《建筑工程施工发包与承包违法行为认定查处管理办法》第十二条所规定的六种情形均可作为司法实践认定违法分包的参照标准，法律基

---

① 最高人民法院民法典贯彻实施工作领导小组主编：《中华人民共和国民法典合同编理解与适用》（三），人民法院出版社 2020 年版，第 1926 页。

② 朱树英主编：《建筑工程施工发包与承包违法行为认定查处管理办法适用指南》，法律出版社 2020 年版，第 114 页。

础在于其违反了法律法规的效力性强制性规定。

三、未经建设单位认可的分包行为与合同效力

未经建设单位（发包人）认可前提下，总承包人签订的分包合同效力如何？实践中形成的惯性思维是其属于“违法分包”，故此导致施工合同无效。然而，随着行业发展和行政执法领域相关标准的变化，近些年，也有不少学者对该问题和现有的裁判思路进行了反思。①

（一）建设单位认可与分包合同签订之关系的相关规范

分包合同需要经过建设单位认可，其主要依据是《建筑法》和《建设工程质量管理条例》，前者第二十九条中规定：“建筑工程总承包单位可以将承包工程中的部分工程发包给具有相应资质条件的分包单位；但是，除总承包合同中约定的分包外，必须经建设单位认可。”② 后者第七十八条第二款第二项规定，本条例所称违法分包，是指下列行为，“建设工程总承包合同中未有约定，又未经建设单位认可，承包单位将其承包的部分建设工程交由其他单位完成的”。2014 年，住建部颁布的《建筑工程施工转包违法分包等违法行为认定查处管理办法（试行）》（已废止）第九条第三项规定，存在下列情形之一的，属于违法分包，“施工合同中没有约定，又未经建设单位认可，施工单位将其承包的部分工程交由其他单位施工的”。上述法律法规和行政规范性文件，在一段时间内，成为司法实践认定未经建设单位认可的分包合同无效的重要基础。

（二）未经建设单位认可之分包行为的行政执法标准

正如上文所述，对于违法分包，需要结合行政机关的认定标准和法律行

---

① 参见曹文衔：《未经发包人同意的分包合同效力探究》，载微信公众号“天同诉讼圈”2019 年 8 月 8 日，https：//mp. weixin. qq. com/s/wYucaTfc8HwbRRo9Gv86pA；龚雪林：《转包、分包和借用资质情形下的建设工程施工合同效力分析》，载《法律适用》2014 年第 12 期。

② 在论述分包合同是否需要经过第一手发包人同意的问题上，该条文所涉及的建设单位与发包人所指向的主体一致。

政法规中的效力性强制性规定综合判断。关于行政认定标准，与2014年《建筑工程施工转包违法分包等违法行为认定查处管理办法（试行）》相比，2019年《建筑工程施工发包与承包违法行为认定查处管理办法》删除了“施工合同中没有约定，又未经建设单位认可”的情形，也就意味着，行政执法中不再将其作为违法分包进行认定。对于该变化，相关的释义资料阐述：即使施工合同约定了承包人分包必须经建设单位认可，承包人未遵守该约定进行分包也仅仅是违约行为；不将该种分包认定为违法行为是工程实践中的趋势，原有的条款脱离建筑市场实际情况，难以适应当今市场经济的丰富发展形势。①

（三）未经建设单位认可之分包行为的法律性质和合同效力

“未经建设单位认可”的分包主要违反了《建筑法》第二十九条，至于是否由此导致施工合同无效，还需要对该条的性质和相关法律规范进行分析。

1.《建筑法》第二十九条关于分包需经建设单位认可的内容属于倡导性条款

对于《建筑法》第二十九条之分包需经建设单位认可内容的立法目的，相关释义资料解释为：“为防止总承包单位擅自将应当由自己完成的工程分包出去或者将工程分包给建设单位所不信任的承包单位，本条规定，分包的工程必须是总承包合同约定可以分包的工程，合同中没有约定的，须经建设单位认可。”②“应当”由总承包单位完成工程一般是指主体结构工程，法律对此已有禁止性规定，其他部分原则上都属于可以分包的范围，由此可见，上述第二十九条的主要目的是保护“建设单位对承包人的信任”，如果承包人破坏了这种信任，违反契约时，至多承担违约责任；“未经建设单位认可”反映的是民事主体在意思表示层面出现了分歧，并不意味着其达到了违反市场秩

---

① 朱树英主编：《建筑工程施工发包与承包违法行为认定查处管理办法适用指南》，法律出版社2020年版，第112－113页。

② 《中华人民共和国建筑法释义》，载中国人大网2000年11月28日，http：//www. npc. gov. cn/npc/c2173/200011/3ca84cd654bd4ed0a795532c0fe4af62. shtml。

序、国家宏观政策等公序良俗，交易方式严重违法的程度，[①] 也难以仅凭此就得出损害建设工程质量、危害社会公共利益的结论。故此，《建筑法》的上述条款虽然使用了“不得”的字样，结合上述分析和该法律的颁布时间，笔者认为其不属于强制性规定，而属于倡导性内容，该点也可在《民法典》第七百九十一条第二款中得到印证：“总承包人或者勘察、设计、施工承包人经发包人同意，可以将自己承包的部分工作交由第三人完成。”显然这比《建筑法》中的“不得”缓和了许多。

2. 当事人“处分”权限的瑕疵不是否定合同效力的理由[②]

从民法理论角度而言，总承包人在“未经建设单位认可”时进行分包，其违背的是当事人之间因意思自治而达成的协议，总承包人对其负担的债务再“处分”时存在权利上的瑕疵，然而处分权瑕疵在我国现行民事法律规范体系内并不构成否认合同效力的理由。

首先，从标的物处分的角度。2012 年《买卖合同纠纷解释》第三条第一款规定：“当事人一方以出卖人在缔约时对标的物没有所有权或者处分权为由主张合同无效的，人民法院不予支持。”该条款后被《民法典》第五百九十七条第一款吸收，调整为：“因出卖人未取得处分权致使标的物所有权不能转移的，买受人可以解除合同并请求出卖人承担违约责任。”两者在表述上虽有一些变化，但显然，合同一方在处分权层面的瑕疵并不足以导致买卖合同无效。

其次，从合同义务处分的角度。原《合同法》第二百二十四条曾规定，“承租人经出租人同意，可以将租赁物转租给第三人，承租人未经出租人同意转租的，出租人可以解除合同”。后该条被《民法典》第七百一十六条所吸收。该条所涉及的出租人、承租人、次承租人之间的关系与建设单位（发包人）、总承包人、分包人之间的关系颇具有相似性。如果承租人要将标的物再

---

① 最高人民法院民事审判第二庭编著：《〈全国法院民商事审判工作会议纪要〉理解与适用》，人民法院出版社 2019 年版，第 17 页。

② 《民法典》第五百五十一条第一款规定：“债务人将债务的全部或者部分转移给第三人的，应当经债权人同意。”对于该条中所涉及的债务承担，理论界有观点认为，债务承担兼具负担行为与处分行为的特性。（参见朱庆育：《民法总论》，北京大学出版社 2016 年版，第 291 页。）未经建设单位认可的分包行为虽然与债务承担存在差异，但从建设单位的角度分析，总承包人确是将其承担的部分债务转移给了第三人（分包人），故本书认为总承包人的擅自分包也构成了“处分权”的一种瑕疵。

转租（包括全部或部分），需要经过出租人同意；如果未经同意，出租人可以解除合同，但并不会因此而导致转租形成的合同无效。

最后，从承揽合同的角度。依照《民法典》第八百零八条的规定，建设工程合同章节没有规定的，适用承揽合同的有关规定。承揽合同中，定作人是否同意“分包”所产生的效果，《民法典》第七百七十二条第二款规定：“承揽人将其承揽的主要工作交由第三人完成的，应当就该第三人完成的工作成果向定作人负责；未经定作人同意的，定作人也可以解除合同。”由此也可推导出，未经建设单位（发包人）同意的分包，发包人享有的是合同解除权。

此外，如果将建设单位认可作为分包合同有效的前提，法院对于合同效力的审查将会取决于发包人的态度，进而还会引发如下诸多问题：一则需要判断未经建设单位认可的时间节点与合同效力的关系；二则需要判断建设单位的追认与合同效力的关系；三则需要判断建设单位追认分包合同的时间是否需要限制；四则需要在分包合同引发的纠纷中追加建设单位，还需要判断是未经建设单位认可直接否认合同效力还是再询问建设单位对分包合同的态度。诸如此类的问题，都反映出将建设单位认可与分包合同效力关联的思路不仅缺乏法理基础，也与合同效力认定的常规思路相悖。故此，笔者认为，是否经过建设单位认可并不影响分包合同的效力，但建设单位可依合同约定主张总承包人承担违约责任。

裁判规则指引

❶《建筑工程施工发包与承包违法行为认定查处管理办法》第十二条所列六种情形均可作为裁判者认定违法分包的参照标准，规范基础在于其均属于违反了法律法规的效力性强制性规定。

❷《建筑法》第二十九条关于分包须经建设单位认可的内容属于倡导性条款，总承包人对其所负担的债务进行再“处分”时存在的权利瑕疵不构成否认合同效力的理由；是否经过建设单位认可并不影响分包合同的效力，但建设单位可依合同约定主张总承包人承担违约责任。

第五节 挂靠的演变、表现及其与转包的关系

实务疑难问题

1. 行政执法标准中将高资质借用低资质、同资质互相借用也界定为“挂靠”，该种情形是否影响施工合同效力？
2. 司法实践中，挂靠和转包的主要特征是什么？
3. 司法实践中，应当如何区分挂靠和转包？

挂靠，一直是实务中的难点所在，准确识别挂靠、区分挂靠与转包的关系，是解决诸多难题的基础。

一、挂靠的演变及其分布领域

（一）挂靠的历史演变

严格意义上，“挂靠”并非法学专业术语的范畴，但它却反映了社会经济生活中出现的一种特定现象。[①] 挂靠情形的大量出现，是在20世纪70年代末80年代初，在我国从计划经济向市场经济转变过程中，多种经营方式并存的条件下产生。在当时的时代背景下，部分个体、私营经济以冠上“公”字为荣，从而更好地得到社会的认可。当然，通过挂靠获得国家对国有企业、集体企业的优惠政策也是挂靠产生的又一重要原因。[②]

在形式上，当时的挂靠主要有两种形式：一是个体工商户、个人合伙、私营企业等经济组织，在国家允许其从事经营的范围内，利用协议挂靠或由

---

① 参见佟柔等：《挂靠企业产权性质归属问题讨论》，载《中国法学》1989年第4期。1989年，中国人民大学法律研究所与法律系民法室联合召开了一次挂靠企业产权问题理论讨论会，参加研讨的有佟柔、魏振瀛、郑立等著名学者，该次讨论会的一部分发言被刊登在当年的《中国法学》杂志上。

② 刘忠华、谢宝红：《对挂靠有关问题的刍议》，载《西南政法大学学报》2000年第2期。

有关单位申领执照等方式隐瞒其身份，以集体或国有等企业的名义从事经营活动；二是上述私营性质的经济组织在国家不允许其从事的经营范围或以其自身的经济实力依法不能从事的经营范围内，利用上述方式以集体或国有等企业的名义从事该种经营活动。[①] 由此可见，自产生之初，挂靠者的目的就非常明显：借助于他人的身份，取得优惠条件或进入特许经营领域，以谋取更大利益。多年之后，虽形式上发生了部分变化，然挂靠之目的，依然如故。

后伴随着我国市场经济的发展，私有制企业纯粹出于“身份认同”而借助公有制企业名义的现象基本不复存在。但该现象之所以未曾消失，与挂靠者牟取行政许可领域的“市场经营权”紧密相关。

2004 年，我国第一部《行政许可法》（2019 年修正）施行，其将“行政许可”界定为“行政机关根据公民、法人或者其他组织的申请，经依法审查，准予其从事特定活动的行为”。第十二条明确了可以设定行政许可的六方面内容，比如：有限自然资源开发利用、公共资源配置以及直接关系公共利益的特定行业的市场准入等，需要赋予特定权利的事项；提供公众服务并且直接关系公共利益的职业、行业，需要确定具备特殊信誉、特殊条件或者特殊技能等资格、资质的事项。这样的背景下，意味着在市场经济活动中，有些主体可以法定程序获得经营资格，有些主体则不具备“入场资格”，由此，从业资质便具有了一定的稀缺性。为了能够进入特定市场，部分主体便挖空心思，通过支付一部分费用来寻求可以挂靠的有资质主体，披着他人的外衣从事经济活动，形成了“资质借用”的现象。

（二）挂靠的分布领域

理论上讲，凡是涉及市场准入资质的领域，都可能存在挂靠现象，包括建筑、交通、医药销售、资产评估等行业都可能发生“挂靠”问题[②]，我们

---

① 刘忠华、谢宝红：《对挂靠有关问题的刍议》，载《西南政法大学学报》2000 年第 2 期。

② 胡睿超：《资质“挂靠”纠纷的实证分析》，载《西部法学评论》2018 年第 3 期。实践中挂靠的形式表现多样，比如还包括个别企业为满足行业主管部门的要求，需要一定数量的持职业资格证书员工，故吸引有资质证书的自然人将证书“挂靠”在该单位，但该种形式的“挂靠”并非本书关注的对象。

就近些年司法实践中引发问题较多的机动车、船舶和旅行社领域进行简单梳理，以期能够为建设工程领域挂靠问题的处理提供一个横向的参考。

1. 机动车的挂靠

依照《道路运输条例》的规定，从事道路旅客、货物运输经营的，需要向行政主管部门申请道路运输经营许可证。在此背景下，部分不具有运输资质的车主将自己的车落户在已领取营业执照的出租车公司或运输公司，以该公司的名义经营出租车客运或货运业务，车主每月或每年向公司交纳一定的挂靠费，并以该单位的名义交纳各种税费。① 就此行为，在交通执法领域当然也属于禁止范围，《道路运输条例》第六十六条规定："违反本条例的规定，客运经营者、货运经营者、道路运输相关业务经营者非法转让、出租道路运输许可证件的，由县级以上地方人民政府交通运输主管部门责令停止违法行为，收缴有关证件，处2000元以上1万元以下的罚款；有违法所得的，没收违法所得。"

2. 船舶的挂靠

依照《国内水路运输管理条例》的规定，经营水路运输业务需要向行政主管部门申请核发水路运输业务经营许可证，并且禁止对该许可证转让、出租、出借。然而，正如上文所述，"资质的稀缺"导致其具有了市场价值，船舶挂靠现象广泛存在于内河、沿海水路运输中。② 就此，2012年印发的《最高人民法院关于国内水路货物运输纠纷案件法律问题的指导意见》对该领域内挂靠现象所涉及的合同效力、相对方等问题进行了明确。

关于合同效力，上述意见第三条明确："根据《国内水路运输管理条例》和《国内水路运输经营资质管理规定》的有关规定，从事国内水路运输的企业和个人，应当达到并保持相应的经营资质条件，并在核定的经营范围内从事水路运输经营活动。没有取得国内水路运输经营资质的承运人签订的国内水路货物运输合同，人民法院应当根据合同法第五十二条第（五）项的规定认定合同无效。"

关于合同相对人，上述意见第九条规定："挂靠船舶的实际所有人以自己

---

① 吕金柱：《论车辆挂靠责任》，载《新乡学院学报（社会科学版）》2011年第4期。

② 谢桦、张可心、黄思奇、罗素梅：《关于船舶挂靠法律问题的调研报告》，载《人民司法》2009年第23期。

的名义签订运输合同，应当认定其为运输合同承运人，承担相应的合同责任。”第十条规定：“挂靠船舶的实际所有人以被挂靠企业的名义签订运输合同，被挂靠企业亦签章予以确认，应当认定被挂靠企业为运输合同承运人，承担相应的合同责任。”

3. 旅行社的挂靠

根据我国《旅行社条例》的规定，经营旅游业务的，应当向旅游行政管理部门申请核发旅行社业务经营许可证，并不得转让、出租、出借。基于同样的“资质”利益驱使，挂靠经营普遍存在于我国的旅行社界，多数实际经营旅游业务的旅行社营业部实际上就是挂靠经营者。[①] 对于旅游者和挂靠情形下的旅游经营者之间形成的法律关系及其后果，《最高人民法院关于审理旅游纠纷案件适用法律若干问题的规定》第十四条规定：“旅游经营者准许他人挂靠其名下从事旅游业务，造成旅游者人身损害、财产损失，旅游者依据民法典第一千一百六十八条的规定请求旅游经营者与挂靠人承担连带责任的，人民法院应予支持。”

4. 建筑业的挂靠

1998年，规制我国建筑领域的特别法——《建筑法》开始施行，其第二十六条规定：“承包建筑工程的单位应当持有依法取得的资质证书，并在其资质等级许可的业务范围内承揽工程。禁止建筑施工企业超越本企业资质等级许可的业务范围或者以任何形式用其他建筑施工企业的名义承揽工程。禁止建筑施工企业以任何形式允许其他单位或者个人使用本企业的资质证书、营业执照，以本企业的名义承揽工程。”该法对于挂靠的规制态度可谓严厉。此后历经数年，该法历经两次修正，但“资质准入”制度基本未曾改变。基于上文所述的同样原因，该领域内的挂靠现象更是屡见不鲜。司法审判对此类合同的效力基本持否定态度，从2004年《建设工程施工合同解释》到2020年《新建设工程施工合同解释（一）》，都明确了“没有资质的实际施工人借用有资质的建筑施工企业名义的”施工合同无效。然而，由于该领域“挂靠”情形复杂，给实践造成的难题时常超越司法解释的辐射范围，如被挂靠人的主观状态与合同效力的关系、合同相对方的认定、优先受偿权的主体等一系列问题。

---

① 王玉松：《论旅行社挂靠经营的连带法律责任》，载《法学杂志》2011年第6期。

二、挂靠的“双重”表现及司法认定

之所以说“双重”，是因为行政执法领域和司法实践对于挂靠的认定标准存在一定差异。

（一）行政执法中的挂靠

1999 年，原建设部印发《整顿和规范建设市场的意见》，其包含的附件《关于若干违法违规行为的判定》中明确：“凡通过转让、出借资质证书或者以其他方式允许他人以本单位名义承接工程任务的，均属挂靠承接工程任务，包括无资质证书的单位、个人或低资质等级的单位，通过种种途径和方式，利用有资质证书或高资质等级的单位名义承接工程任务。”

2014 年，住建部印发《建筑工程施工转包违法分包等违法行为认定查处管理办法（试行）》（已废止），第十条第一款规定：“本办法所称挂靠，是指单位或个人以其他有资质的施工单位的名义，承揽工程的行为。”第十一条第一项和第二项列举了具体形式：没有资质的单位或个人借用其他施工单位的资质承揽工程的；有资质的施工单位相互借用资质承揽工程的，包括资质等级低的借用资质等级高的，资质等级高的借用资质等级低的，相同资质等级相互借用的。第八项是兜底内容即“法律法规规定的其他挂靠行为”；至于该条所列第三项至第七项，其属于查处挂靠时从外观层面判断的技术方法,[①] 严

---

① 《建筑工程施工转包违法分包等违法行为认定查处管理办法（试行）》第十一条规定：“存在下列情形之一的，属于挂靠：（一）没有资质的单位或个人借用其他施工单位的资质承揽工程的；（二）有资质的施工单位相互借用资质承揽工程的，包括资质等级低的借用资质等级高的，资质等级高的借用资质等级低的，相同资质等级相互借用的；（三）专业分包的发包单位不是该工程的施工总承包或专业承包单位的，但建设单位依约作为发包单位的除外；（四）劳务分包的发包单位不是该工程的施工总承包、专业承包单位或专业分包单位的；（五）施工单位在施工现场派驻的项目负责人、技术负责人、质量管理负责人、安全管理负责人中一人以上与施工单位没有订立劳动合同，或没有建立劳动工资或社会养老保险关系的；（六）实际施工总承包单位或专业承包单位与建设单位之间没有工程款收付关系，或者工程款支付凭证上载明的单位与施工合同中载明的承包单位不一致，又不能进行合理解释并提供材料证明的；（七）合同约定由施工总承包单位或专业承包单位负责采购或租赁的主要建筑材料、构配件及工程设备或租赁的施工机械设备，由其他单位或个人采购、租赁，或者施工单位不能提供有关采购、租赁合同及发票等证明，又不能进行合理解释并提供材料证明的；（八）法律法规规定的其他挂靠行为。”

格意义上讲，并非挂靠的内涵或形式。

2019 年，住建部印发《建筑工程施工发包与承包违法行为认定查处管理办法》，第九条第一款是关于挂靠的内涵，与上述 2014 年办法中的相应内容一致。第十条是列举内容，其中第一项、第二项是挂靠的具体形式，与上述 2014 年办法相应内容一致；第三项是转引条款，其内容为“本办法第八条第一款第（三至九）项规定的情形，有证据证明属于挂靠的”。[①] 与 2014 年办法相比，虽然该项涉及挂靠的情形出现了一些变化，但主要还是查处挂靠的技术性标准。

分析行政执法领域的挂靠内涵，可知其自 2014 年以后已趋固定，可以总结为两种情形：其一，没有资质的自然人、法人、非法人组织借用有资质的建筑业企业名义承揽工程；其二，有资质的建筑业企业相互借用资质承揽工程，包括资质等级低的借用资质等级高的，资质等级高的借用资质等级低的，相同资质等级相互借用的。与司法实践对于挂靠内涵的界定相比，行政执法领域显然宽泛了，其将资质借用中的“高”借“低”、“同级”互借，也列入了挂靠的范畴。

① 《建筑工程施工发包与承包违法行为认定查处管理办法》第八条第一款规定：“存在下列情形之一的，应当认定为转包，但有证据证明属于挂靠或者其他违法行为的除外：（一）承包单位将其承包的全部工程转给其他单位（包括母公司承接建筑工程后将所承接工程交由具有独立法人资格的子公司施工的情形）或个人施工的；（二）承包单位将其承包的全部工程肢解以后，以分包的名义分别转给其他单位或个人施工的；（三）施工总承包单位或专业承包单位未派驻项目负责人、技术负责人、质量管理负责人、安全管理负责人等主要管理人员，或派驻的项目负责人、技术负责人、质量管理负责人、安全管理负责人中一人及以上与施工单位没有订立劳动合同且没有建立劳动工资和社会养老保险关系，或派驻的项目负责人未对该工程的施工活动进行组织管理，又不能进行合理解释并提供相应证明的；（四）合同约定由承包单位负责采购的主要建筑材料、构配件及工程设备或租赁的施工机械设备，由其他单位或个人采购、租赁，或施工单位不能提供有关采购、租赁合同及发票等证明，又不能进行合理解释并提供相应证明的；（五）专业作业承包人承包的范围是承包单位承包的全部工程，专业作业承包人计取的是除上缴给承包单位‘管理费’之外的全部工程价款的；（六）承包单位通过采取合作、联营、个人承包等形式或名义，直接或变相将其承包的全部工程转给其他单位或个人施工的；（七）专业工程的发包单位不是该工程的施工总承包或专业承包单位的，但建设单位依约作为发包单位的除外；（八）专业作业的发包单位不是该工程承包单位的；（九）施工合同主体之间没有工程款收付关系，或者承包单位收到款项后又将款项转拨给其他单位和个人，又不能进行合理解释并提供材料证明的。”

（二）司法实践中的挂靠

1. 司法实践中挂靠的内涵及表现形式

就司法实践而言，对于挂靠多表述为“借用名义”，如《新建设工程施工合同解释（一）》第一条第一款第二项规定：“没有资质的实际施工人借用有资质的建筑施工企业名义的。”

《北京市高级人民法院关于审理建设工程施工合同纠纷案件若干疑难问题的解答》第二条中规定：“具有下列情形之一的，应当认定为《解释》规定的‘挂靠’行为：(1) 不具有从事建筑活动主体资格的个人、合伙组织或企业以具备从事建筑活动资格的建筑施工企业的名义承揽工程；(2) 资质等级低的建筑施工企业以资质等级高的建筑施工企业的名义承揽工程；(3) 不具有施工总承包资质的建筑施工企业以具有施工总承包资质的建筑施工企业的名义承揽工程；(4) 有资质的建筑施工企业通过名义上的联营、合作、内部承包等其他方式变相允许他人以本企业的名义承揽工程。”

《安徽省高级人民法院关于审理建设工程施工合同纠纷案件适用法律问题的指导意见》第四条规定：“同时符合下列情形的，应认定为挂靠经营，所签订的建设工程施工合同无效：(1) 实际施工人未取得建筑施工企业资质或者超越资质等级；(2) 实际施工人以建筑施工企业的分支机构、施工队或者项目部等形式对外开展经营活动，但与建筑施工企业之间没有产权联系，没有统一的财务管理，没有规范的人事任免、调动或聘用手续；(3) 实际施工人自筹资金，自行组织施工，建筑施工企业只收取管理费，不参与工程施工、管理，不承担技术、质量和经济责任。”

综上，司法实践中的挂靠可大致总结为两种情形：其一，没有资质的自然人、法人、非法人组织借用有资质的建筑业企业名义承揽工程；其二，资质较低的企业借用其他资质较高的企业名义承揽建设工程。

2. “无借有”“低借高”规则的合理性

司法实践中坚持将挂靠的标准界定为“无借有”“低借高”具有合理性。至于行政执法领域所坚持的“高借低”“同级互借”的情形，无法构成施工合同无效的理由。

其一，从司法解释的文义分析。对于挂靠的后果，《新建设工程施工合同解释（一）》第一条第一款第二项明确“没有资质的实际施工人借用有资质的建筑施工企业名义”订立的施工合同无效。[①] 最高人民法院结合《民法典》《建筑法》《招标投标法》等立法目的，将导致施工合同无效的强制性规定限定为以下两类：保障建设工程质量和施工安全的规范；维护建筑市场公平竞争秩序的规范。[②] 在资质准入的建筑行业，低资质的建设企业一般无法承揽具有高资质要求的工程，也就意味着其没有该工程所要求的资质，故广泛意义上，“低借高”也属于“无借有”的一种表现。但无论如何，上述规范中难以解读出“高借低”或“同等资质互借”也构成否定合同无效的理由。此外，从挂靠所导致的责任角度，《新建设工程施工合同解释（一）》所规制的对象也是“缺乏资质”，如第七条明确：“缺乏资质的单位或者个人借用有资质的建筑施工企业名义签订建设工程施工合同，发包人请求出借方与借用方对建设工程质量不合格等因出借资质造成的损失承担连带赔偿责任的，人民法院应予支持。”

实践中，有的地方法院对此进行了明确，如2007年《北京市高级人民法院审理民商事案件若干问题的解答之五（试行）》第四十六条规定：“建筑行业中的挂靠经营行为是否无效？建筑行业中的挂靠经营行为并不都是当然无效，在下列情形下挂靠行为有效：(1) 挂靠者虽然以被挂靠者的名义签订建设工程施工合同，但其本身具备建筑等级资质，且实际承揽的工程与其自身资质证书等级相符……”

---

① 当然，对于《新建设工程施工合同解释（一）》第一条第一款第二项的理解，最终还需要回归到本质的导致合同无效的判断基础，即“违反法律、行政法规的强制性规定”。现行法律框架内，与此相关者是《建筑法》第二十六条第二款规定：“禁止建筑施工企业超越本企业资质等级许可的业务范围或者以任何形式用其他建筑施工企业的名义承揽工程。禁止建筑施工企业以任何形式允许其他单位或者个人使用本企业的资质证书、营业执照，以本企业的名义承揽工程。”《建设工程质量管理条例》第二十五条第二款规定：“禁止施工单位超越本单位资质等级许可的业务范围或者以其他施工单位的名义承揽工程。禁止施工单位允许其他单位或者个人以本单位的名义承揽工程。”上述二者当是挂靠相关的“强制性规定”来源，分析上述规定，其禁止的范围是“任何形式”借用，最高人民法院通过司法解释的形式对“任何形式”进行了限缩，将“效力性强制性规定”的范围限定在了“无借有”“低借高”。

② 最高人民法院民事审判第一庭编著：《最高人民法院新建设工程施工合同司法解释（一）理解与适用》，人民法院出版社2021年版，第14页。

其二，从立法背景和目的分析。《建筑工程施工发包与承包违法行为认定查处管理办法》第十条第二项虽然规定了“高借低”“同等互借”属于挂靠，但同时认为目前还存在争议，并对其如此规定的理由解释为：“《建筑法》第二十六条和《建设工程质量管理条例》第二十五条中均明确规定‘禁止建筑施工企业以任何形式用其他建筑施工企业的名义承揽工程’，而不是仅禁止‘不具备所承揽工程施工资质的施工单位’以其他建筑施工企业的名义承揽工程。”① 但是，对于《建筑法》第二十六条的立法背景，立法机构在阐述时关注的重点就是“无借有”“低借高”，如“当前建筑市场秩序混乱的另一个表现，就是有些无资质或者低资质的企业、包工队以‘挂靠’有较高资质等级的施工企业或者采取与资质等级较高的施工企业搞假‘联营’等形式，以资质等级较高的施工企业的名义承揽工程”。② 《建设工程质量管理条例》第二十五条的立法背景也是如此，如“在实践中，为在发承包竞争活动中争取到工程项目，一些施工单位因自身资质条件不符合招标项目所要求的资质条件，会采取种种手段骗取发包方的信任，其中包括借用其他施工单位的资质证书”，“借用别人名义的单位往往是自身资质等级不高、人员素质差、管理落后的小企业或个体户”③。由此可见，法律、行政法规对“挂靠”进行规制的目的在于排除无资质主体进入建筑市场，以保证建设工程质量，而有资质的相互借用只涉及管理秩序问题，并不会从根本上对建设工程质量形成实质危害。此外，对于超越资质者承揽工程的合同效力，《新建设工程施工合同解释（一）》第四条尚赋予承包人在竣工前取得资质的补救方式，与此相比，“高借低”或“同等借用”资质者并未显现出更加恶劣的特征，也无否定其合同效力的必要。

其三，从“高借低”“同级互借”的原因分析。具备资质的建筑业企业本无须再去借用其他人资质，之所以会出现如此现象，原因复杂，难以一概

---

① 朱树英主编：《建筑工程施工发包与承包违法行为认定查处管理办法适用指南》，法律出版社2020年版，第114页。

② 《中华人民共和国建筑法释义》，载中国人大网2000年11月28日，http：//www.npc.gov.cn/npc/c2173/200011/3ca84cd654bd4ed0a795532c0fe4af62.shtml。

③ 国务院法制办等编著：《建设工程质量管理条例释义》，中国城市出版社2000年版，第75页。

而论。比如，基于地方保护，部分工程招标要求本地有资质的企业方能投标；部分企业希望借助本地企业的名义便于施工中的沟通和纠纷解决；部分企业因违规行为被列入招投标黑名单等。总体而言，该类借用涉及的主要还是行政管理秩序，并不足以成为施工合同无效的强制性规定。

综上，笔者认为，没有资质的自然人、法人、非法人组织或者资质较低的建筑业企业借用有资质或资质较高的建筑业企业名义签订的建设工程施工合同无效。同等资质的建筑业企业之间相互借用或者资质较高的建筑业企业借用较低企业资质的，不影响施工合同的效力。

三、挂靠与转包的区别①

（一）转包的内涵

所谓转包，《建设工程质量管理条例》第七十八条第三款规定："本条例所称转包，是指承包单位承包建设工程后，不履行合同约定的责任和义务，将其承包的全部建设工程转给他人或者将其承包的全部建设工程肢解以后以分包的名义分别转给其他单位承包的行为。"由此可见，转包的表现形式主要有两种：整体转包给他人，肢解后以分包名义转包他人，但共同的特点都在于承包单位对工程不参与管理，且多数的目的在于赚取"中间费"。

在此基础上，住建部《建筑工程施工发包与承包违法行为认定查处管理办法》第八条第一款对于"转包情形"进行了细化。具体来说，其中第一项、第二项主要是对上文所述转包内涵的重复，② 第三项至第九项（第六项除外）是辅助认定转包的技术性标准。

（二）挂靠和转包的区分

1. 挂靠和转包的阶段性特征

从基本特征的角度来看，挂靠和转包的区分较为清晰。对于挂靠而言，其

① 基于上文所述，本节论述中对于挂靠的内涵界定坚持司法实践中的标准。

② 除了对转包基本内涵的重复之外，额外对于"其他单位"进行了补充说明，主要是关于母、子公司与转包认定之间的关系。

核心在于“借用”，即挂靠人“借用”被挂靠人的资质从事承揽工程活动。对于转包而言，其核心在于“倒手”，即承包人完成工程的合同订立流程之后，把工程转手再“发包”给其他施工人，目的大多在于成为“中间商”，赚取差价。

从工程完成流程的角度来看，挂靠和转包都可分为两个阶段，但内容不同。

挂靠的阶段性特征。挂靠中，第一个阶段是“披上外衣、借名订约”，该阶段的主角是挂靠人，挂靠人披上被挂靠人的“外衣”，借用其名义深度参与合同谈判、磋商、订立及相关工作。第二个阶段是“自行施工，自负盈亏”，该阶段的主角还是挂靠人，此时的挂靠人虽然对外依然可能披着被挂靠人的外衣，但实质上是由其独立完成工程的施工过程，并自负成本、盈亏。

转包的阶段性特征。转包中，第一个阶段是“名实相符、亲自订约”，该阶段的主角是承包人，承包人自行完成与工程相关的合同订立，取得施工的合同权利，该阶段一般无他人介入。第二个阶段是“转手倒卖、他人施工”，承包人将承揽到的工程“倒手”，全部转给其他人施工，作为承包人，其主要目的是赚取中间商差价。

2. 挂靠和转包的阶段性区分

在第一个阶段中，挂靠和转包的区分十分明显，这也是区分两者的最本质特征。考察招投标过程中挂靠人的参与痕迹，综合投标保证金、履约保证金的缴纳主体和资金来源、挂靠人是否以承包人的委托代理人身份签订合同、挂靠人是否与发包人就合同事宜进行磋商等因素，一般即可认定是否存在挂靠。故从证据规则角度分析，司法实践对于挂靠的认定并非疑难问题，唯有内部承包因素介入时方会呈现出判断层面的一些障碍，详见下文所述。

在第二个阶段中，当工程进入实质施工时，被挂靠人、承包人都不参与施工，而是挂靠人、转承包人实际施工①。由此，形成了挂靠和转包的一个共同点：实际施工的主体与对外公开合同中的承包主体并不一致。由此形成了看似难以辨别的“实务难点”，比如难以直接依据《建筑工程施工发包与承包

① 转包情形中，关于两个主体的称呼，实践中并不一致，为了便于区分，本节将第一手承包人称为“承包人”，将通过转包获得工程的人称为“转承包人”。

违法行为认定查处管理办法》第八条第一款第三项至第九项的内容判断到底是挂靠还是转包。

笔者认为，上述所谓的“实务难点”具有一定的解决之道，具体如下：

首先，挂靠与转包的本质区别在于进入实际施工前的“第一个阶段”，至于开始施工后的“第二个阶段”，本就不是二者的本质区别，当然很难以此为基础区分二者。

其次，《建筑工程施工发包与承包违法行为认定查处管理办法》第八条第一款第三项至第九项的内容基本属于“倒推式”判断。① 比如，“合同约定由承包单位负责采购的主要建筑材料、构配件及工程设备或租赁的施工机械设备，由其他单位或个人采购、租赁，或施工单位不能提供有关采购、租赁合同及发票等证明，又不能进行合理解释并提供相应证明的”，如果以施工现场所具有的特征进行分析，则上述情况及第八条中的其他情形会经常出现在挂靠和转包中，挂靠人、转承包人“自行负责施工”本就是挂靠、转包的特征重合之处。因此，依照施工现场所呈现出的“重合”特征去“倒推”，进而判断是否构成挂靠和转包，自然会成为难题，也缺乏科学性和现实性。

故此，如果依照第一阶段的本质特征去区分挂靠和转包，一般而言，并非疑难之事。唯有可能例外者，在于涉及内部承包情形。公司内部员工承包工程时可能构成合法的内部承包，也可能会构成挂靠和转包，关键在于看承包人在其中是否扮演了“大撒手”的角色：如果公司完全脱离工程施工，没有在技术、质量、安全、财务管理等方面进行监管和支持，则已经脱离了内部承包的范畴。但此时难以区分挂靠和转包的原因，是内部员工参与工程前期的招投标、合同签订完全正常，时常难以判断员工是提前与公司沟通好要通过挂靠形式参与，还是公司承包工程后临时起意要进行转包。对此难题的解决办法，也唯有借助于证据规则，无证据佐证为挂靠时，只能认定为转包。

---

① 该条第一款第六项尚难以完全归入“倒推式”判断，其内容只是对于转包或挂靠的变相表现形式如合作、联营等进行的表述，不具有判断转包或挂靠的技术性意义。

裁判规则指引

❶ 没有资质的自然人、法人、非法人组织或者“资质较低”的建筑业企业借用有资质或资质较高的建筑业企业名义签订的建设工程施工合同无效。有同等资质的建筑业企业之间相互借用或者资质较高的建筑业企业借用较低企业资质，不影响施工合同的效力。

❷ 关于挂靠，可从两个阶段辨识其主要特征。第一个阶段主要体现为“披上外衣、借名订约”，挂靠人借用被挂靠人名义深度参与合同订立，比如参与招投标过程；交纳投标保证金、履约保证金；以委托代理人身份与发包人磋商、签订合同。第二个阶段主要体现为“自行施工，自负盈亏”，挂靠人虽可能依然借用被挂靠人名义，但实质上由其独立组织、完成工程的施工过程，并自负成本、盈亏。

❸ 关于转包，可从两个阶段辨识其主要特征。第一个阶段主要体现为“名实相符、亲自订约”，由承包人自行完成合同订立，取得工程施工的合同权利。第二个阶段主要体现为“转手倒卖、他人施工”，承包人将工程“倒手”，全部转给他人施工，转承包人独立组织、完成施工过程，第一手承包人主要目的是赚取中间差价。

❹ 区分挂靠和转包的关键在于识别实际施工人和名义承包人是否存在资质“借用”关系，判断时主要依赖上文所述第一阶段，即两者之间是“披上外衣、借名订约”还是“名实相符、亲自订约”。因挂靠和转包在上文所述第二阶段存在诸多相似之处，故该阶段不具备区分二者的基础。

第六节　挂靠与施工合同效力关系的再认识

实务疑难问题
1. 发包人主观上是否知晓挂靠的事实，对于施工合同的效力判断有何影响？
2.《民法典》第一百四十六条规定的通谋虚伪能否适用于挂靠情形中施工合同的效力判断？

关于挂靠与施工合同效力的关系，近年来不乏新的观点。特别是《民法典》通过之后，对于第一百四十六条中的"通谋虚伪"能否应用于挂靠情形下施工合同效力的判断，也出现了很多探讨。

一、挂靠与施工合同效力关系的主要观点

第一种观点也是传统观点，认为依照《新建设工程施工合同解释（一）》第一条第一款第二项的规定，[①] 没有资质的实际施工人借用有资质的建筑施工企业名义的，无论发包人对挂靠是否明知，建设工程施工合同均无效。[②]

第二种观点于近段时间较为流行，其核心内容是需要区分发包人的主观状态进而再判断施工合同效力。如果发包人在签订施工合同时，知道或者应当知道挂靠关系存在，抑或知道或者应当知道是实际施工人借用有资质的建筑业企业的名义与其签订合同，则发包人与被挂靠人、挂靠人之间构成隐藏行为。该隐藏行为既包括通谋虚伪行为，也包含通谋虚伪行为所隐藏的行为。通谋虚伪行为是发包人与被挂靠人签订的建设工程施工合同，发包人、被挂靠人和挂靠人均知道该建设工程施工合同是虚假意思表示，发包人与被挂靠

① 《新建设工程施工合同解释（一）》第一条第一款第二项原文吸收了原2004年《建设工程施工合同解释》第一条第二项的内容，故该观点存在了很长时间。

② 李玉生主编：《建设工程施工合同案件审理指南》，人民法院出版社2019年版，第93页。

人均没有订立建设工程施工合同的意思，双方订立建设工程施工合同的目的是掩盖发包人与挂靠人之间的建设工程施工合同。发包人与被挂靠人之间的建设工程施工合同关系无效，是因为该合同不是双方当事人的真实意思，即双方的表示行为缺乏效果意思；发包人与挂靠人的建设工程施工合同虽反映了双方当事人的真实意思，但是违反了法律的强制性规定。① 如果发包人不知道挂靠事实，有理由相信真实承包人就是被挂靠人，则应优先保护善意相对人的利益，双方所签订的建设工程施工合同直接约束发包人和被挂靠人，该合同并不仅因存在挂靠关系而无效，被挂靠人将所承包工程交由挂靠人施工的行为系转包行为，属无效合同。②

第三种观点虽然也包含区分发包人主观状态之意，但在具体理由上自成一派。《建筑法》第二十六条和《建设工程质量管理条例》第二十五条规制的对象是借用和出借资质的行为，针对的主体是出借资质的企业和借用资质的企业或个人，并非规制发包人和出借资质企业之间的合同行为，不是针对出借资质的企业和发包人。转包和借用资质两种情形下发包人与承包人之间的建设工程施工合同在本质上并没有区别，在认定这两种合同的效力上应当坚持同样的效力判断标准，这两种合同通常情况下都应当认定有效，除非发包人签订合同时明知或积极追求出借资质的后果。③

二、挂靠与施工合同效力关系的判断思路

（一）《新建设工程施工合同解释（一）》的规范本意

对于挂靠与施工合同的效力判断，最直接的依据是《新建设工程施工合同解释（一）》第一条第一款第二项的规定，“建设工程施工合同具有下列情形之一的，应当依据民法典第一百五十三条第一款的规定，认定无效”，

---

① 谢勇：《建设工程施工合同案件裁判规则解析》，中国法制出版社2020年版，第58－59页。

② 谢勇、张静思：《挂靠施工情况下应区分发包人是否善意来认定建设工程施工合同的效力》，载最高人民法院民事审判第一庭编：《民事审判指导与参考》［2019年第4辑（总第80辑）］，人民法院出版社2020年版，第212页。

③ 龚雪林：《转包、分包和借用资质情形下的建设工程施工合同效力分析》，载《法律适用》2014年第12期。

“（二）没有资质的实际施工人借用有资质的建筑施工企业名义的”。解读上述条文，其在表述上并未区分发包人的主观状态，而是从施工合同本身直接明确：只要签订过程中存在挂靠情形，则合同无效。梳理最高人民法院关于该条司法解释的释义资料，其中虽然介绍了在资质改革背景下，对于借用资质签订施工合同的效力出现了一些不同观点，但并没有肯定性地要求将发包人的主观状态和合同效力关联。① 此外，在赞同区分发包人主观状态的观点中，对于上述司法解释条文的含义进行了如下解读：“建设工程施工合同的双方当事人是没有资质的实际施工人即挂靠人和发包人。从意思表示的角度看，被挂靠人不属于承包人或者施工人……发包人与被挂靠人签订的建设工程施工合同所隐藏的发包人与挂靠人之间的建设工程施工合同关系，属于《新建设工程施工合同解释（一）》第一条第一款第二项规定的无资质的企业或者个人借用其他企业的建筑工程施工资质签订的合同，该合同亦无效。”②

笔者认为，上述解读有一定道理，但在逻辑周延性上恐还需要进一步论证。司法解释条文的文义较为明显，指的是因“借用”名义而形成的外观显示为被挂靠人和发包人的施工合同。如果将其理解为“隐藏起来”的发包人与挂靠人之间的施工合同，不太符合“借用”的通常理解，也不符合“签订”的外观体现。

（二）通谋虚伪理论与挂靠关系的“误会”

近些年，如上文所述，有不少观点主张区分发包人的主观状态进而判断挂靠情形中施工合同的效力，这主要有两个理由：其一，以通谋虚伪理论作为基础，论述挂靠情形中所涉及的法律关系；其二，在发包人不知挂靠前提下，如果施工合同效力完全依赖于挂靠人和被挂靠人的恶意和选择，则发包人过于“冤枉”，有损其利益。关于第二个理由，将在下文回应。此处着重分

---

① 最高人民法院民事审判第一庭编著：《最高人民法院新建设工程施工合同司法解释（一）理解与适用》，人民法院出版社 2021 年版，第 22 页。

② 谢勇、张静思：《挂靠施工情况下应区分发包人是否善意来认定建设工程施工合同的效力》，载最高人民法院民事审判第一庭编：《民事审判指导与参考》［2019 年第 4 辑（总第 80 辑）］，人民法院出版社 2020 年版，第 221 页。

析通谋虚伪理论与挂靠之间所产生的“误会”。

1. 通谋虚伪理论的内涵、要件及规范基础

通谋虚伪，又称虚假行为，表意人和表示的受领人一致同意表示事项不应该发生效力，亦即双方当事人一致同意仅仅造成订立某项法律行为的表面假象，而实际上并不想使有关法律行为的法律效果产生。①我国台湾地区学者王泽鉴认为其构成要件有三：须有意思表示的存在；须表示与真意不符；须其非真意的表示与相对人通谋。②通谋虚伪行为在结构上可包括内外两层：外部的表面行为，系双方当事人共同作出与真实意思表示不一的行为，亦称伪装行为；内部的隐藏行为则是被掩盖于表面行为之下、代表双方当事人真意的行为，亦称非伪装行为。③当然，通谋虚伪行为也可能只有表面行为而无隐藏行为，故有的学者又以是否包含隐藏行为将其区分为“虚假民事法律行为”和“隐藏民事法律行为”。④

具体到我国立法，2017 年《民法总则》第一次明确规定通谋虚伪行为，即第一百四十六条规定：“行为人与相对人以虚假的意思表示实施的民事法律行为无效。以虚假的意思表示隐藏的民事法律行为的效力，依照有关法律规定处理。”后被《民法典》第一百四十六条原文吸收。立法机关的释义资料中对此进一步解释“之所以对通谋虚伪表示实施的民事法律行为的效力予以否定，是因为这一‘意思表示’所指向的法律效果并非双方当事人的内心真意，双方对此相互知晓，如果认定其为有效，有悖于意思自治的原则”⑤。

2. 通谋虚伪与挂靠情形的矛盾之处

结合上文分析，通谋虚伪的核心在于当事人所“合谋”表达出的“意

① ［德］卡尔·拉伦茨：《德国民法通论》（下），王晓晔等译，法律出版社 2013 年版，第 497 页。

② 王泽鉴：《民法总则》，中国政法大学出版社 2001 年版，第 360 页。

③ 朱庆育：《民法总论》，北京大学出版社 2016 年版，第 261 页。

④ 杨立新：《〈民法总则〉规定的虚假民事法律行为的法律适用》，载《法律科学》2018 年第 1 期。当然，也有学者认为虚假交易适用表面行为的效力规则，既然无隐藏行为，自然不必另行考虑，故单层结构的通谋虚伪行为不必特别讨论。参见朱庆育：《民法总论》，北京大学出版社 2016 年版，第 261 页。

⑤ 黄薇主编：《中华人民共和国民法典释义及适用指南》（上册），中国民主法制出版社 2020 年版，第 226 页。

思”是否为“假”，而不是当事人本身是否为“假”。反观挂靠情形，当事人所作出的意思表示特别是合同的具体条款毫无疑问是“真”的，但一方当事人本身却是“假”的，其背后隐藏了另一个真正的行为主体。故此，通谋虚伪理论和规范范畴是否包括了“隐藏另一方当事人”的情形，将影响其能否作为判断挂靠与合同效力关系的基础。对此，理论界的探讨由来已久。

法律行为虽然是由当事人订立，但是该法律行为所产生的利益或负担却由另外第三人承受，这种情形下的法律行为订立者被称为“稻草人”。[①] 设置“稻草人”的行为是否属于虚伪表示？在比较法上存在认识上的差异。法国学说认为，上述情形属于通谋虚伪表示的类型之一。在法国，虚构行为的范畴极广：只要从外部能看到不符合双方当事人之间存在的真实关系时，就有权主张这是虚伪行为。[②]

德国学说认为，该情形不属于通谋虚伪表示。有的人自己不愿意对外抛头露面，因此往往在对方当事人知道或不知道的情况下，使用一个所谓的“间接代理人”；这个人虽然是以自己的名义，即不是作为代理人同对方订立法律行为的，但他是以他身后的真正的行为当事人的费用，并为此人的利益从事行为的；即使间接代理人的行为相对人知道间接代理人同出卖人订立行为的真正受益人是谁，该行为也仍为出自双方的真意，而不是虚假行为。[③] 诚如有的学者所言，与虚假行为相反，间接代理人在对外关系中作为法律行为当事人的法律地位是真正为当事人所想要的，否则，此种法律行为所意图达到的目的（如税务方面的好处）就不可能实现。[④] 对于虚假行为而言，当事人并不想使其表示发生法律效果，而所谓不希望发生法律效果，是指不仅不希望该行为依其性质产生应有的法律效果，同时也不希望该行为发生其他任何的法律效果。[⑤]

---

① ［德］迪特尔·施瓦布：《民法导论》，郑冲译，法律出版社 2006 年版，第 406 页。

② 冉克平：《论〈民法总则〉上的通谋虚伪表示》，载《烟台大学学报（哲学社会科学版）》2018 年第 4 期。

③ ［德］卡尔·拉伦茨：《德国民法通论》（下），王晓晔等译，法律出版社 2013 年版，第 499 页。

④ ［德］迪特尔·施瓦布：《民法导论》，郑冲译，法律出版社 2006 年版，第 406 – 407 页。

⑤ ［德］维尔纳·弗卢梅：《法律行为论》，迟颖译，法律出版社 2012 年版，第 60 – 61 页。

虚假民事法律行为是大陆法系民法的概念。由于法国法系民法没有规定抽象的法律行为概念，只是有个别的规定，因而主要是大陆法系德国法系的概念。[①] 综合分析上述两种学说，笔者认为，无论从论证的严密性还是充分性角度看，德国学说显然更具说服力。

我国有学者进一步分析，在通谋虚伪的认定上，是否存在不欲发生任何法律效力的虚假意思表示是一个最为关键的因素，不具备这一特点，即使合同“名实不符”也不能认定为通谋虚伪行为。[②] 具体到发包人明知的挂靠情形，虽然合同表面上由某人（名义当事人）与相对人签订，但双方当事人均明知合同的实际利益或负担系由另一个人（实际当事人）承受；于此情形，由于合同当事人均希望该合同发生相应的法律后果，特别是希望在对外关系中由名义当事人享有当事人的法律地位，不可谓没有效果意思，故不能将该合同认定为通谋虚伪行为。[③] 换句话说，幕后之人虽然不愿让他人知道是他参与了某项法律行为，但其并不否认法律行为的法律效果，即使相对人知道“间接代理人”的真正受益人是谁，该行为仍然是出自双方的真意。[④] 隐藏行为和通谋行为的当事人应当具有同一性；实践中将名义当事人与相对人之间的合同界定为通谋虚伪行为，而将实际当事人与相对人之间的合同界定为隐藏行为的做法在理论上有失妥当。[⑤]

综上，笔者认为，无论是从《民法典》第一百四十六的文义解读还是从法学理论角度，都难以将“通谋虚伪”与挂靠情形相互“对应”，进而也就更难以将“通谋虚伪”作为判断挂靠相关施工合同的效力基础。

（三）对于发包人“躺枪”的回应

主张依照发包人主观状态来区分施工合同效力的观点中，重要的理由之

---

① 杨立新：《〈民法总则〉规定的虚假民事法律行为的法律适用》，载《法律科学》2018 年第 1 期。

② 田韶华：《论通谋虚伪行为规则的司法适用》，载《北方法学》2019 年第 4 期。

③ 田韶华：《论通谋虚伪行为规则的司法适用》，载《北方法学》2019 年第 4 期。

④ 参见李永军：《虚假意思表示之法律行为刍议》，载《中国政法大学学报》2017 年第 4 期；冉克平：《论借名实施法律行为的效果》，载《法学》2014 年第 2 期。

⑤ 田韶华：《论通谋虚伪行为规则的司法适用》，载《北方法学》2019 年第 4 期。

一在于保护发包人的利益，避免发包人在合同效力方面无辜“躺枪”，丧失本可依据有效合同主张的权利。“现行法律和司法解释在某种程度上赋予了实际施工人和承包人单方决定施工合同效力的选择权，这种状况显然有问题，应当予以改正。”①

对于发包人“躺枪”的问题，可从司法解释的价值判断、利益衡量、市场现状三个方面进行回应。

首先，司法解释的价值判断层面。作为建筑领域的“准入证”，施工资质制度由来已久，且其和招投标制度被称为建设工程市场秩序和工程质量管理的两驾马车，一直以来，虽不乏对于上述监管规定是否应导致施工合同无效的质疑，但司法解释和实践还是尊重了长期以来形成的稳定体系。无论是2004年《建设工程施工合同解释》还是后续的相关解释，都坚持将“施工资质”与施工合同效力紧密关联，概括来说，就是无资质、超资质、借资质三种情形的施工合同无效。司法解释之所以如此严格，其原因在于“任何对建筑施工企业承揽工程必须与其资质等级相一致要求的放宽，都会给建筑工程质量带来隐患”②。上述三种情形中，实际从事建设活动的施工人都缺乏相应的资质，故司法解释推定其在技术层面存在欠缺进而影响工程质量和公众安全，违反法律法规的强制性规定。在此背景下，如果坚持认为发包人不知挂靠就不影响施工合同效力，一方面，意味着实践中对于施工资质与合同效力关系的判断思维将发生很大变化，其推断逻辑将变成：无资质施工对工程质量、安全造成的损害不会成为否定合同效力的基础，只有发包人对挂靠情形知晓时才会导致施工合同无效。如此一来，无疑会与上文所述司法解释对于资质的规制本意产生冲突。另一方面，司法对于挂靠行为在价值层面的否定意义也将大大减弱。因为只要发包人不知晓挂靠存在，合同效力便不受影响，在挂靠当事人的诉讼视角下，其“合同安全性”将大大升高。

---

① 朱树英主编：《建筑工程施工发包与承包违法行为认定查处管理办法适用指南》，法律出版社2020年版，第104页。

② 最高人民法院民事审判第一庭编著：《最高人民法院新建设工程施工合同司法解释（一）理解与适用》，人民法院出版社2021年版，第21页。

其次，利益衡量层面。发包人的主观状态是否影响合同效力的背后，涉及两方利益的衡量：发包人合同有效的利益和工程质量安全利益。显然，工程质量安全所具有的公共性要大于发包人的合同有效利益。此外，还需要分情况考虑发包人对于合同效力的“个人意愿”，因为有些时候，发包人也会认为合同无效对其本身更有利，所以，也不排除发包人以存在挂靠为由要求否认合同效力的情形。此时，如果坚持不区分发包人主观状态的观点，发包人可直接以合同违反法律的强制性规定为由申请无效；如果坚持区分发包人的主观状态，则发包人希望合同无效的“意愿”可能遇到障碍，因为即便挂靠存在也不一定影响合同效力。

最后，市场现状层面。建筑市场上，发包人一般处于强势地位，其对于选择甚至“规范”承包人的身份、地位具有一定的主导作用。具体到挂靠，如果发包人希望避免此种情形出现，其当具有采取相应措施的便利条件。比如，要求承包人提供参与招投标或者签订合同的代理人的身份证明材料；再如，另行约定如果出现挂靠情形，承包人需要付出的相应代价等。换句话说，如果发包人希望避免因挂靠导致的“躺枪”，其自然会有很多维护权益的预防性方法。此外，实践中很多发包人是知晓挂靠的，但在坚持审查发包人主观状态的背景下，法院只能原则上推断发包人为善意，而其他当事人在举证证明发包人“知晓”层面也会存在不同程度的困难，这就可能导致如下后果：发包人为实现利益的最大化而忽略客观事实，选择性地接受或否认自己知道挂靠的事实。

综上分析，发包人在挂靠中的“躺枪”现象不足以构成以发包人主观状态来区分合同效力观点的有力支撑。当然，对于发包人群体而言，自己所签合同的效力由他人左右的现状也确有需改进之处。该问题的解决可区分为现实的办法和未来的途径。

关于现实的办法，挂靠人或被挂靠人主动“暴露”的目的无疑是获得更大利益，故审判实践中应在坚持“不能使不诚信的当事人因合同不成立、无效或者被撤销而获益"[①] 的原则上，结合《新建设工程施工合同解释（一）》所确立的合同无效后仍可"参照"内容的规则作出妥当裁判。此外，还应当建立及时将违法线索向建设行政主管部门移送的规则，便于行政处罚发挥其应有的规制作用。[②]

关于未来的途径，需要借助于施工资质改革。如上文所述，现行法律、司法解释确定了施工资质影响施工合同效力的规则，目的在于保证工程质量安全。伴随着建筑市场的发展完善和资质改革的深入，在资质和工程质量关系及其影响力逐步淡化之后，才有可能在资质与施工合同效力之间实现"脱离"。

（四）本书的观点

在上文分析的基础上，笔者尝试提出挂靠和施工合同效力的判断思路。

其一，建设工程施工合同存在挂靠情形的，应当依据《新建设工程施工合同解释（一）》第一条第一款第二项的规定认定无效；发包人对于挂靠是否知晓不影响建设工程施工合同效力的判断。

其二，《民法典》第一百四十六条不适用挂靠情形中合同效力的判断。发包人明知挂靠存在时，虽然施工合同表面上由被挂靠人与发包人签订，但各方均明知合同的实际权利义务由挂靠人承受，且各方意思表示真实、均希望合同内容发生相应法律后果，故不能将该合同认定为通谋虚伪行为。在发包人不知挂靠存在时，可能面临由挂靠人、被挂靠人选择性暴露进而导致合同无效的被动后果，司法实践在处理相关问题时，应当坚持不能使不诚信当事人因合同无效而获益的基本原则，结合案件情况和《新建设工程施工合同解释（一）》第六条的规定，合理保护发包人的权益。

---

① 2019年《民商事审判工作纪要》第三十二条中规定："在确定合同不成立、无效或者被撤销后财产返还或者折价补偿范围时，要根据诚实信用原则的要求，在当事人之间合理分配，不能使不诚信的当事人因合同不成立、无效或者被撤销而获益。"

② 如《江苏省高级人民法院、江苏省住房和城乡建设厅关于建立化解建设工程合同纠纷案件联动机制的意见》第十八条规定："全省各级人民法院在审理中查明建设单位或施工单位存在第十七条列举的违法行为的，应当在裁判文书中依法对相关事实、法律性质和效力作出认定，并在作出裁判后向工程所在地的同级建设主管部门提出司法建议，移送相关证据或违法线索。建设主管部门接到人民法院的司法建议后，应当依法进行调查和处理，向人民法院反馈查处结果。"

裁判规则指引

❶ 关于挂靠与建设工程施工合同效力之间的关系，其判断依据应当是《新建设工程施工合同解释（一）》第一条第一款第二项；该条规定并未区分发包人的主观状态，故发包人是否知道或应当知道挂靠的事实与施工合同效力之间并无必然联系。

❷ 建设工程施工合同中，如果涉及挂靠，施工合同一般以被挂靠人名义与发包人签订。该种情形中，即使发包人明知挂靠的事实，但由于合同当事人均知晓相关的权利义务由挂靠人承受，且对于权利义务的约定反映了各方真实意思表示，故该类合同行为并不属于《民法典》第一百四十六条所涉及的通谋虚伪。

❸ 建设工程施工合同中，在发包人并不知晓挂靠存在的前提下，如果挂靠人、被挂靠人主动选择暴露挂靠关系进而主张合同无效，司法实践应当坚持不能使不诚信者因合同无效而获益的基本原则，综合案件查明的事实和《新建设工程施工合同解释（一）》第六条的规定，合理保护发包人的权益。

第三章

工 程 工 期

第一节　开工日期相关规范、载体及争议问题

实务疑难问题
1. 与开工日期相关的部门规章、国家标准、行业习惯性文件有哪些?
2. 实践中，开工日期的主要载体有哪些?
3. 当开工日期的不同载体之间存在矛盾时，施工许可证在开工日期的证明力上是否具有优先性?
4. 载明开工日期的不同载体之间证明力的大小如何确定?

开工日期，顾名思义，是指建设工程开工建设的起点之日，其与竣工日期分别作为工程建设的起点和终点，成为衡量“工期”长短的重要标志。实践中，开工日期的载体颇多且各载体之间时常存在矛盾，进而导致当事人对于开工时间产生争议。本节在梳理开工日期相关规范和载体的基础上，对开工日期的争议规则作出分析。

一、开工日期之相关规范梳理

（一）部门规章

部门规章层面，主要是2007版《标准施工招标文件》。该文件中涉及开工日期的内容，主要体现在以下三处。

第一处，是“投标人须知”部分，要求列明计划开工日期，与下述的施工合同示范文本内容相同。

第二处，是第1.1.4.2目，即“开工日期：指监理人按第11.1款发出的开工通知中写明的开工日期”。

第三处，是第11.1.1目，即“监理人应在开工日期7天前向承包人发出开工通知。监理人在发出开工通知前应获得发包人同意。工期自监理人发出

的开工通知中载明的开工日期起计算。承包人应在开工日期后尽快施工”。

（二）国家标准

2013 年，住建部颁布《建设工程监理规范》，该规范对于监理人签发开工令（又称开工通知）的条件进行了明确，第 5.1.8 项规定：“总监理工程师应组织专业监理工程师审查施工单位报送的工程开工报审表及相关资料；同时具备下列条件时，应由总监理工程师签署审核意见，并应报建设单位批准后，总监理工程师签发工程开工令：1. 设计交底和图纸会审已完成。2. 施工组织设计已由总监理工程师签认。3. 施工单位现场质量、安全生产管理体系已建立，管理及施工人员已到位，施工机械具备使用条件，主要工程材料已落实。4. 进场道路及水、电、通信等已满足开工要求。”

（三）示范合同文本

2017 版《施工合同示范文本》中关于开工日期的内容主要体现在以下三处。

第一处，是“合同工期”部分，明确了“计划开工日期”。

第二处，是第 1.1.4.1 目，即“开工日期：包括计划开工日期和实际开工日期。计划开工日期是指合同协议书约定的开工日期；实际开工日期是指监理人按照第 7.3.2 项〔开工通知〕约定发出的符合法律规定的开工通知中载明的开工日期”。

第三处，是第 7.3.2 项“开工通知”，即“发包人应按照法律规定获得工程施工所需的许可。经发包人同意后，监理人发出的开工通知应符合法律规定。监理人应在计划开工日期 7 天前向承包人发出开工通知，工期自开工通知中载明的开工日期起算……”。

2020 版《总承包合同示范文本》中关于开工日期的内容，主要体现在以下两处。

第一处是“合同协议书”的第 2 条“合同工期”，载明了计划开始工作日期、计划开始现场施工日期。

第二处是第 8.1.2 项，“开始工作通知”，即“经发包人同意后，工程师应提前 7 天向承包人发出经发包人签认的开始工作通知，工期自开始工作通知中载明的开始工作日期起算。除专用合同条件另有约定外，因发包人原因造成实际开始现场施工日期迟于计划开始现场施工日期后第 84 天的，承包人有权提出价格调整要求，或者解除合同。发包人应当承担由此增加的费用和（或）延误的工期，并向承包人支付合理利润”。

但与 2017 版《施工合同示范文本》相比，2020 版《总承包合同示范文本》中并未沿用传统的“开工通知”的表述，因为承包内容包括了设计、采购、施工，故该示范文本采用了“开始工作通知”的表述。在此基础上，又出现了两个与合同工期、施工期相关的概念：一是“开始工作日期”，其第 1.1.4.2 目对此解释为：“包括计划开始工作日期和实际开始工作日期。计划开始工作日期是指合同协议书约定的开始工作日期；实际开始工作日期是指工程师按照第8.1款［开始工作］约定发出的符合法律规定的开始工作通知中载明的开始工作日期。”二是“开始现场施工日期”，其第 1.1.4.3 目对此解释为：“开始现场施工日期：包括计划开始现场施工日期和实际开始现场施工日期。计划开始现场施工日期是指合同协议书约定的开始现场施工日期；实际开始现场施工日期是指工程师发出的符合法律规定的开工通知中载明的开始现场施工日期。”

（四）小结及分析

对比 2007 版《标准施工招标文件》和 2017 版《施工合同示范文本》可以发现，二者关于开工通知发出的前提存在差异。

在 2007 版《标准施工招标文件》中，其并没有要求开工通知的发出需要以发包人取得施工许可证为前提。而 2017 版《施工合同示范文本》却对此附加了限定条件，即发包人需要获得施工许可，监理人发出的开工通知需要“符合法律规定”。对此，有学者认为，2017 版《施工合同示范文本》的相关条款在开工通知的定义中附加了过多的行政监管色彩，并不妥当，相比之下，

2007 版《标准施工招标文件》的规定更为合理。[①] 上述观点的确有一定的道理，但我们更倾向于尊重当事人在合同中的约定，若未对通用条款另行更改，则“在不具备法定开工条件的前提下，监理人发出的开工通知，承包人有权拒绝”[②]。当然，承包人拒绝的本质并非由于行政手续的缺乏，而是发包人发出的开工通知违反了合同约定。

二、开工日期的载体形式

在工程建设流程中，开工日期会因工程建设的不同阶段而出现在不同的载体之中，主要有如下七种。

1. 建设工程施工合同

当事人为工程建设而签订的合同文本中，开工日期是基本要素。但是，因合同签订时尚有诸多后续事宜需要准备，故如上文所述，诸多示范合同文本中的“开工日期”往往只是“计划开工日期”，至于“实际开工日期”是什么时间，尚需要结合开工通知等载体确定。

2. 施工许可证

签订完合同，确定了施工企业之后，建设单位当依照规定申请建筑工程施工许可证（或同类文件），“开工日期”在该证上也有所体现。实践中，虽有部分年代较久的建筑工程施工许可证上面载有“合同开工日期”“合同竣工日期”，但自 2014 年 9 月《住房和城乡建设部办公厅关于进一步加强建筑工程施工许可管理工作的通知》（2018 年修正）印发后，依照示范文本的要求，建筑工程施工许可证上与开工日期相关的栏目已统一变更为“合同工期”。

2020 年 6 月，《住房和城乡建设部办公厅关于全面推行建筑工程施工许可证电子证照的通知》印发，规定自 2021 年 1 月 1 日起，全国范围内的房屋建筑和市政基础设施工程项目全面实行施工许可电子证照。在国务院办公厅电子政务办公室发布的《全国一体化在线政务服务平台　电子证照——建筑工

---

① 高印立：《规则与裁判——民法典下建设工程司法解释适用与拓展》，法律出版社 2021 年版，第 66 页。

② 本书编委会编著：《建设工程施工合同（示范文本）GF－2017－0201 使用指南》，中国建筑工业出版社 2018 年版，第 133 页。

程施工许可证》（C 0217 – 2019）中，施工许可证样式中显示有“合同工期”一栏，依照上述文件要求，“合同工期”一栏中填写“计划开工日期至计划竣工日期”，对于“计划开工日期”，还特别说明“建筑工程项目合同中确定的计划开工日期，如未确定，可填写“实际开工日期”。当然，实践中也不乏直接写明天数的情形。

3. 开工报告

开工报告有时也被称为开工报审表，其一般是指承包人在做好各项准备工作后，向发包人或监理人请求批准开工的申请文件，其中也会载明申请开工的具体日期；监理人审查后如果认为承包人的申请符合条件，则报请发包人同意后可发出正式的开工通知。

需要说明的是，上述开工报告与具有行政许可性质的开工报告审批制度并不相同。后者是一种行政监管措施，审批主体也是行政部门，如《建筑工程施工许可管理办法》第二条第三款规定：“按照国务院规定的权限和程序批准开工报告的建筑工程，不再领取施工许可证。”《中央预算内直接投资项目管理办法》第三条第一款规定：“直接投资项目实行审批制，包括审批项目建议书、可行性研究报告、初步设计。情况特殊、影响重大的项目，需要审批开工报告。”

4. 开工通知

开工通知又称开工令，是发包人或监理人向承包人发出的指示开工时间的书面资料。因开工通知最主要的作用就是确定开工时间节点，故实践中，无论司法解释还是行业性规范，都将其作为确定开工日期的主要凭证。

5. 签证文件

施工过程中，发包人、监理人和承包人之间会因协商相关事宜而形成多份书面文件，如会议纪要、洽谈记录等，其中不乏记载开工日期的情形，因此也会成为确定开工日期的重要凭证。如最高人民法院（2019）最高法民申3651 号民事裁定书认为：“广西五建公司与柳州望泰公司 2010 年 3 月 5 日至同年 9 月 3 日多次召开的监理例会以及工作会议所形成的会议纪要、监理记录表等书面记录能够证明工程的实际开工时间，从‘截至 2010 年 7 月 31 日止，7#楼完成五层主体，8#、9#、10#楼要向 7#楼看齐’的记载可见，广西五建公司已经于2010年7月31日前进场施工。原审法院根据2010年3月5日监理例会记录‘今日是本工程第一次生产前例会，今天定为开工日期’的记载，将实际进场施工日期2010年3月5日确定为涉案工程的开工日期，符合《最高人民法院关于审理建设工程施工合同纠纷案件适用法律问题的解释(二)》第五条第二项的规定。”

6. 竣工验收报告

《房屋建筑和市政基础设施工程竣工验收规定》第七条第一款规定：“工程竣工验收合格后，建设单位应当及时提出工程竣工验收报告。工程竣工验收报告主要包括工程概况，建设单位执行基本建设程序情况，对工程勘察、设计、施工、监理等方面的评价，工程竣工验收时间、程序、内容和组织形式，工程竣工验收意见等内容。”在该报告的“工程概况”中，经常显示有开工日期。如《北京市建设工程竣工验收报告（综合）示范文本》就在“工程概况”部分记载了工程于何时开工、何时竣工。

7. 竣工验收备案表

依照《房屋建筑和市政基础设施工程竣工验收备案管理办法》的规定，建设单位应当自工程竣工验收合格之日起15日内，向工程所在地的县级以上地方人民政府建设主管部门备案；备案时应当提交的文件包括“工程竣工验收备案表”，该备案表中时常涉及“开工时间”。如《北京市房屋建筑工程和市政基础设施工程竣工验收备案表》中显示有“开工时间”的内容。

三、开工日期争议及认定规则

开工日期，是当事人合意所为的结果，因此如果当事人可以通过约定的内容准确界定开工日期，自然无须多言。然而，司法实务中时常会因为当事人对开工日期无约定、约定的开工日期与实际进场时间相矛盾以及多种载体之间对开工日期的记载相矛盾而导致当事人对开工日期出现争议。

（一）司法解释的相关规则

目前，解决开工日期争议的主要依据是《新建设工程施工合同解释(一)》第八条的规定：“当事人对建设工程开工日期有争议的，人民法院应当分别按照以下情形予以认定：(一) 开工日期为发包人或者监理人发出的开工通知载明的开工日期；开工通知发出后，尚不具备开工条件的，以开工条件具备的时间为开工日期；因承包人原因导致开工时间推迟的，以开工通知载明的时间为开工日期。(二) 承包人经发包人同意已经实际进场施工的，以实际进场施工时间为开工日期。(三) 发包人或者监理人未发出开工通知，亦无相关证据证明实际开工日期的，应当综合考虑开工报告、合同、施工许可证、竣工验收报告或者竣工验收备案表等载明的时间，并结合是否具备开工条件的事实，认定开工日期。"

由于实践中的情形较为复杂，故笔者结合相关的释义资料，将《新建设工程施工合同解释（一）》第八条所意欲涵盖的相关规则梳理如下。①

(1) 若是因发包人原因或外部原因（如自然灾害、流行性疾病）导致开工条件不具备，则开工日期应当以开工条件具备时为准。

(2) 若是因承包人原因导致开工时间推迟，则开工日期仍然以开工通知载明的时间为开工日期。

(3) 若是发包人原因、承包人原因和外部原因混合与开工条件不具备并存，则应当查明承包人推迟开工的主要原因与工程无法开工之间的关系，酌情认定开工日期的顺延时间。

(4) 若经发包人同意，承包人提前进场施工，则应以承包人进场施工时间作为开工日期，但应区分承包人进场的性质是开工准备还是正式施工。若承包人并未大规模施工，当事人的真实意思仍以开工通知为准，则应尊重意思自治。

(5) 若无开工通知且实际开工时间不明，因开工报告表明承包人认可发包人提供的开工条件具备且开工准备完成，故开工报告记载的日期最接近实际开工时间，但鉴于实践情况复杂，故司法解释不宜硬性规定开工报告、合

① 对于开工日期的判断规则，不乏专业人士结合实践情形和国际惯例对此进行深入思考和反思，具体内容可参见高印立：《规则与裁判——民法典下建设工程司法解释适用与拓展》，法律出版社 2021 年版，第 67－68 页；曹文衔：《当事人视角下的司解二适用疑点、困惑与化解（之四）：有关工期及其顺延的裁判规则》，载微信公众号"天同诉讼圈" 2019 年 2 月 28 日，https：//mp. weixin. qq. com/s/Kgs9G2OYyavsZT5dNTzh9w。

同、施工许可证等载体的证明力大小顺序，需结合个案和施工惯例进行认定。①

（二）开工日期之不同载体的证明力规则

如上文所述，开工通知在开工日期认定中的作用举足轻重，如果有开工通知，则开工日期的判断相对容易。如果没有开工通知，也无相关证据可直接证明实际开工日期的，会给司法实践造成一定的困惑。此时，裁判者时常需要面对的问题是：如何在相互矛盾的开工日期载体之间确定证明力的大小？对此，实践中存在一定的分歧。

有观点认为，若无证据证明实际开工日期，亦无开工报告的，则应以合同约定的开工日期为准，②《安徽省高级人民法院关于审理建设工程施工合同纠纷案件适用法律问题的指导意见（二）》第三条第三款明确规定："既无开工令、开工报告，又无法查明实际开工时间的，依据合同约定的开工日期予以认定。"

也有观点认为，一般情形下，如果没有明显反证，《新建设工程施工合同解释（一）》第八条第三项列举文件的证明力从大到小的排序为：第一，开工报告；第二，竣工验收报告；第三，竣工验收备案表；第四，合同或施工许可证。③

还有观点认为，如果实际开工日期无法确定的，应以开工报告、会议纪要、施工许可证、合同约定这样的优先排序顺序进行确定；如果无任何书面文本材料注明开工日期的，则应以合同约定的开工时间为实际开工时间。④

---

① 以上5项规则的相关内容可参见最高人民法院民事审判第一庭编著：《最高人民法院新建设工程施工合同司法解释（一）理解与适用》，人民法院出版社2021年版，第93－97页。

② 参见秦德平：《建设工程施工合同审理审查实务》，人民法院出版社2019年版，第163页。

③ 参见曹文衔：《当事人视角下的司解二适用疑点、困惑与化解（之四）：有关工期及其顺延的裁判规则》，载微信公众号"天同诉讼圈"2019年2月28日，https://mp.weixin.qq.com/s/Kgs9G2OYyavsZT5dNTzh9w。该文刊登时，《新建设工程施工合同解释（一）》尚未出台，因引用内容中所涉及的2018年《建设工程施工合同解释（二）》第五条第三项已经被《新建设工程施工合同解释（一）》第八条第三项全文吸收，故为阅读方便，本书引用时直接对条文进行了替换，特此说明。

④ 参见张广兄编著：《建设工程合同纠纷诉讼指引与实务解答》，法律出版社2013年版，第236页。

以笔者的阅读范围和上文所述记载开工日期的六种载体（开工通知除外）为基础，笔者尝试将共识性观点、多数观点和争议观点进行如下归类和分析。

共识观点一：开工报告在诸多载体中地位突出，具有较高的证明力

究其原因，不仅因其在诸多载体中形成时间较早，更因其表明了承包人认可开工条件具备、准备工作完成、可进行现场施工。故此，虽然实践中可能会出现发包人或监理人批准时间与承包人的申请时间存在部分差异的情形，但一般差异不会太大，故相对而言，开工报告中的开工日期最接近实际开工时间。

共识观点二：施工许可证虽可作为认定开工日期的参考，但在诸多载体中并不具有优先性

如上文所述，目前的施工许可证中有的填写计划开工日期至计划竣工日期，也有的直接写明多少天数。更重要的是，施工许可证反映的是行政许可关系，其上面记载的开工时间并不足以反映当事人的意思及事实，且实践中实际开工时间晚于或早于施工许可证上所记载的开工日期的情况均有[①]，故不能因为其是由行政部门出具就认定其在开工日期的证明力上具有优先性。如最高人民法院（2018）最高法民再442号民事判决书认为："本案双方签订的《建设工程施工合同》约定的开工日期为2012年2月1日，顺天公司提交的经济技术签证资料也能够证明项目自2012年2月1日已经开工，且顺天公司在本案诉讼中对其曾于该日期进场施工亦不否认。故虽然资阳商贸公司取得施工许可证日期为2012年9月3日，但从上述情况来看，2012年2月1日应为最接近实际进场施工的日期。顺天公司主张未取得施工许可的施工行为不能视为法律意义上的开工，应以2012年9月3日建设单位取得施工许可证的时间来确定本案的开工日期，该主张与客观事实不符，不应得到支持。至于案涉工程在未取得施工许可证前已经实际施工的问题，属于行政处罚范围，有关行政机关亦对该行为作出了相应的行政处罚决定，该事实不影响本院对

---

① 参见最高人民法院民事审判第一庭编著：《最高人民法院新建设工程施工合同司法解释（一）理解与适用》，人民法院出版社2021年版，第95页。

实际开工日期的认定。”

当然，实践中也不乏有观点赋予施工许可证较高的证明力的地位[①]，但结合上文所述，笔者更倾向于认为在与施工合同、竣工验收备案表、签证文件、竣工验收报告等载体的对比中，施工许可证并不具有优先性，只能作为考察开工日期的一个因素。

多数观点：竣工验收备案表的证明力相对低于开工报告、竣工验收报告

依照《建设工程质量管理条例》的规定，工程竣工验收合格后一定期限内，建设单位应当将建设工程竣工验收报告和规划、公安消防、环保等部门出具的认可文件或者准许使用文件报建设行政主管部门或者其他有关部门备案，其目的在于加强政府管理，防止不合格工程流向社会。[②] 故此，相关资料的完备性是备案审查的主要内容，至于开工日期，并非竣工验收备案的关注焦点，由此也导致该项目的填写不一定符合实际情况。因此，竣工验收备案表的证明力要低于开工报告和竣工验收报告。

争议观点：竣工验收报告和合同约定开工日期的证明力地位

对于竣工验收报告和施工合同在开工日期中的证明力，存在一定争议。如上文所述，部分观点认为，施工合同的证明力仅次于开工通知或开工报告，故在二者缺乏时，直接以施工合同约定的开工时间为准；《建设工程造价鉴定规范》也采取了类似观点，其第 5.7.1 项中明确规定：“证据材料中，均无发

---

① 例如，《深圳市中级人民法院关于建设工程合同若干问题的指导意见》（2010 年修订）第九条规定：“建设工程开工时间一般以发包人签发的《开工报告》确认的时间为准，但如果发包人签发的《开工报告》确认的开工时间早于《施工许可证》确认的开工时间，则以《施工许可证》确定的开工时间作为建设工程开工时间。承包人在领取《施工许可证》之前已实际施工，且双方约定以实际施工日为工期起算时间的，依照约定。如果发包人签发开工报告后，迟延履行合同的约定义务而无法施工，工期顺延。”

② 参见国务院法制办等编著：《建设工程质量管理条例释义》，中国城市出版社 2000 年版，第 117 页。

包人或承包人提前或推迟开工时间的证据，采用合同约定的开工时间。”①

但也有观点认为，竣工验收报告，通常由监理人代表或者发包人填写开工日期，且经过承包人确认，可以作为发承包人双方确认的开工日期，即便可能与实际情况不符，在缺乏反证（如根据该日期计算的实际工期违背常理）的情形下，一般亦具有认定开工日期的较强证明力；合同记载的开工时间一般在开工事实发生之前，只能被认定为计划开工时间，证明力最低（除非合同被证明形成于实际开工日期之后）。②

笔者倾向于后一种观点。因为一般情况下，施工合同签订后距离正式开工尚有一段时间，施工合同中的开工日期多为“预计或估算时间”，与实际开工时间往往存在一定的差距。当然，就竣工验收报告而言，其关注的重点也不在开工日期，但其形成之时工程已经竣工，属于对已经发生事实的总结。故两相比较，相对而言，笔者认为，竣工验收报告中所记载的开工日期更具有现实基础，证明力优先于施工合同。

综上所述，笔者认为，各种载体的证明力的大小顺序是：开工通知、开工报告、竣工验收报告。至于施工合同、施工许可证、竣工验收备案表、签证文件（需要根据签证文件目的确定其证明力大小），尚难以作出一个优劣的排序。

当然，必须说明的一点是，上述各种载体的证明力大小并非一个绝对化的逻辑排列，只是在载体记载的时间相互矛盾时，给裁决者提供一个相对程

---

① 《建设工程造价鉴定规范》（GB/T 51262－2017）第5.7.1项规定：“当事人对鉴定项目开工时间有争议的，鉴定人应提请委托人决定，委托人要求鉴定人提出意见的，鉴定人应按以下规定提出鉴定意见，供委托人判断使用：1. 合同中约定了开工时间，但发包人又批准了承包人的开工报告或发出了开工通知，应采用发包人批准的开工报告或发出的开工通知的时间；2. 合同中未约定开工时间，应采用发包人批准的开工时间；没有发包人批准的开工时间，可根据施工日志、验收记录等相关证据确定开工时间；3. 合同中约定了开工时间，因承包人原因不能按时开工，发包人接到承包人延期开工申请且同意承包人要求的，开工时间相应顺延；发包人不同意延期要求或承包人未在约定时间内提出延期开工要求的，开工时间不予顺延；4. 因非承包人原因不能按照合同中约定的开工时间开工，开工时间相应顺延；5. 因不可抗力原因不能按时开工的，开工时间相应顺延；6. 证据材料中，均无发包人或承包人提前或推迟开工时间的证据，采用合同约定的开工时间。”

② 参见曹文衔：《当事人视角下的司解二适用疑点、困惑与化解（之四）：有关工期及其顺延的裁判规则》，载微信公众号“天同诉讼圈”2019年2月28日，https：//mp.weixin.qq.com/s/Kgs9G2OYyavsZT5dNTzh9w。

度上的参考。正如上文司法解释的相关释义资料所言，实践情况复杂，各载体的证明力大小顺序，尚需结合个案和施工惯例进行认定。①

裁判规则指引

❶ 关于开工日期的相关规范，部门规章层面，主要有2007版《标准施工招标文件》；国家标准层面，主要有《建设工程监理规范》；行业性习惯层面，主要有2017版《施工合同示范文本》和2020版《总承包合同示范文本》。

❷ 实践中，开工日期的载体主要有七种，即建设工程施工合同、施工许可证、开工报告、开工通知、签证文件、竣工验收报告、竣工验收备案表。

❸ 关于开工日期之不同载体的证明力，共识性观点认为，开工报告具有较高的证明力；施工许可证虽可作为认定开工日期的参考，但不具有优先性。多数观点认为，竣工验收备案表的证明力相对低于开工报告和竣工验收报告。

❹ 开工日期之不同载体的证明力大小顺序是：开工通知、开工报告、竣工验收报告。至于施工合同、施工许可证、竣工验收备案表、签证文件，尚难以形成明确的优劣排序。但各种载体的证明力大小并非绝对化的逻辑排列，实践中尚需结合个案和施工惯例进行认定。

---

① 参见最高人民法院民事审判第一庭编著：《最高人民法院新建设工程施工合同司法解释（一）理解与适用》，人民法院出版社2021年版，第93－97页。

第二节　竣工日期相关规范及认定规则辨析

实务疑难问题

1. 与竣工日期相关的部门规章、地方性规范、行业习惯性文件都有哪些?
2. 竣工日期与竣工验收合格之日是什么关系?
3. 部分示范合同文本中对于发包人拖延验收情形下的竣工日期采取的推定规则是否妥当?

竣工日期，一般是指当事人约定的工程工期届满时间。竣工日期和开工日期首尾呼应，共同构成了认定工期的两个端点，在工期违约责任的认定中具有重要意义。

一、竣工日期之相关规范梳理

（一）部门规章

部门规章层面，主要是 2007 版《标准施工招标文件》。该标准文件中，涉及竣工日期的内容，主要体现在以下三处。

第一处，是“投标人须知”部分，要求列明计划竣工日期，与下述的施工合同示范文本内容相同。

第二处，是第 1.1.4.4 目，即“竣工日期：指第 1.1.4.3 目约定工期届满时的日期。实际竣工日期以工程接收证书中写明的日期为准”。

第三处，是第 18.3.5 项和第 18.3.6 项。前者规定：“除专用合同条款另有约定外，经验收合格工程的实际竣工日期，以提交竣工验收申请报告的日期为准，并在工程接收证书中写明。”后者明确：“发包人在收到承包人竣工验收申请报告 56 天后未进行验收的，视为验收合格，实际竣工日期以提交竣工验收申请报告的日期为准，但发包人由于不可抗力不能进行验收的除外。”

（二）地方性规范文件

部分地方行政部门出台的文件中，也会出现针对性的规定。如《北京市房屋建筑和市政基础设施工程竣工验收管理办法》第八条规定："工程竣工验收合格后，应当及时形成经验收组人员共同签署意见并加盖各单位公章的工程竣工验收记录，作为工程竣工验收合格的证明文件。工程竣工验收记录中最迟签署意见的日期为工程竣工时间。"

（三）示范合同文本

2017 版《施工合同示范文本》中关于竣工日期的内容，主要体现在以下三处。

第一处，是"合同工期"部分，明确了"计划竣工日期"。

第二处，是第 1. 1. 4. 2 目，即"竣工日期：包括计划竣工日期和实际竣工日期。计划竣工日期是指合同协议书约定的竣工日期；实际竣工日期按照第 13. 2. 3 项〔竣工日期〕的约定确定"。

第三处，是第 13. 2. 3 项，即"工程经竣工验收合格的，以承包人提交竣工验收申请报告之日为实际竣工日期，并在工程接收证书中载明；因发包人原因，未在监理人收到承包人提交的竣工验收申请报告 42 天内完成竣工验收，或完成竣工验收不予签发工程接收证书的，以提交竣工验收申请报告的日期为实际竣工日期；工程未经竣工验收，发包人擅自使用的，以转移占有工程之日为实际竣工日期"。

2020 版《总承包合同示范文本》中关于竣工日期的内容，主要体现在以下四处。

第一处是"合同协议书"的第二条"合同工期"，载明了计划竣工日期。

第二处是第 1. 1. 4. 4 目，即"竣工日期：包括计划竣工日期和实际竣工日期。计划竣工日期是指合同协议书约定的竣工日期；实际竣工日期按照第 8. 2 款［竣工日期］的约定确定"。

第三处是第 8. 2 款，即"承包人应在合同协议书约定的工期内完成合同工作。除专用合同条件另有约定外，工程的竣工日期以第 10. 1 条［竣工验收］的约定为准，并在工程接收证书中写明。因发包人原因，在工程师收到承包人竣工验收申请报告42天后未进行验收的，视为验收合格，实际竣工日期以提交竣工验收申请报告的日期为准，但发包人由于不可抗力不能进行验收的除外”。

第四处是第10.1.2项“竣工验收程序”，其中明确了三种情形：一是“工程经竣工验收合格的，以竣工验收合格之日为实际竣工日期，并在工程接收证书中载明；完成竣工验收但发包人不予签发工程接收证书的，视为竣工验收合格，以完成竣工验收之日为实际竣工日期”。二是“因发包人原因，未在工程师收到承包人竣工验收申请报告之日起42天内完成竣工验收的，以承包人提交竣工验收申请报告之日作为工程实际竣工日期”。三是“工程未经竣工验收，发包人擅自使用的，以转移占有工程之日为实际竣工日期”。

（四）小结及分析

对比分析上述关于竣工日期的规定，可知实践中存在一定的分歧。“竣工日期”“竣工验收合格之日”“提交竣工验收报告申请之日”等词汇或时间节点的区分并不十分清晰，具体体现在两个方面。

第一，实际竣工日期的确定标准不统一。验收合格的前提下，对于实际竣工日期的确定，有的要求以提交竣工验收申请报告的日期为准，有的要求以竣工验收合格之日为实际竣工日期，还有的要求以工程竣工验收记录中最迟签署意见的日期为工程竣工时间。

第二，发包人拖延验收时“推定”竣工日期的规则有待完善。发包人拖延验收对于承包人的利益会造成一定的损害，自然不能无限放任，故需要以“推定”的方式确定一个竣工时间。但分析上述各种规范，可以发现推定竣工日期的规则存在以下不足：一则，在推定验收合格的时间跨度上不一致，2007版《标准施工招标文件》要求发包人收到竣工验收申请报告的“56天后”，2017版《施工合同示范文本》和2020版《总承包合同示范文本》则要求监理人或工程师收到竣工验收申请报告的“42天后”。二则，在推定验收合格的依据上有待完善。发包人拖延验收的，上述规范都以“提交竣工验收申请报告的日期”为竣工日期；然而在正常验收中，2020版《总承包合同示范文本》中却将“验收合格之日”作为竣工日期。上述差异虽在实践中广泛存在，但针对“发包人拖延验收”采取比正常验收更为“严厉”的竣工日期推定规则，不仅会形成适用层面的规则差异，而且在逻辑上也缺乏一定的严谨性。对此，本书将在下文具体分析。

二、竣工日期与竣工验收合格之日的关系

关于竣工日期、竣工验收合格之日，实践中存在混淆使用的情形，由此不仅会影响工期违约责任的判断，还会影响缺陷责任期和质量保修期（即“两期”）的起算。故对二者的关系进行厘清，是解决诸多争议问题的前提。

（一）两种主要观点

关于竣工日期和竣工验收合格之日的关系，实践中主要存在两种观点。

第一种观点在区分“完工”和“竣工”的基础上，认为竣工日期就等于竣工验收合格之日。“完工，是指承包人就工程项目的施工作业均完成。完工后，承包人还要与发包人进行实际交接，还需要准备提交竣工验收报告。所谓竣工，广义上可以有前述完工的意思，狭义上可以理解为包括现实的转移交付与法律意义上的验收均完成并通过。站在人民法院审理建设工程施工类案件的角度上，我们通常所述的竣工、竣工日期，应当是指后一种狭义的理解，即实际转移占有与法律意义上经由各相关单位验收并合格的，才称得上真正的竣工。”① 上文所述的2020版《总承包合同示范文本》对于竣工日期的设定，采取的即是这种立场。

第二种观点认为，竣工日期与验收合格之日并不一致，时间节点上也存在区别。上文所述2017版《施工合同示范文本》第13.2.3项明确规定：“工程经竣工验收合格的，以承包人提交竣工验收申请报告之日为实际竣工日期，并在工程接收证书中载明……”关于竣工验收合格之日，综合住建部《房屋建筑和市政基础设施工程竣工验收规定》及部分地方的相关规定，一般以参

① 最高人民法院民事审判第一庭编著：《最高人民法院新建设工程施工合同司法解释（一）理解与适用》，人民法院出版社2021年版，第102页。

加验收各方所签署意见并盖章的“验收意见”形成时间为准。① 概括来说，该观点的核心内容是，关于竣工日期，验收合格的，需要向前“追溯”，以若干天之前承包人提交的验收申请报告之日为认定节点；关于竣工验收合格之日，以验收各方签署的验收意见时间为认定节点。

（二）本书的观点

上述观点都有一定的道理。笔者倾向于认为，通常意义上的“竣工”，其内涵应当包含通过了竣工验收之意，以便于与纯粹的“完工”相区别。但是，在确定竣工日期时，需要考虑行业规则，考虑其与竣工验收合格之日的区别。下面从常理和行业习惯两个角度进行阐述。

从常理的角度。所谓竣工日期，其通俗的字面含义就是施工人干完工程的日期，该时间节点直接关系到工期的长短，进而影响到“工期责任”。实践中，施工人完成工程建设和通过验收之间肯定会存在一个时间差，所以，如果完全以验收通过之日作为竣工日期，相当于抹去了施工人“干完活”和“验完活”之间的时间，如果由此而导致施工人出现“工期违约”的话，显然对施工人有失公平，故此，应当以施工人向发包人报告自己“干完活”的时间即提交竣工验收报告之日作为竣工日期。所谓验收合格之日，一般是发包人组织各方对施工人“干完的活”进行检查确认的结果，该“检查”直接关系到发包人支付工程款、缺陷责任期和保修期起算、承包人履行保修等多项权利义务，自然应当是以“检查结果”确定即验收记录形成之日为准。

从行业习惯角度。上文所述的2017版《施工合同示范文本》、2007版《标准施工招标文件》均明确规定，验收合格工程的实际竣工日期，以提交竣工验收申请报告的日期为准。② 住建部印发的《房屋建筑和市政工程标准施工招标文件》中，专用合同条款第18.3.5项载明：“经验收合格的工程，实际

---

① 关于竣工验收合格之日的相关问题，可参见本书第四章第二节的相关论述。

② 本节对于竣工日期和竣工验收合格之日的解读立足于我国建筑行业长期以来的实践和形成的习惯。至于国际工程合同条件特别是FIDIC合同中对于“竣工日期”的另一种解读，因其与我国长期推行的施工合同示范文本不同，故不再单独分析，具体可参见武艺、张尚：《基于FIDIC合同条件的国际工程项目竣工日期研究》，载《建筑经济》2016年第1期。

竣工日期为承包人按照第 18.2 款提交竣工验收申请报告或按照本款重新提交竣工验收申请报告的日期（以两者中时间在后者为准）。”对竣工日期的判断标准与 2007 版《标准施工招标文件》一致。除此之外，交通运输部印发的《公路工程标准施工招标文件》中对于竣工日期的认定，也是上述规则。值得注意的是，2020 版《总承包合同示范文本》对竣工日期的界定与上述行业规则有所不同。该文本将竣工日期界定为“验收合格之日”，虽然相关释义资料中表示“与施工总承包相比，工程总承包的特殊之处在于项目包括设计、设备采购、安装调试、土建施工以及试运行等多个阶段，会导致工程总承包模式下项目的竣工日期与施工总承包模式下竣工日期在实践中的认定存在较大差异”,① 但从行业角度分析，其改变的实践基础以及对已有建筑业规则造成的影响，尚有待进一步观察和探讨。

通过上述分析，笔者的倾向性观点总结如下：

其一，竣工日期不等于竣工验收合格之日，两者应当严格区分。

其二，竣工日期，是施工人完成工程建设的时间节点，其与开工日期首尾呼应，决定了工期长短和工期责任。

其三，竣工日期侧重于“活干完”，验收合格之日侧重于“检查完”，两者之间存在一定的时间差。如果以验收通过之日作为竣工日期，则变相延长了施工人的工期，对施工人有失公允。

其四，在现有的行业惯例中，更多体现为工程验收合格的，以承包人提交竣工验收申请报告之日作为竣工日期，以验收各方签署意见并盖章的验收记录形成时间作为竣工验收合格之日。

三、竣工日期争议的处理规则

作为工程交付前的重要一环，竣工验收具有严格的行业规范、验收程序和行政监管政策，最终要形成验收记录和验收报告。故与开工日期相比，竣工日期在“载体”的证明力问题上，争议相对较少，但在具体的认定规则层

---

① 曹珊主编：《建设项目工程总承包合同（示范文本）（GF－2020－0216）使用指南》，中国建筑工业出版社 2021 年版，第 248 页。

面，却存在不少分歧。对此，本书结合《新建设工程施工合同解释（一）》的相关规定进行分析。

（一）司法解释与合同约定的关系

《新建设工程施工合同解释（一）》第九条规定："当事人对建设工程实际竣工日期有争议的，人民法院应当分别按照以下情形予以认定：（一）建设工程经竣工验收合格的，以竣工验收合格之日为竣工日期；（二）承包人已经提交竣工验收报告，发包人拖延验收的，以承包人提交验收报告之日为竣工日期；（三）建设工程未经竣工验收，发包人擅自使用的，以转移占有建设工程之日为竣工日期。"因此，建设工程完毕之后，当事人若对竣工日期产生争议，以该条解释作为裁判遵循自不必说，但还需要提示的一点是，该条解释并未排除当事人对于竣工日期的约定，故建设工程施工合同的条款内容不可忽视，而且如上文所述，2007 版《标准施工招标文件》、2017 版《施工合同示范文本》中对竣工日期的约定是"承包人提交竣工验收申请报告之日为实际竣工日期"。在此前提下，如果当事人采用了上述示范文本或在专用条款中对竣工日期作出了特别约定，原则上应当以其约定作为认定竣工日期的基础。

当然，不可忽视的另一个现实问题是，现有行业示范文本和《新建设工程施工合同解释（一）》第九条之间的规则衔接。从推动行业健康发展的角度入手，两者若能趋同化处理，无疑更有利于实务问题的解决。

（二）"推定"竣工日期的规则分析

发包人拖延验收时如何认定竣工日期，该问题在实践中不乏争议，在示范合同文本中也不乏矛盾。至于其背后的原因，笔者认为与竣工日期的"推定"规则适用有一定的关系。

以上文所述 2020 版《总承包合同示范文本》为例。对于正常验收情形，其载明："工程经竣工验收合格的，以竣工验收合格之日为实际竣工日期，并在工程接收证书中载明；完成竣工验收但发包人不予签发工程接收证书的，视为竣工验收合格，以完成竣工验收之日为实际竣工日期。"对于发包人拖延情形，其载明："因发包人原因，未在工程师收到承包人竣工验收申请报告之日起42天内完成竣工验收的，以承包人提交竣工验收申请报告之日作为工程实际竣工日期。”

原《合同法》第四十五条第二款规定：“当事人为自己的利益不正当地阻止条件成就的，视为条件已成就；不正当地促成条件成就的，视为条件不成就。”2020版《总承包合同示范文本》显然借鉴了原《合同法》条款的精神①，将发包人故意拖延的情形视为条件已经成就，进而推定“提交竣工验收申请报告之日”就是实际竣工日期。然而，该种推定在实践中会产生如下困惑。

其一，“推定”竣工日期与正常竣工日期在结果上存在矛盾。从逻辑上分析，“视为条件已经成就”与“条件已成就”所引发的法律后果应当一致。然而实践中，提交验收申请报告之日显然要早于验收合格之日，由此也导致在发包人拖延验收时，推定出来的竣工日期反而比正常验收时还要提前。此种结果上的差异，恐还需要在理论和逻辑层面进一步论证其合理性。

其二，“推定”竣工日期与承包人应承担的责任存在矛盾。承包人提交验收申请报告后，即便以正常验收合格之日作为竣工日期，也不排除承包人会出现工期违约的情形。然而，一旦出现发包人拖延验收，则竣工日期将会突然被“提前”，承包人的工期违约责任不仅因此“消失”，反过来还可以追究发包人拖延验收的违约责任。如此结果，确实值得商榷。从法理上而言，如果承包人工期违约和发包人拖延验收同时存在，自然需要各自承担相应的违约责任，不能因为发包人违约就免除承包人的违约责任。

因此，结合上文对于竣工日期和竣工验收合格之日的分析，笔者建议在正常竣工验收与发包人拖延验收情形中，对竣工日期的认定采取相同的规则，避免应用层面的困惑。

---

① 原《合同法》第四十五条的内容已被《民法典》第一百五十九条调整吸收，其内容为：“附条件的民事法律行为，当事人为自己的利益不正当地阻止条件成就的，视为条件已经成就；不正当地促成条件成就的，视为条件不成就。”

裁判规则指引

❶ 关于竣工日期的相关规范，部门规章层面主要有2007版《标准施工招标文件》；地方层面，需关注当地规范性文件对该问题的影响，如《北京市房屋建筑和市政基础设施工程竣工验收管理办法》。行业性习惯层面，主要有2017版《施工合同示范文本》和2020版《总承包合同示范文本》。

❷ 通常意义上的“竣工”，其内涵包括通过竣工验收之意，以便与纯粹的“完工”相区别。但在确定竣工日期之时，需要考虑行业规则，考察竣工日期与竣工验收合格之日的不同。

❸ 竣工日期不等于竣工验收合格之日。竣工日期是施工人完成工程建设的时间节点，其与开工日期首尾呼应，决定了工期长短和工期责任。竣工日期侧重于“活干完”，竣工验收合格之日侧重于“检查完”，两者存在一定的时间差，如以验收合格之日作为竣工日期，则变相延长了工期，对施工人有失公平。现有行业惯例中，多数观点主张，工程验收合格的，以承包人提交竣工验收申请报告之日为竣工日期，以验收各方签署意见并盖章的验收记录形成时间为竣工验收合格之日。

❹《新建设工程施工合同解释（一）》第九条并未排除当事人对于竣工日期的约定，如果当事人采用了行业示范文本或在专用条款中对竣工日期作了特别约定，则应当予以尊重。

❺ 2020版《总承包合同示范文本》对于竣工日期的“推定”规则存在探讨的空间，一则，“推定”的竣工日期与正常竣工日期在结果上存在矛盾之处；二则，“推定”的竣工日期与承包人应承担的责任存在矛盾之处。故建议在正常竣工验收与发包人拖延验收情形中，对竣工日期的认定采取相同规则。

第三节　工期延误的类型化梳理与工期违约金问题

实务疑难问题
1. 工期延误包括哪些原因和类型?
2. 节点工期违约金与总工期违约金应当如何适用?
3. 工期违约金的诉讼时效应当从何时起算?

工期，是施工合同中的主要条款，也是施工合同的实质性内容之一。司法实践中，发承包人因为工期问题产生的争议不在少数。若因承包人的原因导致迟延完工，承包人不仅需要为此承担工期违约责任，还要赔偿发包人的其他损失。若因发包人的原因导致迟延完工时，承包人可以主张相应的工期顺延及相关赔偿。

一、工期延误的类型化梳理

（一）延误与延期的概念使用

通俗意义上讲，无论什么原因，只要施工时间超过了计划时间，原定工期就会变长，实践中或用“延误”或用“延期”来表达该种后果。但是，梳理行业内的规范性文件，对于工期的“延误”和“延期”也存在不同理解。比如，在《建设工程监理规范》中，二者含义并不相同，其第 2.0.17 项和第 2.0.18 项从延长原因的角度对此进行了严格区分：工程延期是由于非施工单位原因造成合同工期延长的时间；工期延误是由于施工单位自身原因造成施工期延长的时间。与之不同，2007 版《标准施工招标文件》、2017 版《施工合同示范文本》及 2020 版《总承包合同示范文本》对延误和延期并未进行区分，发包人、承包人或其他原因都可以导致“工期延误”。

司法实践中，也有观点认为，工期顺延是指在发生工期延误的情况下，承包人依据合同约定或法律规定获得工期延期；工期顺延的前提是发生了不可归责于承包人的工期延误事件。[①]

延误或延期，是否有严格界定的必要，由工程专业技术领域进行研究更为妥当，本书对此不再作过多阐述。但为了表达方便，下文的分析建立在如下基础之上——无论是发包人、承包人的原因还是其他原因，都可能造成工期延误，而由此引发的法律责任包括工期顺延、违约责任、赔偿损失等内容。

（二）工期延误类型化梳理：以施工合同示范文本为基础

从法律和司法解释层面，涉及工期延误后果的，主要有三个条文。

《民法典》层面，其主要从发包人违反义务角度，赋予了承包人顺延工期的权利。第七百九十八条规定："隐蔽工程在隐蔽以前，承包人应当通知发包人检查。发包人没有及时检查的，承包人可以顺延工程日期，并有权请求赔偿停工、窝工等损失。"第八百零三条规定："发包人未按照约定的时间和要求提供原材料、设备、场地、资金、技术资料的，承包人可以顺延工程日期，并有权请求赔偿停工、窝工等损失。"

《新建设工程施工合同解释（一）》层面，其主要从非可归责于双方当事人即鉴定的角度，扣除了部分工期。第十一条规定："建设工程竣工前，当事人对工程质量发生争议，工程质量经鉴定合格的，鉴定期间为顺延工期期间。"

至于更为详细的涉及工期延误的理由，2017 版《施工合同示范文本》体现得较为充分，本书以此为基础，结合导致工期延误的原因，作出如下类型化梳理。

---

① 参见常设中国建设工程法律论坛第八工作组：《中国建设工程施工合同法律全书：词条释义与实务指引》，法律出版社 2021 年版，第 586 页。

表 3－1　发包人延误工期的情形及后果

序号	条款	内　　容	合同责任（承包人可主张）
1	1.6.1	因发包人未按合同约定提供图纸导致承包人费用增加和（或）工期延误的，按照第 7.5.1 项〔因发包人原因导致工期延误〕约定办理。	顺延工期、增加的费用、支付合理利润
2	1.7.3	发包人和承包人应当及时签收另一方送达至送达地点和指定接收人的来往信函。拒不签收的，由此增加的费用和（或）延误的工期由拒绝接收一方承担。	顺延工期、增加的费用
3	2.1	发包人应遵守法律，并办理法律规定由其办理的许可、批准或备案，包括但不限于建设用地规划许可证、建设工程规划许可证、建设工程施工许可证、施工所需临时用水、临时用电、中断道路交通、临时占用土地等许可和批准。发包人应协助承包人办理法律规定的有关施工证件和批件。因发包人原因未能及时办理完毕前述许可、批准或备案，由发包人承担由此增加的费用和（或）延误的工期，并支付承包人合理的利润。	顺延工期、增加的费用、支付合理利润
4	2.4.4	因发包人原因未能按合同约定及时向承包人提供施工现场、施工条件、基础资料的，由发包人承担由此增加的费用和（或）延误的工期。	顺延工期、增加的费用
5	4.3	监理人发出的指示应送达承包人项目经理或经项目经理授权接收的人员。因监理人未能按合同约定发出指示、指示延误或发出了错误指示而导致承包人费用增加和（或）工期延误的，由发包人承担相应责任。	顺延工期、增加的费用
6	5.1.2	因发包人原因造成工程质量未达到合同约定标准的，由发包人承担由此增加的费用和（或）延误的工期，并支付承包人合理的利润。	顺延工期、增加的费用、支付合理利润
7	5.2.3	监理人的检查和检验不应影响施工正常进行。监理人的检查和检验影响施工正常进行的……经检查检验合格的，由此增加的费用和（或）延误的工期由发包人承担。	顺延工期、增加的费用
8	5.3.2	监理人应按时到场并对隐蔽工程及其施工工艺、材料和工程设备进行检查……除专用合同条款另有约定外，监理人不能按时进行检查的，应在检查前 24 小时向承包人提交书面延期要求，但延期不能超过 48 小时，由此导致工期延误的，工期应予以顺延。	顺延工期

续表

序号	条款	内 容	合同责任（承包人可主张）
9	5.3.3	承包人覆盖工程隐蔽部位后，发包人或监理人对质量有疑问的，可要求承包人对已覆盖的部位进行钻孔探测或揭开重新检查，承包人应遵照执行，并在检查后重新覆盖恢复原状。经检查证明工程质量符合合同要求的，由发包人承担由此增加的费用和（或）延误的工期，并支付承包人合理的利润。	顺延工期、增加的费用、支付合理利润
10	5.4.2	因发包人原因造成工程不合格的，由此增加的费用和（或）延误的工期由发包人承担，并支付承包人合理的利润。	顺延工期、增加的费用、支付合理利润
11	7.3.2	除专用合同条款另有约定外，因发包人原因造成监理人未能在计划开工日期之日起90天内发出开工通知的，承包人有权提出价格调整要求，或者解除合同。发包人应当承担由此增加的费用和（或）延误的工期，并向承包人支付合理利润。	顺延工期、增加的费用、支付合理利润
12	7.5.1	在合同履行过程中，因下列情况导致工期延误和（或）费用增加的，由发包人承担由此延误的工期和（或）增加的费用，且发包人应支付承包人合理的利润：(1) 发包人未能按合同约定提供图纸或所提供图纸不符合合同约定的；(2) 发包人未能按合同约定提供施工现场、施工条件、基础资料、许可、批准等开工条件的；(3) 发包人提供的测量基准点、基准线和水准点及其书面资料存在错误或疏漏的；(4) 发包人未能在计划开工日期之日起7天内同意下达开工通知的；(5) 发包人未能按合同约定日期支付工程预付款、进度款或竣工结算款的；(6) 监理人未按合同约定发出指示、批准等文件的；(7) 专用合同条款中约定的其他情形。	顺延工期、增加的费用、支付合理利润
13	7.8.1	因发包人原因引起的暂停施工，发包人应承担由此增加的费用和（或）延误的工期，并支付承包人合理的利润。	顺延工期、增加的费用、支付合理利润
14	7.8.5	因发包人原因无法按时复工的，按照第7.5.1项〔因发包人原因导致工期延误〕约定办理。	顺延工期、增加的费用、支付合理利润
15	8.5.3	发包人提供的材料或工程设备不符合合同要求的，承包人有权拒绝，并可要求发包人更换，由此增加的费用和（或）延误的工期由发包人承担，并支付承包人合理的利润。	顺延工期、增加的费用、支付合理利润

续表

序号	条款	内　　容	合同责任（承包人可主张）
16	9. 3. 3	监理人对承包人的试验和检验结果有异议的，或为查清承包人试验和检验成果的可靠性要求承包人重新试验和检验的，可由监理人与承包人共同进行……重新试验和检验结果证明该项材料、工程设备和工程符合合同要求的，由此增加的费用和（或）延误的工期由发包人承担。	顺延工期、增加的费用
17	10. 7. 3	因发包人原因导致暂估价合同订立和履行迟延的，由此增加的费用和（或）延误的工期由发包人承担，并支付承包人合理的利润。	顺延工期、增加的费用、支付合理利润
18	13. 3. 1	监理人不能按时参加试车，应在试车前 24 小时以书面形式向承包人提出延期要求，但延期不能超过 48 小时，由此导致工期延误的，工期应予以顺延。	顺延工期
19	13. 3. 2	因设计原因导致试车达不到验收要求，发包人应要求设计人修改设计，承包人按修改后的设计重新安装。发包人承担修改设计、拆除及重新安装的全部费用，工期相应顺延……因工程设备制造原因导致试车达不到验收要求的，由采购该工程设备的合同当事人负责重新购置或修理，承包人负责拆除和重新安装，由此增加的修理、重新购置、拆除及重新安装的费用及延误的工期由采购该工程设备的合同当事人承担。	顺延工期、增加的费用
20	13. 4. 2	发包人要求在工程竣工前交付单位工程，由此导致承包人费用增加和（或）工期延误的，由发包人承担由此增加的费用和（或）延误的工期，并支付承包人合理的利润。	顺延工期、增加的费用、支付合理利润

表 3－2　承包人延误工期的情形及后果

序号	条款	内　　容	合同责任（发包人可主张）
1	1. 7. 3	发包人和承包人应当及时签收另一方送达至送达地点和指定接收人的来往信函。拒不签收的，由此增加的费用和（或）延误的工期由拒绝接收一方承担。	工期违约、增加的费用
2	1. 10. 1	承包人应在订立合同前查勘施工现场，并根据工程规模及技术参数合理预见工程施工所需的进出施工现场的方式、手段、路径等。因承包人未合理预见所增加的费用和（或）延误的工期由承包人承担。	工期违约、增加的费用

续表

序号	条款	内　　容	合同责任（发包人可主张）
3	3.2.1	项目经理应是承包人正式聘用的员工，承包人应向发包人提交项目经理与承包人之间的劳动合同，以及承包人为项目经理缴纳社会保险的有效证明。承包人不提交上述文件的，项目经理无权履行职责，发包人有权要求更换项目经理，由此增加的费用和（或）延误的工期由承包人承担。	工期违约、增加的费用
4	3.4	承包人应对施工现场和施工条件进行查勘，并充分了解工程所在地的气象条件、交通条件、风俗习惯以及其他与完成合同工作有关的其他资料。因承包人未能充分查勘、了解前述情况或未能充分估计前述情况所可能产生后果的，承包人承担由此增加的费用和（或）延误的工期。	工期违约、增加的费用
5	3.6	（2）在承包人负责照管期间，因承包人原因造成工程、材料、工程设备损坏的，由承包人负责修复或更换，并承担由此增加的费用和（或）延误的工期。（3）对合同内分期完成的成品和半成品，在工程接收证书颁发前，由承包人承担保护责任。因承包人原因造成成品或半成品损坏的，由承包人负责修复或更换，并承担由此增加的费用和（或）延误的工期。	工期违约、增加的费用
6	5.1.3	因承包人原因造成工程质量未达到合同约定标准的，发包人有权要求承包人返工直至工程质量达到合同约定的标准为止，并由承包人承担由此增加的费用和（或）延误的工期。	工期违约、增加的费用
7	5.3.2	监理人应按时到场并对隐蔽工程及其施工工艺、材料和工程设备进行检查。经监理人检查确认质量符合隐蔽要求，并在验收记录上签字后，承包人才能进行覆盖。经监理人检查质量不合格的，承包人应在监理人指示的时间内完成修复，并由监理人重新检查，由此增加的费用和（或）延误的工期由承包人承担。	工期违约、增加的费用
8	5.3.3	承包人覆盖工程隐蔽部位后，发包人或监理人对质量有疑问的，可要求承包人对已覆盖的部位进行钻孔探测或揭开重新检查，承包人应遵照执行，并在检查后重新覆盖恢复原状……经检查证明工程质量不符合合同要求的，由此增加的费用和（或）延误的工期由承包人承担。	工期违约、增加的费用

续表

序号	条款	内　　容	合同责任（发包人可主张）
9	5.3.4	承包人未通知监理人到场检查，私自将工程隐蔽部位覆盖的，监理人有权指示承包人钻孔探测或揭开检查，无论工程隐蔽部位质量是否合格，由此增加的费用和（或）延误的工期均由承包人承担。	工期违约、增加的费用
10	5.4.1	因承包人原因造成工程不合格的，发包人有权随时要求承包人采取补救措施，直至达到合同要求的质量标准，由此增加的费用和（或）延误的工期由承包人承担。	工期违约、增加的费用
11	6.1.6	承包人对安全文明施工费应专款专用，承包人应在财务账目中单独列项备查，不得挪作他用，否则发包人有权责令其限期改正；逾期未改正的，可以责令其暂停施工，由此增加的费用和（或）延误的工期由承包人承担。	工期违约、增加的费用
12	6.1.7	在工程实施期间或缺陷责任期内发生危及工程安全的事件，监理人通知承包人进行抢救，承包人声明无能力或不愿立即执行的，发包人有权雇佣其他人员进行抢救。此类抢救按合同约定属于承包人义务的，由此增加的费用和（或）延误的工期由承包人承担。	工期违约、增加的费用
13	6.3	承包人应当承担因其原因引起的环境污染侵权损害赔偿责任，因上述环境污染引起纠纷而导致暂停施工的，由此增加的费用和（或）延误的工期由承包人承担。	工期违约、增加的费用
14	7.5.2	因承包人原因造成工期延误的，可以在专用合同条款中约定逾期竣工违约金的计算方法和逾期竣工违约金的上限。承包人支付逾期竣工违约金后，不免除承包人继续完成工程及修补缺陷的义务。	工期违约、继续履行、维修
15	7.8.2	因承包人原因引起的暂停施工，承包人应承担由此增加的费用和（或）延误的工期，且承包人在收到监理人复工指示后84天内仍未复工的，视为第16.2.1项〔承包人违约的情形〕第（7）目约定的承包人无法继续履行合同的情形。	工期违约、增加的费用、解除合同
16	7.8.5	承包人无故拖延和拒绝复工的，承包人承担由此增加的费用和（或）延误的工期。	工期违约、增加的费用

续表

序号	条款	内　容	合同责任（发包人可主张）
17	8.3.2	承包人采购的材料和工程设备不符合设计或有关标准要求时，承包人应在监理人要求的合理期限内将不符合设计或有关标准要求的材料、工程设备运出施工现场，并重新采购符合要求的材料、工程设备，由此增加的费用和（或）延误的工期，由承包人承担。	工期违约、增加的费用
18	8.5.1	监理人有权拒绝承包人提供的不合格材料或工程设备，并要求承包人立即进行更换。监理人应在更换后再次进行检查和检验，由此增加的费用和（或）延误的工期由承包人承担。	工期违约、增加的费用
19	8.8.3	承包人使用的施工设备不能满足合同进度计划和（或）质量要求时，监理人有权要求承包人增加或更换施工设备，承包人应及时增加或更换，由此增加的费用和（或）延误的工期由承包人承担。	工期违约、增加的费用
20	9.3.3	监理人对承包人的试验和检验结果有异议的，或为查清承包人试验和检验成果的可靠性要求承包人重新试验和检验的，可由监理人与承包人共同进行。重新试验和检验的结果证明该项材料、工程设备或工程的质量不符合合同要求的，由此增加的费用和（或）延误的工期由承包人承担。	工期违约、增加的费用
21	10.7.3	因承包人原因导致暂估价合同订立和履行迟延的，由此增加的费用和（或）延误的工期由承包人承担。	工期违约、增加的费用
22	11.2	因承包人原因造成工期延误，在工期延误期间出现法律变化的，由此增加的费用和（或）延误的工期由承包人承担。	工期违约、增加的费用
23	13.2.2	竣工验收不合格的，监理人应按照验收意见发出指示，要求承包人对不合格工程返工、修复或采取其他补救措施，由此增加的费用和（或）延误的工期由承包人承担。	工期违约、增加的费用
24	13.2.4	因不合格工程导致其他工程不能正常使用的，承包人应采取措施确保相关工程的正常使用，由此增加的费用和（或）延误的工期由承包人承担。	工期违约、增加的费用

续表

序号	条款	内容	合同责任（发包人可主张）
25	13.3.2	因承包人原因导致试车达不到验收要求，承包人按监理人要求重新安装和试车，并承担重新安装和试车的费用，工期不予顺延。因工程设备制造原因导致试车达不到验收要求的，由采购该工程设备的合同当事人负责重新购置或修理，承包人负责拆除和重新安装，由此增加的修理、重新购置、拆除及重新安装的费用及延误的工期由采购该工程设备的合同当事人承担。	工期违约、增加的费用

表3-3　其他原因延误工期的情形及后果

序号	条款	内容	合同责任
1	1.9	在施工现场发掘的所有文物、古迹以及具有地质研究或考古价值的其他遗迹、化石、钱币或物品属于国家所有。一旦发现上述文物，承包人应采取合理有效的保护措施，防止任何人员移动或损坏上述物品，并立即报告有关政府行政管理部门，同时通知监理人。发包人、监理人和承包人应按有关政府行政管理部门要求采取妥善的保护措施，由此增加的费用和（或）延误的工期由发包人承担。	承包人权利：延长工期、主张增加的费用
2	7.6	承包人遇到不利物质条件时，应采取克服不利物质条件的合理措施继续施工，并及时通知发包人和监理人。通知应载明不利物质条件的内容以及承包人认为不可预见的理由。监理人经发包人同意后应当及时发出指示，指示构成变更的，按第10条〔变更〕约定执行。承包人因采取合理措施而增加的费用和（或）延误的工期由发包人承担。	承包人权利：延长工期、主张增加的费用
3	7.7	承包人应采取克服异常恶劣的气候条件的合理措施继续施工，并及时通知发包人和监理人。监理人经发包人同意后应当及时发出指示，指示构成变更的，按第10条〔变更〕约定办理。承包人因采取合理措施而增加的费用和（或）延误的工期由发包人承担。	承包人权利：延长工期、主张增加的费用
4	10.6	因变更引起工期变化的，合同当事人均可要求调整合同工期，由合同当事人按照第4.4款〔商定或确定〕并参考工程所在地的工期定额标准确定增减工期天数。	发、承包人权利：调整工期

续表

序号	条款	内　　容	合同责任
5	11.2	基准日期后，因法律变化造成工期延误时，工期应予以顺延。因法律变化引起的合同价格和工期调整，合同当事人无法达成一致的，由总监理工程师按第4.4款〔商定或确定〕的约定处理。	承包人权利：顺延工期
6	17.3.2	不可抗力导致的人员伤亡、财产损失、费用增加和（或）工期延误等后果，由合同当事人按以下原则承担：……（4）因不可抗力影响承包人履行合同约定的义务，已经引起或将引起工期延误的，应当顺延工期，由此导致承包人停工的费用损失由发包人和承包人合理分担，停工期间必须支付的工人工资由发包人承担。	承包人权利：顺延工期；要求发包人合理分担损失、支付工人工资

二、节点工期与总工期的违约金适用

实践中，当事人在施工合同中同时约定节点工期违约金和总工期违约金的情形并不鲜见，例如，总工期（节点工期）每延误一天，总承包人应按10000元/天向发包人支付违约金。又如，工程节点延误，延误5天以内乙方按延误的天数以5000元/天支付违约金；超过5天不足15天者……总工期延误，延误30天以内乙方按延误的天数以每天合同总造价的万分之三支付违约金；……若当事人明确约定上述两种违约金可同时并用，一般争议很少；若未作此种约定，二者能否一并适用，则会引发一定争议。

有观点认为，若未约定可否共同适用，应当适用总工期违约金。节点工期违约金和总工期违约金是部分与整体的关系，节点工期违约金的存在意在为敦促承包人注意节点工期，若出现节点工期违约，发包人可在工程建设过程中随时主张权利。在工程最终竣工、总工期逾期但发包人期间并未主张节点工期违约金的情况下，其只能主张总工期违约金。若出现节点工期逾期，承包人可通过科学合理的赶工措施，促使项目在总工期内完工，若工程不能在总工期内竣工，损失也限于总工期逾期的损失，因此，用总工期逾期违约金足可弥补发包人的损失。① 也有观点认为，节点工期延误也可能造成发包人的实质性损失，在施工合同中有明确约定的情况下，总工期违约金和节点工期违约金并不违反任何法律的强制性规定，应可同时适用。②

笔者认为，类似的具有重合性的“节点”违约金在房屋买卖合同领域也广泛存在，如2014年《北京市高级人民法院关于审理房屋买卖合同纠纷案件若干疑难问题的会议纪要》第二十条规定：“出卖人存在违反房屋买卖合同约定逾期交房和逾期办证的违约行为，买受人同时主张上述两项违约金的，可予以支持。出卖人主张两项违约金相加数额过高的，法院可以综合买受人所受实际损失、出卖人的过错程度、是否使用格式条款等因素，对于违约行为重复期间的违约金，择一高标准予以支持。”

上述处理方式可作为借鉴，具体来说，原则上尊重当事人的约定，如果合同中约定了节点工期违约金和总工期违约金，可以同时适用；考虑违约金的弥补损失功能，如果上述两项违约金相加数额过高的，法院可以考虑发包人的损失、承包人的过错程度等因素，酌减违约金的数额。

三、工期违约金与诉讼时效计算起点

关于工期违约金与诉讼时效的关系，争议问题主要集中在如何确定工期违约金之诉讼时效的起算节点。结合实践情况，笔者从两个层面分析该问题。

（一）起点是竣工验收合格之日还是竣工结算之日

1. 实务观点梳理

工期违约金的诉讼时效起点与竣工验收合格之日、结算之日的关系，实务中存在两种观点。

第一种观点认为，应以竣工验收合格之日作为工期违约金诉讼时效的起算点。理由是：自此起，发包人就知道工期逾期、权利受到侵害，故应积极

① 王楷、于秋磊：《建设工程施工合同纠纷法律实务与工程专业知识解答》，法律出版社2021年版，第242页。

② 常设中国建设工程法律论坛第八工作组：《中国建设工程施工合同法律全书：词条释义与实务指引》（第2版），法律出版社2021年版，第539页。

主张。例如，最高人民法院（2020）最高法民申3244号民事裁定书认为："桥伟公司一审反诉要求中建七局赔偿因拖延工期造成的损失，其诉讼时效应该从桥伟公司知道或应当知道中建七局延期竣工这一事实完成时起计算。双方施工合同约定工期530天，实际施工期间为2008年1月10日至2010年3月19日，远超过了约定工期。案涉工程中双方一直保持较为密切的沟通，桥伟公司在案涉工程竣工之日就应该知道案涉工程超过约定工期，自此应当积极向中建七局主张其拖延工期造成的相应损失。桥伟公司在2015年提起本案反诉并提出上述反诉请求，已经超过本案应适用的两年诉讼时效……桥伟公司另主张该诉讼期限应该从工程造价确定之日起计算，但工程造价是否确定和能否及时主张工期延期损失之间并无必然联系，该主张缺乏法律依据。"[①] 又如，湖南高院（2018）湘民再446号民事判决书认为："本案涉案工程于2011年7月12日竣工验收，此时万联公司应当知道衡洲公司逾期完工的事实，其应当自竣工验收日起两年内主张逾期完工的违约金。万联公司没有证据证明该两年内发生诉讼时效中止或中断的事由，其于2017年5月25日才向一审法院提起反诉要求衡洲公司支付逾期完工违约金，已经超过诉讼时效。"

*第二种观点认为，应以工程结算完成之日作为工期违约金的起算点。*理由是，逾期竣工违约金作为索赔事项，应当在竣工结算中一并核定处理，如未完成结算，则未起算诉讼时效；工程合同通常约定，逾期竣工违约金以结算金额的一定比例计算，如未完成结算，则违约金金额无法确定。[②] 例如，嘉兴中院（2015）浙嘉民终字第579号民事判决书认为："亚都公司认为自竣工验收合格之日2009年12月1日起算，春晓公司的诉请已经超过诉讼时效。对此，本院认为，合同约定工期延误的，承包人承担每误期一天支付总结算造价的万分之二的违约金。而竣工验收合格时，涉案工程的总结算造价并未确定，导致工期延误违约金无法确定，春晓公司亦无法主张违约金。2012年亚都公司诉请春晓公司支付工程款一案中，工程造价才予确定，故2012年7月

---

① 实践中时常不区分竣工日期和竣工验收合格之日，常用"竣工之日"指代"竣工验收合格之日"。

② 贾怡驰、康飞、段志成：《工程建设合同中逾期竣工违约金条款分析》，载《中国招标》2021年第12期。

31 日亚都公司提起本案诉讼，并未超过二年诉讼时效。”

2. 本书的观点

从实践出发，上述两种观点都能言之成理。笔者更倾向于第一种观点，主要理由如下：

其一，需要考察诉讼时效的规则含义。关于普通诉讼时效期间的起算规则，主要有两种立法例：一种是客观主义，从请求权可以行使时开始起算；另一种是主观主义，从权利人知道或者应当知道权利受侵害时起算，我国立法采取了主观主义起算模式，[①]《民法典》第一百八十八条中明确规定，“诉讼时效期间自权利人知道或者应当知道权利受到损害及义务人之日起计算”。对于发包人而言，建设工程竣工验收合格之日，承包人是否逾期以及逾期天数等情况都已确定。换言之，发包人自然知道其权利受到了损害，应当自此开始主张权利。至于工程价款是否确定以及工期违约金计算是否与此相关，只是各种权利义务的最终清算结果，并不会影响到发包人对于工期违约金的权利主张。

其二，需要考察工程价款结算的含义。从工程和司法实务的角度分析，结算之后再主张工期违约金的情形不具有典型性。一则，2017 版《施工合同示范文本》中的竣工结算是“大结算”，包括工程造价、违约金、赔偿金等全部合同履行相关工作事项的总结算。[②] 故完成结算之后，工期违约金的问题自然已经得到解决，发包人一般难以主张，除非当事人作出特别约定。二则，多地司法实践中也坚持了用结算来“一揽子”解决问题的思路，如《北京市高级人民法院关于审理建设工程施工合同纠纷案件若干疑难问题的解答》第二十四条中明确规定“结算协议生效后，承包人依据协议要求支付工程款，发包人以因承包人原因导致工程存在质量问题或逾期竣工为由，要求拒付、减付工程款或赔偿损失的，不予支持，但结算协议另有约定的除外”。

故此，如果当事人已经完成了结算，从逻辑上分析，一般也不可能再单

---

① 参见黄薇主编：《中华人民共和国民法典释义及适用指南》（上册），中国民主法制出版社 2020 年版，第 293 页。

② 参见本书编委会编著：《建设工程施工合同（示范文本）GF－2017－0201 使用指南（2017 版）》，中国建筑工业出版社 2018 年版，第 224 页。

独主张工期违约金，此时再以结算作为工期违约金诉讼时效起算节点已无意义。如果当事人始终没有完成结算，进入诉讼之后，"大结算"的思路在很大程度上导致了上述第二种观点的产生。但笔者认为，此时更应该考察在各方协商、推动"大结算"的过程中，是否构成了工期违约金诉讼时效的中断。换言之，虽然未达成结算协议，但发包人主张结算时涉及工期违约、折抵工期违约金或者承包人提交结算报告中涉及工期违约、工期违约金，都可以构成诉讼时效的中断，对此，应当结合结算过程资料进行综合判断，总体上不宜要求过苛。

（二）起点是约定竣工之日还是验收合格之日

就竣工日期而言，存在合同约定竣工之日和实际竣工之日。前文已经阐述，竣工之日和竣工验收合格之日二者含义不同，依照诸多行业示范文本的内容，只有验收合格之日确定后才能推断出竣工日期，鉴于很多案例中将二者混同使用，将竣工之日等同于竣工验收合格之日，再加上以实际竣工日期作为工期违约金诉讼时效起算点也不符合实际，[①] 故笔者将该处的争议问题概括为如上的标题。

有观点认为，工期违约金诉讼时效应从合同约定的竣工日期起算，自承包人施工期限超过约定之日起，发包人就应知道其合同权利遭受侵害，自此起算自然合理。

但具体到司法实践，在我们所阅读的案例范围内，两相对比，多数采取了另外一种观点，即工期违约金诉讼时效从竣工验收合格之日起算。例如，最高人民法院（2019）最高法民申1298号民事裁定书认为："关于和记黄埔主张逾期竣工违约金是否超过诉讼时效的问题。首先，根据和记黄埔一审提起的诉讼请求及理由，其主张的是新吉润公司逾期竣工的违约责任，即因新吉润公司延期竣工给和记黄埔造成的违约损失。因此需要依据案涉工程合同

---

① 比如，依照2017版《施工合同示范文本》的约定，工程竣工验收合格的，以承包人提交竣工验收申请报告之日作为实际竣工日期。换言之，只有验收合格之后，发包人才能"倒推"出实际竣工日期。该种情形下，发包人对于工期违约天数等情况也要在验收合格之日才能知晓，如果以"倒推"的实际竣工之日作为工期违约金诉讼时效起算点，显然对发包人有失公平。

约定的竣工日期或者实际竣工日期来确定违约金的计算时点。其次，从案涉相关合同约定来看，合同附录特别条款约定的竣工日期是指工程经政府部门验收合格后的日期，即所谓'误期'时间应以工程实际竣工日期与约定竣工日期的时间差作为计算损害赔偿的基础，而不是案涉工程完工时间。再次，案涉工程完工时间与竣工时间是两个不同的事实，应以后者作为计算逾期竣工违约金的计算时点。"① 又如，江西高院（2018）赣民初 116 号民事判决书认为："本案诉争工程于 2015 年 6 月 12 日竣工验收合格，此时，鼎安公司知道且应当知道浙江城建公司延误工期的事实，且双方关于延误工期的损失计算方法明确，诉讼时效应从 2015 年 6 月 12 日起算，至 2017 年 6 月 11 日届满两年，民法总则施行时间为 2017 年 10 月 1 日。因此，本案应适用民法通则规定的两年诉讼时效期间，鼎安公司反诉主张延误工期的损失时诉讼时效已经届满。对鼎安公司的反诉请求不予支持。"②

笔者也倾向于上述多数观点。但需要说明的是，《新建设工程施工合同解释（一）》相关释义资料中，对此问题所持态度较为谨慎，"此类纠纷中，人民法院要根据查明的案件事实，对造成实际竣工时间延迟的原因和责任进行认定，科学准确确定诉讼时效的起算点，妥善对当事人起诉时是否超过诉讼时效作出判定"。③ 当然，客观而言，上述多数观点中也存在一个需要探讨的问题：虽然从竣工验收合格之日才可确定承包人逾期竣工的总天数，但是能否由此推论发包人知道或者应当知道其权利遭受侵害之日也是竣工验收合格之日？该问题尚需在理论上进行更为深入的研究。

---

① 该裁定书指令原审法院再审该案，其理由之一就包括一审法院对于逾期竣工违约金诉讼时效的认定存在错误。

② 该判决被最高人民法院（2020）最高法民终 425 号民事判决书维持原判，但需说明的是诉讼时效问题并非二审审理重点。持相同观点的判决还有：福建省高级人民法院（2014）闽民终字第 898 号民事判决书；浙江省高级人民法院（2019）浙民再 469 号民事判决书。

③ 最高人民法院民事审判第一庭编著：《最高人民法院新建设工程施工合同司法解释（一）理解与适用》，人民法院出版社 2021 年版，第 108 页。

裁判规则指引

❶ 结合2017版《施工合同示范文本》内容，工期延误的原因可归结为发包人、承包人、其他三种类型。发包人原因导致工期延误主要包括二十种情形，承包人原因导致工期延误主要包括二十五种情形，其他原因导致工期延误主要包括六种情形。

❷ 如果合同中同时约定了节点工期违约金和总工期违约金，二者可以同时适用；如果上述两项违约金相加数额过高，可以考虑发包人的损失、承包人的过错程度等因素酌减违约金数额。

❸ 关于工期违约金诉讼时效的起算节点，主要有竣工验收合格之日、竣工结算之日、约定竣工之日三种观点。结合诉讼时效的规则含义、竣工结算内容和实践案例分析，多数观点倾向于以竣工验收合格之日作为计算起点。

第四节　索赔期限的性质及相关问题

实务疑难问题

1. 索赔期限条款体现在哪些规章和规范性文件中?
2. 如何界定索赔期限的性质?
3. 逾期索赔者丧失的是实体权利还是程序性权利?
4. 权利人逾期索赔失权后，能否再主张违约责任?

索赔以及索赔权，虽然已成为施工领域的常用词汇，但严格意义上来讲，它们不是法学术语，更多体现的是施工领域内“约定俗成”的一种表达。从实践情况来看，施工中的索赔主要包括费用索赔与工期索赔，但由于对二者分析的基础都离不开索赔期限性质的讨论，故本节不再单独讨论“工期索赔”，而是直接从分析索赔期限的角度解决工期索赔的基础问题。

一、索赔期限国际规则及在我国施工领域的发展

（一）FIDIC 施工合同条件下的索赔期限内容

因我国施工领域的索赔条款来源于 FIDIC 合同，故本书以 FIDIC 2017 版《施工合同条件》为例，概括性梳理其中关于索赔期限的内容，以便宏观地了解我国施工合同领域索赔期限条款的背景。

FIDIC 2017 版《施工合同条件》第 20 条规定了“雇主和承包商的索赔”，主要有以下特点：

其一，索赔过程程序性环节明显。依据索赔进程，划分为索赔通知、工程师的初步响应、同期记录、充分详细的索赔、索赔的商定或确定、具有持续影响的索赔、一般要求等不同阶段。

其二，逾期索赔失权内容较为全面。其第 20. 2. 1 项明确规定：“如果索

赔方在此28天内未发出索赔通知，则索赔方无权获得任何额外付款，合同价格也不得降低（如果雇主是索赔方），竣工时间（如果承包商为索赔方）或缺陷通知期限（如果雇主是索赔方）不得延长，并且应免除另一方与造成索赔的事件或情况有关的任何责任。”

其三，迟延提交索赔通知方享有解释的程序。如果工程师认为索赔方迟延提交了索赔通知，则索赔方可采取一定的“申辩”措施。其第20.2.2项明确规定：“如果索赔方根据本款规定收到了工程师发出的通知，并且不同意该工程师，或认为在某些情况下有理由延迟提交索赔通知，索赔方应在第20.2.4项［充分详细的索赔］规定的充分详细索赔中包括有关此类不同意的详细信息，或说明延迟提交的合理理由（视情况而定）。”第20.2.5项规定：“在收到第20.2.4项［充分详细的索赔］或……后，工程师应按照第3.7款［商定或确定］的规定进行商定或确定。”

其四，工程师享有争议处理的一定权限。在面对雇主和承包方的争议时，FIDIC 2017版《施工合同条件》中的工程师具有较大的权利。其第3.7条规定“在履行本款规定的任务时，工程师应在双方之间保持中立，不应被视为代表雇主行事”。随后的第3.7.1—3.7.5项明确了工程师的处理程序。概括来说，在工程师的主导下，如果双方商定形成协议，需相互遵守；如果无法达成协议，则由工程师根据合同、综合相关情况对索赔作出公正的确定，并通知各方；如果一方对工程师的确定不满意，可依照程序取得争端避免/裁决委员会的决定，直至通过国际仲裁解决。[①]

（二）索赔期限在我国施工领域的发展

1. 索赔期限在规范性文件和示范文本中的体现

“索赔”的概念在我国施工领域出现较早，如2004年《建设工程价款结算暂行办法》、2008版《建设工程工程量清单计价规范》（已废止）等文件中均有体现，但“索赔期限”的出现和应用要晚一些，且主要体现在各类示范

---

① 参见国际咨询工程师联合会编：《施工合同条件》，唐萍、张瑞杰等译，机械工业出版社2021年版，第47－53、195－201页。

文本中。

1999 版《施工合同示范文本》。该文本中，只规定了索赔通知时间需要在事件发生后 28 天内，但未明确后果，不是严格意义上的索赔期限。

2007 版《标准施工招标文件》。该规定中明确了索赔期限，标准为 28 天。第 23. 1 款中载明“承包人应在知道或应当知道索赔事件发生后 28 天内，向监理人递交索赔意向通知书，并说明发生索赔事件的事由。承包人未在前述 28 天内发出索赔意向通知书的，丧失要求追加付款和（或）延长工期的权利”。

2011 年《建设项目工程总承包合同示范文本（试行)》（已废止)。该文本中也明确了索赔期限，但其标准为 30 天。第 16. 2. 2 项中要求“承包人应在索赔事件发生后 30 日内，向发包人发出索赔通知。未在索赔事件发生后的 30 日内发出索赔通知，发包人不再承担任何责任，法律另有规定除外”。

2013 版《建设工程工程量清单计价规范》。该规范中同样明确了索赔期限，日期为 28 天。第 9. 13. 2 项中要求“承包人应在知道或应当知道索赔事件发生后 28 天内，向发包人提交索赔意向通知书，说明发生索赔事件的事由。承包人逾期未发出索赔意向通知书的，丧失索赔的权利”。

2013 版《施工合同示范文本》。该示范文本基本形成了施工领域固定的索赔期限条款，日期为 28 天。第 19. 1 款规定“承包人应在知道或应当知道索赔事件发生后 28 天内，向监理人递交索赔意向通知书，并说明发生索赔事件的事由；承包人未在前述 28 天内发出索赔意向通知书的，丧失要求追加付款和（或）延长工期的权利”。

2017 版《施工合同示范文本》。该示范文本中与索赔期限相关内容，主要体现在第 19 条“索赔”中，关于索赔期限的问题，与 2013 年版本保持了一致。

2020 版《总承包合同示范文本》。该示范文本中，一则，将 2011 年版本中的“30 天”调整为“28 天”，与施工合同示范文本保持了一致。二则，采用了“工程师”的表述，借鉴 FIDIC 施工合同条件的痕迹更为明显。如第 19. 1 款中载明：“索赔方应在知道或应当知道索赔事件发生后 28 天内，向对方递交索赔意向通知书，并说明发生索赔事件的事由；索赔方未在前述 28 天内发出索赔意向通知书的，丧失要求追加/减少付款、延长缺陷责任期和（或）延长工期的权利"；"承包人作为索赔方时，其索赔意向通知书、索赔报告及相关索赔文件应向工程师提出；发包人作为索赔方时，其索赔意向通知书、索赔报告及相关索赔文件可自行向承包人提出或由工程师向承包人提出。"

2. 简要小结

经过梳理并对比现行有效的规范性文件、示范文本的内容，可以看出以下几个特点：

其一，索赔期间的长短趋于一致。工程总承包领域的示范文本虽然曾单独约定了30天期限，但在2020年最新示范文本中已对此作出调整，与其他规范性文件、示范文本的内容保持了一致，统一为28天。

其二，关于承包人索赔意向的接受方，存在表述差异。承包人的索赔意向通知书应当提交给哪个主体，现行文件中的表述并不一致。如2007版《标准施工招标文件》、2017版《施工合同示范文本》均要求提交给"监理人"；《建设工程工程量清单计价规范》要求提交给"发包人"；2020版《总承包合同示范文本》要求提交给"对方"。

其三，关于逾期索赔丧失何种内容的权利，存在表述差异。以承包人为例，2007版《标准施工招标文件》、2017版《施工合同示范文本》、2020版《总承包合同示范文本》均规定"丧失要求追加付款和（或）延长工期的权利"；而《建设工程工程量清单计价规范》规定的是"丧失索赔的权利"。

二、索赔期限的性质

（一）关于索赔期限性质的代表性观点

我国立法领域并未对索赔期限进行界定。实践中，关于索赔期限的性质争议很大，观点也颇多。笔者择其中具有代表性的观点概括介绍如下，以为实务界提供参考。

第一种观点认为，索赔期限属于除斥期间。索赔期限的作用与除斥期间的立法趣旨相同，都是重在维护既有秩序，使改变既有秩序的权利无法永久存续，索赔期限内不行使权利的效果是整个实体权利的消灭。① 施工合同示范文本的制定者也持该种观点，即“为防止合同当事人怠于行使索赔权利，导致当事方因难以查明索赔事件的真实情况而产生合同争议，本条确定了逾期索赔失权制度……前述 28 天索赔期限法律性质上属于除斥期间，期限内不行使权利，即丧失索赔权利”。②

第二种观点认为，索赔期限属于诉讼时效。其功能类似于民法中的诉讼时效。索赔时效具有两个方面的效力：一是索赔时效期间届满则意味着索赔权即诉权的消灭，即权利人未在约定的索赔时效期间内提出索赔，其索赔权利消灭；二是索赔时效为有效的抗辩理由，即索赔时效期间届满，请求权的相对人因而取得否认对方请求的权利。③

第三种观点认为，费用索赔期限属于诉讼时效，工期索赔期限属于除斥期间。费用索赔权，是一方请求另一方向其作特定的给付，给付之实现须有赖于对方的协助，故属于请求权之一种，附加在费用索赔上的期限之性质自然是诉讼时效。工期索赔权，属于双方法律关系内容的变更，但这种变更的实现，并不需要发包人的介入和配合，故其属于形成权之范畴，附加在工期索赔上的期限性质也自然是除斥期间。④

第四种观点认为，索赔期限属于当事人约定期间。索赔期限和权利失效期间在期间确定性、理论基础、制度逻辑、制度宗旨等方面都存在较大的差异，不宜将索赔期限视为权利失效期间。此外，也不宜将索赔期限认定为除斥期间或诉讼时效。在此背景下，索赔期限条款作为建设工程施工合同当事人之间的约定条款，将其认定为当事人约定的期间是合适的。⑤

---

① 参见林镥海、沈琼华：《〈建设工程施工合同〉示范文本签证和索赔期限问题探讨》，载《政治与法律》2005 年第 4 期。

② 本书编委会编著：《建设工程施工合同（示范文本）GF－2017－0201 使用指南（2017 版）》，中国建筑工业出版社 2018 年版，第 266 页。

③ 参见楼英瑞、郑翔：《建设工程施工合同索赔时效若干问题研究》，载《建筑经济》2003 年第 7 期。实践中也不乏采此观点的案例，如西藏自治区高级人民法院（2018）藏民终 67 号民事判决书。

④ 参见冯永强：《建设工程索赔期限的性质与效力》，载微信公众号“审判研究”2020 年 1 月 14 日，https：//mp. weixin. qq. com/s/FaG4_ 0－aMrGXX－GiwuI31Q。

⑤ 参见高印立、石伟：《比较法视野下的建设工程合同索赔期限条款的适用——兼评〈建设工程施工合同司法解释二〉第 6 条第 2 款》，载《北京仲裁》2019 年第 3 辑。

第五种观点认为，索赔期限类似于权利失效制度[①]。权利失效是指，权利者在相当期间内不行使其权利，依特别情事足以使义务人正当信任债权人不欲使其履行义务时，则基于诚信原则不得再为主张。[②] 其构成要件主要有：权利人不行使权利的事实；权利人不行使权利之状态已使相对方确信其不欲再行使权利；如果允许权利人再行使权利，会违反诚信原则，使当事人之间利益严重失衡。[③]

（二）本书倾向性意见

从上述列明的观点可知，对于索赔期限性质的争议非常大。笔者认为，索赔期限制度中，虽可时常看到诉讼时效或除斥期间的影子，但与后二者存在的巨大区别显而易见，从上述观点中也可见一斑，故难以简单地将其界定为诉讼时效或除斥期间。

之所以出现此种现状，笔者认为，与“索赔”所依赖的专业领域具有一定关系。“索赔”一词并非来源于法律规定或法学理论的创造，而是一个民间通用的俗语，意为“索取赔偿”，该词通俗易懂，能够清晰准确地表达向特定方要求赔偿或实现某项请求之意，因而逐渐为涉及经济合同的商业管理领域所采用。工程领域并不会像法律领域那样，区别不同的权利性质，而是从“索赔”的一般语义出发，将凡是向对方提出赔偿或特定请求的事项都笼统地称为“索赔”。从工程管理人员对该词的理解来看，“索赔权”杂糅了多种类型的具体权利，甚至超出了法律调整的范畴，包含了道义上的补偿请求。[④] 另外，索赔期限也并非我国施工领域土生土长的词汇，而是从国外的 FIDIC 施工合同条件中借鉴而来，其在国内的实践同样需要一个适应和接受的过程。

---

① 最高人民法院民事审判第一庭编著：《最高人民法院新建设工程施工合同司法解释（一）理解与适用》，人民法院出版社 2021 年版，第 116 页。当然，也有学者对权利失效观点提出探讨，具体可详见高印立：《规则与裁判——民法典下建设工程司法解释适用与拓展》，法律出版社 2021 年版，第 80 - 81 页。

② 参见王泽鉴：《民法总则》，中国政法大学出版社 2001 年版，第 560 页。

③ 参见杜颖、谢鸿飞：《论权利失效原则》，载《河北法学》1998 年第 5 期。

④ 参见冯永强：《建设工程索赔期限的性质与效力》，载微信公众号“审判研究”2020 年 1 月 14 日，https：//mp. weixin. qq. com/s/FaG4_ 0 - aMrGXX - GiwuI31Q。

索赔期限的目的在于督促权利人尽快行使权利，也有利于相关证据的收集和固定。[①] 在此背景下，如果非要给“索赔期限”界定一个合适的性质，并非易事。笔者倾向于认为，索赔期间是当事人之间一种权利失效期间的约定。当然，这个界定不一定完善，但从实务角度出发，不必纠结于如何才能对此作出完美论述，笔者更主张将焦点集中在如何结合实践现状，借鉴有益经验，妥当确定逾期索赔制度的适用范围。

三、逾期索赔的法律后果分析

（一）实践中的代表性观点

在合同约定逾期索赔失权的前提下，逾期索赔会产生什么样的后果？对该问题的判断需建立在合同约定的索赔期限条款是否有效的基础之上。对此，虽然有观点从诚信原则、诉讼时效不可预先放弃等角度主张该类条款无效，但就笔者的阅读范围而言，多数观点认为应尊重当事人的约定，即认为该类条款有效，从而肯定了索赔期限在固定证据、维护合同履行、避免结算纠纷等方面对于合同双方的积极意义。《新建设工程施工合同解释（一）》第十条第二款中规定“当事人约定承包人未在约定期限内提出工期顺延申请视为工期不顺延的，按照约定处理”，该规定虽然只涉及工期，但对索赔期限的条款效力也是一种有力的佐证。

然而，即便尊重逾期索赔条款的效力，对于逾期索赔是否会完全导致当事人丧失实体权利，实践中还是存在一定的分歧。

第一种观点认为，逾期索赔将导致当事人丧失实体性权利。如昆明中院（2018）云01民终118号民事判决书认为：“同丰公司若认为高科公司逾期完工并向高科公司主张违约金，应于合同约定的竣工日期2015年12月31日后的28天按合同约定方式向高科公司主张索赔，但同丰公司并未向监理人提交索赔的有关资料和索赔报告，也没有按照合同约定的程序和时限进行索赔，

---

① 参见陈旻：《建设工程案件审判实务与案例精析》，中国法制出版社2014年版，第195页。

已过合同约定索赔时限，其索赔不应得到支持。”①

第二种观点认为，2017 版《施工合同示范文本》通用合同条款第 19.1 款规定的“丧失权利”并非指的是丧失实体权利，只是一种通过“索赔”程序主张权利的程序性便利。如此，索赔期限可以理解为一种证据保全的期限，过期索赔会导致举证责任的转换；当依约正常进行索赔时，在发生纠纷进入诉讼程序后，根据合同约定的“发包人逾期答复的，则视为认可承包人的索赔要求”来推定索赔成立；当过期索赔或在诉讼中主张索赔时，推定索赔不成立，除非承包人对索赔主张进行充分举证才能认定索赔权利成立。②

当然，实践中还有个别观点认为可在确认逾期索赔失去实体性权利的基础上，根据案件情况酌情支持权利主张一方的部分损失。鉴于此类案例情况不一，酌情理由各有差异，故不予过多阐述。

（二）本书倾向性意见

关于逾期索赔的法律后果，从丧失的权利属性和条款应用范围两个角度，笔者尝试提出如下观点。

1. 逾期索赔丧失的是实体性权利

首先，从示范文本的条款文义和制定目的分析。2017 版《施工合同示范文本》明确：逾期索赔的，承包人“丧失要求追加付款和（或）延长工期的权利”；发包人“丧失要求赔付金额和（或）延长缺陷责任期的权利”，从文义角度解读，当事人丧失的就是实体性权利，难以解读出其他含义。其次，从条款制定目的分析，相关释义资料解读为：“为防止合同当事人怠于行使权利，导致当事方因难以查明索赔事件的真实情况而产生合同争议，本条确定了逾期索赔失权制度”，“承包人未在前述期限内发出索赔意向通知书的，则视为承包人放弃索赔，丧失要求发包人追加付款和（或）延长工期的权

---

① 相似案例还可参见湖北省高级人民法院（2016）鄂民终 1543 号民事判决书，湖南省高级人民法院（2016）湘民终 211 号民事判决书。

② 参见曹文衔、宿辉、曲笑飞：《民法典建设工程合同章条文释解与司法适用》，法律出版社 2021 年版，第 433 页。

利”。[①] 虽然该释义资料中将28天界定为“除斥期间”有待进一步探讨，但反而又从另一个角度证明了当事人逾期索赔丧失的就是实体性权利。最后，从案例角度分析，笔者阅读范围内的多数观点还是坚持实体性权利丧失。如最高人民法院（2014）民一终字第56号民事判决书认为：“关于2006年11月至2009年4月期间的停窝工损失问题。经查，对此部分损失，中铁公司亦自认，其并未依据合同约定提出过索赔，因此，在中铁公司未依据合同通用条款第53条约定履行索赔程序的情况下，根据该条的进一步约定，中铁公司无权获得该部分诉请款项的赔偿，而其在本案中主张由法院酌定瑞讯公司赔偿该停窝工损失400万元，无事实及法律依据，应予驳回。”[②]

2. 逾期索赔条款的适用应限制在一定范围内

索赔条款源自国外，之所以被引入到我国施工领域，意在促使国内施工市场尽快规范化，进而与国际接轨，更好地推动中国企业适应海外工程的需要。

（1）国际工程领域的做法借鉴。就国际工程领域的索赔期限条款而言，也不是无条件地适用。有学者考察后认为，普通法系国家一般认可建设工程施工合同索赔期限条款的效力；但作为一种例外，承包人可以在索赔逾期的情况下基于阻碍原则，继续向发包人主张权利；在大陆法系的德国，一般的原则是，尽管建设工程施工合同规定了索赔通知条款，但索赔通知的要求、形式和违约程度应受到诚信原则的调整；在某些情况下，重大违约的当事人（发包人）可能会被禁止以对方（承包人）通知不当或迟延通知作为抗辩对方索赔的理由。[③] 由此可见，即便在国外，索赔期限条款的适用也受到一定的限制，特别是在发包人严重违约时，其更不能以承包人超过索赔期限为由主

---

① 本书编委会编著：《建设工程施工合同（示范文本）GF－2017－0201使用指南（2017版）》，中国建筑工业出版社2018年版，第266页。

② 相似案例还可参见最高人民法院（2018）最高法民终827号民事判决书。

③ 参见高印立、石伟：《比较法视野下的建设工程合同索赔期限条款的适用——兼评〈建设工程施工合同司法解释二〉第6条第2款》，载《北京仲裁》2019年第3辑。该文中还引用了澳大利亚新南威尔士州最高法院（New South Wales Supreme Court）在“特纳公司诉联合协调工业公司案”中对“阻碍原则”作出的阐述：“合同一方因另一方的行为而无法履行其合同义务，其结果是：‘阻碍方’不得指责另一方没有遵守合同义务，即使另一方无论如何都不可能遵守其合同义务。可以说，这种做法来源于一方不得从其过错中获益的基本原则。”

张免责，以维持诚信原则的地位。

（2）索赔期限在我国施工领域的应用建议。具体到我国司法实践，结合司法解释、示范文本、实践现状等因素，笔者认为将费用索赔和期限（工期和缺陷责任期）索赔进行区分对待，是较为妥当的选择。

其一，在费用索赔领域，权利人逾期索赔的，依照合同约定将丧失要求追加付款或赔付金额的权利，但对方当事人严重违约或权利人存在难以行使权利的合理抗辩事由者除外。有鉴于逾期索赔失权条款对于当事人特别是承包人的利益影响巨大，且实践情形复杂，故行政部门和司法实践对此都持较为谨慎的态度。借鉴上述国外的做法，遵循《民法典》中的诚信原则，笔者认为，在逾期索赔条款应用时，应排除以下两种情形：一是，发（承）包人严重违约时，不能以逾期索赔条款对抗承（发）包人索赔费用的请求。否则，将会导致各方的利益严重失衡。二是，发包人或承包人对于逾期索赔的原因能够提出合理抗辩的，不受逾期索赔条款的限制。至于合理抗辩的类型，主要包括客观原因导致难以发出通知、发（承）人的原因导致难以送达通知等。

其二，在期限索赔领域，权利人逾期索赔的，依照合同约定将丧失要求顺延工期或缺陷责任期的权利，但权利人提出难以行使权利的合理抗辩者除外。关于上述观点的依据如下：一则，《新建设工程施工合同解释（一）》第十条对于承包人逾期索赔工期的问题进行了明确，其中并未将发包人违约作为阻止工期索赔期限条款适用的条件，但书条款中的“合理抗辩”也难以作出此种推论。另外，出于发、承包利益的平衡，在发包人逾期索赔缺陷责任期时，也应采取相同立场。二则，承包人对工期是否需要顺延能够及时作出判断，如果承包人没有在索赔期限内索赔，发包人很可能会认为承包人不需要顺延工期，发包人也会基于信赖而以正常工期为基础进行项目运行、建筑物预售等流程，此后，若再允许承包人以旧的事由主张工期顺延，无疑会对发包人利益和相关合同的履行造成一系列连锁的负面反应。反观费用索赔，一般不存在上述问题，其只是发、承包人之间就费用发生的清算。故此，即便一方当事人存在明显违约，另一方在工期或缺陷责任期的索赔中，也应遵守合同约定的期限。当然，权利人能够提出不可归责其本身的合理抗辩者除外。

四、逾期索赔与违约责任的关系

（一）索赔与违约责任的关系

无论2017版《施工合同示范文本》还是2020版《总承包合同示范文本》，虽然违约和索赔分属于不同的条目，但是它们在内容上又存在诸多重合。此外，如前文所述，索赔并非法学术语，其内容具有一定的复合性，故对于索赔与违约责任之间的关系，实践中也颇有疑惑。从示范文本制定者的角度理解，两者的关系如下：

其一，产生的原因不同。违约责任是以存在当事人一方不履行合同义务或者履行合同义务不符合约定的违约事实为前提。索赔事件的成因比较复杂，既包含因合同当事人违约行为产生的索赔，也包含因不可归责于当事人的原因（如不可抗力、异常恶劣的气候条件等）产生的索赔。

其二，表现形式不同。虽然两者都是合同一方当事人向另一方当事人进行赔偿，但违约责任的形式多样，除支付违约金外，还可以表现为修理、更换、重作、减少价款或报酬等。索赔通常表现为费用、时间以及利润的赔偿。①

其三，在索赔方未按照索赔期限条款约定向被索赔方主张违约责任时，并不当然丧失违约赔偿请求权；合同当事人应明确约定违约条款和索赔条款之间的衔接问题；如发生条款和权利的竞合，索赔方应以便利原则选择最有利的条款和权利主张方式追求弥补损失的最大可能性。②

分析上述内容可知，索赔和违约责任之间既有区别又有重合，然而依然未能解决两者在适用层面是什么关系这一最关键的问题。比如，当事人逾期索赔失权之后，能否就相关费用再次主张违约责任？如果答案是“可以”，那么逾期索赔所丧失的到底是什么权利又将成为新的疑惑。

---

① 参见本书编委会编著：《建设工程施工合同（示范文本）GF-2017-0201使用指南（2017版）》，中国建筑工业出版社2018年版，第265页。

② 参见曹珊主编：《建设项目工程总承包合同（示范文本）（GF-2020-0216）使用指南》，中国建筑工业出版社2021年版，第502页。

（二）逾期索赔和违约责任的适用关系

上文所提适用层面的问题，实践中广泛存在。在笔者所查询的案例中，有的认为索赔失权排斥了违约责任的适用；有的认为索赔失权不影响违约责任的选择，适用标准并不统一。为了确定一个较为清晰的标准，结合违约责任的性质、索赔的制度目的和实践现状，笔者建议，在上文所述区分费用索赔和期限（工期和缺陷责任期）索赔的基础上，作出如下界定。

其一，确立一个基本原则：逾期索赔失去的是实体性权利，该项权利不能通过主张违约责任的形式得到支持。否则，逾期索赔条款的设置将会失去意义。

其二，在费用索赔中，因为对方当事人严重违约或权利人存在难以行使权利的合理抗辩将阻止逾期索赔条款的适用，故在进入诉讼之后，裁判者需要判断的主要是违约责任或费用的变更，一般不会出现逾期索赔失权条款和违约责任的选择问题。除此之外，权利人因为逾期索赔失去的合同约定费用，不应该再以违约责任的形式得到支持，道理同上。

其三，在期限索赔中，除非权利人提出难以行使权利的合理抗辩，逾期索赔者将丧失实体性权利，自然也不应再以主张违约责任的形式主张顺延工期或缺陷责任期。

（三）一点反思

当事人逾期索赔后为什么不能再以同样事实主张违约责任，以客观现状为基础，在考量司法解释内容、发承包人利益平衡和国外做法的基础上，笔者在上文提出了倾向性观点。但客观而言，上述观点在逻辑上也并非完全周延，一个比较难以回答的问题在于：当事人能否通过期限（索赔期间）的约定排除一方对另一方主张违约责任的权利？此种约定是否触碰了诉讼时效利益的预先放弃？无论回答肯定与否，都会面临一些应用层面的尴尬。有鉴于此，着眼于未来，笔者尝试从调整索赔期限的适用范围角度，提出一些不成熟的思路，具体如下：

其一，将索赔期限的适用前提，限定在非当事人违约行为所导致的期限或费用的变化。如因为不利物质条件、不可抗力、异常恶劣的气候条件、法律变化等原因导致工期延长、费用增加。此时，权利人可以依照合同约定向另一方主张索赔，遵守索赔程序和期限，但并不涉及违约责任。如果权利人逾期索赔，将丧失实体性权利，自然也不可能再主张违约责任。

其二，将当事人违约行为产生的后果排除在索赔期限制度适用之外。违约者，依照合同承担违约责任，权利主张赔偿的期限应当受到诉讼时效的限制。如此一来，施工领域独特的索赔制度不仅可以找到合适的空间，而且不会对传统的违约责任形成冲击。换一个角度来看，上文所述的国际工程领域将严重违约行为作为索赔期限适用的阻止条件，某种程度上也起到了将违约排除在索赔期限适用范围之外的效果。

裁判规则指引

❶ 索赔期限条款主要体现在2007版《标准施工招标文件》、2013版《建设工程工程量清单计价规范》、2017版《施工合同示范文本》、2020版《总承包合同示范文本》等规章和规范性文件、示范文本中；规章和规范性文件、示范文本对于索赔期间长短的规定趋于一致，但关于承包人索赔意向的接受方、逾期索赔丧失何种权利，则存在表述上的差异。

❷ 关于索赔期限的性质，争议较大，本书倾向于认为，索赔期限是当事人关于权利失效期间的约定。从实务角度出发，本书主张将焦点集中在探讨如何结合实践现状，借鉴有益经验，妥当确定逾期索赔制度的适用范围。

❸ 当事人逾期索赔丧失的是实体性权利，但逾期索赔条款的适用应限制在一定范围。逾期索赔费用的，依照合同约定丧失要求追加付款或赔付金额的权利，但对方当事人严重违约或权利人存在合理抗辩事由者除外。逾期索赔期限的，依照合同约定将丧失要求顺延工期或缺陷责任期的权利，但权利人提出合理抗辩者除外。

❹ 关于逾期索赔和违约责任的适用关系，因逾期索赔失去的是实体性权利，故该项权利一般也不能再通过主张违约责任的形式得到支持。

❺ 着眼于未来，建议理顺索赔期限和违约责任的关系。建议将索赔期限的适用限定在非当事人违约行为所导致的期限或费用变化的范围。将当事人违约行为排除在索赔期限适用范围之外，违约者依法承担违约责任，权利主张的期限应受诉讼时效的限制。

第四章

工程竣工、质量与保修

第一节　工程质量相关的验收种类及流程

实务疑难问题

1. 工程质量验收包括哪些种类?
2. 工程竣工验收的一般流程是什么?
3. 地方性规定中，关于竣工验收的流程存在哪些差异?

一、工程质量验收的种类梳理

关于工程领域的验收种类，最基本、最常见者当然是“竣工验收”，除此之外，还存在因为不同建设领域、建设阶段、行政管理等因素而产生的“验收”种类，且并无权威的统一规定。笔者结合相关法律法规及规范性文件中所涉及的内容，梳理出如下类别。

（一）交工验收

1. 交工验收的存在领域

就交工验收的概念来说，主要存在于交通运输领域。例如，《公路工程竣（交）工验收办法》中便有三条相关内容。第一，关于公路验收的两个特殊阶段。其第四条规定：“公路工程验收分为交工验收和竣工验收两个阶段。交工验收是检查施工合同的执行情况，评价工程质量是否符合技术标准及设计要求，是否可以移交下一阶段施工或是否满足通车要求，对各参建单位工作进行初步评价。竣工验收是综合评价工程建设成果，对工程质量、参建单位和建设项目进行综合评价。”第二，关于交工和竣工验收的主体区别。其第六条规定：“交工验收由项目法人负责。竣工验收由交通主管部门按项目管理权限负责。交通部负责国家、部重点公路工程项目中 100 公里以上的高速公路、独立特大型桥梁和特长隧道工程的竣工验收工作；其它公路工程建设项目，由省级人民政府交通主管部门确定的相应交通主管部门负责竣工验收工作。”第三，关于交工验收和竣工验收的顺序。其第十六条规定：“公路工程进行竣工验收应具备以下条件：（一）通车试运营2年后；（二）交工验收提出的工程质量缺陷等遗留问题已处理完毕，并经项目法人验收合格……”

又如，《航道工程建设管理规定》，其相关内容与上述公路工程相似，故仅列举两个条文。第三十七条规定：“航道工程建设项目合同段完工后，由项目单位组织设计、施工、监理、试验检测等单位进行交工验收，并邀请具体负责建设项目监督管理工作的交通运输主管部门和质量监督机构参加。”第四十六条规定：“航道工程建设项目竣工验收应当具备以下条件：（一）已按照批准的工程设计和有关合同约定的各项内容建设完成，各合同段交工验收合格，其中航运枢纽工程各阶段验收合格；建设项目有尾留工程的，尾留工程不得影响建设项目的投入使用，尾留工程投资额可以根据实际测算投资额或者按照工程概算所列的投资额列入竣工决算报告，但不超过工程总投资的5%；……（四）试运行期满足要求，工程效果和运行能力符合设计要求……”

2. 交工验收和竣工验收的区别

梳理上述规定可见，交通领域的交工验收和竣工验收存在如下区别：

其一，验收主体不同。交工验收一般由发包人（项目法人）负责；竣工验收由交通主管部门牵头，组织相关机构参加。

其二，验收内容不同。交工验收主要是检查施工合同执行情况，评价工程质量；竣工验收是综合评价建设成果，对工程质量、参建单位、建设项目进行综合评价。

其三，验收阶段不同。交工验收完成后，交通工程可进入试运营期；试运营期结束且满足其他规定条件后才能进入竣工验收。

由此可见，与一般的房屋建筑工程不同，在交通领域内的工程，多数存在一个“试运营”的观察过程，故此，监管部门将工程验收划分为“交工验收”和“竣工验收”。交工意味着可以投入使用，但尚在“考察期”，考察期满符合条件者才能正式进行竣工验收。

3. 交通领域“两类验收”与常规“竣工验收”的关系

具体到司法实践，必须面对的一个问题是：交通领域内的“两类验收”与一般工程领域内的“竣工验收”是什么关系？该问题并非“无病呻吟”，因为建设工程领域内的诸多时间节点如保修期、质量保证金的返还等都与“竣工验收”相关，进而也就产生了一个关键问题：在该领域内是以“交工”还是以“竣工”作为诸多权利义务的起算点？

对此问题，笔者建议重点参考两个规范性文件：一是2007版《标准施工招标文件》；二是2018版《公路工程标准施工招标文件》。

2007版《标准施工招标文件》第18.1.1项明确规定：“竣工验收指承包人完成了全部合同工作后，发包人按合同要求进行的验收。”第18.1.2项明确规定：“国家验收是政府有关部门根据法律、规范、规程和政策要求，针对发包人全面组织实施的整个工程正式交付投运前的验收。”

2018版《公路工程标准施工招标文件》以2007版《标准施工招标文件》中的通用条款作为“通用条款”，并在“专用条款”中对该领域特有的“交工验收”“竣工验收”所对应的“通俗”语言进行了回应，具体如下：

第1.1.6.2目规定：“竣工验收：指《公路工程竣（交）工验收办法》中的竣工验收。通用合同条款中‘国家验收’一词具有相同含义。”

第1.1.6.3目规定：“交工：指《公路工程竣（交）工验收办法》中的交工。通用合同条款中‘竣工’一词具有相同含义。”

第1.1.6.4目规定：“交工验收：指《公路工程竣（交）工验收办法》中的交工验收。通用合同条款中‘竣工验收’一词具有相同含义。”

（二）阶段验收

阶段验收是指工程建设进行到一定关键阶段（如地基基础、主体结构等施工完毕后），为便于后续工程开展而进行的由建设单位负责组织的阶段性的验收活动。该种性质的验收，只有部分地方对其进行了明确，择代表性规定介绍如下。

《天津市房屋建筑工程质量阶段验收和竣工验收规定》第四条第一款规定：“本规定所称阶段验收是指房屋建筑工程的地基、基础、主体结构和建筑节能工程阶段完工后，在施工单位、工程监理单位按照《建筑工程施工质量验收统一标准》（GB 50300）验收合格的基础上，由建设单位组织的验收活动。”第六条规定：“地基、基础、主体结构工程未经阶段验收或者阶段验收不合格的，施工单位不得进入下一阶段施工。建筑节能工程未经阶段验收或者阶段验收不合格的，建设单位不得组织工程竣工验收。”

《广东省建设工程质量管理条例》第二十三条规定：“建设工程应当分阶段进行工程质量验收，未经阶段验收或者阶段验收不合格的，不得进入下一阶段施工和竣工验收。”

《珠海市住房和城乡规划建设局关于受条件限制的地基与基础分部工程履行阶段验收的通知》明确了阶段验收的工作要求：“（一）建设单位为工程质量管理第一责任人单位，应加强对受条件限制的地基与基础分部工程质量管理，督促监理单位及时组织履行阶段验收，并整理阶段验收资料归档。（二）勘察、设计、施工、监理单位对受条件限制的地基与基础分部工程质量负相应责任，应积极主动做好受条件限制的地基与基础分部工程阶段验收工作。”

此外，2017 版《施工合同示范文本》中虽然没有明确“阶段验收”的概念，但其中所述的对于“分部分项工程”的验收本质上也属阶段性的验收，如该文本第13. 1. 2项中规定：“除专用合同条款另有约定外，分部分项工程经承包人自检合格并具备验收条件的，承包人应提前 48 小时通知监理人进行验收。监理人不能按时进行验收的，应在验收前 24 小时向承包人提交书面延期要求，但延期不能超过 48 小时。监理人未按时进行验收，也未提出延期要求的，承包人有权自行验收，监理人应认可验收结果。分部分项工程未经验收的，不得进入下一道工序施工。”

结合上述地方性法规或规范性文件的内容可以看出，建设工程领域的“阶段验收”与《建筑工程施工质量验收统一标准》中的“分部工程验收”存在部分重合，但不少地方的规范性文件仍然对其单独进行了规定，其目的在于保证阶段施工的工程质量，为整体工程验收打下基础。

（三）专项验收

所谓专项验收，是指建设工程在竣工验收备案之前，由验收责任方根据法律、法规的规定，组织工程建设相关单位在相关行政主管部门的监督下，对特定工程内容或档案资料的质量进行检验，评定特定工程内容或文件资料是否合格的过程。①《建筑工程施工质量验收统一标准》第3.0.5项中对此表述为："当专业验收规范对工程中的验收项目未作出相应规定时，应由建设单位组织监理、设计、施工等相关单位制定专项验收要求。涉及安全、节能、环境保护等项目的专项验收要求应由建设单位组织专家论证。"

具体到我国法律法规层面，并未专门对"专项验收"的概念进行统一规定。需要注意的是，一则，专项验收的部分内容（如消防验收、规划验收等内容），散见于部门法领域，如《消防法》第十三条第一款规定："国务院住房和城乡建设主管部门规定应当申请消防验收的建设工程竣工，建设单位应当向住房和城乡建设主管部门申请消防验收。"二则，该术语散见于各种规范性文件之中，如《国务院办公厅关于转发发展改革委、住房城乡建设部绿色建筑行动方案的通知》中明确："严格建筑节能专项验收，对达不到强制性标准要求的建筑，不得出具竣工验收合格报告，不允许投入使用并强制进行整改。"《交通运输部部属单位基本建设管理办法》第三十三条规定："申请竣工验收应满足以下条件：……（四）环境保护设施、安全设施、消防设施等已按照要求与主体工程同时建成，并通过专项验收或备案……"

就常见的专项验收而言，包括规划验收、消防验收、防雷装置验收、节能验收、人防工程验收、档案验收等。就建设工程验收流程而言，专项验收是必不可少的一环，缺乏专项验收将导致工程无法投入使用，但是各地在专项验收涉及项目的内容上存在一定的差别。举例如下：

《北京市房屋建筑和市政基础设施工程竣工验收管理办法》第十二条第一款规定："工程竣工验收合格，且消防、人民防空、环境卫生设施、防雷装置等应当按照规定验收合格后，建设工程方可交付使用。"

《深圳市建设工程质量管理条例》第五十五条第二款规定："房屋建筑工程经竣工验收合格，并取得消防、电梯、燃气竣工验收合格证明或者准许使

① 参见常设中国建设工程法律论坛第八工作组：《中国建设工程施工合同法律全书：词条释义与实务指引》，法律出版社2019年版，第737页；潜进：《一本书看透房地产：房地产开发全流程强力剖析》，中国市场出版社2015年版，第332页。

用文件后，方可投入使用。”

《无锡市建设工程质量管理条例》第四十五条第一款规定：“建设工程竣工验收合格，且消防、人防、环境卫生设施等按照规定验收合格后，建设工程方可交付使用。”

概括而言，“专项验收”多与建设工程中特定内容的行政监管直接相关，在建设工程投入使用前需要经过特定监管部门“认可”，目的在于维护公共安全、确保工程质量。

（四）竣工验收

所谓竣工验收，是指建设单位组织勘察、设计、施工、监理等单位，依照法律、法规和规范性文件的要求，对工程进行检验并评价工程是否合格的过程。

关于竣工验收的实施主体，在我国经历了一个由行政主导到发包方主导的过程。

在计划经济时期，建设工程的竣工验收由行政部门组织实施，如1990年国家计委印发的《建设项目（工程）竣工验收办法》（已废止）中规定：“大中型和限额以上基本建设和技术改造项目（工程），由国家计委或由国家计委委托项目主管部门、地方政府部门组织验收。小型和限额以下基本建设和技术改造项目（工程），由项目（工程）主管部门或地方政府部门组织验收。”后来，随着市场经济的发展，该种模式已难以适应现状，主要问题在于主管部门是建设工程竣工验收的组织者，而非建设工程质量责任的承担者，如果合同当事人就建设工程质量发生争议，政府主管部门对竣工验收的结论并不承担实体责任，以致造成建设工程的质量责任往往难以确定。①

自2000年《建设工程质量管理条例》实施后，竣工验收的模式发生了变革。竣工验收的主体变更为“建设单位”，其第十六条第一款规定：“建设单位收到建设工程竣工报告后，应当组织设计、施工、工程监理等有关单位进

---

① 参见王永起、李玉明：《建设工程施工合同纠纷法律适用指南》，法律出版社2013年版，第286页。

行竣工验收。”第四十九条规定：“建设单位应当自建设工程竣工验收合格之日起 15 日内，将建设工程竣工验收报告和规划、公安消防、环保等部门出具的认可文件或者准许使用文件报建设行政主管部门或者其他有关部门备案。建设行政主管部门或者其他有关部门发现建设单位在竣工验收过程中有违反国家有关建设工程质量管理规定行为的，责令停止使用，重新组织竣工验收。”由此可见，行政部门的角色由“台前”退居到“幕后”，转换为对验收过程进行监督管理和实施备案。

作为建设工程交付前的必经阶段和关键环节，竣工验收是判断发包人和承包人各自权利义务完成情况的关键节点。如《民法典》第七百九十九条规定：“建设工程竣工后，发包人应当根据施工图纸及说明书、国家颁发的施工验收规范和质量检验标准及时进行验收。验收合格的，发包人应当按照约定支付价款，并接收该建设工程。建设工程竣工经验收合格后，方可交付使用；未经验收或者验收不合格的，不得交付使用。”除此之外，《新建设工程施工合同解释（一）》中所涉及的质量保证金、竣工日期等诸多问题的确定及责任承担也与竣工验收直接相关，故对于竣工验收的流程特别是重要时间节点进行梳理确为司法实践所需。

二、竣工验收的规范及流程梳理

“建设工程”的范围包括房屋建筑、土木工程和机电工程，由于工程特点存在差异，再加上行政监管部门有所不同，各领域内的竣工验收规范和流程存在一定的差异。如中国气象局出台了《雷电防护装置设计审核和竣工验收规定》，交通运输部出台了《港口工程竣工验收规程》，国家能源局出台了《煤矿建设项目竣工验收管理办法》。但司法实践中最为典型的是房屋建筑和市政基础设施施工，故本书以该类工程为代表，梳理工程竣工验收流程及相关规范。

（一）竣工验收的相关规范

关于竣工验收，除上文所述的法律、法规的原则性规定之外，具体相关的规范，大致可以分为以下几个层面的内容。

一是部门规章，主要是住建部2009年修正的《房屋建筑和市政基础设施工程竣工验收备案管理办法》。

二是部委的行政规范性文件，主要是住建部2013年公布的《房屋建筑和市政基础设施工程竣工验收规定》。

三是国家标准，主要是住建部2013年公布的《建筑工程施工质量验收统一标准》。

四是地方性法规，主要是部分省市和经济特区人大常委会通过的相关规定，如《北京市建设工程质量条例》《辽宁省建设工程质量条例》《深圳经济特区质量条例》。

五是地方规范性文件，主要是各省市建设行政主管部门发布的相关文件，如《北京市房屋建筑和市政基础设施工程竣工验收管理办法》《天津市房屋建筑工程质量阶段验收和竣工验收规定》。

从上文可以看出，关于工程竣工验收，从部委到地方都有相关的规定，进而也反映出现实中的另外一个问题，即在基本原则相同的前提下，各地关于竣工验收的相关细则存在一定的差别。具体内容将在下文论及。

（二）竣工验收的流程

1. 竣工验收流程的原则性规定

依照《建筑工程施工质量验收统一标准》的规定，建筑工程质量验收划分为单位工程、分部工程、分项工程和检验批。验收过程按照顺序从小到大依次为检验批验收合格、分项工程验收合格、分部工程验收合格、单位工程验收合格，最后所形成的单位工程质量竣工验收记录是竣工验收合格的重要基础。

依据《房屋建筑和市政基础设施工程竣工验收备案管理办法》《房屋建筑和市政基础设施工程竣工验收规定》，竣工验收的组织单位是建设单位，参加单位包括勘察设计单位、施工单位、监理单位、工程质量监督机构。

具体流程如下：

第一步，施工单位对工程质量自行检查，若合格，提出工程竣工报告。

第二步，监理单位对工程质量进行评估，若合格，提出工程质量评估报告。

第三步，勘察设计单位对勘察设计等相关文件进行检查，若合格，提出质量检查报告。

第四步，建设单位组织勘察、设计、施工、监理等单位进行竣工验收，通知负责监督该工程的工程质量监督机构。

第五步，验收完毕后，若合格，形成经验收组人员签署的工程竣工验收意见；若不合格，重新组织验收。

第六步，验收合格后，建设单位应提出工程竣工验收报告。

第七步，建设单位申请取得规划、环保、消防等部门出具的认可或者准许使用文件。

第八步，建设单位向建设主管部门备案规定文件，工程质量监督机构向备案机关提交工程质量监督报告。

以上是根据住建部的相关规定梳理出来的原则性竣工验收流程。具体到地方性规范和文件，多数对此进行了进一步细化，因此也存在一些文件和流程上的差异。

2. 竣工验收流程的地方性差异

如上文所述，竣工验收的“地方性差异”客观存在，笔者难以一一梳理，故选择具有一定代表性的部分区域进行对比，目的在于提示从业者在实务过程中对此予以关注。

依照《北京市建设工程质量条例》《北京市房屋建筑和市政基础设施工程竣工验收管理办法》的规定，北京地区的竣工验收流程如下。

第一步，施工单位自行检查，若合格，形成工程竣工报告。

第二步，监理单位进行预验收，若合格，在工程竣工报告上签字，并提出工程质量评估报告。

第三步，勘察、设计单位对相关文件进行检查，若合格，提出质量检查报告。

第四步，建设单位收到勘察、设计、施工、监理单位提交的合格报告后，组织单位工程质量竣工验收，形成单位工程质量竣工验收记录。

第五步，建设单位组织施工、监理、勘察设计进行竣工验收，通知工程质量监督机构。

第六步，竣工验收合格，形成经验收组人员签署并加盖公章的工程竣工验收记录。

第七步，验收合格后，建设单位形成工程竣工验收报告。

第八步，建设单位申请取得规划、消防等部门出具的认可或者准许使用文件。

第九步，建设单位向建设主管部门备案规定文件，工程质量监督机构向备案机关提交工程质量监督报告。

根据《天津市建设工程质量管理条例》《天津市房屋建筑工程质量阶段验收和竣工验收规定》的规定，天津地区的竣工验收流程如下。

第一步，施工单位自行检查，若合格，提出工程质量验收施工自评报告。

第二步，监理单位进行预验收，若合格，出具工程质量验收监理评估报告。

第三步，勘察、设计单位对相关文件检查，若合格，出具勘察设计单位工程质量验收报告。

第四步，建设单位组织施工、监理、勘察设计进行竣工验收，通知工程质量监督机构。

第五步，验收人员对勘察、设计、施工、设备安装质量和各管理环节等作出评价，形成验收组人员签署的工程质量验收证明书。

第六步，竣工验收合格，验收组提出验收意见，建设单位据此出具工程竣工验收报告，并报监督机构。

第七步，建设单位申请规划、环保、消防等部门出具的认可、准许使用、验收合格等文件，向建设行政主管部门办理备案。

以上只是列举了北京和天津两地的竣工验收流程，除此之外，我国多省市都颁布过与此相关的地方性法规或规范性文件，对比各地的竣工验收流程，可以发现如下三个特点：

其一，“四大单位”（施工、监理、勘察设计、建设）的查验义务必不可少，但出具的文件名称存在差异。如上文所述，北京地区依次为工程竣工报告、工程质量评估报告、质量检查报告、单位工程质量竣工验收记录；天津地区则为施工自评报告、质量验收监理评估报告、质量验收报告、工程质量验收证明书①。

其二，验收合格之后形成的文件类别存在差异。虽然最后都需要形成工程竣工验收报告，但因为竣工验收合格与形成竣工验收报告之间时常存在时间差，故验收合格之后形成何种性质的文件以及该文件与“竣工时间”的关系，将对司法实践诸多问题的判断产生影响。举例来说，北京地区要求验收合格后形成工程竣工验收记录，且《北京市房屋建筑和市政基础设施工程竣工验收管理办法》中明确，工程竣工验收记录是工程竣工验收合格的证明文件，工程竣工验收记录中最迟签署意见的日期为工程竣工时间。② 而天津地区并无该项具体要求，只是明确，竣工验收合格，验收组提出验收意见，建设单位据此出具工程竣工验收报告。至于应当以“验收意见”还是“工程竣工验收报告”作为竣工时间，需要进行进一步判断。

其三，专项验收与竣工验收的关系有所不同。对于消防、环保等专项验收，大部分地区都不再将其作为进行竣工验收的前提条件，只是明确需要备案时或者使用前完成专项验收。但也有个别地方采取不同做法，如《黑龙江省建设工程质量监督管理条例》第二十三条规定：“建设单位组织竣工验收前，应当向城市规划、公安消防、环境保护、人民防空等主管部门提出建设工程的竣工认可申请，城市规划、公安消防、环境保护、人民防空等主管部门应当在法定期限内出具是否认可或者准许使用的文件。”

3. 联合验收的改革趋势

对于建筑企业而言，其在竣工验收完成之后，还需要面临诸多行政部门负责的专项验收，如果依次申请、逐个进行，不仅手续烦琐、耗费时间长，也会对工程利用效率产生一定的影响。2019 年 3 月，《国务院办公厅关于全面开展工程建设项目审批制度改革的实施意见》颁布，规定对多个行政部门监

---

① 比较而言，北京地区要求竣工验收之前，建设单位形成单位工程质量竣工验收记录，天津地区对此虽无明确要求，但要求建设单位组织验收过程中形成工程质量验收证明书，且其最后形成的工程竣工验收报告中也附有单位工程的验收记录。

② 实践中，也有部分观点认为应当以建设单位（发包人）签署意见的日期为准，因为建设单位是建设工程竣工验收的组织者和工程的实际权利人，对最终验收具有决定权。参见王楷、于秋磊：《建设工程施工合同纠纷法律实务与工程专业知识解答》，法律出版社 2021 年版，第 245 页。

管的工程相关事项实施“联合验收”，即实行规划、土地、消防、人防、档案等事项限时联合验收，统一竣工验收图纸和验收标准，统一出具验收意见；对于验收涉及的测绘工作，实行“一次委托、联合测绘、成果共享”。随后，各地纷纷出台相关的联合验收具体办法，进一步简化程序。简言之，联合验收就是建设单位组织竣工验收合格后，统一申请政府部门组织的综合验收。如《上海市建筑工程综合竣工验收管理办法》第四条规定：“建设、水务、绿化市容管理部门应当统一受理并牵头组织规划和资源、消防、城建档案等必验部门实施综合竣工验收，同时根据项目实际情况，增加卫生、交警、民防、绿化市容、交通、气象等选验部门，一并实施综合竣工验收。各专业验收管理部门验收通过后，由综合验收管理部门统一核发竣工验收备案证书。”

《北京市房屋建筑和市政基础设施工程竣工联合验收管理暂行办法》第三条规定：“本办法所称的联合验收，是指工程建设单位申请，住房城乡建设、规划自然资源、人防、市场监管、水务、档案、交通、城市管理、通信等主管部门精简优化并协同推进工程竣工验收相关行政事项，督促协调市政服务企业主动提供供水、排水、供电、燃气、热力、通信等市政公用服务，规范、高效、便捷完成工程验收，推动工程项目及时投入使用的工作模式。”第二十二条规定：“实施联合验收的项目，联合验收通过后方可交付使用。联合验收意见通知书替代工程竣工验收备案表，联合验收通过后即视为完成工程竣工验收备案。施工单位对建设单位的工程质量保修期限，自建设单位组织工程竣工相关验收合格之日起计算。建设单位对所有权人的工程质量保修期限，自交付之日起计算。”

除了北京、上海之外，全国多地纷纷出台了有关联合验收的规范性文件，推动实现联合验收通过之后再无其他核验的结果，促使建设工程尽快进入不动产登记、销售阶段，促进市场交易流程顺畅和经济发展。

裁判规则指引

❶ 依照相关法律法规及规范性文件内容，工程质量相关的验收主要包括交工验收、阶段验收、专项验收、竣工验收等类型。交工验收主要存在于交通运输领域，分为交工验收和竣工验收两个阶段，两者在验收主体、验收内容等层面均存在差异。

❷ 依照部门规章和规范性文件要求，竣工验收的组织单位是建设单位，参加单位包括勘察设计单位、施工单位、监理单位、工程质量监督机构。竣工验收的一般流程可分为八个步骤：第一步，施工单位对工程质量自行检查，若合格，提出工程竣工报告；第二步，监理单位对工程质量进行评估，若合格，提出工程质量评估报告；第三步，勘察设计单位对勘察设计等文件进行检查，若合格，提出质量检查报告；第四步，建设单位组织勘察、设计、施工、监理等单位进行竣工验收，通知工程质量监督机构；第五步，验收完毕，若合格，形成经验收组人员签署的竣工验收意见；若不合格，重新组织验收；第六步，验收合格，建设单位提出竣工验收报告；第七步，建设单位申请取得规划、环保、消防等部门出具认可或者准许使用文件；第八步，建设单位向主管部门备案规定文件，工程质量监督机构向备案机关提交工程质量监督报告。

❸ 梳理部分地方关于竣工验收的规定，主要存在三个方面的差异：一是施工、监理、勘察设计、建设等单位的查验义务必不可少，但出具的文件名称存在差异；二是验收合格之后形成的文件类别存在差异；三是专项验收与竣工验收的关系有所不同。

第二节　竣工验收与专项验收相关问题

实务疑难问题

1. 竣工验收合格的判断依据是什么?
2. 专项验收结果与竣工验收合格之间是什么关系?
3. 专项验收未获通过的法律后果是什么?

一、竣工验收合格的判断依据

作为施工建设的尾部环节，竣工验收是否合格以及合格的时间节点，不仅关系到工程能否顺利交付，还与竣工日期、质量保证金等问题紧密相关。依照住建部《房屋建筑和市政基础设施工程竣工验收规定》，在竣工验收合格之后，会形成两个重要的文件，一个是验收组人员签署的“工程竣工验收意见”，另一个是“工程竣工验收报告”，但应当以哪一个作为验收合格的第一凭证，该规定并没有涉及，而司法实践中对此问题也不乏困惑和分歧。

（一）验收合格之“凭证”相关的两种观点

第一种观点认为，应当以五方验收单位签字的验收记录为验收合格的“证明文件”。如《北京市房屋建筑和市政基础设施工程竣工验收管理办法》第八条规定：“工程竣工验收合格后，应当及时形成经验收组人员共同签署意见并加盖各单位公章的工程竣工验收记录，作为工程竣工验收合格的证明文件……”《无锡市建设工程质量管理条例》第四十三条第二款规定：“建设工程竣工验收应当形成经建设、勘察、设计、施工、监理等单位项目负责人签署的建设工程竣工验收记录，作为建设工程竣工验收合格的证明文件。建设工程竣工验收记录中各方意见签署齐备的日期为建设工程竣工验收合格时间。”由此可见，以北京、无锡为代表的地方性法规，坚持以形式完整的“工程竣工验收记录”作为验收合格的依据，而不是在此之后形成的竣工验收报告。

第二种观点坚持以建设单位形成的竣工验收报告作为“合格之日”。该观点认为，工程竣工验收合格后，建设单位应当及时提出工程竣工验收报告，并在法定期限内向建设行政主管部门备案，备案部门在规划、消防、环保等部门出具许可文件后出具《单位工程竣工验收证明书》。依据目前我国建设工程竣工验收法律制度的规定，涉及建设工程竣工验收争议的，应当以建设单位出具的竣工验收报告作为确定建设工程是否竣工验收合格的依据。[①]

除此之外，亦有少数观点坚持以竣工验收备案作为竣工验收合格的依据，但该观点混淆了民事合同之权利义务履行和行政部门监管两种不同的法律关系。简言之，竣工验收是当事人之间对合同履行情况的检查；验收备案是行政主管部门对于当事人验收过程、结果的行政监管。《房屋建筑和市政基础设施工程竣工验收规定》第九条规定：“建设单位应当自工程竣工验收合格之日起15日内，依照《房屋建筑和市政基础设施工程竣工验收备案管理办法》（住房和城乡建设部令第2号）的规定，向工程所在地的县级以上地方人民政府建设主管部门备案。”由此可见，竣工验收合格之后，才会产生备案，若以备案作为验收合格凭证，逻辑上存在相悖之处。

（二）竣工验收合格的判断依据

对于如果工程竣工验收合格，对外所显示的“证据”应当是什么这一问题的判断，应建立在对整个竣工流程及形成文件梳理（详见本章第一节）的基础上。

关于工程竣工验收记录。竣工验收是建设单位组织各参建单位对工程建设过程和结果进行查验的过程，是否合格自然应当以验收单位共同确认的结论为准。参照住建部《房屋建筑和市政基础设施工程竣工验收规定》的内容，在施工、监理、勘察设计等单位完成“自查”并符合条件后，建设单位才能组织各参建单位并通知工程质量监督机构，开启竣工验收程序。验收后，参

---

① 参见《山东省高级人民法院2008年民事审判工作会议纪要》第四部分第三项。

加单位各抒己见，最后形成结论并签字盖章，记载这个结论的载体就是“工程竣工验收意见”，如上文所述，也有的地方如北京、无锡将其称为“工程竣工验收记录”，名称不同，本质一致，都是第一时间证明工程竣工验收合格的“身份证”。

关于工程竣工验收报告。工程竣工验收记录和工程竣工验收报告在形成顺序上存在先后之分，这可从部委和地方的规定中窥得一二。如《房屋建筑和市政基础设施工程竣工验收规定》第七条规定：“工程竣工验收合格后，建设单位应当及时提出工程竣工验收报告。工程竣工验收报告主要包括工程概况，建设单位执行基本建设程序情况，对工程勘察、设计、施工、监理等方面的评价，工程竣工验收时间、程序、内容和组织形式，工程竣工验收意见等内容。工程竣工验收报告还应附有下列文件：（一）施工许可证。（二）施工图设计文件审查意见。（三）本规定第五条（二）、（三）、（四）、（八）项规定的文件。（四）验收组人员签署的工程竣工验收意见。（五）法规、规章规定的其他有关文件。”《北京市房屋建筑和市政基础设施工程竣工验收管理办法》第九条规定：“工程竣工验收合格后，建设单位应当及时提出工程竣工验收报告。工程竣工验收报告主要包括工程概况，建设单位执行基本建设程序情况，对工程勘察、设计、施工、监理等方面的评价，工程竣工验收时间、程序、内容和组织形式，工程竣工验收意见等内容。工程竣工验收报告还应附有下列文件：（一）规划许可文件；（二）施工许可文件；（三）单位工程质量竣工验收记录；（四）工程竣工验收记录；（五）备案机关认为需要提供的其他有关资料。”《天津市房屋建筑工程质量阶段验收和竣工验收规定》第十五条规定：“验收合格的，验收组提出验收意见，建设单位根据验收意见出具《工程竣工验收报告》，并报监督机构。验收不合格的，责任单位整改后，建设单位重新组织竣工验收……工程竣工验收报告还应当附有下列文件：（一）施工许可证；（二）施工图设计文件审查意见……（四）验收组人员签署的工程竣工验收意见……”

由上文可知，无论是住建部的规定还是部分地方的要求，都是先有“工程竣工验收意见”，后有工程竣工验收报告。工程竣工验收报告的出具主体是建设单位，其本质上是建设单位对于工程建设情况的“总结”，建立在已形成的“工程竣工验收意见”基础之上，这也是后者需要以附件形式出现在工程竣工验收报告中的原因，但却不能将工程竣工验收报告作为验收合格的“第一凭证”。此外，从实践效果层面来分析，竣工验收报告的出具时间晚于竣工验收记录，且与建设单位的主观意愿相关，如果以前者作为竣工验收合格的标准，也可能会导致竣工日期、工期认定等诸多时间节点被人为地推迟或延长，对于承包人来说有失公平。

二、专项验收与竣工验收的关系

所谓专项验收，如本书前文所言，是指建设工程在竣工验收备案之前，由验收责任方根据法律、法规的规定，组织工程建设相关单位在相关行政主管部门的监督下，对特定工程内容或档案资料的质量进行检验，评定特定工程内容或文件资料是否合格的过程。[①] 客观而言，对于“专项验收”一词并没有一个严谨的法定概念，且各个地方对其规定的内容也不尽相同，但鉴于本节的目的在于辨析行政部门主导的“专项验收”和竣工验收之间存在何种关系以及产生的影响，故对于专项验收的具体内容不再作更多梳理，只选取了其中较为常见的项目进行分析。

（一）专项验收的改革趋势和制度目的

鉴于专项验收涉及的项目较多，为了呈现这个领域的一些变化，进而说明制度目的和改革趋势，笔者尝试以雷电防护装置和消防作为实务观察的一个视角。

1. 关于雷电防护装置验收

依照2005年、2011年中国气象局公布的《防雷装置设计审核和竣工验收规定》（均已废止），规制范围内的建筑物竣工验收时，建设单位都应当通知气象主管机构同时验收防雷装置；符合要求的，气象主管机构出具《防雷装置验收意见书》；防雷装置竣工未经验收合格的，不得投入使用。由此可见，

---

① 参见常设中国建设工程法律论坛第八工作组：《中国建设工程施工合同法律全书：词条释义与实务指引》，法律出版社2019年版，第737页；潜进：《一本书看透房地产：房地产开发全流程强力剖析》，中国市场出版社2015年版，第332页。

当时行政部门主导的防雷装置验收的覆盖范围很大。

2016 年《国务院关于优化建设工程防雷许可的决定》的第一部分整合了部分建设工程防雷许可，将气象部门承担的房屋建筑工程和市政基础设施工程中的防雷装置设计审核、竣工验收许可，整合纳入建筑工程施工图审查、竣工验收备案，统一由住房城乡建设部门监管；油库、气库等特殊性质和地点的建筑物，仍由气象部门负责防雷装置设计审核和竣工验收许可；公路、水路等专业建设工程防雷管理，由各专业部门负责。第二部分清理规范了防雷单位资质许可，取消气象部门对防雷专业工程设计、施工单位资质许可；建设工程防雷的设计、施工，可由取得相应建设、公路等专业工程设计、施工资质的单位承担。同时，降低防雷装置检测单位准入门槛，全面开放防雷装置检测市场。

自此之后，房屋建筑和市政基础设施工程领域的防雷装置验收不再属于由行政部门主导的“专项验收”，而成为建设单位竣工验收和备案的常规内容。[①] 如 2017 年发布的《北京市住房和城乡建设委员会、北京市气象局、北京市规划和国土资源管理委员会关于做好北京市建设工程防雷施工图审查及竣工验收管理工作的通知》中进一步明确：建设单位要承担防雷装置竣工验收的组织责任；防雷装置竣工验收备案工作纳入房屋建筑和市政基础设施工程竣工验收备案工作；建设单位办理工程竣工验收备案时，工程竣工报告应当对防雷装置验收及检测情况进行说明，并将防雷检测报告作为工程竣工报告的附件；相关行政主管部门加强对防雷施工图设计、施工质量监督执法。2020 年，北京市进一步优化相关内容：建设单位申报工程竣工验收备案时，不再要求将防雷检测报告作为附件提交。

至于油库、气库、弹药库等特殊领域、位置的工程项目，《雷电防护装置设计审核和竣工验收规定》中明确，这些项目依然属于行政部门主导的专项验收范围，即“雷电防护装置未经设计审核或者设计审核不合格的，不得施工。雷电防护装置未经竣工验收或者竣工验收不合格的，不得交付使用”。

---

① 但是特殊行业和地区的建设工程依然需要进行具有行政许可特色的专项验收，具体可参见中国气象局 2020 年公布的《雷电防护装置设计审核和竣工验收规定》。

2. 关于消防验收

1998 年《消防法》第十条第三款规定："按照国家工程建筑消防技术标准进行消防设计的建筑工程竣工时，必须经公安消防机构进行消防验收；未经验收或者经验收不合格的，不得投入使用。"与防雷装置验收的初期基本一样，这个阶段的行政主管部门对于消防验收也是大范围的严格监管。

2008 年，全国人大常委会对《消防法》进行修订，对于消防设施区分了验收和备案两种情形，第十三条规定："按照国家工程建设消防技术标准需要进行消防设计的建设工程竣工，依照下列规定进行消防验收、备案：（一）本法第十一条规定的建设工程，建设单位应当向公安机关消防机构申请消防验收；（二）其他建设工程，建设单位在验收后应当报公安机关消防机构备案，公安机关消防机构应当进行抽查。依法应当进行消防验收的建设工程，未经消防验收或者消防验收不合格的，禁止投入使用；其他建设工程经依法抽查不合格的，应当停止使用。"

2019 年，《消防法》修正[①]，对于验收和备案的相关职能部门和内容进行调整，第十三条规定："国务院住房和城乡建设主管部门规定应当申请消防验收的建设工程竣工，建设单位应当向住房和城乡建设主管部门申请消防验收。前款规定以外的其他建设工程，建设单位在验收后应当报住房和城乡建设主管部门备案，住房和城乡建设主管部门应当进行抽查。依法应当进行消防验收的建设工程，未经消防验收或者消防验收不合格的，禁止投入使用；其他建设工程经依法抽查不合格的，应当停止使用。"

2020 年，住建部颁布《建设工程消防设计审查验收管理暂行规定》，该规定区分了特殊建设工程和其他建设工程，进而适用不同的制度。具体来说，对特殊建设工程，实行消防设计审查和消防验收制度；未经消防设计审查或者审查不合格的，建设单位、施工单位不得施工；工程竣工验收后，建设单位应当向消防设计审查验收主管部门申请消防验收；未经消防验收或者消防验收不合格的，禁止投入使用。对其他建设工程，实行备案抽查制度；经依法抽查不合格的，应当停止使用。同时，该规定特别细化了建设单位组织竣

---

① 《消防法》最新一次修正是在 2021 年，但是上述第十三条内容并未发生变化。

工验收时涉及的消防内容。

3. 专项验收的制度目的和变化

关于专项验收的制度目的。无论雷电防护、消防还是人防工程，行政主管部门之所以在建设单位组织竣工验收后“再次”进行专项验收，有以下两个方面的原因：一方面，专项验收涉及的内容具有特殊性，其对于建筑物的使用，特别是公共安全将产生很大影响，故行政监管部门在建筑市场发展初期采取了较为严格的监管措施。另一方面，与“专业技术”市场也有一定的关系。如防雷检测技术市场，在2016年之前多由具有事业单位性质的检测机构承担，为雷电防护装置的验收提供技术支撑，而社会组织和个人很难参与到防雷技术服务之中。

关于专项验收领域的改革趋势。随着我国建筑市场的发展和相关技术的成熟，行政监管方式也开始转变，诸多改革措施也随之而来。总体来说，以下两个方面的表现比较突出：一是，行政部门着力避免重复许可、重复监管，简化审批手续，减轻企业负担；二是，行政监管方式以重点监管和信用监管为并行手段，开始向强化事中、事后监管转变。如上文所述，在雷电防护和消防领域，带有许可性质的专项验收范围逐渐缩小，开启了“验收”和“备案”进行区分的时代，这也意味着很多原来属于“专项验收”的工程，不再需要履行这一手续。同时，相关的技术市场也逐步放开，更多的社会组织和个人被允许参与到防雷技术服务中。

此外，专项验收领域另一个重大变化是“联合验收”制度的推行。2019年3月，《国务院办公厅关于全面开展工程建设项目审批制度改革的实施意见》发布，要求“实行联合审图和联合验收”制度，即“制定施工图设计文件联合审查和联合竣工验收管理办法。将消防、人防、技防等技术审查并入施工图设计文件审查，相关部门不再进行技术审查。实行规划、土地、消防、人防、档案等事项限时联合验收，统一竣工验收图纸和验收标准，统一出具验收意见。对于验收涉及的测绘工作，实行‘一次委托、联合测绘、成果共享’”。随后，各地陆续制定了具体的实施办法，行政部门所主导的多个专项验收进入简化便捷的“联合”时代，建设单位竣工验收后可依照规定在线申请联合验收，各主管部门一并完成现场验收并出具验收意见，省去了依次申请、逐个验收的烦琐程序。

（二）专项验收与竣工验收合格之间的关系

对于专项验收和竣工验收合格之间的关系，[①] 实践中不乏存在困惑，甚至有观点认为通过消防验收等专项验收后，才能确定工程竣工验收合格。笔者认为，在梳理专项验收和竣工验收关系的基础上，能够明确如下结论：一般来说，专项验收不是竣工验收合格的前提条件，但专项验收的结果可能会导致施工单位保修责任的产生。

1. 竣工验收合格的特定含义

建设工程领域的竣工验收是由建设单位组织，各参建单位共同完成对施工过程、结果进行查验的过程。虽然有质量监督部门的监督，但竣工验收结果是否合格，本质上依然是发包人（一般也是建设单位）与勘察设计、监理、施工等各方对于合同权利义务履行成果的最终确认。行政部门主导的专项验收，是在建设单位组织完成竣工验收之外，特别针对重要的部位、领域进行“检查”的过程。此外，依照多个地方的规定，专项验收的开展一般是在竣工验收合格之后。如 2019 年发布的《江西省建设工程联合验收管理办法（试行)》第六条规定：“申请联合验收的建设工程应同时具备以下条件：……（十一）建设单位已经收集汇总建设工程准备阶段文件、监理文件、施工文件和竣工图，并组织各方工程建设责任主体完成了工程竣工验收工作，且验收合格……”2019 年发布的《河北省住房和城乡建设厅等十部门关于实行工程建设项目竣工联合验收的实施意见》规定：“工程项目完工，经建设单位组织责任主体竣工验收后，可根据工作需要，由当地人民政府确定的工程建设项目竣工验收阶段牵头部门组织行政审批、自然资源和规划、住房城乡建设、城市管理、国家安全、人民防空、教育、气象、地震等部门以及供气、供热、供水、排水、供电、通信等市政公用服务单位，按照‘一口进件、统一受理、并联推进、限时办结、一口出件’模式，进行工程建设项目联合验收。”

---

① 鉴于专项验收的内容较多且不乏观点分歧，故本节对于该概念及其相关关系的讨论，都是限定在行政部门主导类的专项验收（如消防、雷电防护等）项目。

故此，竣工验收与行政部门主导的专项验收是两个不同的概念，当事人另有明确约定的除外。通常意义上的竣工验收合格指的就是建设方、勘察设计方、监理方、施工方共同签字形成的验收记录记载的结果，自此开始，关于工程款的支付、质保金的起算等问题将被提上日程。至于规划、消防、环保等行政主管部门对建设工程竣工验收的认可是其履行其行政权的行为，是对建设工程竣工验收的监管措施，不属于建设工程竣工验收的范畴。①

2. 专项验收不合格的法律后果

专项验收的结果有两个，通过或者不通过。笔者梳理多地的规范性文件发现，大多数将通过专项验收特别是“联合验收”作为工程交付使用的前提条件。若专项验收未通过，则建设单位应当及时进行整改。如《北京市房屋建筑和市政基础设施工程竣工联合验收管理暂行办法》第二十一条规定：“联合验收不通过的项目，相关主管部门应对发现的违法违规行为责令改正，并一次性告知建设单位需整改事项。建设单位在 7 日内能够完成整改的，可在整改后申请现场复查。经现场复查后，仍不符合要求的，建设单位应当重新组织工程竣工相关验收，并重新申请联合验收或独立实施各项验收。整改和复查时间不计入 15 日期限。”

由此可知，对于建设单位而言，专项验收未通过意味着建筑物难以投入使用，与此相关的法律后果表现为：建设工程相关质量问题的解决及损失由谁承担？该问题的解决依赖于对成因的具体分析，详言之，建设、施工等各方都可能由于自己的原因造成专项验收未通过，若查明是承包方的原因，承包方自然应当承担相应的修复义务，但该义务一般属于保修责任范围；② 若查明是其他参与方的原因，承包人虽可承担修复义务，但相应费用应当由责任方承担。

---

① 参见王永起、李玉明：《建设工程施工合同纠纷法律适用指南》，法律出版社 2013 年版，第 289 页。当然，特殊情况下，专项验收的结果也可能会出现要求建设单位重新组织竣工验收的情况。

② 该处表述之所以使用“一般”，是建立在经过修复便可通过专项验收的基础之上。若经过修复仍未通过且被行政部门责令重新组织竣工验收，则应另当别论。

裁判规则指引

❶ 建设单位组织各参建单位竣工验收完毕后，最后形成结论并由参建单位签字盖章，记载该结论的载体或为“工程竣工验收意见”，或为“工程竣工验收记录”，该类载体是证明竣工验收合格的第一凭证。

❷ 竣工验收流程中，一般是先形成“工程竣工验收意见”，后形成“工程竣工验收报告”。工程竣工验收报告的出具主体是建设单位，是对工程建设情况的总结，建立在“工程竣工验收意见”的基础上，且竣工验收报告的出具时间易受建设单位主观意愿的影响，故不宜将竣工验收报告作为验收合格的第一凭证。

❸ 所谓专项验收，一般是指建设工程在竣工验收备案前，由验收责任方根据法律、法规的规定，组织相关单位在行政主管部门的监督下，对特定工程内容或档案资料的质量进行检验，评定特定工程内容或文件资料是否合格的过程。

❹ 关于专项验收的改革趋势，可概括为以下两个要点：一是行政部门为避免重复许可、重复监管，着力简化审批手续，减轻企业负担；二是监管方式以重点监管和信用监管为并行手段，向强化事中、事后监管转变。如在雷电防护和消防领域，针对不同类型的工程，区分了验收和备案等不同的监管方式。

❺ 竣工验收与行政部门主导的专项验收是两个不同的概念。规划、消防等行政部门对工程竣工验收的认可是履行行政权、行政监管的表现，但不属于工程竣工验收的范畴。

❻ 若专项验收未通过，建筑物一般无法投入使用。若查明是承包方的原因，承包方一般应承担相应的修复义务；若查明是其他参与方的原因，承包人虽可承担修复义务，但相应费用应当由责任方承担。

第三节　缺陷责任期与保修期的发展脉络及关系

实务疑难问题

1. 缺陷责任期和质量保修期的规范依据有哪些?
2. 缺陷责任期和质量保修期有什么联系?
3. 缺陷责任期和质量保修期有什么区别?

一、“两期”在我国的发展脉络

关于缺陷责任期和质量保修期，由于二者存在一些相似之处，实践中不乏存在将二者混淆使用的情形，进而也会影响到相应权利义务的调整。有鉴于此，笔者尝试从二者产生和发展的脉络层面，对“两期”及二者之间的关系作出梳理。

（一）缺陷责任期的发展脉络

1. 规范性文件和部门规章的角度

我国现行的缺陷责任期制度是从国外借鉴而来的，主要来源于 FIDIC 合同条件，[①] 当然，也有观点认为，缺陷责任期由 FIDIC 合同条件中的“缺陷通知期”演变而引入我国后，其含义已经出现了变化，最终成为保修期前期的一部分。[②] 2003 年，虽然交通部发布的《公路工程国内招标文件范本》（已废止）第 49.1 条中专门规定了缺陷责任期，但与现行的概念内涵相比，依然存

---

① 参见最高人民法院民事审判第一庭编著:《最高人民法院建设工程施工合同司法解释（二）理解与适用》，人民法院出版社 2019 年版，第 178 页。FIDIC 是指国际咨询工程师联合会，该组织发布的 FIDIC 合同条件在国际工程领域具有重要的参考意义。

② 参见诸文彬:《工程建设中保修期与缺陷责任期的法律辨析》，载《江西科技学院学报》2015 年第 1 期。

在很大差别。

我国现行的缺陷责任期制度与质量保证金的关系相辅相成、密不可分，主要表现在以下两个方面。

(1) 规范性文件层面。2004 年 10 月，财政部、原建设部共同颁布《建设工程价款结算暂行办法》。该办法第十四条规定："……发包人根据确认的竣工结算报告向承包人支付工程竣工结算价款，保留 5% 左右的质量保证（保修）金，待工程交付使用一年质保期到期后清算（合同另有约定的，从其约定），质保期内如有返修，发生费用应在质量保证（保修）金内扣除。"该办法中虽然规定的是"质保期"，但其与质量保证金紧密关联，实际上就是我国后来形成的"缺陷责任期"的雏形。待缺陷责任期引入国内后，质保期的功能被缺陷责任期所取代，"质量保证金"便顺理成章地与"缺陷责任期"相挂钩。①

2005 年，建设部、财政部公布《建设工程质量保证金管理暂行办法》（已废止）。该办法对缺陷责任期及期限、起算等内容进行了详细的规定，是现行的缺陷责任期和质量保证金的内涵及二者之间关系确立的早期依据。其一，该办法第二条明确了质量保证金、缺陷的内涵以及缺陷责任期的幅度，即"本办法所称建设工程质量保证金（保修金）是指发包人与承包人在建设工程承包合同中约定，从应付的工程款中预留，用以保证承包人在缺陷责任期内对建设工程出现的缺陷进行维修的资金。缺陷是指建设工程质量不符合工程建设强制性标准、设计文件，以及承包合同的约定。缺陷责任期一般为六个月、十二个月或二十四个月，具体可由发、承包双方在合同中约定"。其二，该办法第五条明确了缺陷责任期的计算起点，即"缺陷责任期从工程通过竣（交）工验收之日起计。由于承包人原因导致工程无法按规定期限进行竣（交）工验收的，缺陷责任期从实际通过竣（交）工验收之日起计。由于发包人原因导致工程无法按规定期限进行竣（交）工验收的，在承包人提交竣（交）工验收报告 90 天后，工程自动进入缺陷责任期"。其三，该办法第

---

① 参见杜欣越、靳李玲、俞胜杰、周吉高：《关于缺陷责任期与保修期的系列法律实务疑难问题探讨（一）》，载微信公众号"建领城达"2021 年 2 月 18 日，https：//mp. weixin. qq. com/s/c6JBaViRljfBALeu4qyOsQ。

八条明确了缺陷责任期承包人的义务，即“缺陷责任期内，由承包人原因造成的缺陷，承包人应负责维修，并承担鉴定及维修费用。如承包人不维修也不承担费用，发包人可按合同约定扣除保证金，并由承包人承担违约责任。承包人维修并承担相应费用后，不免除对工程的一般损失赔偿责任。由他人原因造成的缺陷，发包人负责组织维修，承包人不承担费用，且发包人不得从保证金中扣除费用”。其四，该办法第九条明确了缺陷责任期与质量保证金的关系，即“缺陷责任期内，承包人认真履行合同约定的责任，到期后，承包人向发包人申请返还保证金”。

2016 年，住建部、财政部印发《建设工程质量保证金管理办法》（已废止），取代了上述《建设工程质量保证金管理暂行办法》。与 2005 年的暂行办法相比，主要有以下变化。其一，对缺陷责任期的期限进行了调整。其第二条第三款规定：“缺陷责任期一般为 1 年，最长不超过 2 年，由发、承包双方在合同中约定。”其二，缺陷责任期起算点的表述出现了变化，删除了“交工验收”的内容。其第八条中规定：“缺陷责任期从工程通过竣工验收之日起计。”其三，对发包人享有的权利进行了补充，发包人在维修费用超出保证金额之后可以继续索赔。其第九条第一款规定：“缺陷责任期内，由承包人原因造成的缺陷，承包人应负责维修，并承担鉴定及维修费用。如承包人不维修也不承担费用，发包人可按合同约定从保证金或银行保函中扣除，费用超出保证金额的，发包人可按合同约定向承包人进行索赔。承包人维修并承担相应费用后，不免除对工程的损失赔偿责任。”

2017 年，住建部、财政部印发修订版的《建设工程质量保证金管理办法》。与之前相比，该次修订主要对质量保证金的比例等内容进行了调整，与缺陷责任期直接相关的内容并未发生本质变化。

综上分析，从 2005 年到 2017 年，上述三部与质量保证金相关的办法成为建设工程领域内的基本规则，虽然三者之间存在不断发展、完善的关系，但是关于缺陷责任期的本质含义并未发生变化。

（2）部门规章层面。2007 年，国家发改委等九部门联合发布《〈标准施工招标资格预审文件〉和〈标准施工招标文件〉试行规定》。该规章的附件

2007 版《标准施工招标文件》[①] 中与缺陷责任期相关的内容如下。

第 1.1.4.5 目规定了缺陷责任期的含义，即“指履行第 19.2 款约定的缺陷责任的期限，具体期限由专用合同条款约定，包括根据第 19.3 款约定所作的延长”。

第 1.1.5.7 目规定了缺陷责任期与质量保证金的关系，即“质量保证金（或称保留金）：指按第 17.4.1 项约定用于保证在缺陷责任期内履行缺陷修复义务的金额”。

第 19.1 款规定了缺陷责任期的起算时间，即“缺陷责任期自实际竣工日期起计算。在全部工程竣工验收前，已经发包人提前验收的单位工程，其缺陷责任期的起算日期相应提前”。

第 19.6 款规定了缺陷责任期的终止，即“在第 1.1.4.5 目约定的缺陷责任期，包括根据第 19.3 款延长的期限终止后 14 天内，由监理人向承包人出具经发包人签认的缺陷责任期终止证书，并退还剩余的质量保证金”。

综上分析，2007 版《标准施工招标文件》中关于缺陷责任期的内容，与以往版本的《建设工程质量保证金管理办法》基本相似。它们之间存在的一个重要区别在于缺陷责任期的计算起点，前者是自“实际竣工日期”起算，而“实际竣工日期”一般是以承包人提交竣工验收申请报告的日期为准；后者坚持的都是“通过竣工验收之日”，两者显然存在一个时间差。该问题将在第四节中进行详细分析。

2. 施工合同示范文本的角度

作为施工合同领域的重要参考，住建部（原建设部）发布的施工合同示范文本中关于缺陷责任期的规则，也随着行政规范性文件、司法实践的发展而不断发生变化。

1999 版《施工合同示范文本》中，只是明确了保修期，但还没有出现缺陷责任期制度。

2013 版《施工合同示范文本》中，首次出现了缺陷责任期。第 1.1.4.4

---

① 国家发改委等九部委在 2013 年发布了《〈标准施工招标资格预审文件〉和〈标准施工招标文件〉暂行规定》，修订了《〈标准施工招标资格预审文件〉和〈标准施工招标文件〉试行规定》的内容，但是附件 2007 版《标准施工招标文件》并未发生变化。

目明确了“缺陷责任期”的基本内涵，即“缺陷责任期：是指承包人按照合同约定承担缺陷修复义务，且发包人预留质量保证金的期限，自工程实际竣工日期起计算”。其余内容主要集中在缺陷责任期的起算、延长、终止三个方面，具体如下：

其一，关于缺陷责任期的起算。2013 版《施工合同示范文本》在第 15.2.1 项中对缺陷责任期的起算进行了细化，其区分了常规计算、单位工程、发包人拖延、发包人擅自使用等若干情形，具体内容如下：“缺陷责任期自实际竣工日期起计算，合同当事人应在专用合同条款约定缺陷责任期的具体期限，但该期限最长不超过 24 个月。单位工程先于全部工程进行验收，经验收合格并交付使用的，该单位工程缺陷责任期自单位工程验收合格之日起算。因发包人原因导致工程无法按合同约定期限进行竣工验收的，缺陷责任期自承包人提交竣工验收申请报告之日起开始计算；发包人未经竣工验收擅自使用工程的，缺陷责任期自工程转移占有之日起开始计算。”

其二，关于缺陷责任期的延长。2013 版《施工合同示范文本》在明确承包人原因的基础上，在第 15.2.2 项中对“缺陷责任”期的延长进行了明确，即“工程竣工验收合格后，因承包人原因导致的缺陷或损坏致使工程、单位工程或某项主要设备不能按原定目的使用的，则发包人有权要求承包人延长缺陷责任期，并应在原缺陷责任期届满前发出延长通知，但缺陷责任期最长不能超过 24 个月”。

其三，关于缺陷责任期的终止。2013 版《施工合同示范文本》第 15.2.4 项规定：“除专用合同条款另有约定外，承包人应于缺陷责任期届满后 7 天内向发包人发出缺陷责任期届满通知，发包人应在收到缺陷责任期满通知后 14 天内核实承包人是否履行缺陷修复义务，承包人未能履行缺陷修复义务的，发包人有权扣除相应金额的维修费用。发包人应在收到缺陷责任期届满通知后 14 天内，向承包人颁发缺陷责任期终止证书。”

在 2017 版《施工合同示范文本》中，“缺陷责任期”制度得以保留，但在内容上依照 2017 年《建设工程质量保证金管理办法》进行了修订，主要体现在以下几个方面：

其一，在确定基本内涵时，2017 版《施工合同示范文本》明确了质量保证金和履约保证金的“择一”适用。其第 1. 1. 4. 4 目规定：“缺陷责任期：是指承包人按照合同约定承担缺陷修复义务，且发包人预留质量保证金（已缴纳履约保证金的除外）的期限，自工程实际竣工日期起计算。”

其二，在确定起算节点时，2017 版《施工合同示范文本》的表述相较 2013 版《施工合同示范文本》有些变化，如其第 15. 2. 1 项载明“缺陷责任期从工程通过竣工验收之日起计算”，而非 2013 版《施工合同示范文本》中的“缺陷责任期自实际竣工日期起计算”。[①] 同时，2017 版《施工合同示范文本》吸收了《建设工程质量保证金管理办法》第八条的内容，区分了因承包人原因、发包人原因导致无法按期竣工验收时的缺陷期计算规则。

其三，关于缺陷责任期的延长，2017 版《施工合同示范文本》继续保留这一规定，同时吸收《建设工程质量保证金管理办法》第九条的内容，细化了承包人在缺陷期限的维修义务。

（二）质量保修期的发展脉络

1. 法律和规范性文件的角度

关于质量保修制度，其在建设工程领域由来已久。早在 1984 年，原城乡建设环境保护部就颁布过《建筑工程保修办法（试行）》（已废止），其中明确了工程保修范围、期限等基本内容。1993 年，原建设部颁布《建设工程质量管理办法》（已废止），进一步吸收、细化《建筑工程保修办法（试行）》中的相关内容。后来，随着经济社会和建筑市场的发展，虽然上述两部办法先后被废止，但质量保修制度被延续下来，形成了以《建筑法》《建设工程质量管理条例》《房屋建筑工程质量保修办法》为主的相关制度体系。

（1）《建筑法》。1997 年颁布的《建筑法》，从法律层面明确了保修制度，主要内容集中在如下两个条文。

其一，第六十二条。该条明确了保修的范围和最低保修期限，并授予国务院进一步细化的权力。即：“建筑工程实行质量保修制度。建筑工程的保修

---

① 对比分析可以发现，2017 版《施工合同示范文本》对缺陷责任期计算起点的表述，第 1. 1. 4. 4 目与第 15. 2. 1 项存在矛盾，该问题将在第四节进行详细分析。

范围应当包括地基基础工程、主体结构工程、屋面防水工程和其他土建工程，以及电气管线、上下水管线的安装工程，供热、供冷系统工程等项目；保修的期限应当按照保证建筑物合理寿命年限内正常使用，维护使用者合法权益的原则确定。具体的保修范围和最低保修期限由国务院规定。”

其二，第七十五条。该条明确了施工企业不履行或怠于履行保修义务的行政责任。即：“建筑施工企业违反本法规定，不履行保修义务或者拖延履行保修义务的，责令改正，可以处以罚款，并对在保修期内因屋顶、墙面渗漏、开裂等质量缺陷造成的损失，承担赔偿责任。”

《建筑法》在2011年、2019年历经两次修正，但上述两个条文的内容并未发生变化。

（2）《建设工程质量管理条例》。2000年公布的《建设工程质量管理条例》在《建筑法》的基础上，对于建设工程领域内的保修制度进行了较为详细的规定，主要包括以下内容：

其一，明确了承包单位出具质量保修书的义务。即第三十九条规定：“建设工程实行质量保修制度。建设工程承包单位在向建设单位提交工程竣工验收报告时，应当向建设单位出具质量保修书。质量保修书中应当明确建设工程的保修范围、保修期限和保修责任等。”

其二，明确了具体项目的最低保修期限和起算节点。即第四十条规定：“在正常使用条件下，建设工程的最低保修期限为：（一）基础设施工程、房屋建筑的地基基础工程和主体结构工程，为设计文件规定的该工程的合理使用年限；（二）屋面防水工程、有防水要求的卫生间、房间和外墙面的防渗漏，为5年；（三）供热与供冷系统，为2个采暖期、供冷期；（四）电气管线、给排水管道、设备安装和装修工程，为2年。其他项目的保修期限由发包方与承包方约定。建设工程的保修期，自竣工验收合格之日起计算。”

其三，明确了承包人的保修义务。即第四十一条规定：“建设工程在保修范围和保修期限内发生质量问题的，施工单位应当履行保修义务，并对造成的损失承担赔偿责任。”

其四，细化了承包人不履行或怠于履行保修义务的行政责任。即第六十六条规定：“违反本条例规定，施工单位不履行保修义务或者拖延履行保修义务的，责令改正，处 10 万元以上 20 万元以下的罚款，并对在保修期内因质量缺陷造成的损失承担赔偿责任。”

《建设工程质量管理条例》在 2017 年、2019 年进行了两次修订，但上述条款内容并未发生变化。

（3）《房屋建筑工程质量保修办法》。原建设部在 2000 年颁布该办法，其专门针对房屋建筑领域的保修进行了规定，诸多方面与《建设工程质量管理条例》一致，以下几个方面细化的内容值得关注。

其一，明确了质量保修的内涵。其第三条规定：“本办法所称房屋建筑工程质量保修，是指对房屋建筑工程竣工验收后在保修期限内出现的质量缺陷，予以修复。本办法所称质量缺陷，是指房屋建筑工程的质量不符合工程建设强制性标准以及合同的约定。”

其二，明确了建设单位或房屋所有人的通知义务。其第九条规定：“房屋建筑工程在保修期限内出现质量缺陷，建设单位或者房屋建筑所有人应当向施工单位发出保修通知。施工单位接到保修通知后，应当到现场核查情况，在保修书约定的时间内予以保修。发生涉及结构安全或者严重影响使用功能的紧急抢修事故，施工单位接到保修通知后，应当立即到达现场抢修。”

其三，明确了涉及结构安全的保修内容。其第十条规定：“发生涉及结构安全的质量缺陷，建设单位或者房屋建筑所有人应当立即向当地建设行政主管部门报告，采取安全防范措施；由原设计单位或者具有相应资质等级的设计单位提出保修方案，施工单位实施保修，原工程质量监督机构负责监督。”

其四，明确了拖延保修的责任承担。其第十五条规定：“因保修不及时造成新的人身、财产损害，由造成拖延的责任方承担赔偿责任。”

其五，明确了不属于保修范围的情形。其第十七条规定：“下列情况不属于本办法规定的保修范围：（一）因使用不当或者第三方造成的质量缺陷；（二）不可抗力造成的质量缺陷。”

2. 施工合同示范文本的角度

1999 版《施工合同示范文本》，其中与质量保修相关的内容主要体现在两个部分。

第一部分，通用条款中的第 34. 1 款至第 34. 3 款中涉及“质量保修”，其内容较为概括，主要是要求承包人按照法律规定履行保修责任，与发包人签订质量保修书。

第二部分，是该示范文本的附件三《房屋建筑工程质量保修书》。其中依照《建筑法》《建设工程质量管理条例》《房屋建筑工程质量保修办法》[①] 的内容，明确了保修范围、保修期期限、起算时间等常规内容。

2013 版《施工合同示范文本》，其中与质量保修相关的内容依然表现在两个部分，即通用条款和质量保修书。但与 1999 版《施工合同示范文本》相比，其内容丰富了很多，具体如下：

其一，细化了保修内容，区分了缺陷责任。该示范文本第十五条“缺陷责任与保修”包括“工程保修的原则”“缺陷责任期”“质量保证金”“保修”四个部分的内容。在保修的具体内容上，包括“保修责任”“修复费用”“修复通知”“未能修复”“承包人出入权”五个方面的内容。

其二，细化了修复费用的负担。2013 版《施工合同示范文本》第 15. 4. 2 项区分了承包人原因、发包人原因、其他原因造成的工程缺陷和损坏后修复费用的负担规则。

其三，明确了发包人自行修复的条件。该示范文本第 15. 4. 4 项显示了发包人自行修复的前提，即“因承包人原因造成工程的缺陷或损坏，承包人拒绝维修或未能在合理期限内修复缺陷或损坏，且经发包人书面催告后仍未修复的，发包人有权自行修复或委托第三方修复，所需费用由承包人承担。但修复范围超出缺陷或损坏范围的，超出范围部分的修复费用由发包人承担”。

其四，明确了承包人的出入权。其主要体现在 2013 版《施工合同示范文本》第 15. 4. 5 项，在保修期内，为了修复缺陷或损坏，承包人有权采取妥当方式出入工程现场。

2017 版《施工合同示范文本》有关质量保修期的内容与 2013 版《施工合同示范文本》相比，没有发生实质变化。

---

① 从时间上看，《建设工程质量管理条例》《房屋建筑工程质量保修办法》的发文时间均在 2000 年，1999 版《施工合同示范文本》的发布时间是在 1999 年 12 月 24 日。但 1999 版《施工合同示范文本》的附件三《房屋建筑工程质量保修书》的内容上确实显示依据上述条例和办法确定了相关内容，笔者推断是因为该附件三形成的时间较晚所导致。

二、缺陷责任期和质量保修期的关系

在梳理“两期”发展脉络的基础上，可进一步辨析二者之间存在何种关系。

如上文所述，保修期是我国建设工程领域长期存在的“自有产品”，缺陷责任期则是从 FIDIC 合同条款引入的“进口产品”，但因为二者在内容上存在诸多重叠之处，故对其适用的现状不乏质疑声音。有学者认为，“我国并不存在有关质量缺陷的法律依据。但是建设工程施工合同示范文本，借鉴了国际上通行的缺陷责任的概念，导致缺陷责任与国内法律规定的保修义务相叠加”①。“引入缺陷责任期制度本意是想使之与保修期的功能相区分，但是作为核心概念——‘缺陷’的定义在两个部门规章中却高度相似，为日后发生适用上的混淆埋下了‘伏笔’”②。

但客观而言，既然已经形成了“两期”并存的现状，如何从微观角度查找它们的联系和区别，当是司法实务的关键所在。

（一）缺陷责任期和质量保修期的联系

1. 二者都不排除当事人在一定范围内可对期限自由约定

从行政监管的角度而言，缺陷责任期和质量保修期的长短都存在一定的限制，但二者都不排除当事人在行政监管幅度内的自由约定。如《建设工程质量保证金管理办法》第二条第三款规定：“缺陷责任期一般为 1 年，最长不超过 2 年，由发、承包双方在合同中约定。”《建设工程质量管理条例》第四十条规定了地基基础工程和主体结构工程、防水相关工程和部位、供热与供冷系统等不同项目的最低保修期限，在此期限幅度之上，自然尊重当事人的约定。同时，该条还明确“其他项目的保修期限由发包方与承包方约定”。但同时，如果当事人约定的期限超出了行政监管的幅度范围，其相应条款的效

---

① 秦德平：《建设工程施工合同审理审查实务》，人民法院出版社 2019 年版，第 185 页。

② 杜欣越、靳李玲、俞胜杰、周吉高：《关于缺陷责任期与保修期的系列法律实务疑难问题探讨（一）》，载微信公众号“建领城达”2021 年 2 月 18 日，https：//mp. weixin. qq. com/s/c6JBaViRljfBALeu4qyOsQ。

力在缺陷责任期和质量保修期中的后果并不相同，该问题将在下文予以详细分析。

2. 二者都要求自竣工验收合格之日起算

关于缺陷责任期的起算，《建设工程质量保证金管理办法》第八条明确“从工程通过竣工验收之日起计”。关于质量保修期的起算，《建设工程质量管理条例》第四十条明确“自竣工验收合格之日起计算”。虽然两者在表述上稍有区别，但本质上是相同的，都是自竣工验收合格之日起计算。然而，现实情形复杂多样，在正常验收、承包人拖延验收时，上述起算规则并无争议，但在发包人拖延验收的情形中，如何认定竣工验收合格之日则存在一定的争议，对此，将在下文进行详细分析。

3. 承包人修复义务所指向的对象相同

无论是缺陷责任还是质量保修期，在期限之内，承包人都需要承担对工程质量的修复义务。

关于保修制度中承包人修复义务指向的对象，《建设工程质量管理条例》第四十一条①明确针对的是“质量问题”；《房屋建筑工程质量保修办法》第三条②明确针对的是“质量缺陷”，具体含义“是指房屋建筑工程的质量不符合工程建设强制性标准以及合同的约定”。

关于缺陷责任制度中承包人修复义务指向的对象，《建设工程质量保证金管理办法》第二条③明确针对的是“建设工程出现的缺陷”，具体含义“是指建设工程质量不符合工程建设强制性标准、设计文件，以及承包合同的约定”。

由于上文所述“两期”在保修义务指向对象及相关含义的表述上缺乏一

① 《建设工程质量管理条例》第四十一条规定：“建设工程在保修范围和保修期限内发生质量问题的，施工单位应当履行保修义务，并对造成的损失承担赔偿责任。”

② 《房屋建筑工程质量保修办法》第三条规定：“本办法所称房屋建筑工程质量保修，是指对房屋建筑工程竣工验收后在保修期限内出现的质量缺陷，予以修复。本办法所称质量缺陷，是指房屋建筑工程的质量不符合工程建设强制性标准以及合同的约定。”

③ 《建设工程质量保证金管理办法》第二条规定：“本办法所称建设工程质量保证金是指发包人与承包人在建设工程承包合同中约定，从应付的工程款中预留，用以保证承包人在缺陷责任期内对建设工程出现的缺陷进行维修的资金。缺陷是指建设工程质量不符合工程建设强制性标准、设计文件，以及承包合同的约定。缺陷责任期一般为1年，最长不超过2年，由发、承包双方在合同中约定。”

致性，由此也导致了实践中对于承包人在“两期”中承担的修复义务的范围出现了认识上的分歧。比如，有观点认为，质量保修期指向的缺陷，在房屋建筑工程中是指质量不符合工程建设强制性标准以及合同的约定；缺陷责任期指向的缺陷，是指质量不符合工程建设强制性标准、设计文件以及承包合同的约定，故缺陷责任期的缺陷在保修期质量缺陷的基础上增加了质量不符合设计文件的情况。[①] 也有观点认为，“两期”中的承包人的保修义务相叠加。

笔者认为，立足于现实基础考虑，缺陷责任期与质量保修期最重要的区别在于是否适用于质量保证金的返还。至于在“两期”之内承包人保修义务所指向的对象，确实没有再进行区分的必要，具体理由分析如下：

其一，《建设工程质量管理条例》第四十一条中虽然概括性地载明施工单位要对“质量问题”保修，但立法机关在相关解读中明确“施工单位未按国家有关规范、标准和设计要求施工，造成的质量缺陷，由施工单位负责返修并承担经济责任”。由此可见，质量保修期所针对的“质量问题”涵盖了不符合设计要求的缺陷，再结合上述《房屋建筑工程质量保修办法》第三条的细化内容可以推断出，质量保修期与缺陷责任期所针对的“缺陷”内容完全一致，即不符合强制性标准、设计文件、合同约定。但是，需要明确的是，“两期”之中，承包人修复义务的性质以及其与缺陷成因之间的关系则是另外一个问题，将在下文继续探讨。

其二，在“两期”计算起点原则相同的前提下，意味着在缺陷责任期履行期间，质量保修期同时“重叠”。在义务履行人都是承包人的前提下，对于保修义务所指向的“缺陷”或“问题”，在具体内涵上再进行细枝末节的区分，既没有现实意义，也没有实践必要。

（二）缺陷责任期和质量保修期的区别

从两项制度的历史发展看，我国先有保修制度，再有缺陷责任期制度。

---

① 参见龚保儿：《缺陷责任期 VS 保修期：指向、期限、责任、后果大不同》，载微信公众号“工保科技”2021 年 3 月 10 日，https：//mp. weixin. qq. com/s/mA5m_ RnS – gxe5A5zYIohgA。

具体到两者的区别，主要体现在如下几个方面。

1. 适用的规范依据不同

关于缺陷责任期，目前适用的规范依据主要是《建设工程质量保证金管理办法》，2017 版《施工合同示范文本》也基本依照该办法进行了细化。关于质量保修期，目前适用的规范依据主要是《建筑法》《建设工程质量管理条例》，在房屋建筑领域，还有单独的规定，即《房屋建筑工程质量保修办法》。

2. 期间的长短不同

从行政监管的角度，缺陷责任期虽然可由发承包双方约定，但应当在一个幅度之内，《建设工程质量保证金管理办法》明确一般为 1 年，最长不超过 2 年。关于质量保修期，《建设工程质量管理条例》依据项目、部位的不同，明确了相应的最低保修期限，包括合理使用期限、5 年、2 年等不同的时间段。

3. 期间经过后的法律后果不同

缺陷责任期与质量保证金直接相关，期限届满之后，发包人原则上应当将质量保证金返还承包人。保修期则主要与承包人的保修义务直接相关，期限届满后，承包人的保修义务存续期结束，① 但并不发生金钱的返还效果。

4. 违反保修义务后的责任不同

缺陷责任期内，若承包人怠于履行修复义务，发包人可以依照约定主张合同责任，可扣除质量保证金，但其性质依然是民事责任。保修期内，若承包人怠于履行修复义务，发包人可主张违约、赔偿等民事责任，但不存在供其扣除的资金。此外，除了民事责任之外，尚会因怠于履行保修而产生行政责任，如《建筑法》第七十五条规定："建筑施工企业违反本法规定，不履行保修义务或者拖延履行保修义务的，责令改正，可以处以罚款……"《建设工程质量管理条例》第六十六条规定："违反本条例规定，施工单位不履行保修义务或者拖延履行保修义务的，责令改正，处 10 万元以上 20 万元以下的罚款……"

---

① 保修期届满，意味着其所对应的法定或约定的承包人保修义务存续期间结束，但并不意味着承包人不再承担任何责任，具体原因详见下文所述。

5. 超出行政监管期限的约定条款效力不同

《建设工程质量保证金管理办法》和《建设工程质量管理条例》虽然都赋予了当事人一定范围内自由约定“两期”时间长短的权利，但对于当事人“越界”约定的条款效力，则会在民法视野下产生不同的评断结果。

关于缺陷责任期。如果当事人约定的期限超出了1－2年的期间，对于其条款效力存在一定争议（详见本章第四节）。关于质量保修期，如果当事人的约定低于《建设工程质量管理条例》第四十条规定的最低保修期限，实践中的认识较为一致，即该约定因违反行政法规的强制性规定而无效。

裁判规则指引

❶ 我国缺陷责任期制度主要借鉴了FIDIC合同条件，涉及该期限的主要规范性文件及行业性习惯有《建设工程质量保证金管理办法》、2017版《施工合同示范文本》。我国质量保修期制度由来已久，涉及该期限的主要法律、法规及规范性文件有《建筑法》、《建设工程质量管理条例》、《房屋建筑工程质量保修办法》、2017版《施工合同示范文本》。

❷ 缺陷责任期和质量保修期的联系主要有三个方面：都不排除当事人在一定范围内对期限的自由约定；都要求自竣工验收合格之日起算；承包人修复义务所指向的对象相同。

❸ 缺陷责任期和质量保修期的区别主要有五个方面：适用的规范依据不同；期间的长短不同；期间经过后法律后果不同；违反保修义务后责任不同；超出行政监管期限的约定条款效力不同。

第四节　“两期”计算起点及超范围约定的效力

实务疑难问题

1. 影响缺陷责任期起算的规章、规范性文件和行业习惯都有哪些?
2. 缺陷责任期在正常竣工验收、发包人或承包人拖延验收、发包人擅自使用等情形中的认定规则有什么不同?
3. 影响质量保修期起算的法律、规范性文件和行业习惯都有哪些?
4. 质量保修期在正常竣工验收、发包人或承包人拖延验收、发包人擅自使用等情形中的认定规则有什么不同?
5. 发包人拖延验收时，缺陷责任期和质量保修期的计算起点是否应当采取同一计算规则?
6. 当事人约定的缺陷责任期、质量保修期的期限超过法规、规范性文件的限制范围时，其条款效力如何认定?

一、“两期”计算起点的依据梳理

关于缺陷责任期和质量保修期的计算起点，虽然目前实务中对此关注不多，但其重要性却不容忽视，因为“起点”的启动将直接关系到发、承包人权利义务的履行。此外，笔者通过梳理发现，无论是现有规则还是实践现状，在“两期”的计算起点方面，都存在需要进一步探讨的地方。

（一）“两期”计算起点的具体情形及相关依据

1. 正常竣工验收时的计算

关于缺陷责任期的起算，影响实践的主要有《建设工程质量保证金管理办法》、2007 版《标准施工招标文件》、2017 版《施工合同示范文本》，然而正常竣工验收时，三者关于缺陷责任期起算的内容却存在矛盾。《建设工程质量保证金管理办法》第八条要求“从工程通过竣工验收之日起计”；2007 版《标准施工招标文件》第 19.1 款要求“自实际竣工日期起计算”；2017 版《施工合同示范文本》第 15.2.1 项要求“从工程通过竣工验收之日起计算”，但第 1.1.4.4 目却又规定“自工程实际竣工日期起计算”。在行业性习惯中，因实际竣工日期一般是承包人提交竣工验收申请报告之日，与最终通过验收之日存在时间差，故上述三者关于缺陷责任期的起算点并不一致。对于 2017 版《施工合同示范文本》而言，因其是参考 2017 年《建设工程质量保证金管理办法》进行的修订，① 故第 1.1.4.4 目似乎是因疏忽导致。

关于保修期的起算，影响实践的主要是《建设工程质量管理条例》、2007 版《标准施工招标文件》、2017 版《施工合同示范文本》。正常竣工时，三者对于保修期计算起点的规定也不完全一致。《建设工程质量管理条例》第四十条要求“自竣工验收合格之日起计算”，2017 版《施工合同示范文本》第 1.1.4.5 目和第 15.4.1 项的要求也是如此；② 但 2007 版《标准施工招标文件》第 19.7 款则要求“自实际竣工日期起计算”。

2. 承包人原因导致拖延验收时的计算

该种情形下，关于缺陷责任期的起算，《建设工程质量保证金管理办法》第八条规定从“实际通过竣工验收之日起计”。2017 版《施工合同示范文本》采取同样的规则。2007 版《标准施工招标文件》未作规定。

关于保修期的起算，虽然目前并无专门进行明确的相关规范，但从承包人应当为其拖延承担责任和保护发包人合法权益的常理来推断，也应当从竣工验收合格之日起计算。

概括而言，承包人原因导致拖延验收时，“两期”的计算起点较为一致，都是从实际竣工验收合格之日。这其中的原理也较为清晰：发包人什么时候收到合格工程，自然应当从什么时候起算承包人的保修义务。

---

① 参见本书编委会编著：《建设工程施工合同（示范文本）GF－2017－0201 使用指南（2017 版）》，中国建筑工业出版社 2018 年版，第 232 页。

② 个别特殊行业在质量保修期起算点的表述上存在差异，如交通运输部 2018 版《公路工程标准施工招标文件》第 19.7 款规定“保修期自实际交工日期起算，具体期限在项目专用合同条款数据表中约定”。但是，前述招标文件中同时明确了公路工程中的“交工”等同于常规表述中的“竣工”。

3. 发包人原因导致拖延验收时的计算

该种情形下，关于缺陷责任期的起算，《建设工程质量保证金管理办法》第八条规定，“在承包人提交竣工验收报告 90 天后，工程自动进入缺陷责任期”。2017 版《施工合同示范文本》采取同样的规则。2007 版《标准施工招标文件》对此未作规定。

关于保修期的起算，该种情形中没有具体规范，只能进行逻辑推理：首先，要确定发包人拖延验收时的“竣工验收合格之日”；其次，根据验收合格之日再起算质量保修期。由此，也使该问题变得较为复杂，这也是本节讨论的一个重点，详见下文分析。

4. 发包人擅自使用时的起算

该种情形下，关于缺陷责任期的起算，没有明确的规范，但是以《新建设工程施工合同解释（一）》第九条第三项①规定为基础，2017 版《施工合同示范文本》在通用条款中对于“两期”的计算起点进行了明确。关于缺陷责任期，第 15.2.1 项载明：“发包人未经竣工验收擅自使用工程的，缺陷责任期自工程转移占有之日起开始计算。”关于保修期，第 15.4.1 项载明：“发包人未经竣工验收擅自使用工程的，保修期自转移占有之日起算。”

概括而言，发包人擅自使用时，“两期”的计算起点一致，都是自工程转移占有之日。

（二）发包人拖延验收与保修期的起算

在发包人原因导致迟延验收时，如何确定保修期的计算起点？其与缺陷责任期的计算起点有什么关系？上述两个问题受到的关注较少，也鲜见相关研究成果。个别观点认为，该情形下“两期”的起点标准存在差异。缺陷责任期的起算，是在承包人提交竣工验收报告 90 天后。保修期的起算，依照

---

① 《新建设工程施工合同解释（一）》第九条第三项规定：“建设工程未经竣工验收，发包人擅自使用的，以转移占有建设工程之日为竣工日期。”

《新建设工程施工合同解释（一）》第九条第二项[①]的规定，其起算点为承包人提交竣工验收报告之日。[②] 如此，质量保修期较缺陷责任期提前 90 日开始计算。[③]

面对同样的前提即发包人拖延验收，为什么质量保修期比缺陷责任期要提前 90 日起算？笔者认为，其背后的重要原因在于对“竣工验收合格之日”的推定依据。

如上文所述，因《建设工程质量保证金管理办法》的规定，缺陷责任期的起算点非常明确，无须再借助于“中间环节”进行推断，该标准也被《新建设工程施工合同解释（一）》第十七条第一款第三项所吸收，即“因发包人原因建设工程未按约定期限进行竣工验收的，自承包人提交工程竣工验收报告九十日后当事人约定的工程质量保证金返还期限届满；当事人未约定工程质量保证金返还期限的，自承包人提交工程竣工验收报告九十日后起满二年”。至于保修期，在发包人拖延验收时，司法实践常借助于《新建设工程施工合同解释（一）》第九条第二项完成“竣工验收合格之日”的推定，进而据此开始计算保修期。具体来说，逻辑过程如下：首先，发包人拖延验收的，以承包人提交验收报告之日作为“竣工日期”；其次，竣工日期等同于“验收合格之日”；最后，以承包人提交验收报告之日作为保修期的计算起点。

上述逻辑推论在实践中广泛存在，其重要的一环在于“竣工日期”等于“竣工验收合格之日”。然而，该二者能否真正等同，笔者在本书第三章第二节对此进行了分析，并提出了如下观点：竣工日期不等于竣工验收合格之日；

---

① 《新建设工程施工合同解释（一）》第九条规定：“当事人对建设工程实际竣工日期有争议的，人民法院应当分别按照以下情形予以认定：（一）建设工程经竣工验收合格的，以竣工验收合格之日为竣工日期；（二）承包人已经提交竣工验收报告，发包人拖延验收的，以承包人提交验收报告之日为竣工日期；（三）建设工程未经竣工验收，发包人擅自使用的，以转移占有建设工程之日为竣工日期。”

② 参见杜欣越、靳李玲、俞胜杰、周吉高：《关于缺陷责任期与保修期的系列法律实务疑难问题探讨（二）》，载“建领城达”微信公众号 2021 年 3 月 3 日，https://mp.weixin.qq.com/s/c6JBaViRljfBALeu4qyOsQ；李玉生主编：《建设工程施工合同案件审理指南》，人民法院出版社 2019 年版，第 214 页；王永起、李玉明：《建设工程施工合同纠纷法律适用指南》，法律出版社 2013 年版，第 296 页。

③ 参见常设中国建设工程法律论坛第八工作组：《中国建设工程施工合同法律全书：词条释义与实务指引》，法律出版社 2019 年版，第 720 页。

竣工日期是施工人完成工程建设的时间节点，与开工日期共同决定了工期的长短；竣工日期侧重于“活干完”，验收合格之日侧重于“检查完”，两者之间存在长短不一的时间差；现有行业惯例中，多数做法是工程验收合格的，以承包人提交验收申请报告之日作为竣工日期，以验收各方签署意见并盖章的验收记录形成时间作为验收合格之日。

二、一点反思：现行“两期”计算起点的矛盾

（一）基本原则与推定结果的矛盾

如上文所述，正常竣工验收时，《建设工程质量保证金管理办法》、2017版《施工合同示范文本》对于“两期”的计算起点基本坚持了相同的原则，即从竣工验收合格之日起算。2007版《标准施工招标文件》虽然设置了不同的规则，但两相对比，前两者的规定更有合理性。因为验收合格后承包人才能完成交付义务，自然也才能履行保修义务。反之，如果从承包人提交验收报告之日就计算“两期”，相当于发包人尚未接受工程就已经“浪费”了缺陷责任期和保修期的时间长度，这显然与客观实际有些脱节。但在发包人迟延验收时，实践中经常在相同原则下，推断出不一样的计算起点。具体来说，当工程正常验收、承包人拖延验收时，“两期”的计算起点重合，承包人所要承担的保修义务、发包人所要返还质量保证金的期限正式开启。然而，一旦发包人迟延验收，质量保修期自承包人提交验收申请报告之日立即起算；反观缺陷责任期，却要在承包人提交竣工验收申请报告90天之后才开始起算。如此一来，必然会引发诸多疑问，比如，发包人拖延验收时，为什么在“两期”计算中出现了标准不同的“竣工验收合格之日”？为“发包人迟延”设置特别规则，进而导致“两期”计算起点出现90天差异的现实意义是什么？同样是出于对发包人“拖延”行为的否定或惩罚，为什么承包人所享受的利益会出现上述差别？

有学者尝试从2004年《建设工程施工合同解释》第十四条第二项和2018

年《建设工程施工合同解释（二）》第八条第一款第三项之间的关系入手，[①]对上述部分问题进行解读。其认为："通常而言，从承包人提交验收报告到发包人组织、会同承包人、监理单位、设计单位、使用单位完成竣工验收需要一定时间。《建设工程质量保证金管理办法》第八条规定给予了发包人 90 日的完成竣工验收的合理期限。但《建设工程施工合同司法解释》第十四条第二项规定并没有给予发包人这一期限。前一规定符合建设工程竣工验收的实际情况，后一规定则是考虑到发包人拖延验收存在过错，未再保护其期限利益，这也有利于促使发包人积极、诚信开展建设工程竣工验收工作。经研究讨论，《建设工程施工合同司法解释（二）》规定的是因发包人原因建设工程未按约定期限进行竣工验收，既可能是发包人主观原因，也可能是因其客观原因。建设工程未按约定期限进行竣工验收未必是发包人故意造成，而且《建设工程施工合同司法解释（二）》第八条所适用的情况与《建设工程施工合同司法解释》第十四条也不完全相同，故解释二第八条规定借鉴了《建设工程质量保证金管理办法》第八条规定，给予了发包人 90 日的完成竣工验收的合理期限。"[②]

笔者认为，上述观点从细节出发进行区分，有一定道理，但在逻辑上的周延性尚需要进一步论证。比如，"发包人拖延"与"发包人原因"在主、客观层面的区别如何得以论证？[③] 退一步而言，如果两者真的存在主、客观区别，那么可能意味着《新建设工程施工合同解释（一）》第九条第二项至少

---

① 两部旧司法解释的对应条文已经全文被《新建设工程施工合同解释（一）》所吸收，前者的第十四条第二项对应《新建设工程施工合同解释（一）》第九条第二项："当事人对建设工程实际竣工日期有争议的，人民法院应当分别按照以下情形予以认定：……（二）承包人已经提交竣工验收报告，发包人拖延验收的，以承包人提交验收报告之日为竣工日期；"后者的第八条第一款第三项对应《新建设工程施工合同解释（一）》第十七条第一款第三项："（三）因发包人原因建设工程未按约定期限进行竣工验收的，自承包人提交工程竣工验收报告九十日后当事人约定的工程质量保证金返还期限届满；当事人未约定工程质量保证金返还期限的，自承包人提交工程竣工验收报告九十日后起满二年。"

② 谢勇：《建设工程施工合同案件裁判规则解析》，中国法制出版社 2020 年版，第 187 页。

③ 最高人民法院在相关的释义资料中曾阐明，第十七条第三项规定的初衷在于解决承包人提交竣工验收报告后发包人无故拖延、不予配合组织竣工验收的问题。可见，其认为该项中的"发包人原因"就是"主观原因"。详见最高人民法院民事审判第一庭编著：《最高人民法院新建设工程施工合同司法解释（一）理解与适用》，人民法院出版社 2021 年版，第 176 页。

“遗漏”了一项“主观”或“客观”原因，这样一来，又会给实践带来新的困惑。又如，无论是缺陷责任期还是质量保修期，在“发包人原因”或“发包人拖延”导致竣工验收迟延的情况下，都会涉及发包人过错以及如何“惩戒”这种过错的问题，进而也就不具有区别对待发包人期限利益的现实基础。

(二)“推定”竣工日期在“两期”计算中的应用

无论是缺陷责任期还是保修期，期限内相关义务的承担者主要是承包人。故在发包人和承包人之间会形成如此般的心理期待：发包人希望“两期”更长，给工程的使用带来更多保障；承包人则希望“两期”尽快结束，由此免除或减少自己的修复义务，要求返还质保金。在发包人原因导致工程迟迟无法通过竣工验收时，如果再以实际的竣工验收合格之日作为“两期”的计算起点，对于承包人来说，就相当于变相延长了“两期”的存续期间。因此，为了保护承包人的合法利益，督促发包人及时完成验收，司法解释和行政规范性文件中，特别“拟制”或“推定”了一些时间节点，如实际竣工日期、竣工验收合格之日，以此来确定相应权利义务的发生。

从行业习惯来说，承包人提交验收申请报告之后，发包人需要一定的时间才能完成竣工验收。2017 版《施工合同示范文本》第 13.2.2 项中明确了“竣工验收程序”，主要内容如下：承包人向监理人报送竣工验收申请报告，监理人收到后 14 天内完成审查并报送发包人；发包人收到后 28 天内完成竣工验收；竣工验收合格的，发包人应在验收合格后 14 天内向承包人签发工程接收证书。如 2007 版《标准施工招标文件》第 18.3 款中也存在类似规定，主要内容如下：监理人审查合格的，收到竣工验收申请报告后 28 天内提请发包人验收；发包人验收后同意接受工程的，应在监理人收到验收申请报告后的 56 天内，由监理人向承包人出具工程接收证书。

综合以上分析可见，在建筑行业内，从承包人提交竣工验收报告到发包人验收完毕必然需要一定的时间。既然如此，那么在发包人拖延验收的情形中，如果完全抹杀掉这段时间，直接以承包人提交竣工验收申请报告之日作为验收合格之日，对于发包人而言，未免有些过于严厉。故此，《建设工程质量保证金管理办法》从平衡发、承包人各自享有的期限利益出发，设置了一个“推定”竣工验收合格之日的时间，即若发包人迟延验收，则从承包人提交竣工验收报告 90 天后推定验收合格，进而自动开始起算缺陷责任期。如此一来，不仅消除了承包人对于时间延长的焦虑，也让发包人为其拖延行为承担了应有的责任。对于保修期来说，既然同样是从竣工验收合格之日起算，那么面对发包人拖延验收情形，其对于竣工验收合格之日的推定以及保修期的计算起点，与缺陷责任期的上述规则保持一致似乎更为妥当。

三、一点建议：统一“两期”的计算标准

（一）对于《新建设工程施工合同解释（一）》第九条第二项的理解

如上文所述，实践中时常将该条款中的“竣工日期”等同于“竣工验收合格之日”，如此不仅出现了“两期”计算起点相差 90 天的现状，还会导致《新建设工程施工合同解释（一）》第九条第二项与第十七条第三项之间是否存在矛盾以及对二者应如何适用的困惑。笔者认为，单从规范内容分析，上述两个条文并不冲突，困惑之所以出现，原因在于对“竣工日期”和“竣工验收合格之日”的混淆，进而忽略了第九条第二项和第十七条第三项规制范围的本质差异。

《新建设工程施工合同解释（一）》第九条规制的对象是“实际竣工日期”，在验收合格、发包人擅自使用、发包人拖延验收等不同情形中，无论是直接认定还是间接推定，目的都是确定一个工期的“时间点”，进而判断施工人是否存在工期责任。故此，无论是从规范目的、内容出发，还是从实践现状出发，该条规范与“竣工验收合格之日”之间都无必然联系，当然也不能作为推定竣工验收合格的依据。[①] 如此一来，质量保修期以此作为计算起点便失去了依据，“两期”之间相差 90 天的困惑也能得到解决，故“两期”计算起点的统一势在必行。

---

① 至于该条所确定的竣工日期本身的判断标准与实践现状的关系，则是另外一个值得探讨的问题。

（二）关于统一“两期”计算起点的建议

结合上文对“两期”计算起点和《新建设工程施工合同解释（一）》第九条第二项的分析，笔者认为，在发包人拖延验收的情形中，“两期”计算起点应保持“推定”结论的一致，即由于发包人原因导致工程无法按规定期限进行竣工验收的，在承包人提交竣工验收报告90天后，工程自动进入“两期”。

四、“两期”期限之超范围约定条款的效力

从行政监管的角度而言，“两期”都应当限制在一定幅度范围之内。但对于当事人而言，在合同中超范围约定的情形并不鲜见。保修期方面，表现为约定期限低于《建设工程质量管理条例》第四十条规定的最低期限；缺陷责任期方面，表现为约定期限超过《建设工程质量保证金管理办法》第二条规定的2年期限。此时，应当如何确定其条款效力，是实践中需要解决的问题。

（一）质量保修期之超范围约定条款的效力

《建设工程质量管理条例》第四十条在区分地基基础和主体工程、防水工程等项目的基础上规定了合理使用年限和5年、2年等不同的最低保修期限。若当事人约定的保修期低于上述最低期限，实践中的观点较为一致，认为该约定内容无效。例如，《北京市高级人民法院关于审理建设工程施工合同纠纷案件若干疑难问题的解答》第三十一条中明确规定：“建设工程施工合同中约定正常使用条件下工程的保修期限低于法律、行政法规规定的最低期限的，该约定无效。”又如，最高人民法院（2019）最高法民终239号民事判决书中认为：“质量保修期限属于行政法规的强制性规定，当事人约定的质量保修期限短于《建设工程质量管理条例》规定的最低保修期限的，应当适用《建设工程质量管理条例》的规定。”

（二）缺陷责任期之超范围约定条款的效力

1. 实践中的两种观点

关于缺陷责任期超过2年的条款效力，实践中主要存在以下两种观点。

第一种观点认为，超过 2 年则视为没有约定，直接按照 2 年期限计算。如果当事人约定工程质量保证金自工程通过竣工验收之日起满 3 年后返还，则当事人的该约定违反了《建设工程质量保证金管理办法》缺陷责任期最长不超过 2 年的规定，超过 2 年的期限不能认定为缺陷责任期，应视为当事人对返还工程质量保证金没有约定。[①] 例如，吉林高院在（2020）吉民终 234 号民事判决书中认为："主管部门对于质量保证金预留比例逐步减少、预留期限逐步缩减。目的在于为建筑企业减负，营造公平竞争环境。因此，本案在选择适用 4 月 6 日合同关于质量保证金返还期限约定[②]还是适用《建设工程质量保证金管理办法》的规定确定案涉工程质量保证金返还期限上，应贴合法律法规和行业主管部门关于工程质量保证金功能定位和价值取向，作出有利于为施工方减负、有利于营造公平竞争环境的选择。据此，一审判决关于案涉工程的缺陷责任期为 2 年的认定，符合工程质量保证金的功能定位和主管部门价值取向，应予维持。"

第二种观点认为，超过 2 年并非无效，应当尊重当事人约定。如最高人民法院（2019）最高法民终 557 号民事判决书认为："双方当事人对于质保金的返还期限在《建设工程施工合同》中进行了明确约定，即'质保金在分部工程两年质保期满后退还，防水质保金在五年防水工程质保期满后退还'，因本案工程尚有部分地下安装工程需待消防工程完毕后方可施工完成，且五年防水工程质保金的返还期限尚未届满。一审法院结合本案实际情况未予支持一建公司质保金返还的请求并无不当。一建公司主张《建设工程质量保证金管理办法》第二条关于'缺陷责任期一般为六个月、十二个月或二十四个月，具体可由发、承包双方在合同中约定'的规定系法律关于质保金返还期限不得超过二年的强制性规定没有依据，本院不予采信，其上诉请求返还工程质保金及利息，本院不予支持。"[③]

---

① 参见最高人民法院民事审判第一庭编著：《最高人民法院新建设工程施工合同司法解释（一）理解与适用》，人民法院出版社 2021 年版，第 175 页。

② 合同约定两年后返还质保金的 80%，5 年后返还质保金的 20%。

③ 持同样观点的还有最高人民法院（2019）最高法民终 461 号民事判决书，最高人民法院（2018）最高法民终 556 号民事判决书。

2. 超范围约定条款的效力判断

关于缺陷责任期超过2年期限的约定效力，如上文所述，实践中争议很大，持无效和有效观点的案例都存在。至于解决的方式，笔者建议，从合同效力判断的基本规则和建筑行业的特殊规制两个角度进行观察。

（1）从合同效力判断的基本规则出发，笔者认为，缺陷责任期之超期约定条款的效力，应当以尊重当事人意思自治为原则，以撤销权的行使为补充。具体理由如下：

其一，缺陷责任期之超期约定违反的仅仅是行政规范性文件，缺乏导致其无效的法理基础。《民法典》第一百五十三条第一款规定："违反法律、行政法规的强制性规定的民事法律行为无效。但是，该强制性规定不导致该民事法律行为无效的除外。"2019年《民商事审判工作纪要》第三十一条明确规定："违反规章一般情况下不影响合同效力，但该规章的内容涉及金融安全、市场秩序、国家宏观政策等公序良俗的，应当认定合同无效。人民法院在认定规章是否涉及公序良俗时，要在考察规范对象基础上，兼顾监管强度、交易安全保护以及社会影响等方面进行慎重考量，并在裁判文书中进行充分说理。"反观缺陷责任期，对其进行规制的主要是《建设工程质量保证金管理办法》，该办法只是一个行政规范性文件而非行政规章，更遑论行政法规或法律。故此，如果因违反《建设工程质量保证金管理办法》为由否定约定条款的效力，缺乏法理和规范基础。

其二，超期约定在实践中大量存在，当事人的意思自治具有实践基础。大多数施工合同是根据《建筑法》《建设工程质量管理条例》等法律法规规定，约定质保金在保修期届满后返还，即2年后返还一部分、5年后返还一部分，甚至约定5年或更长时间后返还。① 另外，2019年9月，国家发改委公开《对十三届全国人大二次会议第3100号建议的答复》，其中提到："对恶意低

---

① 参见李青丽、王晓雪：《施工合同中约定质保金超过两年后返还是否无效？——〈施工合同司法解释二理解与适用〉一书争议观点综述之五》，载微信公众号"辽宁智库律师事务所"2019年5月17日，https：//mp. weixin. qq. com/s/a_ Lo9jRPKown_ XlQ9CG0tw。该观点中涉及的质保金与保修期并非完全对应关系，但因当事人时常就此不加区分，故合同中关于质保金的返还会出现3年、5年等不同期限。

价投标加强规制。借鉴国际通行的处理异常低价投标规则，对于投标人报价明显低于其他符合性审查投标人的报价、有可能影响合同履行的，拟规定评标委员会应当要求投标人作出说明，招标人也可以要求异常低价投标人承诺追加履约担保或者质量担保、延长缺陷责任期，以充分保障招标人利益。”由此可见，特定情形下，缺陷责任期的延长还是招标人保障自身权益的一种手段。

其三，如果当事人约定的期限明显具有不合理性，承包人可行使撤销权。虽然缺陷责任期的约定应当以尊重当事人的约定为原则，但如果质量保证金被发包人长时间扣留，不仅会增加承包人的运行成本，而且会对建筑行业的发展造成一定影响。故在合同有效的前提下，承包人可斟酌其利益依法行使撤销权，“在约定有效的前提下，裁判者变更或者否定当事人的有效约定，应基于承包人对合同条款的撤销变更权的行使和裁判者对于该撤销变更权的确认”。[①] 至于撤销的理由，可适用《民法典》所规定的“重大误解”“显失公平”等条款。

当然，上文所论述的尊重当事人意思自治以及承包人行使撤销权的前提，是当事人清楚内心所想、约定内容清晰。若当事人对于“缺陷责任期”“质量保证金”“保修期”等基本概念混淆使用，如约定质量保证金需在建筑物合理使用期限届满后返还，则应考虑适用《新建设工程施工合同解释（一）》第十七条第一款第二项的规定，即：“当事人未约定工程质量保证金返还期限的，自建设工程通过竣工验收之日起满二年。”

（2）从行业发展和法律完善的角度，笔者认为，应将缺陷责任期的期限问题纳入法律或行政法规的强制性规定范畴，推动司法和行政执法标准的统一。

行政执法和司法裁判的标准差异，是不同领域的特点所致，亦属正常，这里所述的“推动司法和行政执法标准的统一”，仅指向缺陷责任期的期限标准问题。

从行业发展的角度来讲，无论是2016年《国务院办公厅关于清理规范工

① 参见曹文衔：《当事人视角下的司解二适用疑点、困惑与化解（之五）：工程质量保证金返还的裁判规则》，载微信公众号“天同诉讼圈”2019年3月14日，https：//mp. weixin. qq. com/s/p1YOIbOJg8cZ5AhoEIpbnw。

程建设领域保证金的通知》，还是行政监管部门对于质量保证金比例的不断下调，贯穿其中的核心思想都是减轻建筑业企业负担和经营成本，激发市场活力。“收取保证金一方逾期不归还、以种种理由拖延归还、拖延后不支付任何资金占压成本的情况，在各地不同程度存在。在建筑市场资金面紧张，建筑业企业被拖欠工程款数量大，又有大量保证金被占压的情况下，这个问题成为建筑业企业生死攸关的大问题”①；“工程质量保证金实际用于工程维修的费用较低，大量的质量保证金属于闲置资金”②。故此，笔者认为，在发包人可利用法定保修制度维护自身权益的前提下，对于质量保证金期限进行统一规制，避免被长时间占用，是当前建筑行业规范、健康发展的一大需求。

从法律完善的角度来看，如上文所述，行业的良性发展和实践需求，也是司法实践回应的焦点，故此，适度限制缺陷责任期的期限确有必要，但为了避免陷入规范缺乏的尴尬境地，笔者建议，参考《建设工程质量保证金管理办法》的内容，及时将缺陷责任期的期限纳入法律或行政法规的强制性规范，为司法审判认定超期约定条款的效力提供法律基础。

裁判规则指引

❶ 关于缺陷责任期的起算，影响实践的主要有《建设工程质量保证金管理办法》、2007 版《标准施工招标文件》、2017 版《施工合同示范文本》。正常竣工验收时，三者关于缺陷责任期起算的内容存在矛盾，《建设工程质量保证金管理办法》和 2017 版《施工合同示范文本》的内容更具合理性，即应从工程通过竣工验收之日计算；承包人原因导致拖延验收时，应从实际通过竣工验收之日计算；发包人擅自使用时，自工程转移占有之日计算。发包人原因导致拖延验收时，承包人提交竣工验收报告 90 天后，工程自动进入缺陷责任期。

---

① 左娅：《保证金 这个负担咋减轻》，载 http：//www. gov. cn/zhengce/2016 －07/18/content_5092308. htm。

② 《住建部：工程质量保证金实际用于工程维修费用较低》，载新华网，http：//big5. news. cn/gate/big5/www. xinhuanet. com/fortune/2017 －06/09/c_ 129629362. htm。

❷ 关于保修期的起算，影响实践的主要有《建设工程质量管理条例》、2007版《标准施工招标文件》、2017版《施工合同示范文本》。正常竣工验收时，三者关于保修期起算的内容存在矛盾，《建设工程质量管理条例》和2017版《施工合同示范文本》的内容更具合理性，即从工程通过竣工验收之日计算；承包人原因导致拖延验收时，应从实际通过竣工验收之日计算；发包人擅自使用时，自工程转移占有之日计算。发包人原因导致拖延验收时，保修期的起算时间存在争议。

❸《新建设工程施工合同解释（一）》第九条规制的对象是实际竣工日期，该条规范与“竣工验收合格之日”之间无必然联系，也不宜作为推定竣工验收合格之日的依据。

❹ 发包人拖延验收时，如果自承包人提交验收申请报告之日计算保修期，则保修期和缺陷责任期的计算起点将相差90天。考虑到从承包人提交竣工验收报告到发包人验收完毕需要一定的时间，而保修期原则上从竣工验收合格之日计算，故建议在发包人拖延验收时，保修期和缺陷责任期的计算起点采取同一规则，即在承包人提交竣工验收报告90天后，工程自动进入缺陷责任期和保修期。

❺ 施工合同中约定正常使用条件下工程的保修期限低于《建设工程质量管理条例》规定的最低期限的，该约定无效。

❻ 以现有法律为基础，若施工合同约定的缺陷责任期期限超出《建设工程质量保证金管理办法》规定的，并非必然无效，原则上应当尊重当事人意思自治，承包人认为其利益受损的，可依法行使撤销权。以行业未来发展为基础，建议立法机构参考《建设工程质量保证金管理办法》的内容，将缺陷责任期的期限纳入法律、行政法规的强制性规范。

第五节　工程质量保证金的发展及性质

实务疑难问题
1. 工程质量保证金的交纳方式有哪些?
2. 工程质量保证金的保管方式有哪些?
3. 如何界定工程质量保证金的性质?

一、工程质量保证金的发展脉络

工程质量保证金在我国建设工程领域存在了很长时间，其与缺陷责任期的发展相互依存、交叉（详见本书第四章第三节）。但鉴于本书对两者分析的侧重点不同，故将质量保证金制度单独进行梳理。

（一）规范性文件中的质量保证金

与从国外引入的缺陷责任期相比，质量保证金制度在我国出现的时间要更早一些，只不过在后期的发展过程中，两者才紧密结合在一起。

1. 20 世纪八九十年代：保证金初现时期

根据笔者查询的情况，工程质量保证金在我国出现的雏形是“工程尾款”，体现在 1989 年中国建设银行发布的《建设工程价款结算办法》之中。该办法第十四条规定：“施工期间，不论工期长短，其结算价款一般不得超过承包工程合同价值的 95%，结算双方可以在 5% 的幅度内协商确认尾款比例，并在工程承包合同中订明，尾款应专户存入建设银行俟工程竣工验收后清算。承包方已向发包方出具履约保函或有其他保证的，可以不留工程尾款。”从该条规定可以看出，发包人预留“工程尾款”的目的已初步具有“质量保证”的含义。

1991 年 1 月，原国家发展计划委员会印发《关于在基本建设领域开展

“质量、品种、效益年”活动的通知》，这是笔者查询到的我国最早直接明确“质量保证金”的相关规定。其第三十三条规定：“施工单位要建立工程保修制度，实行质量保证金办法。将合同工程款总价的5%－10%作质量保证金（工业留5%，民用留10%），由项目管理单位在投产时存入银行，工程交付使用后一年，如不发生施工质量问题时，由项目生产单位出具证明，通过银行拨给。”该条规定所涉及的质量保证金支付制度，已明显反映出发包方在用预留金钱的方式为工程质量设立保障。

1991年10月，中国建设银行、财政部印发《关于基本建设财务管理若干问题的通知》（已废止），该通知与质量保证金相关之处体现在两点：第一，依照原国家发展计划委员会印发的《关于在基本建设领域开展“质量、品种、效益年”活动的通知》，明确了对建设项目实行工程质量保证金制度，按工程款总价的5%—10%提取质量保证金。第二，协调了建设银行上述《工程价款结算办法》中规定的工程尾款，即工程尾款可抵作工程质量保证金，也可视同工程质量保证金，按质量保证金的有关规定处理，不重复计提。

2. 21世纪第一阶段：保证金和保修金并用时期

2002年9月，财政部印发《基本建设财务管理规定》（已废止），将质量保证金的比例明确为工程价款结算金额的5%。

2004年10月，财政部、原建设部印发《建设工程价款结算暂行办法》，与《基本建设财务管理规定》（已废止）相比，主要有两个方面的变化。其一，并行适用质量保证金和质量保修金的概念，如“发包人根据确认的竣工结算报告向承包人支付工程竣工结算价款，保留5%左右的质量保证（保修）金”。其二，明确了质量保证金的使用，即“待工程交付使用一年质保期到期后清算（合同另有约定的，从其约定），质保期内如有返修，发生费用应在质量保证（保修）金内扣除”。该办法虽然丰富了质量保证金的规定，但在概念上却将保证金和保修金并用，因此在相当长的一段时间内，建筑领域也是如此，这也在一定程度上造成了保证金、保修金和保修期之间关系的混同。

2005年1月，原建设部、财政部《建设工程质量保证金管理暂行办法》（已废止）是我国第一部对质量保证金进行系统规定的规范性文件，择其核心内容列举如下：

其一，明确了质量保证金的定义和缺陷责任期的关系。其第二条规定："本办法所称建设工程质量保证金（保修金）是指发包人与承包人在建设工程承包合同中约定，从应付的工程款中预留，用以保证承包人在缺陷责任期内对建设工程出现的缺陷进行维修的资金。缺陷是指建设工程质量不符合工程建设强制性标准、设计文件，以及承包合同的约定。缺陷责任期一般为六个月、十二个月或二十四个月，具体可由发、承包双方在合同中约定。"第九条规定："缺陷责任期内，承包人认真履行合同约定的责任，到期后，承包人向发包人申请返还保证金。"

其二，规定了质量保证金的预留比例。其第七条规定："全部或者部分使用政府投资的建设项目，按工程价款结算总额5%左右的比例预留保证金。社会投资项目采用预留保证金方式的，预留保证金的比例可参照执行。"

其三，规定了质量保证金的适用。其第八条规定："缺陷责任期内，由承包人原因造成的缺陷，承包人应负责维修，并承担鉴定及维修费用。如承包人不维修也不承担费用，发包人可按合同约定扣除保证金，并由承包人承担违约责任。承包人维修并承担相应费用后，不免除对工程的一般损失赔偿责任。由他人原因造成的缺陷，发包人负责组织维修，承包人不承担费用，且发包人不得从保证金中扣除费用。"

自此之后，"缺陷责任期"登上历史舞台，质量保证金的返还、使用和缺陷责任期的长短密不可分，与质量保修期没有必然联系，该办法初步厘清了质量保证金、缺陷责任期、质量保修期之间的关系，但依然将保证金与保修金作为同一概念并用。

3. 21世纪第二阶段：保证金制度发展时期

2016年6月，国务院办公厅印发《关于清理规范工程建设领域保证金的通知》，进一步规范了工程领域的保证金种类，其中与质量保证金相关的主要内容如下：

其一，不再将工程质量保证金与保修金并用，直接明确概念为"工程质量保证金"，其第一条明确"对建筑业企业在工程建设中需缴纳的保证金，除依法依规设立的投标保证金、履约保证金、工程质量保证金、农民工工资保证金外，其他保证金一律取消"。

其二，转变质量保证金缴纳方式。对工程质量保证金推行银行保函制度，建筑业企业可以银行保函方式缴纳。

其三，严格质量保证金预留比例。预留比例上限不得高于工程价款结算总额的5%。在工程项目竣工前，已经缴纳履约保证金的，建设单位不得同时预留工程质量保证金。

2016年12月，住建部、财政部根据国务院办公厅印发的《关于清理规范工程建设领域保证金的通知》，发布了《建设工程质量保证金管理办法》（已废止），取代了2005年《建设工程质量保证金管理暂行办法》。与2005年暂行办法相比，该办法的主要变化体现在如下几个方面：

其一，规范了概念的表述。该办法不再将质量保证金和质量保修金并行使用，而是统一称为工程质量保证金。

其二，规定了保证金的替代方式和排斥内容。明确规定推行银行保函制度，承包人可以银行保函替代预留保证金；已经缴纳履约保证金的，不得同时预留工程质量保证金；采用工程质量保证担保、工程质量保险等其他保证方式的，不得再预留保证金。

其三，明确限制保证金的预留比例。保证金总预留比例不得高于工程价款结算总额的5%。

2017年6月，住建部、财政部对2016版《建设工程质量保证金管理办法》进行修订，形成了目前最新的《建设工程质量保证金管理办法》。该办法与2016版办法的内容基本相同，主要变化就是降低了保证金的总预留比例，明确了不得高于工程价款结算总额的3%。

（二）施工合同示范文本中的质量保证金

1. 1999版《施工合同示范文本》

该版本中尚未涉及“工程质量保证金”，只是在第34.3款中提到质量保修书的主要内容包括质量保修金的支付方法。然而，并没有相应的细化条款。

2. 2013版《施工合同示范文本》

该版本中质量保证金的内容相对比较详细，其第15.3款专门规定了“质量保证金”，择其主要内容列举如下：

其一，承包人提供质量保证金有三种方式：质量保证金保函；相应比例的工程款；双方约定的其他方式。

其二，质量保证金的扣留有三种方式：在支付工程进度款时逐次扣留；工程竣工结算时一次性扣留；双方约定的其他扣留方式。

其三，质量保证金和保函的择一保留。发包人累计扣留的质量保证金不得超过结算合同价格的5%，如承包人在发包人签发竣工付款证书后28天内提交质量保证金保函，发包人应同时退还扣留的作为质量保证金的工程价款。

3. 2017 版《施工合同示范文本》

在结合2017年《建设工程质量保证金管理办法》的基础上，2017版《施工合同示范文本》中的相关内容也发生了一些变化，择其主要内容列举如下：

其一，增加了“保证”方式的选择。在第15.3款中明确规定：“在工程项目竣工前，承包人已经提供履约担保的，发包人不得同时预留工程质量保证金。”

其二，增加了保证金退还的利息问题并调整了保证金的扣留比例，[①] 在第15.3.2项中明确规定：“发包人累计扣留的质量保证金不得超过工程价款结算总额的3%”、“发包人在退还质量保证金的同时按照中国人民银行发布的同期同类贷款基准利率支付利息。”

其三，细化了保证金的退还规则。2013版《施工合同示范文本》第15.3.3项对质量保证金的返还只是进行了概括性约定，即“发包人应按14.4款〔最终结清〕的约定退还质量保证金”。2017版《施工合同示范文本》第15.3.3项中对此专门进行了细化，明确了发包人应当核实、返还的期限等问题。

二、工程质量保证金的交纳和保管方式

（一）质量保证金的交纳方式

关于质量保证金的交纳方式，概括而言，主要有以下三种。

---

① 关于质量保证金返还的利息问题，是2017版《施工合同示范文本》中增加的内容，其在通用条款中具有约定性的效力。与之前的《施工合同示范文本》相比，该约定对于司法实践也会产生一定的影响。当然，如果当事人在专用条款中另有约定，原则上应当予以尊重。

1. 由发包人按比例扣留工程款

例如，2017 版《施工合同示范文本》第 15. 3. 2 项中明确规定："质量保证金的扣留有以下三种方式：（1）在支付工程进度款时逐次扣留，在此情形下，质量保证金的计算基数不包括预付款的支付、扣回以及价格调整的金额；（2）工程竣工结算时一次性扣留质量保证金；（3）双方约定的其他扣留方式。"

2. 由承包人向发包人交纳一定数额的金钱①

例如，2016 年《吉林省建设工程质量保证金管理办法（试行）》（已废止）② 第五条第三款规定："建筑工程竣工验收前，施工单位应当在第三方金融机构开设专门账户，并按照本办法规定的标准将质量保证金存入，对未结算完成的工程，建设单位可从工程结算价款中一次性划拨存入施工单位开设的账户。"

3. 由承包人申请银行向发包人出具担保函③

例如，2017 年《北京市住房和城乡建设委员会、北京市财政局关于推行以银行保函方式缴纳工程质量保证金的通知》中明确规定，银行保函是工程质量保证金的缴纳方式之一。发、承包双方在签订施工合同时，承包人有权选定质量保证金缴纳方式。承包人以银行保函方式缴纳工程质量保证金的，应当在工程竣工验收后 10 个工作日内，向发包人提交银行保函。

（二）质量保证金的保管方式

在发包人扣留或者承包人提供质量保证金之后，该笔金额应当以何种方式进行管理，看似是一个微小的问题，却是实务操作中的必经环节，且其对

---

① 相关的案例可参见浙江省绍兴市中级人民法院（2016）浙 06 民终 2291 号民事判决书，河南省兰考县人民法院（2015）兰民初字第 02064 号民事判决书，江苏省涟水县人民法院（2016）苏 0826 民初 6204 号民事判决书，辽宁省沈阳市中级人民法院（2020）辽 01 民终 7992 号民事判决书。

② 该办法虽然在 2017 年 12 月已经废止，但鉴于其施行期间必然对质量保证金交纳形式产生影响，故列为一种观点。

③ 从类别归属的角度而言，银行保函能否成为质量保证金的交纳形式，在一定程度上存在可商榷之处。但鉴于部分地方和 2017 版《施工合同示范文本》中均存在类似规定，且本节探讨的重点不在于此，故本书直接将其作为工程质量保证金的一种交纳方式。

于质量保证金的性质界定也将起到很重要的影响。梳理实践中的保管方式，主要有以下两种。

1. 由发包人“控制”的模糊化管理

在发包人采用扣留工程款方式确定质量保证金的前提下，该笔钱应当如何保管？2017 年发布的《建设工程质量保证金管理办法》中对于社会投资项目只是给出了建议性的方案，即“发、承包双方可以约定将保证金交由第三方金融机构托管”，并未要求必须交给第三方托管，也没有明确单独设立保证金账户，故此，很多情况下，质量保证金只是以“被扣留”的方式留在了发包人的手中，且与发包人的其他财产也没有进行严格区分。

2. 由发包人控制特定账户进行管理①

例如，2018 年发布的《沈阳市建设工程质量保证金管理实施细则》便作了如此规定。首先，明确要求当事人应当将保证金交由第三方托管。其第七条第二款规定：“社会投资项目采用预留工程质量保证金方式的，发、承包双方应当约定将保证金交由第三方金融机构托管。”其次，明确应以承包人名义开设专门账户。其第五条中规定：“工程质量保证金由发包人按本细则第八条规定的比例在竣工验收前以承包人名头存入工程质量保证金账户。”最后，明确发包人对账户的控制权。其第十二条规定：“使用工程质量保证金或银行保函时，由产权人（或使用人）向发包人提出申请，发包人选择维修施工单位……对于社会投资项目，由托管的第三方金融机构从工程质量保证金或银行保函中支付维修资金。”

三、工程质量保证金的性质

在我国经济领域的多个行业中，都存在保证金的身影。目前涉及保证金的法律规范主要有《民法典担保制度解释》《买卖合同纠纷解释》《建设工程质量保证金管理办法》。在借鉴现有观点的基础上，笔者尝试从对比的角度界定工程质量保证金的性质。

---

① 相关案例参见河南省漯河市郾城区人民法院（2017）豫 1103 民初 3621 号民事判决书，安徽省宣城市中级人民法院（2017）皖 18 执恢 5 号执行裁定书。

（一）质量保证金性质的主要观点

关于质量保证金的性质，历来存在争议，择其两种具有代表性的观点列明如下：

一种观点认为是“金钱担保”。担保法律关系会产生如下法律效果：或是使保障债权切实实现的责任财产（一般财产）扩张，或是使债权人就特定财产享有了优先权，或是使当事人对特定数额的金钱有得失的可能和机会，从而大大增加了债务人适当履行其债务的压力，极大地提高了债权人的债权得以实现的可能性。[①] 所谓金钱担保，就是通过特定数额的金钱得丧之规则效力使债务人产生心理压力，促使债务人为避免自己的金钱损失而积极履行债务，保障债权的实现。[②] 工程质量保证金作为保证金的一种，具备了担保所具有的从属性、补充性和保障债权切实实现性，故为担保，且属金钱担保。[③]

另一种观点认为是“附条件支付货款”。质量保证金乃是合同一方就所供标的物的质量向对方所作的一种承诺。这一承诺为合同价款中的特定部分的给付设定了条件，这个条件就是标的物的质量合格。这意味着，如果标的物的质量符合约定，那么付款义务方就必须向对方给付该款项。就主合同与担保的主从关系来看，质量保证金本身就是主合同价款的一部分，如果认定其为一种担保，那么就会出现以主合同价款担保主合同这种不合担保逻辑关系的现象。[④] 有学者进一步提出：“所谓质量保证金是对承包人履行缺陷维修义务的‘担保’是一个虚假命题，因为从本质上看，缺陷维修与质量保修本身并无分别，只是行政机关为解决质保金返还承包人而人为区分的不同期限。那么，对于同样的修复义务，缺陷责任期内有担保，保修期内则无担保，这

---

① 参见崔建远：《“担保”辨——基于担保泛化弊端严重的思考》，载《政治与法律》2015 年第 12 期。

② 参见崔建远：《合同法》（第 4 版），法律出版社 2007 年版，第 163 页。

③ 参见崔建远：《“担保”辨——基于担保泛化弊端严重的思考》，载《政治与法律》2015 年第 12 期。

④ 参见雷新勇：《质保金的性质及其处理规则》，载《人民法院报》2009 年 9 月 17 日，第 6 版。

在逻辑上难以自洽。”①

（二）质量保证金的性质界定

结合上文所述，由于质量保证金在实践中的交纳、保管方式上存在差异，难以一概而论，不适合“一刀切”地下定结论，故此，笔者在区分情况的基础上，尝试对其性质作出不同界定。②

1. 如果采取发包人扣留工程款的形式，工程质量保证金的性质属于一种约定的金钱担保

主要理由表现在以下几个方面：

其一，从脉络梳理的角度。结合上文所述的质量保证金的演变过程，工程质量保证金设立的最初目的就是确保工程质量，让发包人“安心”。在后来的发展过程中，虽然出现了一些变化，比如借鉴 FIDIC 相关条款引入缺陷责任期、将缺陷责任期与质量保证金相互对应等，但是“质量保证金”在质量方面所承担的“担保”角色始终未发生变化。

其二，从制度功能的角度。2016 年国务院办公厅印发的《关于清理规范工程建设领域保证金的通知》将银行保函作为交纳工程质量保证金的一种方式，凸显担保功能。2017 年印发的《建设工程质量保证金管理办法》中对于质量保证金的内涵界定，就是用以“保证”承包人对建设工程出现的缺陷进行维修的资金；对于质量保证金的保管方式，可以约定交由第三方金融机构托管；对于质量保证金相同功能的替代方式，包括了履约保证金、工程质量保证担保、工程质量保险、银行保函。由此可见，该办法对于质量保证金的定位就是“担保功能”。2017 版《施工合同示范文本》中更是直接明确质量保证金的担保功能，即“是指按照第 15. 3 款〔质量保证金〕约定承包人用于保证其在缺陷责任期内履行缺陷修补义务的担保”。

其三，从法律规范的体系角度。质量保证金并非仅存在于建设工程领域，

---

① 宿辉：《论工程质量保证金条款的法律属性》，载微信公众号“新基建投融圈”2021 年 9 月 3 日，https：//mp. weixin. qq. com/s/5n9uY2T2jmWxumo5vX – ycA。

② 关于以银行保函形式体现的质量保证金，涉及“独立保函”“非典型担保”等诸多争议，且实践中各地所体现的形式也不统一，故本书中对此类型不再展开论述。

在买卖合同中也广泛存在。《民法典》第六百四十六条规定："法律对其他有偿合同有规定的，依照其规定；没有规定的，参照适用买卖合同的有关规定。"毫无疑问，建设工程施工合同是有偿合同的一种表现形式，故此，买卖合同领域对于质量保证金的相关界定，在工程领域同样具有参考意义。[①]《买卖合同纠纷解释》第十五条规定："买受人依约保留部分价款作为质量保证金，出卖人在质量保证期未及时解决质量问题而影响标的物的价值或者使用效果，出卖人主张支付该部分价款的，人民法院不予支持。"关于该条款中质量保证金的性质，最高人民法院在相关释义资料中进行了论述，重点有两个方面：首先，质量保证金属于合同的特别担保措施（如保证、定金），而非一般担保（如违约责任），质量保证金的交付是出卖人对于质量不符合约定的违约行为在将来不会发生的一种特别担保；其次，返还条件未成就时，出卖人的债权人不能就质量保证金申请执行，当返还条件尚未成就时，出卖人的债权人如将买受人收取的质量保证金作为出卖人的财产而诉请法院强制执行的，则属于申请执行的标的错误，人民法院应不予支持。[②]

综合上述理由，可以看出工程质量保证金的担保属性和金钱特征，故将其作为一种金钱担保方式，不仅有利于审判实务问题的解决，而且在理论上也更具合理性。[③] 当然，在此前提下，还有两个疑问需要进行回应。

第一个疑问，司法实务中，工程质量保证金经常表现为发包人暂时扣留部分工程款的形式，这也是上文所述"附条件支付货款"观点的论据之一。在此前提下，应当如何理解发包人扣留工程款和承包人交纳保证金之间的关系？

笔者认为，当事人约定质量保证金的初衷在于担保标的物的质量，而非纯粹的附条件分期给付货款。货款是标的物之对价，"货款的附条件分期给付

---

① 最高人民法院明确"本解释有关质量保证金的规定也可参照适用于加工承揽、建筑工程等其他有偿合同"，参见最高人民法院民事审判第二庭编著：《最高人民法院关于买卖合同司法解释理解与适用》，人民法院出版社 2012 年版，第 357 页。

② 参见最高人民法院民事审判第二庭编著：《最高人民法院关于买卖合同司法解释理解与适用》，人民法院出版社 2012 年版，第 357 页。

③ 参见最高人民法院民事审判第二庭编著：《最高人民法院关于买卖合同司法解释理解与适用》，人民法院出版社 2012 年版，第 360 页。

只是货款支付的一种方式，目的在于获得期限利益，本身并不负担任何质量担保功能，这是货款与质量保证金在制度目标和制度价值方面的根本不同。”① 在此前提下，发包人以扣留部分工程价款的形式作为质量保证金，可以解释为在当事人约定了质量保证金的前提下，发包人与承包人互负债务：一方需支付工程款，一方需交纳保证金；为了交易的便捷，在交互计算时采用抵销的方式使发包人得以从应予支付的工程款中抵扣部分金额。② 该种理解也可从2016年的《吉林省建设工程质量保证金管理办法（试行）》（已废止）中得到印证。

第二个疑问，该种金钱担保属于法定的担保方式吗？笔者认为，此金钱担保方式并未出现在《民法典》之中，故不属于法定担保方式，但其也不是典型担保方式，而是当事人之间的一种约定担保，然而其效力并不会因此遭受否定。正如《民法典担保制度解释》第六十三条所述：“债权人与担保人订立担保合同，约定以法律、行政法规尚未规定可以担保的财产权利设立担保，当事人主张合同无效的，人民法院不予支持。”至于发包人的“优先受偿”，是以扣留质量保证金并在期限届满、结算后再支付的方式在客观上得到了实现。

2. 如果工程质量保证金采取的是特定账户存入保证金的形式，则属于《民法典担保制度解释》第七十条规定的保证金质押③

《民法典担保制度解释》在“非典型担保”一节，专门规定了保证金。其第七十条第一款明确规定：“债务人或者第三人为担保债务的履行，设立专门的保证金账户并由债权人实际控制，或者将其资金存入债权人设立的保证金账户，债权人主张就账户内的款项优先受偿的，人民法院应予支持。当事

① 最高人民法院民事审判第二庭编著：《最高人民法院关于买卖合同司法解释理解与适用》，人民法院出版社2012年版，第359页。

② 该种观点较为合理地解释了建设工程质量保证金为何采用“扣留”的方式，具体内容可参见最高人民法院民事审判第二庭编著：《最高人民法院关于买卖合同司法解释理解与适用》，人民法院出版社2012年版，第359页。

③ 关于保证金质押属于债权质押、特殊动产质押还是其他类型，理论上争议很大，从司法实务的角度出发，本书对此理论上的争议不再阐述。具体可参见龙俊：《民法典时代保证金的双重属性》，载《法学杂志》2021年第4期；曹士兵：《中国担保制度与担保方法》，中国法制出版社2017年版，第332－335页。

人以保证金账户内的款项浮动为由，主张实际控制该账户的债权人对账户内的款项不享有优先受偿权的，人民法院不予支持。”

对于上述条文涉及的“保证金质押”，最高人民法院相关释义资料中的如下内容值得关注。其一，保证金质押有效设立的条件应符合担保物权的一般要求，即标的财产的特定化；债权人对于标的财产能够实际控制。其二，保证金质押的特定化，要求保证金的资金特定化和账户特定化，通过开立保证金账户这一特定形式，与出质人的其他财产予以区分。同时，保证金账户内的资金能够专款专用，款项的存入和扣划均系用于担保债权的偿还或者在担保债权被偿还之后退还给出质人。其三，债权人对保证金账户的实际控制包括两种情形：以债权人名义开立保证金账户；并非以债权人名义开立账户，但债权人通过监管协议或共管账户的形式能够进行控制。①

以此为基础，再来分析工程质量保证金在实践中的另一种表现形式。

在2016年《吉林省建设工程质量保证金管理办法（试行）》（已废止）、《沈阳市建设工程质量保证金管理实施细则》等地方文件中，都要求专门设立质量保证金账户，随后或由承包人直接存入金额或由发包人将部分工程款直接划入该账户，并由发包人取得了该账户的控制权。上述表现完全符合《民法典担保制度解释》第七十条所要求的“财产特定化”和“债权人可控制”要求，故笔者认为，该种情形下的工程质量保证金属于“保证金质押”，其后续处理也应遵从《民法典担保制度解释》第七十条的规定。

裁判规则指引

❶ 关于质量保证金的交纳方式，实践中主要有三种：一是由发包人按比例扣留工程款；二是由承包人向发包人交纳一定数额的金钱；三是由承包人申请银行向发包人出具担保函。

---

① 参见最高人民法院民事审判第二庭：《最高人民法院民法典担保制度司法解释理解与适用》，人民法院出版社2021年版，第580－581页。

❷ 关于质量保证金的保管方式，实践中主要有两种：一是由发包人“控制”的模糊化管理，质量保证金只是以被扣留的方式留在发包人处，但与发包人的其他财产并没有严格区分；二是由发包人控制特定账户进行管理，如在第三方托管的前提下，以承包人名义开设专门账户，使用工程质量保证金时需向发包人提出申请。

❸ 如果采取发包人扣留工程款的方式，则工程质量保证金在性质上属于当事人之间一种约定的金钱担保，但不属于法定担保方式；如果采取特定账户存入保证金的方式，则工程质量保证金在性质上属于《民法典担保制度解释》第七十条规定的保证金质押，后续处理也应遵从该条规定。

第六节　工程质量保证金返还与合同状态及利息的关系

实务疑难问题

1. 施工合同解除后，质量保证金应否返还给承包人?
2. 施工合同无效后，质量保证金应否返还给承包人?
3. 施工合同示范文本对于质量保证金如约返还时的利息问题设置了何种条款?
4. 若合同缺乏约定，质量保证金返还时是否需要计算利息?

一、工程质量保证金返还与合同状态的关系

工程质量保证金的返还问题，是争议较为集中的问题。以合同状态为基础，质量保证金返还时常需要区分合同有效、合同解除、合同无效三种情形，根据笔者所观察到的争议集中程度，本节主要尝试分析合同解除、合同无效与质量保证金返还之间的关系。

（一）合同解除与质量保证金返还关系的分歧

施工进行中合同解除后，质量保证金应当全部返还还是按照之前的约定保留，实践中主要有以下两种观点。

第一种观点认为，合同解除则质量保证金条款自然解除，故发包人不应再扣留质保金。

“与承包人的法定质量保修义务不同，质量保证金条款依赖于双方当事人的约定。建设工程施工合同解除后，如果双方当事人对合同解除后是否预留质量保证金没有特别约定，则在认定发包人应付工程款时，不可直接适用原合同中有关质量保证金的条款，仅在特定情形下有适用余地，人民法院在认

定时应持谨慎态度。”① 比如，《安徽省高级人民法院关于审理建设工程施工合同纠纷案件适用法律问题的指导意见（二）》第十四条明确规定：“建设工程尚未竣工，合同终止履行的，已完工程质量合格，发包人主张按照合同约定扣留一定比例的工程价款作为质量保修金的，不予支持。”

此外，尚需特别关注的是 2017 版《施工合同示范文本》。该文本也基本体现了上述第一种观点，但区分了违约主体。针对发包人违约，该文本在第 16.1.4 项“因发包人违约解除合同后的付款”中明确规定：“承包人按照本款约定解除合同的，发包人应在解除合同后 28 天内支付下列款项，并解除履约担保：……（6）按照合同约定应退还的质量保证金。”换言之，发包人按照本条款约定支付应付款项的同时，还应退还质量保证金。② 针对承包人违约，该文本第 16.2.4 项“因承包人违约解除合同后的处理”中明确规定：“因承包人原因导致合同解除的，则合同当事人应在合同解除后 28 天内完成估价、付款和清算，并按以下约定执行：……（5）发包人和承包人应在合同解除后进行清算，出具最终结清付款证书，结清全部款项。”该条款中并未直接体现质保金的处理问题，但该示范文本的编写者在相关释义资料中表示：“合同解除后，发包人还应退还质量保证金保函、履约保函，当然就提前竣工验收合格的单位工程的质量保证金可以按照法律或质量保修书约定扣留。”③

第二种观点认为，质量保修义务是法定义务，并不因为合同解除而终止，施工合同解除后，承包人的保修义务并未免除，故作为担保该义务履行的质量保修金仍应按照合同预留，以保证承包人保修义务的履行④。

如果因为中途停工合同解除，工程尚未完工，也不具备竣工验收的条件，

① 于蒙：《建设工程施工合同解除后，质量保证金条款能否适用》，载最高人民法院民事审判第一庭编：《民事审判指导与参考》（2018 年卷），人民法院出版社 2019 年版，第 308 页。

② 参见本书编委会：《建设工程施工合同（示范文本）GF－2017－0201 使用指南》，中国建筑工业出版社 2018 年版，第 243 页。此外，2007 版《标准施工招标文件》第 22.2.4 项中对于发包人违约后的处理后果，同样明确规定：“发包人应按本项约定支付上述金额并退还质量保证金和履约担保，但有权要求承包人支付应偿还给发包人的各项金额。”

③ 本书编委会：《建设工程施工合同（示范文本）GF－2017－0201 使用指南》，中国建筑工业出版社 2018 年版，第 245 页。

④ 参见李玉生主编：《建设工程施工合同案件审理指南》，人民法院出版社 2019 年版，第 223 页。

质量保证金对应的缺陷责任期尚未开始，质量保证金条款约定的内容实际上并未履行，进而认为质量保证金条款无须履行的观点实则忽视了质量保证金属于已完工工程款的本质。[①] 再如，最高人民法院（2020）最高法民终 337 号民事判决书认为："质保金条款属于结算条款，合同解除不影响质保金条款效力，因此在合同约定的条件满足时，工程质量保证金才应返还施工方。虽然案涉工程未完工，但福建九鼎的质量保修义务并不因此免除。根据《建设工程施工合同》中《工程质量保修书》之约定，工程质量保修金按实际完成工程结算总价款 5% 扣留 5 年，案涉工程于 2016 年 1 月 8 日完成主体封顶，至今工程未竣工验收，也未交付使用，质量保修期尚未届满，故福建九鼎主张质保金不应扣除的理由不能成立。"

（二）合同无效与质量保证金返还关系的分歧

对于合同无效后质量保证金应否返还的讨论，主要建立在施工合同无效但质量合格且规划许可手续健全的基础上。梳理实践中的观点，主要有以下两种。

第一种观点认为，工程质量保证金与合同效力无关，其属于法定义务、结算条款。

例如，最高人民法院（2019）最高法民终 504 号民事判决书认为："案涉《工程协议书》虽被确认无效，但建设工程实行质量保修制度。工程质量保证金一般是用以保证承包人在工程质量保修期内对建设工程出现的质量缺陷进行维修的资金。虽然工程质保金可以由当事人双方在合同中约定，但从性质上讲，工程质量保证金是对工程质量保修期内工程质量的担保，是一种法定义务，故不应以合同效力为认定前提。且双方对工程质保金约定在《工程协议书》第七条'付款方式'中，内容即'政府主管部门对工程项目总体竣工验收合格后，由南通六建向通华公司提交工程结算报告，通华公司收到南通六建工程结算报告后 60 日内完成结算审核并支付至总工程款的 95%。剩余

① 参见车丽：《未完工程合同解除的缺陷责任期起算应视解约的原因和责任而定》，载微信公众号"建纬律师"2021 年 2 月 8 日，https://mp.weixin.qq.com/s/xjMYT2jYjw8YNVjlSyT7_w。

5% 部分作为保修金，在南通六建按有关规定完成保修任务的前提下，工程竣工满一年 10 日内付 2%，剩余部分按国家有关规定执行'。由此，双方对质保金的约定，属于结算条款范畴。因此，在合同约定的条件满足时，工程质量保证金才应返还施工人。"①

又如，2012 年发布的《北京市高级人民法院关于审理建设工程施工合同纠纷案件若干疑难问题的解答》第三十一条中明确规定："建设工程施工合同无效，但工程经竣工验收合格并交付发包人使用的，承包人应依据法律、行政法规的规定承担质量保修责任。发包人要求参照合同约定扣留一定比例的工程款作为工程质量保修金的，应予支持。"2009 年发布的《安徽省高级人民法院关于审理建设工程施工合同纠纷案件适用法律问题的指导意见》第十四条明确规定："建设工程施工合同无效，但工程经竣工验收合格并交付发包人使用的，承包人应承担相应的工程保修义务和责任，发包人可参照合同约定扣留一定比例的工程款作为工程质量保修金。"

第二种观点认为，工程质量保证金与合同效力有关，施工合同无效则质量保证金条款也无效。

四川高院（2019）川民终 794 号民事判决书认为："在合同无效的情况下，质保金条款不发生效力，质保金作为工程价款的一部分也应在支付工程价款时一并支付。"天津高院（2018）津民终 216 号民事判决书认为："双方签订的《天津市建设工程施工合同》均为无效合同。根据《合同法》第五十六条关于'无效的合同或者被撤销的合同自始没有法律约束力'的规定，在本案中，双方依据无效的《天津市建设工程施工合同》约定的质保金条款对双方不具有约束力。"

（三）本书的观点

1. 关于合同解除与质量保证金的返还

笔者认为，合同解除之后，已完成工程质量合格的，发包人主张按照合同约定预留一定比例质量保证金的，原则上应予支持。具体理由，从以下两

---

① 相似案例还可参见最高人民法院（2018）最高法民终 922 号民事判决书。

个方面进行分析。

（1）从质量保证金的性质和目的角度。如前文所述，质量保证金是一种金钱担保或保证金质押，其目的在于“担保”承包人应履行的质量维修责任。至于“担保”的范围，对比分析2017版《施工合同示范文本》的内容，可以发现两个特点：在缺陷责任期和法定保修期内，承包人的保修范围、保修义务基本重合，进一步而言，“法定”保修义务一般都属于缺陷责任期“约定”保修义务涵盖的内容。[①] 当然，法定保修义务与质量保证金之间并非对应关系，即便没有约定质量保证金，也不会免除承包人的法定保修义务。然而，一旦约定了质量保证金，也就意味着其在约定期限内担保的维修范围既包括“约定”内容，也包括“法定”内容。合同解除后，承包人的法定保修义务依然存在，换言之，也就意味着质量保证金所担保的“主债务”依然存在。[②] 既然如此，由发包人参照合同约定保留相应的质量保证金，更具有合理性。

（2）从工程质量保证金数种形式应产生的效果趋同性角度。关于工程质量保证金的表现形式，主要有发包人扣留的部分工程款、质量保证金专用账户、银行保函等形式。如前文所述，根据表现形式，质量保证金性质存在金钱担保和保证金质押的区别。在合同解除时，不同形式的质量保证金所产生的“担保效果”应当趋同，否则就会产生由于利益驱使而造成不同形式的质量保证金在选择机会上的巨大差异。就保证金质押而言，其是《民法典担保制度解释》中规定的非典型担保，《民法典》第五百六十六条第三款规定：“主合同解除后，担保人对债务人应当承担的民事责任仍应当承担担保责任，但是担保合同另有约定的除外。”施工合同解除之后，承包人还应承担法定保修的民事责任，如果当事人通过保证金质押特别是非独立保函的银行保函形

---

① 当然，当事人在专用条款中另行约定的除外。但实践中，专用条款中更多的是对于缺陷责任期或保修期限的另行约定，至于“保修”的范围和内容，因“法定”保修本就包括质量不符合强制性标准、设计文件、合同约定，故对于缺陷责任期和法定保修期内而言，二者所负担的保修范围存在重合。

② 当然，如果从形式角度严格分析，质量保证金对应“约定”保修义务，“法定”保修义务并无对应资金，但在两者的维修内容基本重合的前提下，上述这种区分似乎没有太大实践意义。故笔者还是倾向于从实际出发，判断承包人是否还需要履行保修义务，如果需要履行，则参照合同约定保留部分质量保证金是较为务实的选择。

式交纳了质量保证金，也就意味着银行或“保证金专用账户”一般还应当对“保修责任”承担支付义务。如果因为当事人选择了扣留部分工程款作为保证金形式就应全部返还的话，势必会造成相同目的、不同形式的质量保证金在法律后果上的巨大差异，有违常理。

当然，上述分析中还会伴随着以下三个现实问题：第一，是否需要区分合同解除原因而对质量保证金作出不同判断；第二，如何确定质量保证金的返还时间节点；第三，合同解除后第三人接手完成工程建设后，如何去判断两个施工人的保修责任。

对于第一个问题，笔者认为，合同解除无论是归结于发包人的原因还是归结于承包人的原因，其相应的后果自有违约责任去规制，不能以此作为判断质量保证金返还或预留的基础。究其原因，在于上文所述，无论何种原因导致的合同解除，只要承包人的保修责任存在，质量保证金就应该相应地予以保留。

对于第二个问题，笔者认为，质量保证金返还时间节点，涉及期限利益的确定，需要考虑合同解除的原因。如果发包人违约导致合同解除，因后续施工情况已经超出承包人控制的范围，故从公平和可操作的角度来说，在工程质量合格的前提下，应当自合同解除之日起算质量保证金的返还期限。如果承包人违约导致合同解除，原则上应参照合同约定，自竣工验收合格之日起算质量保证金的返还期限。当然，对于确实无法竣工验收的“烂尾楼”，则是需要在个案中综合考量的问题。

对于第三个问题，笔者认为，两个施工人分别保修在实务中往往不具有可行性。许多情况下，单位工程质量问题的原因并非局限于质量缺陷发生的部位，而是各部位问题相互关联；考虑到工程质量缺陷成因和修复工作的技术特性，实务中可行的方案是，由后续承包人履行对整个单位工程的保修义务，而在保修责任认定上，将前手承包人纳入可能的责任人范围加以考虑。①以此为基础，前手承包人预留在发包人处的质量保证金，自然也会成为其承

① 参见曹文衔：《承包人工程保修责任三题》，载微信公众号“天同诉讼圈”2020年9月10日，https://mp.weixin.qq.com/s/_fZAt1pqyGqrUIw6UXcsNQ。

担责任的一种保证。

2. 关于合同无效与质量保证金的返还

笔者认为，合同无效后，如果工程竣工验收合格的，发包人主张参照合同约定扣留工程质量保证金的，应当支持。具体理由有以下两个方面。

（1）从质量保证金的性质和目的分析。质量保证金的性质和目的，如前所述，不再重复。此处重点尝试回应一个可能存在的疑问：既然质量保证金已纳入金钱担保或保证金质押的范围，那么在施工合同无效时，为何其作为"从合同"义务还要继续产生约束力？笔者认为，首先，需要关注建设工程领域合同无效后的"特殊性"，即彼此难以彻底回到从前，但承包人依然需要履行保修的法定义务。至于其是否具有相应资质，只是承包人承担维修费用或亲自维修的选择问题，并不能免除承包人本应承担的责任。其次，需要关注质量保证金所"担保"的主合同义务到底是什么。与合同解除环节一样，质量保证金所担保的"主债务"是承包人在缺陷责任期内所承担的保修责任。施工合同无效后，法定保修责任依然存在，故参照合同约定扣留部分质保金更具合理性。当然，该结论在逻辑上可能遭受的质疑是：质量保证金担保的是"约定"保修责任而非法定保修责任，由此推断，施工合同无效导致约定的内容无效，质保金条款也应无效。

表面看来，上述质疑似乎有一定的道理，但笔者认为，需要面对的现实是：一则，上文已经论述，当事人在实践中"约定"的保修责任一般与法定责任范围重合，故在施工合同无效但承包人的保修责任并无变化的基础上，纠结于"约定"二字似无必要。二则，正如有学者指出："如果合同价款的约定与承包人超越法定义务的工程保修约定义务内容有关，当合同无效且工程经验收质量合格时，由于承包人的工程保修约定义务被认定无效而'免除'，严格说来，应就该部分被'免除'的保修义务对应的工程价款作相应扣减。"[①] 但实践中"参照合同约定价款折价补偿"已成为习惯，进而也就意味着发包人需要将包含有"约定"保修义务对价的工程款支付完毕，在此前提

① 曹文衔：《承包人工程保修责任三题》，载微信公众号"天同诉讼圈"2020年9月10日，https://mp.weixin.qq.com/s/_fZAt1pqyGqrUIw6UXcsNQ。

下，参照合同约定扣留质量保证金更符合双方的期望和公平原则。

（2）从质量保证金处理方式所产生的现实效果分析。对于无效施工合同，法律的本意一直是要予以打击，如果在处理质量保证金时认为合同中的质量保证金条款也无效不应参照适用，则意味着承包人可以提前取得相应的质量保证金，无须等到双方约定的返还期限届满，这将会导致承包人因无效合同比有效合同享有的利益更大，变相鼓励承包人追求合同无效的后果，与法律打击无效合同的本意相违背。[①] 此外，在司法解释的视野下，即便施工合同无效，承包人依然可以获得与有效时基本相同的工程款甚至优先受偿权等主要权利。两相对比，发包人因为质量保证金所享有的担保性权益为何不能同等对待呢？若仅以合同效力为由区别对待，恐有待商榷。

另外，还需考虑的一种特殊情形是：合同无效后，工程尚在中途，并未竣工验收。就此，笔者认为，原则上可参照上述合同解除后的规则处理质量保证金，但因发包人尚未取得工程建设规划许可证等导致违法建筑出现的情形除外。

二、工程质量保证金返还与利息计算

发包人逾期返还质量保证金时需要支付逾期利息，实践中对此观点基本一致。但是，发包人在约定期限内返还质量保证金时，若无约定，是否需要计算利息，却存在一定的分歧。此问题虽小，但其适用范围广泛，本节就此展开探讨。

关于工程质量保证金的利息问题，在我国的《施工合同示范文本》中也经历了一个变化的过程。该文本虽然体现的是当事人“约定”的性质，但对此进行观察，也可从行业习惯或认知的角度给司法实践提供一些参考。

（一）质量保证金利息在示范文本中的变化

1999 版《施工合同示范文本》中，尚未出现质量保证金的表述，只出现

---

① 参见李玉生主编：《建设工程施工合同案件审理指南》，人民法院出版社 2019 年版，第 224 页。

了“质量保修金”且未涉及利息问题。

2013 版《施工合同示范文本》中，已经出现了质量保证金的表述。对于质量保证金的退还，主要体现在第 15. 3. 3 项中，其概括性约定“发包人应按 14. 4 款〔最终结清〕的约定退还质量保证金”，第 14. 4 款中相关的内容为：“除专用合同条款另有约定外，最终结清申请单应列明质量保证金、应扣除的质量保证金、缺陷责任期内发生的增减费用。”该版的示范文本中，并没有对质量保证金如期退还时的利息问题作出明确。

2017 版《施工合同示范文本》与 1999 版和 2013 版两个版本最大的区别在于特别明确了质量保证金的利息问题，其在第 15. 3. 2 项中明确规定：“发包人在退还质量保证金的同时按照中国人民银行发布的同期同类贷款基准利率支付利息。”[①] 至于该项内容被纳入通用条款的具体理由，该示范文本的释义资料认为：“发包人扣留质量保证金实际上占用了承包人的资金，发包人在缺陷责任期届满时应同时按照中国人民银行发布的同期同类贷款基准利率支付利息，承包人无须对发包人是否实际使用了质量保证金举证。”[②]

综上，历年的《施工合同示范文本》中，对于质量保证金利息经历了一个从无到有、从模糊到明确的约定过程。如果当事人未在专用条款中就该问题作出特别约定，那么按照 2017 版《施工合同示范文本》通用条款的内容，发包人返还质量保证金时自然包括“本金”和“利息”。该项内容的出现，从某种程度上反映了建筑行业对于质量保证金返还和利息关系问题的一种认识。

（二）质量保证金返还时利息处理的实践观点

第一种观点主张，如期返还质保金时无须计算利息。在合同未作明确约

① 关于利息的计算标准和规则，自 2019 年 8 月 20 日起，中国人民银行已经授权全国银行间同业拆借中心于每月 20 日（遇节假日顺延）9 时 30 分公布贷款市场报价利率（LPR），中国人民银行贷款基准利率这一标准已经取消。

② 本书编委会：《建设工程施工合同（示范文本）GF – 2017 – 0201 使用指南》，中国建筑工业出版社 2018 年版，第 236 页。

定的情况下，发包人返还质量保修金时一般不需要支付利息，即无息返还。[①] 比如河南高院（2021）豫民再90号民事判决书认为："因双方未约定两年缺陷责任期内工程质量保证金的利息，故王新有主张支付该期限内的质量保证金利息，没有事实和法律依据。"在笔者的阅读范围内，类似观点占据了多数，但直接相关的案例并不多见。究其原因，除了承包人仅主张返还质量保证金"本金"的情况较多之外，还因大多数施工合同中的当事人会约定质量保证金的"无息"返还。

第二种观点主张，如期返还质量保证金需附带返还利息。例如，2017年发布的《辽宁省建设工程质量保证金管理办法》第十五条规定："缺陷责任期内，承包人认真履行合同约定的责任，到期后，承包人向发包人申请返还保证金。未出现质量缺陷的或出现质量缺陷但承包人已进行维修的，到期后，工程质量保证金和利息全部返还。因承包人原因出现质量缺陷但承包人未进行保修的，扣除相应的维修费用，到期后，返还工程质量保证金余额和利息。合同有特殊约定的，在不违反本条规定的原则下可按合同执行。"除辽宁省之外，吉林省在相当长的一段时间内也是通过规范性文件的方式，对质量保证金和利息问题采取了相同的处理方式。[②]

（三）本书的观点

结合现实情况和其他保证金的处理方式，笔者倾向于认为，质量保证金在约定或推定期限内返还时，发包人应同时支付相应的利息。理由集中在以下两个方面：

其一，参考示范文本和类似保证金处理的方式。2017版《施工合同示范

---

① 参见王永起、李玉明：《建设工程施工合同纠纷法律适用指南》，法律出版社2013年版，第303页。

② 《吉林省建设工程质量保证金管理办法（试行）》第十三条规定："质量缺陷责任期满，建筑工程质量保证金按照下列规定退还：（一）工程未出现质量缺陷的，质量保证金的本金和利息退还施工单位。（二）工程出现质量缺陷，施工单位已经按照规定履行保修义务的，质量保证金的本金和利息退还施工单位。"需要特别说明的是，该办法在各大数据库中显示依然有效，但笔者在吉林省住房和城乡建设厅官方网站查询发现，该办法已经于2017年12月废止，其原因显示是"不符合国家放管服的有关规定"。但是该办法中对于质量保证金和利息的处理方式的确是第二种观点的一种代表。

文本》虽然只是行业倡导性内容，但其在一定程度上反映了行业内的期待和共识，若当事人选择了该示范文本且无特别约定，自然应接受通用条款的约束。若当事人自行确定合同文本且对质量保证金利息无约定时，行业示范文本的处理方式应当具有一定的参考性。此外，在建设工程领域，类似的保证金还有投标保证金、农民工工资保证金。对于前者，《招标投标法实施条例》第五十七条第二款规定："招标人最迟应当在书面合同签订后 5 日内向中标人和未中标的投标人退还投标保证金及银行同期存款利息。"对于后者，《工程建设领域农民工工资保证金规定》第十四条第一款规定："工资保证金账户内本金和利息归开立账户的施工总承包单位所有。在工资保证金账户被监管期间，企业可自由提取和使用工资保证金的利息及其他合法收益。"由此可见，投标保证金、农民工工资保证金在退还的时候都需要退还相应的利息。当然，无法忽视的一个前提是，该两类保证金都由投标人或承包人提前交纳，但对比分析可发现，质量保证金也存在承包人提前交纳、设立质量保证金专用账户等类似形式，故在后果处理上也应具有趋同性。至于发包人采取扣留"工程款"的方式收取质保金的问题，将在下文论述。

其二，不同形式的质量保证金在利息处理上应趋向同一性。如质量保证金采取承包人提前交纳或发包人划入承包人名下保证金账户的形式，该笔金钱因被占用或存入银行所产生的利息，遵循孳息的归属原理，自然由承包人所有。在此前提下，若因质量保证金采取发包人扣留部分工程款的形式，就导致了利息处理的差异，则会造成不同质量保证金形式所享有的"待遇"差异，不利于各种质量保证金方式平等发挥作用，故在利息的处理上应采取同一方式。

当然，在上述分析中，尤其在发包人采取扣留工程款方式收取质量保证金时，必然会产生一个普遍性的疑问：质量保证金到底是谁的钱？如果是工程款的一部分，未交付前自然属于发包人所有，那么按照合同约定到期支付的前提下，发包人为什么还要支付利息？这个问题不仅关系到质量保证金利息的判断，也关系到该笔款项与优先受偿权的关系，就此可详见本书第六章第六节的分析。

裁判规则指引

❶ 关于合同解除与质量保证金返还的关系，实践中存在一定分歧。有观点认为，合同解除则质量保证金条款自然解除，发包人不应再扣留质保金；另有观点认为，质量保修义务是法定义务，并不因为合同解除而终止，作为担保该义务履行的质量保证金仍应按照合同预留。综合考虑质量保证金的性质和目的、多种形式产生的效果应当趋同等因素，笔者倾向于认为，合同解除后，已完工程质量合格的，发包人主张按照合同约定预留一定比例质量保证金的，一般应予支持。

❷ 若发包人违约导致施工合同解除，在工程质量合格的前提下，可自合同解除之日起算质量保证金的返还期限；若承包人违约导致施工合同解除，一般可自竣工验收合格之日起算质量保证金的返还期限。

❸ 关于合同无效与质量保证金返还的关系，实践中存在一定分歧。有观点认为，工程质量保证金返还与合同的效力无关，其属于法定义务、结算条款；另有观点认为，施工合同无效则质量保证金条款也无效，自应返还。综合考虑质量保证金的性质和目的、避免承包人因无效获得更大利益等因素，笔者倾向于认为，合同无效后，工程竣工验收合格的，发包人主张参照合同约定扣留工程质量保证金的，一般应予支持。

❹ 关于质量保证金返还和利息的关系，2017 版《施工合同示范文本》明确规定，发包人在退还质量保证金的同时按照中国人民银行发布的同期同类贷款基准利率支付利息。若当事人对此并无约定，综合行业习惯、部分地方文件规定等因素，笔者倾向于认为，质量保证金在约定或推定期限内返还时，发包人应同时支付相应的利息。

第七节　“两期”内保修责任的性质及其履行

实务疑难问题

1. 缺陷责任期和保修期之内承包人维修责任的内容有什么区别?
2. 缺陷责任期和保修期之内承包人所承担维修责任的法理基础是什么?
3. 造成工程质量缺陷的原因与承包人维修义务之间是什么关系?

对于承包人的保修责任，很多观点认为其来源于法学理论中的瑕疵担保责任。鉴于该种责任主要反映在我国买卖合同领域，且《民法典》和《买卖合同纠纷解释》对其进行了较为详细的规定，故本节首先对瑕疵担保责任的相关内容作一概括梳理，为承包人保修责任性质的界定提供参考。

一、重要参照：买卖合同中的瑕疵担保责任

所谓瑕疵担保责任，是在买卖合同等有偿合同中，在标的物本身隐含瑕疵（缺陷）的场合，出卖人等交付义务人对于买受人等权利人所负的担保责任；对于存在瑕疵之事实无过失、不知情的买受人，可以向出卖人请求损害赔偿；买卖的目的无法达到时，可更进一步将合同解除。[①] 一般认为，瑕疵担保责任包括权利瑕疵担保责任和物的瑕疵担保责任。前者是指出卖人就其所移转的标的物确保不受他人追夺以及不存在未告知权利负担的责任，我国《民法典》第六百一十二条至第六百一十四条对此进行了规定；后者是指出卖人就其所交付的标的物不符合债之本质，欠缺约定或法定品质所负担的责任，我国《民法典》第六百一十五条至第六百一十九条对此进行了规定[②]。《买卖

① 韩世远：《出卖人的物的瑕疵担保责任与我国合同法》，载《中国法学》2007 年第 3 期。

② 最高人民法院民法典贯彻实施工作领导小组主编：《中华人民共和国民法典合同编理解与适用（二）》，人民法院出版社 2020 年版，第 954 页。

合同纠纷解释》第十七条、第二十四条等条文均有所体现。

（一）瑕疵担保责任与违约责任关系争议的简单概括

理论学说上关于瑕疵担保责任与违约责任的关系存在较大的争议。概括来说，一种观点认为，我国物的瑕疵担保责任已被纳入违约责任制度，买卖的标的物存在瑕疵是一种“违约”行为，故发生违约责任，不再有特别的“瑕疵担保责任”；另一种观点认为，物的瑕疵担保责任与违约责任分属不同的救济方式，两者在是否履行通知义务、救济方式、构成要件等方面存在很多不同。① 具体到我国司法实践，相关释义资料中的倾向性观点是：虽然我国的合同立法及《民法典》都将物的瑕疵担保责任统合进了一般违约责任救济体系中，但物的瑕疵担保责任有其特殊性质及意义，有必要将物的瑕疵担保责任作为一项相对独立的子制度看待。②

（二）我国立法中瑕疵担保责任的主要特征

其一，瑕疵可分为两类。瑕疵是指不符合债之本质，使交付的标的物的价值或效用存在减损的部分，可分为数量瑕疵和质量瑕疵。在质量瑕疵中，根据检验的难易程度又可分为外观瑕疵和隐蔽瑕疵。

其二，买受人负有通知义务。现代货物交易频繁，立法在着重保护买受人利益的同时，有必要适当给予出卖人相应保护，这一保护机制体现为不符通知制度，即买受人应当对出卖人所交付的标的物在约定期间或合理期间内进行检查，并于存在不符时及时通知出卖人，如买受人未在合理期间内提出瑕疵异议，则瑕疵担保责任救济权随之消灭，买受人无权要求出卖人承担违约责任。

其三，特定情形下买受人主张标的物瑕疵可不受检验期间限制。《民法典》第六百二十一条“买受人怠于通知的，视为标的物的数量或者质量符合

---

① 关于瑕疵担保责任和违约责任的相关观点，可参见韩世远：《出卖人的物的瑕疵担保责任与我国合同法》，载《中国法学》2007 年第 3 期；崔建远：《物的瑕疵担保责任的定性与定位》，载《中国法学》2006 年第 6 期。

② 最高人民法院民法典贯彻实施工作领导小组主编：《中华人民共和国民法典合同编理解与适用(二)》，人民法院出版社 2020 年版，第 957 页。

约定”中的“视为”属于法律拟制，为解决符合法律逻辑的判决结果与普通民众的直观价值判断和公平认知之间的冲突，应正确适用第六百二十一条第三款，即特定情形下买受人向出卖人主张标的物瑕疵可以不受检验期间限制，主要包括出卖人明知其提供的标的物不符合约定而未告知，以及出卖人应当知道其提供的标的物不符合约定而未告知两种情形。

其四，产品瑕疵担保责任与产品责任本质不同。前者是物的瑕疵担保责任的一种，即因出卖人违反担保义务，出售的产品存在瑕疵而应当承担的违约责任；后者是指因产品缺陷给受害人造成人身伤害或产品以外的财产损失由生产者或销售者承担的责任，是一种特殊的侵权责任。产品责任的质量问题比瑕疵产品的质量问题严重，达到了对人身、他人财产构成不合理危险的程度。①

二、“两期”内保修责任的性质

（一）实践中的两种观点

建设工程领域的保修制度主要体现在《建筑法》《建设工程质量管理条例》《房屋建筑工程质量保修办法》当中，但是上述三部规定的内容更趋向于行政监管。至于保修制度在民法视野下的性质，实践中也存在一些分歧。

一种观点认为，保修责任等同于瑕疵担保责任，在工程质量保修期内，发包人或者使用人发现工程瑕疵，有权直接请求承包人修理或者返工、改建。② 有学者进一步分析，原《合同法》第一百一十一条③规定的就是瑕疵担保责任，而原《合同法》第二百八十一条即“因施工人的原因致使建设工程

---

① 以上关于我国立法中瑕疵担保责任的特征总结，主要参见最高人民法院民事审判第二庭编著：《最高人民法院关于买卖合同司法解释理解与适用》，人民法院出版社 2012 年版，第 269 – 345 页；最高人民法院民法典贯彻实施工作领导小组主编：《中华人民共和国民法典合同编理解与适用（二）》，人民法院出版社 2020 年版，第 621 – 632 页。

② 最高人民法院民事审判第一庭编著：《最高人民法院新建设工程施工合同司法解释（一）理解与适用》，人民法院出版社 2021 年版，第 186 页。

③ 原《合同法》第一百一十一条规定：“质量不符合约定的，应当按照当事人的约定承担违约责任。对违约责任没有约定或者约定不明确，依照本法第六十一条的规定仍不能确定的，受损害方根据标的的性质以及损失的大小，可以合理选择要求对方承担修理、更换、重作、退货、减少价款或者报酬等违约责任。”该条主要内容已经被《民法典》第五百八十二条、第六百一十七条吸收。

质量不符合约定的，发包人有权要求施工人在合理期限内无偿修理或者返工、改建。经过修理或者返工、改建后，造成逾期交付的，施工人应当承担违约责任”，属于上述瑕疵担保责任条款的周边规则。①

另一种观点则认为，保修责任与瑕疵担保责任并不相同。两者在归责原则、缺陷发生时间、责任承担方式、受限制期间方面均存在差异。比如，瑕疵担保责任为无过错责任，而施工单位对于保修期内的经济责任属于过错责任；瑕疵担保责任中的瑕疵于风险转移至买受人时已存在，而质量保修期涉及的缺陷既可能在工程交付时也可能在使用过程中产生；瑕疵担保责任的承担方式包括维修、返工、减少价款、解除合同等，而质量保修责任的承担方式是维修及损失赔偿，不包括减少价款；保修责任受质量保修期限制，若超过质量保修期，施工单位不再承担保修义务，而瑕疵担保责任受质量异议期限制，若超过质量异议期，出卖人不再承担瑕疵担保责任。②

（二）本书的观点

笔者认为，由于建设工程领域具有特殊性，保修责任在表面上呈现出部分与瑕疵担保责任典型特征不符之处，但就法理而言，保修责任的形成基础依然是瑕疵担保责任。主要理由包括以下三个方面：

其一，从规范依据的角度而言，《建筑法》和《建设工程质量管理条例》中不仅明确了承包人的保修责任，而且突出了严格的监管特色，如承包人怠于履行保修义务将被行政机关处以罚款。实践中，多数观点也将上述规定作为承包人负有“法定义务”、承担责任的来源，且进一步将“瑕疵担保责任”与“法定义务”相互对立，分别作为保修责任产生的不同来源进行辩论。笔者倾向于认为，从民法的角度衡量，现有规范对于承包人“法定义务”的明确，与探求承包人义务产生基础或者责任性质之间并不具有可比性。具体来说，承包人负有“法定义务”，只是判断其是否承担责任的前提，而不是与

---

① 金晶：《〈合同法〉第111条（质量不符合约定之违约责任）评注》，载《法学家》2018年第3期。

② 参见高印立、赵怡红：《中国法下与建设工程质量相关的期间和责任概念辨析》，载《北京仲裁》2018年第2期。

“责任性质”同等对比的概念。由此，笔者认为，虽然可以将《建筑法》和《建设工程质量管理条例》作为承包人承担保修责任的依据，但依然有必要进一步探讨该种责任的性质。

其二，从合同的角度而言，交付质量合格的工程显然是承包人的基本义务。如果质量不合格，则合同履行存在瑕疵，承包人负有维修的义务，《民法典》中与之对应的法律依据是第五百八十二条，即“履行不符合约定的，应当按照当事人的约定承担违约责任。对违约责任没有约定或者约定不明确，依据本法第五百一十条的规定仍不能确定的，受损害方根据标的的性质以及损失的大小，可以合理选择请求对方承担修理、重作、更换、退货、减少价款或者报酬等违约责任”。上述条款与原《合同法》第一百一十一条相比，虽然将原有的“质量”修改为“履行”，但是显然其所依赖的瑕疵担保责任这一法理基础并未改变，① 因此瑕疵担保责任自然也应当成为建设工程保修责任的理论基础。否则，恐难以为保修责任的产生寻找到更为妥当的起源。

其三，从特殊性的角度而言，施工合同效力与保修责任的关系不应成为否定瑕疵担保责任的理由。理论上对于瑕疵担保责任的论述大都建立在合同有效和违约的基础上，故如果合同无效，是否还要承担瑕疵担保责任就有探讨的余地。由此延伸，施工合同无效后承包人一般也需要承担保修责任，此时如何再以瑕疵担保责任作为其基础？

对于上述问题，笔者认为，应当充分考虑我国建设工程领域的实践和特点。在对工程质量实施严格的行政监管和突出公共利益的前提下，我国民法领域对于施工合同无效的后果处理上，呈现出一定的特殊性。比如，施工合同无效后，如果工程质量合格，在难以“互返”的前提下，各方可以“参照合同价款”折价补充。再如，施工合同虽然无效，但承包人对于已经交付的工程，依然需要履行法定的保修义务，且实践中“法定”保修与“约定”保修的内容基本一致。换言之，承包人对于已交标的物所负担的“保质保量”的义务并没有因合同无效而免除，在此前提下，也只能依旧将瑕疵担保责任

---

① 对于原《合同法》第一百一十一条之瑕疵担保责任的相关解读，可参见崔建远：《物的瑕疵担保责任的定性与定位》，载《中国法学》2006 年第 6 期；金晶：《〈合同法〉第 111 条（质量不符合约定之违约责任）评注》，载《法学家》2018 年第 3 期。

作为保修责任的法理来源，否则，还会掉入“法定义务”“法定义务来源”判断的逻辑怪圈。

三、保修责任的履行

交付后的工程出现质量问题时，多会涉及保修责任的履行，就此而言，实践中有如下两个问题值得关注。

（一）“两期”内的保修内容和责任分析

因缺陷责任期和质量保修期存在诸多差异，[①] 故实践中不乏有观点认为“两期”所对应的保修责任也不相同。如：缺陷责任期内承包人承担的是质量缺陷修复义务，质量保修期内承包人承担的是保修义务；缺陷责任期内，如果承包人未履行修复义务，发包人可以按照合同约定扣除工程质量保证金，并由承包人承担相应的违约责任，而质量保修期内，承包人的保修义务属于法定义务，不能通过合同约定予以排除。[②]

笔者认为，除了当事人通过自愿约定所形成的责任承担方式差异，“缺陷责任期”和“质量保修期”这两个词汇并不是区分保修内容和责任性质的前提。更进一步阐述，“两期”之内保修责任的性质和内容是相互重叠的，至于因质量保证金被扣除或返还所导致的“两期”内容差异，虽然反映了缺陷责任期的“使命”，但是并未对承包人的保修内容和责任性质产生实质影响，因此其不过是一种约定的责任承担方式而已。现以下从几个方面分别阐述。

首先，关于保修内容的对比。保修期内，依照《建设工程质量管理条例》的规定，保修范围包括：基础设施工程，房屋建筑的地基基础工程和主体结构工程，屋面防水工程，有防水要求的卫生间、房间和外墙面的防渗漏，供热与供冷系统，电气管线，给排水管道，设备安装和装修工程以及其他约定项目。缺陷责任期内，参考2017版《施工合同示范文本》内容，其并未针对保修范围作出特别约定，只是强调了承包人在缺陷责任期内应当履行保修义

---

① 详见本书第四章第三节“缺陷责任期与保修期的发展脉络及关系”。

② 最高人民法院民事审判第一庭编著：《最高人民法院新建设工程施工合同司法解释（一）理解与适用》，人民法院出版社2021年版，第170－171页。

务。此外，交通运输部2018年发布的《公路工程标准施工招标文件》第四章第19.7款明确规定："保修期与缺陷责任期重叠的期间内，承包人的保修责任同缺陷责任。"由此可见，承包人的保修义务所指向的对象并没有因为是缺陷责任期和保修期而产生本质区别。

其次，关于保修义务启动原因的对比。承包人在何种情况下需要履行保修义务？在保修期内，依照《建设工程质量管理条例》《房屋建筑工程质量保修办法》的规定，承包人在建设工程存在质量缺陷时，即建设工程质量"不符合工程建设强制性标准以及合同的约定"时，需履行保修义务。在缺陷责任期内，参考《建设工程质量保证金管理办法》的规定，承包人在建设工程出现缺陷时，即"建设工程质量不符合工程建设强制性标准、设计文件，以及承包合同的约定"时，需履行保修义务。两相对比，可见两者没有实质区别。①

最后，关于保修责任性质的对比。鉴于上文已对此进行详细阐述，此处不再赘述，但显然"两期"内的保修责任都属于瑕疵担保责任。

（二）保修义务的履行主体与最终责任主体

工程质量存在缺陷，其原因可能是施工，也可能是设计或者建筑材料质量问题。那么，承包人的保修义务是否要针对上述所有缺陷？就此问题，实践中虽不乏争议，但通过分析《建设工程质量管理条例》等规定也可得出较为清晰的结论。

1. 承包人"全方位"保修与原因方承担责任

《建设工程质量管理条例》第四十一条规定："建设工程在保修范围和保修期限内发生质量问题的，施工单位应当履行保修义务，并对造成的损失承担赔偿责任。"该条并未区分质量问题发生的原因。立法机关在《建设工程质量管理条例释义》一书中就此进一步阐述：施工单位未按国家有关规范、标准和设计要求施工，造成的质量缺陷，由施工单位负责返修并承担经济责任；由于设计方面的原因造成的质量缺陷，先由施工单位负责维修，其经济责任按有关规定通过建设单位向设计单位索赔；因建筑材料、构配件和设备质量

① 详见本书第四章第三节"缺陷责任期与保修期的发展脉络及关系"。

不合格引起的质量缺陷，先由施工单位负责维修，其经济责任属于施工单位采购的或经其验收同意的，由施工单位承担经济责任，属于建设单位采购的，由建设单位承担经济责任；因建设单位（含监理单位）错误管理造成的质量缺陷，先由施工单位负责维修，其经济责任由建设单位承担，如属监理单位责任，则由建设单位向监理单位索赔；因使用单位使用不当造成的损坏问题，先由施工单位负责维修，其经济责任由使用单位自行负责；因地震、洪水、台风等不可抗拒原因造成的损坏问题，先由施工单位负责维修，建设参与各方根据国家具体政策分担经济责任。①

由此可见，就立法本意而言，无论谁的原因造成质量缺陷，原则上都要由施工单位负责维修，如此，一则避免各参建单位互相推诿，二则施工单位对原施工过程熟悉，也更有利于工程质量的保障。当然，保修义务的履行，并不意味着最终责任全部由承包人承担，而是由引起质量问题的原因方承担。

上述思路在《建设工程质量保证金管理办法》中也有所体现，其第九条规定："缺陷责任期内，由承包人原因造成的缺陷，承包人应负责维修，并承担鉴定及维修费用……由他人原因造成的缺陷，发包人负责组织维修，承包人不承担费用，且发包人不得从保证金中扣除费用。"对于他人原因造成的缺陷，由"发包人组织维修"也是《建设工程质量管理条例》的立法本意之一，"一般应先由建设单位组织勘察、设计、施工等单位分析质量问题的原因，确定保修方案，由施工单位负责保修"。② 至于《房屋建筑工程质量保修办法》第十七条将"使用不当"、"第三方造成"和"不可抗力"排除在保修范围之外，笔者认为，结合上述《建设工程质量管理条例》的立法本意，该条内容值得进一步探讨。

2. 实践执行中的现实问题

虽然上述立法本意明确了保修主体和责任主体的区别对待，但在实践执行中时常会面临较为复杂的现实问题，比如质量缺陷原因暂时无法确定，且

---

① 参见国务院法制办等编著：《建设工程质量管理条例释义》，中国城市出版社 2000 年版，第 103 - 104 页。

② 国务院法制办等编著：《建设工程质量管理条例释义》，中国城市出版社 2000 年版，第 104 页。

承包人拒绝履行维修义务时，司法应如何裁决。笔者认为，基于建设工程的复杂性特点，如果维修工作在认定质量责任、确定维修费用甚或由责任者支付维修费用后再启动，可能导致缺陷修复的过度迟延，进而扩大损失。[①] 故此时，司法应判决承包人履行内容明确的修复义务；若考虑到修复义务的履行缺乏可操作性，则应判决承包人支付相应的维修费用。当然，最终原因明确后，承包人可继续追偿。

在此基础上，也能更好地理解 2017 版《施工合同示范文本》的相关内容。该示范文本第 15. 4. 2 项明确规定："保修期内，修复的费用按照以下约定处理：……（2）保修期内，因发包人使用不当造成工程的缺陷、损坏，可以委托承包人修复，但发包人应承担修复的费用，并支付承包人合理利润；（3）因其他原因造成工程的缺陷、损坏，可以委托承包人修复，发包人应承担修复的费用，并支付承包人合理的利润，因工程的缺陷、损坏造成的人身伤害和财产损失由责任方承担。"上述规定虽然表明发包人"可以委托"承包人修复，然而发包人一旦进行"委托"，承包人并无拒绝的理由，因为对建设工程进行维修，是其需要履行的法定义务。

裁判规则指引

❶ 除了当事人约定所形成的责任承担方式差异，"缺陷责任期"和"质量保修期"这两个词汇并不是区分保修内容和责任性质的前提。"两期"之内保修责任的性质和内容相互重叠，至于因质量保证金被扣除或返还所导致的内容差异，虽反映了缺陷责任期的"使命"，但并未对承包人的保修内容和责任性质产生实质影响，其只是一种约定的责任承担方式。

① 曹文衔：《当事人视角下的司解二适用疑点、困惑与化解（之五）：工程质量保证金返还的裁判规则》，载微信公众号"天同诉讼圈"2019 年 3 月 14 日，https：//mp. weixin. qq. com/s/p1YOIbOJg8cZ5AhoEIpbnw。

❷ 如果建设工程质量不合格，则合同履行存在瑕疵，承包人负有维修义务，《民法典》中与之对应的法律依据是第五百八十二条。该条文的法理基础是瑕疵担保责任，也是建设工程保修责任的理论基础，故可推断出“两期”内保修责任的性质是瑕疵担保责任。

❸ 结合《建设工程质量管理条例》的立法本意，无论何种原因造成的工程质量缺陷，一般都应由施工单位负责维修，但最终的责任由引起质量问题的原因方承担。

❹ 质量缺陷原因暂时无法确定时，若承包人拒绝维修，实践中可判决承包人先行履行修复义务或支付相应的维修费用。待最终原因明确后，承包人可向责任方追偿。

第八节　保修期届满后承包人的责任认定

实务疑难问题

1. 建设工程的保修期与合理使用年限之间有什么联系和区别?
2. 如何区分建设工程的质量缺陷与瑕疵?
3. 保修期届满后，承包人的瑕疵担保责任和产品责任是否都可以免除?

保修期之内，承包人自应履行维修义务，然如果保修期限届满，建设工程产生质量问题时，承包人是否还应承担保修责任？实践中对这一问题存在一定分歧，本节以此为重点，从以下三个方面尝试分析。

一、保修期限与合理使用期限

保修期限对于工程质量意味着什么？保修期是否等同于建设工程所有部分的“保质期”或“合理使用期限”？对于这些基本问题的理解，都将影响到保修期届满后保修责任的判断。

（一）基础工程和主体结构

关于建设工程保修期限的确定，《建筑法》第六十二条明确规定，“保修的期限应当按照保证建筑物合理寿命年限内正常使用，维护使用者合法权益的原则确定”。在此基础上，《建设工程质量管理条例》第四十条针对不同部位分别规定了不同的保修期限。但结合该条款的立法本意可以发现，建筑物使用的“合理寿命年限”与“保修期”的完全重合体现在基础设施工程、房屋建筑的地基基础工程和主体结构工程中，因为该类工程和部位的保修期就是设计文件规定的合理使用年限。具体期限可参照《民用建筑设计统一标准》的规定：临时性建筑为5年，易于替换结构构件的建筑为25年，普通建筑和构筑物为50年，纪念性建筑和特别重要的建筑为100年。究其原因在于，基础设施工程、房屋建筑的地基基础和主体结构都关乎主要功能的使用和公共安全，故该类工程和部位的保修期义务需要始终伴随着“其合理使用期间”。

（二）其他工程和部位

至于防水、供暖等其他工程或部位的保修期，并非完全针对“合理使用期限”，而是质量容易出现问题的“爆发期”，其理由集中在两个方面。

其一，《建设工程质量管理条例》第四十条的立法本意。立法机关的释义资料中明确“屋面防水工程、有防水要求的卫生间、房间和外墙面，一般如果在5年内不渗漏，质量就会趋于稳定；供热与供冷系统，一般如果在两个采暖期、供冷期内不出现问题，质量就会趋于稳定；电气管线、给排水管道、设备安装和装修工程，一般如果在2年内不出现问题，质量就会趋于稳定”。[①] 由此可知，在防水、供暖供冷、电气管线等方面确定的保修期限主要针对的是“质量问题爆发期”，因为建筑物在经历一个物理的、化学的反应期和平稳过渡期后，我们才能发现施工期间尚存的质量问题。[②] 故此，需要通过保修期来消除特定期限内出现的质量问题，推动质量趋于稳定。

其二，防水、装修等特定工程项目的合理使用期限与法定的保修期存在很大差异。标的物的合理使用期限类似于传统商品的“保质期”，而在行业规范中，防水、装修等项目的合理“保质期”也不可能是5年或2年。比如防水项目，在住建部2019年2月公开的《建筑和市政工程防水通用规范（征求意见稿）》中，第2.0.1项要求：“工程防水设计工作年限应符合下列规定：1. 地下工程防水设计工作年限不应低于工程结构设计工作年限；2. 屋面工程防水设计工作年限不应低于25年；3. 外墙工程防水设计工作年限不应低于25年；4. 室内工程防水设计工作年限不应低于30年；5. 道路桥梁工程路面（桥面）防水设计工作年限不应低于路面结构（桥面铺装）设计工作年限；

---

① 国务院法制办等编著：《建设工程质量管理条例释义》，中国城市出版社2000年版，第102页。

② 参见杨虹：《试述工程保修期届满后，施工承包人的质量责任》，载北京仲裁委员会组编：《北京仲裁》（第88辑），中国法制出版社2014年版。

6. 非侵蚀性介质蓄水类工程防水系统设计工作年限不应低于工程结构设计工作年限。”再如，住建部发布的《外墙外保温工程技术标准》，第3.0.8项规定：“在正确使用和正常维护的条件下，外保温工程的使用年限不应少于25年。”由此更可看出，除了基础设施工程、房屋建筑的地基基础工程和主体结构工程，《建设工程质量管理条例》第四十条所涉及的其他工程或部位的“保修期”与“合理使用期限”在时间长短上存在很大差异。

二、保修期届满后承包人责任认定的实践观点

保修期满后，承包人应对工程质量承担何种责任，实践中存在以下三种观点。

第一种观点可总结为：期限届满，责任免除。质量保修期满之后，施工单位不再承担质量责任，理由为现行法律明确规定了质量保修期内施工单位应承担保修责任及损失赔偿责任，但对于质量保修期满之后的责任并未作出规定，故施工单位的质量责任在质量保修期届满之后即不再存在；而且，建筑产品的使用寿命普遍在四五十年以上，如果在如此长的一段时间内，均要求施工单位承担责任，则会使施工单位的责任过重，此种责任分配方式是不合理的。[①] 如果建筑物的使用权人需要由施工单位对建筑物的质量缺陷进行修复，则要支付一定的维修费用。[②]

第二种观点可总结为：保修责任免除，损害赔偿责任继续。保修期满后，施工单位原则上不再对建筑物承担保修责任，但应当承担质量不合格的损害赔偿责任。该责任源于产品质量责任终身制，即在建设工程的寿命期内，施工单位就质量不合格的建设工程承担人身、财产损害赔偿责任。[③] 换言之，即便超过保修期多年，建筑物在合理使用期内坍塌或者建筑物件脱落造成第三方损害或损害危险的，如果与施工承包人的施工质量有关，那么承包人应承

---

① 参见以小安：《深度解析工程质量保修期与质量责任问题》，载微信公众号“星空建设法律瞭望”，2019年10月11日，https：//mp. weixin. qq. com/s/3yoQry6iR－ZxduKD6Stdiw。

② 参见王永起、李玉明：《建设工程施工合同纠纷法律适用指南》，法律出版社2013年版，第298页。

③ 参见秦德平：《建设工程施工合同审理审查实务》，人民法院出版社2019年版，第191页。

担相应的赔偿责任和支付消除危险的费用。[①]

第三种观点可总结为：保修责任免除，瑕疵担保责任继续。如南充中院（2017）川13民终306号民事判决书认为："建筑工程质量保修责任和瑕疵担保责任是两个不同的法律概念，主要有以下两点区别：第一，建筑工程质量保修责任针对的质量问题是工程竣工验收后保修期内出现的，而瑕疵担保责任针对的质量问题是在工程交付之前已经存在的；第二，承担建筑工程质量保修责任的方式是无条件按交付时的原貌和质量标准实施修复，修复费用由责任方承担，而承担瑕疵担保责任的方式包括修理、赔偿损失等。保修期是保修责任的期限，而非瑕疵担保责任的期限。保修期满，施工单位的保修责任消灭，但施工单位的瑕疵担保责任不受影响。本案中，施工单位成都三建司对案涉房屋的多数内墙面抹灰、部分顶棚抹灰不满足《建筑装饰工程质量验收规范》要求，鉴定所测顶棚抹灰做法不符合设计要求、部分顶棚抹灰砂浆厚度不满足设计要求，该质量缺陷在工程交付之前已经存在，故施工单位应承担瑕疵担保责任，该瑕疵担保责任并不受保修期的影响。"

三、对现有制度的一点反思：区分瑕疵与缺陷

通过分析上述各种观点发现，其中部分观点涉及保修责任、瑕疵担保责任、损害赔偿责任等多种责任的交叉使用，且对多种责任有一定的混淆，进而在一定程度上导致了分歧观点的出现。结合我国现行规范的表述内容，笔者倾向于认为，保修期限届满后承包人责任的判断问题应当建立在两个基础之上：其一，需要区分瑕疵与缺陷在实践中的应用场景；其二，需要区分合同责任和侵权责任的内容。

（一）保修责任和损害赔偿责任之归责理由的规范梳理

1. 保修责任之归责理由

关于保修责任的归责理由，主要体现在如下三部规定中。其一，《建设工

---

① 参见杨虹：《试述工程保修期届满后，施工承包人的质量责任》，载北京仲裁委员会组编：《北京仲裁》第88辑，中国法制出版社2014年版。

程质量管理条例》第四十一条规定："建设工程在保修范围和保修期限内发生质量问题的，施工单位应当履行保修义务，并对造成的损失承担赔偿责任。"对于"质量问题"一词，相关释义资料将其解释为"质量缺陷"，并进一步说明："是指工程不符合国家或行业现行的有关技术标准、设计文件以及合同中对质量的要求等。"① 其二，《建设工程质量保证金管理办法》第二条第一款明确质量保证金是用以保证承包人在缺陷责任期内对建设工程出现的缺陷进行维修的资金，进而在第二款对"缺陷"进行界定，即："缺陷是指建设工程质量不符合工程建设强制性标准、设计文件，以及承包合同的约定。"其三，《房屋建筑工程质量保修办法》第三条第二款对保修义务所针对的"质量缺陷"作出界定，即："本办法所称质量缺陷，是指房屋建筑工程的质量不符合工程建设强制性标准以及合同的约定。"

通过分析上述规定可以发现，承包人保修责任的归责理由集中表现为质量"缺陷"，其具体内容不仅包括违反国家强制性标准、设计要求，还包括了违反当事人之间的约定，但并未体现出"瑕疵"与"缺陷"之间的明显界限。

2. 损害赔偿责任之归责理由

关于损害赔偿责任之归责理由，集中体现在以下四部规定中。其一，《建筑法》第八十条规定："在建筑物的合理使用寿命内，因建筑工程质量不合格受到损害的，有权向责任者要求赔偿"。其二，《民法典》第八百零二条规定："因承包人的原因致使建设工程在合理使用期限内造成人身损害和财产损失的，承包人应当承担赔偿责任。"② 其三，《新建设工程施工合同解释（一）》第十八条规定："因保修人未及时履行保修义务，导致建筑物毁损或者造成人身损害、财产损失的，保修人应当承担赔偿责任。保修人与建筑物所有人或者发包人对建筑物毁损均有过错的，各自承担相应的责任。"其四，《房屋建筑工程质量保修办法》第十四条规定："在保修期内，因房屋建筑工程质量缺

① 国务院法制办等编著：《建设工程质量管理条例释义》，中国城市出版社2000年版，第99页。

② 该条对工程质量导致人、物损害的责任主体进行了明确，也成为《民法典》第一千二百五十二条和第一千二百五十三条中责任追偿的基础，后两个条款更侧重于发、承包人的对外责任承担，故对其不再单独列明。

陷造成房屋所有人、使用人或者第三方人身、财产损害的，房屋所有人、使用人或者第三方可以向建设单位提出赔偿要求。建设单位向造成房屋建筑工程质量缺陷的责任方追偿。”

通过分析上述规定可以发现两个明显的特点。其一，承包人承担赔偿责任所对应的期间分为两类：一类是建筑物的合理使用期间，另一类是保修期间。其二，承包人赔偿责任的归责理由在表述上存在差异，如“质量不合格”“承包人原因”“未及时履行保修义务”“质量缺陷”等。

（二）瑕疵与缺陷的内涵及其在建设工程领域的适用

通过分析上述保修责任和损害赔偿责任的规范内容可以发现，二者在归责理由层面存在诸多交叉，并未进行严格区分，由此也造成了实践中的困惑：缺陷、瑕疵、质量问题之间究竟有何区别？三者在保修期内和保修期满后的责任认定中又扮演着怎样的角色？笔者尝试从以下几个角度进行分析。

1. 瑕疵与缺陷的内涵

物的瑕疵，是指作为合同标的物的产品的质量不符合要求。认定标的物质量是否符合要求，首先要看当事人的约定，如果当事人没有约定或者约定不明确的，依照《民法典》第五百一十条和第五百一十一条确定。产品缺陷应由法律规定，不取决于当事人的合同约定。依照我国法律的规定，产品缺陷是指产品存在危及人身、他人财产安全的不合理的危险；对于有保障人身健康和人身、财产安全的国家标准、行业标准的产品，是指不符合该标准。①

概言之，瑕疵的判断重点在于“产品效能”和当事人约定，违背承诺或缺乏通常价值带来的影响多是标的物价值贬损，其属于合同不完全履行的一种表现。缺陷的判断重点在于标的物缺乏通常应有的使用安全性，正常使用时也可能会给他人之人身、财产造成伤害，其是侵权责任的认定前提。

上述两者的联系和区别，在我国《产品质量法》中也得到了一定程度的体现。

---

① 参见程啸：《侵权责任法》（第3版），法律出版社2021年版，第547页。

该法第四十条突出了瑕疵的内涵，即“售出的产品有下列情形之一的，销售者应当负责修理、更换、退货；给购买产品的消费者造成损失的，销售者应当赔偿损失：（一）不具备产品应当具备的使用性能而事先未作说明的；（二）不符合在产品或者其包装上注明采用的产品标准的；（三）不符合以产品说明、实物样品等方式表明的质量状况的……生产者之间，销售者之间，生产者与销售者之间订立的买卖合同、承揽合同有不同约定的，合同当事人按照合同约定执行。”第四十六条突出了缺陷的内涵，即：“本法所称缺陷，是指产品存在危及人身、他人财产安全的不合理的危险；产品有保障人体健康和人身、财产安全的国家标准、行业标准的，是指不符合该标准。”

另外，还需关注的一点是《产品质量法》虽然不适用于整体性的建设工程，但该法第二条第三款同时明确规定：“建设工程使用的建筑材料、建筑构配件和设备，属于前款规定的产品范围的，适用本法规定。”故此，该法的相关规定在建设工程领域依然具有一定的参考意义。

2. 区分建设工程质量的缺陷与瑕疵

如上文所述，缺陷与瑕疵存在诸多不同，缺陷是一个法律用词，需要谨慎使用，有缺陷就说明是不合格产品或者不合格工程。然而，在目前的诸多规范中，对于工程质量缺陷和质量瑕疵并未作严格区分，而是大范围、笼统地使用“缺陷”一词，甚至将一切质量问题都纳入缺陷中，这样并不利于合同责任和侵权责任的准确区分。因此，在工程质量领域适当地区分缺陷和瑕疵，确有一定的实践必要。

结合上文所述，笔者倾向于认为，关于建筑材料、建筑构配件和设备的缺陷及瑕疵标准，《产品质量法》已有规定，自可适用，至于建设工程其他项目，在该领域未有规范时，也可参考该法的相关规定。比如，关于建设工程质量的缺陷认定，可参考适用该法第四十六条，工程质量应当符合“保障人体健康和人身、财产安全的国家标准、行业标准”，而保障人体健康和人身、财产安全的标准是强制性标准，必须执行；当然，如果某项属于强制性国家标准、行业标准中未作规定的性能指标不符合保障人身、财产安全的要求，可能造成他人损害的，仍可判定该产品存在缺陷。[①] 至于建设工程领域的强制性标准，行政监管部门已有规定，如住建部《实施工程建设强制性标准监督规定》第三条第一款规定："本规定所称工程建设强制性标准是指直接涉及工程质量、安全、卫生及环境保护等方面的工程建设标准强制性条文。"与此相配套，住建部又颁布了多领域的《工程建设标准强制性条文》（2013 年版，包括工业建筑部分——建标〔2013〕32 号、铁道工程部分——建标〔2013〕34 号、石油和化工建设工程部分——建标〔2013〕33 号等各领域），并在发布通知中明确："《强制性条文》的内容，是现行工程建设国家和行业标准中直接涉及人民生命财产安全、人身健康、环境保护和公众利益的条文，同时考虑了提高经济和社会效益等方面的要求。列入《强制性条文》的所有条文都必须严格执行。"水利部公布的《水利工程建设标准强制性条文管理办法（试行）》第三条明确规定："强制性条文是指水利工程建设标准中直接涉及人民生命财产安全、人身健康、水利工程安全、环境保护、能源和资源节约及其他公共利益等方面，在水利工程建设中必须强制执行的技术要求。"

由此，笔者认为，工程的质量缺陷就是指工程质量不符合工程建设的国家强制性标准或者能够证明该产品存在危及人身、财产安全的不合理危险，其关注点在于"质量安全"及可能引发的损害；工程的质量瑕疵，主要是指工程质量不符合合同约定，在工程本身的使用、发包人的合理期待方面存在一定程度的价值贬损。

（三）保修期届满后承包人的责任判断：区分合同责任与侵权责任

在区分工程质量缺陷和瑕疵的基础上，笔者认为，无论是在保修期内，还是在保修期届满后，承包人的责任认定都需要建立在区分合同责任和侵权责任的基础上。

---

① 《中华人民共和国产品质量法释义》，载中国人大网 2001 年 8 月 1 日，http：//www. npc. gov. cn/npc/c2206/200108/1327a9c8db294d25b3289acb1115f41f. shtml。

1. 保修期届满后，承包人以合同为基础所产生的一般瑕疵担保责任结束，原则上不再对非缺陷性的质量问题承担责任

其一，保修责任的形成基础是瑕疵担保责任。瑕疵担保责任的目的在于解决义务人给付不符合约定、损害合同履行利益的后果。故此，在保修期内，无论工程质量出现缺陷还是瑕疵，都有违合同约定，自然也都属于承包人保修义务的范围。若承包人怠于履行，则需承担以合同为基础所产生之责任；当然，若因质量缺陷导致发包人同时遭受其他损失的，则可能出现承包人违约责任和侵权责任的竞合，发包人可择一主张。①

其二，保修责任的承担一般应受到异议期限的限制。瑕疵担保责任的重要特征之一是权利人主张瑕疵需要在"异议期间"提出。如《民法典》第六百二十一条规定："当事人约定检验期限的，买受人应当在检验期限内将标的物的数量或者质量不符合约定的情形通知出卖人。买受人怠于通知的，视为标的物的数量或者质量符合约定。当事人没有约定检验期限的，买受人应当在发现或者应当发现标的物的数量或者质量不符合约定的合理期限内通知出卖人。买受人在合理期限内未通知或者自收到标的物之日起二年内未通知出卖人的，视为标的物的数量或者质量符合约定；但是，对标的物有质量保证期的，适用质量保证期，不适用该二年的规定。出卖人知道或者应当知道提供的标的物不符合约定的，买受人不受前两款规定的通知时间的限制。"再如，《买卖合同纠纷解释》第十四条第一款规定："民法典第六百二十一条规定的检验期限、合理期限、二年期限经过后，买受人主张标的物的数量或者质量不符合约定的，人民法院不予支持。"

瑕疵担保责任存在异议期间的目的在于督促当事人及时对标的物进行检验并就瑕疵通知出卖人，如此有利于尽快确定标的物的质量状况，明确责任，及时解决纠纷，有利于加速商品的流转；否则，就会使合同当事人之间的法律关系长期处于不稳定状态，不利于保护健康正常的交易秩序。超过检验期间将产生法律拟制标的物无瑕疵的后果，而不论标的物是否确实存在瑕疵。②

---

① 本节主要探讨发承包人之间的责任问题，故未涉及建筑物造成第三人损害的情形。

② 最高人民法院民事审判第二庭编著：《最高人民法院关于买卖合同司法解释理解与适用》，人民法院出版社 2012 年版，第 345 页。

以上文所述为参考基础，回到建设工程领域，笔者认为，其一，对于基础设施工程、房屋建筑的地基基础工程和主体结构工程，因其保修期等同于合理使用期限，且类似于产品的“质量保证期”，故超过该期限之后，无须多言，承包人自然不再承担瑕疵担保责任。其二，对于屋面防水工程、供冷供热系统等其他工程部位，因其保修期等同于质量问题的“爆发期”，性质上更类似于《民法典》第六百二十一条所涉及的质量“检验期限”或“合理期限”,[①] 故如果发包人未在保修期内主张相应的质量瑕疵问题，保修期届满之后视为该工程符合约定标准，承包人不再承担保修义务。如此不仅符合瑕疵担保责任的基本理论，也有利于平衡发包人和承包人之间的利益，实现合同关系的及时稳定。当然，如果发包人在建设过程中或交付之时明知或者应当知道工程存在瑕疵，则应考虑发包人是否存在恶意欺诈或有违诚实信用原则，不再对承包人主张瑕疵担保责任的期间进行限制。

2. 保修期届满后，承包人的“产品责任”依然存在，对于工程质量缺陷所造成的损害或存在的危险，承包人需要在合理使用期限内依照法律规定承担侵权责任

如上文所述，如果建设工程存在“质量缺陷”，则承包人的行为已构成加害给付，其将就此承担侵权责任，而在该种责任的构成要件中，主要考察的是缺陷存在、承包人的原因、损害后果、原因与损害后果的因果关系等要件，至于保修期限是否届满，对于侵权责任的认定不会产生实质影响。当然，鉴于建设工程必须在“合理使用期限”之内正常使用，如果超过了设计的合理使用期限，其功能将难以保证，因此而造成的人身和财产损害应当由所有人、管理人或使用人中的责任方承担相应的责任。

---

① 立法机关的释义资料对该条的说明中也显示：“在当事人没有约定质量检验期限但有约定或法定质量保证期时，我们认为可以将质量保证期作为约定检验期限来对待。”参见黄薇主编：《中华人民共和国民法典释义及适用指南》（中册），中国民主法制出版社 2020 年版，第 942 页。

裁判规则指引

❶ 建设工程中，保修期与合理使用年限并非同一概念。前者主要针对质量问题爆发期，因建筑物在经历一个物理的、化学的反应期和平稳过渡期后，我们才能发现施工期间尚存的质量问题；后者类似于传统商品的保质期。

❷ 合理使用年限与保修期完全重合的情况仅存在于基础设施工程、房屋建筑地基基础工程和主体结构工程中，其他工程或部位的保修期与合理使用期限在时间长短上存在很大差异，比如防水工程的保修期为5年，但合理使用年限在住建部公开的《建筑和市政工程防水通用规范（征求意见稿)》中可达到25年到30年不等。

❸ 保修期届满后承包人责任的判断前提是适当区分建设工程的质量瑕疵与缺陷。关于建筑材料、建筑构配件和设备的缺陷、瑕疵，可适用《产品质量法》；关于其他项目的缺陷、瑕疵，未有相关规范时，也可参考《产品质量法》进行判断。工程的质量缺陷，是指工程质量不符合工程建设的国家强制性标准或能够证明该产品存在危及人身、财产安全的不合理危险；工程的质量瑕疵，是指工程质量不符合合同约定，在工程本身的使用、发包人的合理期待方面存在一定程度的价值贬损。

❹ 保修期届满后，承包人以合同为基础所产生的一般瑕疵担保责任结束，原则上不再对非缺陷性的质量问题承担责任。保修期届满后，承包人的产品责任依然存在，对于工程质量缺陷所造成的损害或存在的危险，承包人要在合理使用期限内依照法律规定承担侵权责任。

第五章

工程价款结算

第一节　工程造价及合同的价格形式

实务疑难问题

1. 工程造价和工程计价的内涵是什么?
2. 作为工程造价的重要内容，建筑安装工程费用都包括哪些项目?
3. 清单计价和定额计价的概念及区别是什么?
4. 施工合同的价格都包括哪些形式?

工程造价是工程领域的专业术语，其与工程价款并非同一概念，但却是计算、确定工程价款的基础。在当事人对工程价款存在争议时，对工程造价进行鉴定进而判断工程价款，是司法审判中的常用方式。故此，对于工程造价、计价及合同价格形式的相关问题进行梳理，是解决工程价款争议的基础。

一、工程造价及相关术语

（一）工程造价

何谓工程造价？为了更宏观地了解其内涵，笔者尝试从国家标准和行业研究两个层面进行介绍。

1. 国家标准层面

2013 年，住建部公布《工程造价术语标准》，其中第 2. 1. 1 项对工程造价的内涵进行了界定，即“工程项目在建设期预计或实际支出的建设费用”。该标准的条文说明对工程造价作了进一步阐述：“工程造价是指工程项目从投资决策开始到竣工投产所需的建设费用，可以指建设费用中的某个组成部分，如建筑安装工程费，也可以是所有建设费用的总和，如建设投资和建设期利息之和。工程造价按照工程项目所指范围的不同，可以是一个建设项目的造价，一个或多个单项工程或单位工程的造价，以及一个或多个分部分项工程的造价。工程造价在工程建设的不同阶段有具体的称谓，如投资决策阶段为投资估算，设计阶段为设计概算、施工图预算，招投标阶段为招标控制价、投标报价、合同价，施工阶段为竣工结算等。在合同价形成之前都是一种预期的价格，在合同价形成并履行后则成为实际费用。”

2. 行业研究层面

中国建设工程造价管理协会学术委员会在界定“工程造价”一词时，分别从业主（投资者）和承发包的角度赋予了工程造价不同的定义。从业主（投资者）的角度来定义，工程造价是指工程的建设成本，即为建设一项工程预期支付或实际支付全部固定资产的投资费用。这些费用主要包括设备及工器具购置费、建筑工程及安装工程费、工程建设其他费用、预备费、建设期利息。这些费用是完成固定资产建设所必需的，从这个意义上讲，工程造价就是建设项目固定资产投资。从承发包的角度来定义，工程造价是指工程价格，即为建成一项工程，预计或实际在土地、设备、技术劳务以及承包等市场上，通过招投标等交易方式所形成的建筑安装工程价格和建设工程总价格。对于投资者而言，工程造价是在市场经济条件下，“购买”项目要付出的“货款”，因此工程造价就是建设项目投资；对于设计咨询机构、供应商、承包商而言，工程造价是他们出售劳务和商品的价值总和，工程造价就是工程的承包价格。①

（二）工程计价

工程造价的形成并非一蹴而就，而是需要一个具体的测算过程，这个过程称为工程计价，其与作为结果的“工程造价”密不可分，笔者同样从以下两个角度介绍。

1. 国家标准层面

《工程造价术语标准》第 2. 1. 3 项将工程计价界定为：“按照法律法规和标准等规定的程序、方法和依据，对工程造价及其构成内容进行的预测或确定。”在该标准的条文说明中，进一步阐述：“工程计价是对工程造价及其构

① 魏蓉编著：《工程造价》，清华大学出版社 2019 年版，第 3 页。

成内容，按照法律法规和标准（可以是国家标准、地方标准和企业标准）等规定的程序、方法，依据相应的工程计价依据、设计文件等工程技术资料进行预测或确定的行为。在投资决策阶段，一般指投资估算的编制；在设计阶段，一般指设计概算和施工图预算的编制；在招投标阶段，一般指招标控制价和投标报价的编制；在施工阶段，一般指竣工结算的编制；在竣工验收阶段，一般指竣工决算的编制等。在设计阶段及其之前是对工程造价的预测，在交易阶段及其以后是对工程造价的确定。”

至于工程计价依据，《工程造价术语标准》第 2.1.4 项将其界定为：“与计价内容、计价方法和价格标准相关的工程计量计价标准，工程计价定额及工程造价信息等。”在工程计价活动中还应包括工程建设法律法规、招标文件、合同文件、工程建设标准、技术资料等其他计价依据。

2. 行业研究层面

有专业学者进一步认为，工程计价是对投资项目造价或价格的计算。由于每一个工程项目的建设都需要按业主的特定需要单独设计、单独施工，不能批量生产，不能按整个工程项目确定价格，所以只能以特殊的计价程序和计价方法来计算工程造价，要将整个项目进行分解，划分为可以按定额等技术经济参数测算价格的基本单元子项或称分部分项工程。工程计价的主要特点是按工程分解结构，将工程分解至基本项，以方便基本子项费用的计算。①

二、建筑安装工程费用项目

建筑安装工程费用是为完成工程项目建造、生产性设备及配套工程安装所需的费用，其不仅是工程造价的重要组成部分，而且是司法鉴定意见时常涉及的内容。

关于建筑安装工程费用项目的依据，目前主要是住建部、财政部 2013 年印发的《建筑安装工程费用项目组成》。该文件从两个角度对费用项目进行了

---

① 魏蓉编著：《工程造价》，清华大学出版社 2019 年版，第 8 页。

划分。其一，按照费用构成要素划分，建筑安装工程费包括：人工费、材料费[①]、施工机具使用费、企业管理费、利润、规费和税金。其中人工费、材料费、施工机具使用费、企业管理费和利润包含在分部分项工程费、措施项目费、其他项目费中。其二，按照工程造价形成划分，建筑安装工程费包括：分部分项工程费、措施项目费、其他项目费、规费、税金，其中分部分项工程费、措施项目费、其他项目费包含人工费、材料费、施工机具使用费、企业管理费和利润。

与上述各项费用时常相伴随的，还有两个由来已久的名词，一个是“直接费”，另一个是“间接费”，他们在很长时间包括现在都经常出现在工程造价相关的文件、资料中。有鉴于此，笔者尝试对这两项费用的发展脉络做一个概括梳理，以期更宏观地了解工程造价领域的相关变化。

（一）直接费的含义、组成及发展历程[②]

1. 直接费的含义及组成项目

直接费，是指施工过程中耗费的构成工程实体或独立计价措施项目的费用，以及按综合计费形式表现的措施费用。就直接费的内容而言，包括人工费、材料费、施工机具使用费和其他直接费。[③]

就直接费下辖各具体费用的含义，《建筑安装工程费用项目组成》中进行了明确。

人工费，是指按照工资总额构成规定，支付给从事建筑安装施工的生产工人和附属生产单位工人的各项费用，内容包括计时工资或计件工资、奖金、津贴补贴、加班加点工资、特殊情况下支付的工资（指根据国家法律、法规

---

① 住建部、财政部根据发改委、财政部等九部委发布的《标准施工招标文件》的有关规定，将工程设备费列入材料费，并在2013年修订印发《建筑安装工程费用项目组成》时，将这一调整写入该文件。

② 该节中“直接费”“间接费”“清单计价与定额计价”的相关内容，参见常设中国建设工程法律论坛第八工作组：《中国建设工程施工合同法律全书：词条释义与实务指引》，法律出版社2019年版，第260－267、272－274页。

③ 该定义内容参见住建部2017年9月发布的《建设项目总投资费用项目组成（征求意见稿）》第八条。

和政策规定，因病、工伤、产假、计划生育假、婚丧假、事假、探亲假、定期休假、停工学习、执行国家或社会义务等原因按计时工资标准或计时工资标准的一定比例支付的工资）。材料费，是指工程施工过程中耗费的各种原材料、辅助材料、构配件、零件、半成品或成品、工程设备的费用，包括材料原价、运杂费、运输损耗费、采购及保管费。施工机具使用费，是指施工作业所发生的施工机械、仪器仪表使用费或其租赁费。

至于其他直接费，参照住建部2017年发布的《建设项目总投资费用项目组成（征求意见稿）》的内容，是指为完成建设工程施工，发生于该工程施工前和施工过程中的按综合计费形式表现的措施费用，包括冬雨季施工增加费、夜间施工增加费、二次搬运费、检验试验费、工程定位复测费、工程点交费、场地清理费、特殊地区施工增加费、文明（绿色）施工费、施工现场环境保护费、临时设施费、工地转移费、已完工程及设备保护费、安全生产费等。

2. 直接费的发展历程

（1）直接费的存废。从规范性文件的层面，直接费的概念最早出现在1978年由原国家建设委员会、财政部颁布的《建筑安装工程费用项目划分暂行规定》（已废止，下同）之中，① 该规定明确将建筑安装工程费用划分为直接费、施工管理费和独立费用三部分。直接费由人工费、材料费、施工机械使用费和其他直接费四个项目组成。其他直接费，是指预算定额和施工管理费定额规定以外的现场施工生产需用的水、电、蒸汽、冬雨季施工措施等其他直接费用，以及因场地狭小等特殊情况而产生的材料二次搬运费。

1985年，原国家计委、中国人民建设银行印发《〈关于改进工程建设概预算定额管理工作的若干规定〉等三个文件的通知》（已废止，下同），该通知之附件二《关于建筑安装工程费用项目划分暂行规定》将建筑安装工程费用调整为直接费、间接费和法定利润三个部分，其中直接费的组成项目

① 该规范性文件虽在部分商业检索网站中显示“现行有效”，但原国家计委、中国人民建设银行1985年印发的《〈关于改进工程建设概预算定额管理工作的若干规定〉等三个文件的通知》之附件二《关于建筑安装工程费用项目划分暂行规定》第七条显示，本规定自颁布之日起，原国家建委、财政部颁发的（78）建发施字第98号附件二关于《建筑安装工程费用项目划分暂行规定》停止执行。虽然各检索系统中对于1978年的《建筑安装工程费用项目划分暂行规定》并未明确文号，但依据发文时间、单位和文件名称可推测上述规定已经废止。

并无变化，依然是人工费、材料费、施工机械使用费和其他直接费，只是对各个名目下的具体内容作了细微调整。

1989年，原建设部、建设银行印发《关于改进建筑安装工程费用项目划分的若干规定》（已废止，下同），[①] 该规定将建筑安装工程费用的项目调整为直接费、间接费、计划利润和税金四个部分，直接费的组成项目没有变化。1993年，原建设部、中国人民建设银行颁布了《关于调整建筑安装工程费用项目组成的若干规定》（已废止，下同），该规定将建筑安装工程费用的项目调整为直接工程费、间接费、计划利润、税金等四个部分。直接费成为直接工程费的下属概念，即直接工程费由直接费、其他直接费、现场经费组成，而直接费的内容依然是人工费、材料费、施工机械使用费。

2003年10月，原建设部、财政部印发《建筑安装工程费用项目组成》（已废止，下同），该文件对建筑安装工程费用的组成项目作出调整，明确由直接费、间接费、利润和税金组成。此外，又将直接工程费调整为直接费的下属概念，即直接费由直接工程费和措施费组成。直接工程费，是指施工过程中耗费的构成工程实体的各项费用，包括人工费、材料费、施工机械使用费；措施费，是指为完成工程项目施工，发生于该工程施工前和施工过程中非工程实体项目的费用。2013年，住建部、财政部印发《建筑安装工程费用项目组成》，对建筑安装工程费用的项目进行较大调整，主要包括两个方面：一是不再区分直接费和间接费。二是从费用构成要素组成、工程造价形成顺序两个角度重新划分，前者包括：人工费、材料费、施工机具使用费、企业管理费、利润、规费和税金；后者包括：分部分项工程费、措施项目费、其他项目费、规费和税金。

通过上述梳理可以发现，直接费的内涵历经数次变化，且自2013年起，其"法定身份"似乎已丧失，不再作为建筑安装费用的组成名目。

（2）直接费的再现。虽2013版《建筑安装工程费用项目组成》中已不再具有"直接费"的名称，然其并未完全消失，且反复再现于多份行业性规范、

---

① 该规定虽在部分商业检索网站中显示"现行有效"，但是因其具体内容已经被1993年原建设部、中国人民建设银行颁布的《关于调整建筑安装工程费用项目组成的若干规定》进行调整，而后者已经失效，故应推测1989年《关于改进建筑安装工程费用项目划分的若干规定》已废止。

文件中。如住建部于2017年公布的《建设项目总投资费用项目组成（征求意见稿）》中，不仅规定了“建筑工程费和安装工程费包括直接费、间接费和利润”，且明确直接费的定义是“施工过程中耗费的构成工程实体或独立计价措施项目的费用，以及按综合计费形式表现的措施费用。直接费包括人工费、材料费、施工机具使用费和其他直接费”；住建部在2016年公布的《定额编制规则（征求意见稿）》中，同样存在“直接费”的规定。故此，笔者对直接费的相关内容进行了上述梳理，以期为实践提供参考。

（二）间接费的含义、组成及发展历程

1. 间接费的定义及组成项目

间接费，是指施工企业为完成承包工程而组织施工生产和经营管理所发生的费用①，包括企业管理费和规费两个部分。企业管理费主要包括十四项，即管理人员工资、办公费、差旅交通费、固定资产使用费、工具用具使用费、劳动保险和职工福利费、劳动保护费、检验试验费、工会经费、职工教育经费、财产保险费、财务费、税金、其他（包括技术转让费、技术开发费、投标费、业务招待费、绿化费、广告费、公证费、法律顾问费、审计费、咨询费、保险费等）。规费，是指按国家法律法规规定，由省级政府和省级有关权力部门规定必须缴纳或计取的费用。

2. 间接费的发展历程

（1）间接费的存废。就规范性文件而言，虽然直接费的概念最早出现在1978年由原国家建设委员会、财政部颁布的《建筑安装工程费用项目划分暂行规定》中，然当时并未明确间接费的概念。间接费概念最早出现于1985年原国家计委、中国人民银行印发的《〈关于改进工程建设概预算定额管理工作的若干规定〉等三个文件的通知》中，该通知之附件二《关于建筑安装工程费用项目划分暂行规定》规定了建筑安装工程费用划分为直接费、间接费和法定利润三个部分，并明确间接费由施工管理费和其他间接费组成，其他间

---

① 该定义内容参见住建部2017年9月发布的《建设项目总投资费用项目组成（征求意见稿）》第十三条。

接费包括临时设施费、劳保支出、施工队伍调遣费。

1989 年原建设部、建设银行印发《关于改进建筑安装工程费用项目划分的若干规定》，该规定将建筑安装工程费用的组成项目调整为直接费、间接费、计划利润和税金四个部分，其中间接费的组成依然是施工管理费和其他间接费，只是具体名目下的内容有些变化，其他间接费调整为临时设施费和劳动保险基金。1993 年，原建设部、中国人民建设银行颁布了《关于调整建筑安装工程费用项目组成的若干规定》，其中，建筑安装工程费用的组成项目并无变化，但间接费的内容调整为企业管理费、财务费用和其他费用。其他费用，是指按规定支付工程造价（定额）管理部门的定额编制管理费及劳动定额管理部门的定额测定费，以及按有关部门规定支付的上级管理费。

2003 年 10 月，原建设部、财政部印发了《建筑安装工程费用项目组成》，该文件将建筑安装工程费用的组成项目调整为直接费、间接费、利润和税金，同时将原现场管理费、企业管理费、财务费和其他费用合并为间接费。2013 年，住建部、财政部印发《建筑安装工程费用项目组成》，对建筑安装工程费用的组成项目进行了较大调整，具体内容如上文所述。

通过梳理可以发现，间接费的内涵历经数次变化，且自 2013 年起，其“法定身份”似乎已丧失，不再作为建筑安装费用的组成名目。

（2）间接费的再现。如同上文所述直接费的情况一样，虽 2013 版《建筑安装工程费用项目组成》中已不再使用“间接费”这一名称，但其也还是反复再现于多份行业性规范、文件中。如住建部于 2017 年公布的《建设项目总投资费用项目组成（征求意见稿）》中，不仅规定了“建筑工程费和安装工程费包括直接费、间接费和利润”，且明确间接费的定义是“指施工企业为完成承包工程而组织施工生产和经营管理所发生的费用。内容包括管理人员薪酬、办公费、差旅交通费、施工单位进退场费、非生产性固定资产使用费、工具用具使用费、劳动保护费、财务费、税金，以及其他管理性的费用”。

三、清单计价与定额计价

作为工程计价的方式，清单计价和定额计价在专业领域内举足轻重，同时也是司法实践需要了解的重要内容。

（一）基本概念

1. 清单计价

清单计价即工程量清单计价，是由工程发包人或招标人提供工程量清单，承包人完成工程量清单项目所需费用的计价方式。该种模式下，工程造价由分部分项工程费、措施项目费、其他项目费、规费和税金组成。

关于清单计价的主要规范性文件是2013版《建设工程工程量清单计价规范》。依据该规范的内容，清单计价适用于建设工程发承包及实施阶段的计价活动。关于清单计价的适用范围，该规范第3.1.1项规定："使用国有资金投资的建设工程发承包，必须采用工程量清单计价。"第3.1.2项规定："非国有资金投资的建设工程，宜采用工程量清单计价。"此外，关于计价方式，2013版《建设工程工程量清单计价规范》中存在部分"强制性"条款，例如工程量清单应采用综合单价计价；措施项目中的安全文明施工费必须按国家或省级、行业建设主管部门的规定计算，不得作为竞争性费用；规费和税金必须按国家或省级、行业建设主管部门的规定计算，不得作为竞争性费用。关于计价风险，该规范第3.4.1项规定："建设工程发承包，必须在招标文件、合同中明确计价中的风险内容及其范围，不得采用无限风险、所有风险或类似语句规定计价中的风险内容及范围。"

2. 定额计价

定额计价，是指按照国家或各省级建设行政主管部门和行业主管部门发布的定额项目和工程量计算规则，计算出人工费、材料费、施工机具使用费、企业管理费、利润、规费和税金等数额，进而汇总确定建设工程造价的方式。

所谓定额，依照《建设工程定额管理办法》第三条的规定，是指"在正常施工条件下完成规定计量单位的合格建筑安装工程所消耗的人工、材料、施工机具台班、工期天数及相关费率等的数量基准"。定额计价是建立在以政府定价为主导的计划经济管理基础上的价格管理模式，它所体现的是政府对工程价格的直接管理和调控。在定额计价模式下，工程造价是以建设行政主管部门颁布的预算定额和相应的配套文件作为计算工程造价的依据。定额体现了编制时间点的常规建筑物在合理的劳动组织、合理的材料消耗和机械使用量的前提下分部分项工程的直接费以及人工、材料、机械的社会平均水平消耗量。

3. 两者的区别

定额计价与清单计价存在诸多的差异，具体如下：

其一，定价理念不同。定额计价模式的定价理念为政府定价，缺乏市场灵活性。清单计价是在市场经济竞争背景下形成的，其核心理念是企业自主报价，由企业在良性竞争的环境中形成价格。

其二，单位工程造价构成的形式不同。定额计价时先计算直接费，再以直接费为基数参照当地工程造价管理机构发布的市场信息费率，计算出企业管理费、利润、规费及税金，进而将各项费用汇总为单位工程造价。清单计价则是由工程量清单费用、措施项目清单费用、其他项目清单费用、规费、税金五部分构成，前三项费用分别计算汇总后，再按规定计取相应的规费和税金。

其三，分部分项工程单价的构成不同。定额计价的项目单价即定额基价，只包括人工、材料、机械费用，是投标或承包时期的指导价，反映定额编制时期的社会平均成本价。清单计价是施工企业自定的综合单价，除了人工、材料、机械费，还要包括企业管理费、利润和必要的风险费，是施工企业报价时的市场价，反映的是企业个别成本。

其四，计价的依据不同。定额计价的依据就是定额，一般是政府建设主管部门发布的计价定额、费用定额。编制的方法具有地方性、行业性的特点，各省有各省的定额，各行业有各行业的定额，在列项时只列定额项。清单计价的主要依据是企业定额，换言之，是投标人或承包企业以自身条件为依据在测算成本的基础上所形成的具有市场因素的价格，计价依据为工程量清单计价的相关规范、企业定额，列项时既要列清单项，又要列定额项。鉴于发展的阶段问题，目前多数企业还没有企业定额，但随着工程量清单计价形式的推广，将促使企业逐步建立起自身的定额和相应的项目单价。

（二）清单计价中强制性条款的发展

2003 年之前，我国建设工程领域的计价模式主要是定额计价，方式较为单一。2003 年 7 月，2003 版《建设工程工程量清单计价规范》（已废止，下同）实施，清单计价模式正式进入建设工程领域。随后，《建设工程工程量清单计价规范》又历经了 2008 年和 2013 年两次修订。三个版本的《建设工程工程量清单计价规范》在内容上均存在多方面的变化，属专业技术层面的调整，并非法律视角的关注重点，而“强制性”条款的变化则可能成为影响合同条款效力的因素，故就此内容梳理如下。

1. 清单计价适用范围的变化

关于清单计价的适用范围，根据 2003 版《建设工程工程量清单计价规范》的规定，全部使用国有资金或国有资金投资为主的大中型建设工程应执行本规范；2008 版《建设工程工程量清单计价规范》（已废止，下同）中不再限定“大中型”工程，明确“全部使用国有资金或国有资金投资为主的工程建设项目，必须采用工程量清单计价”；2013 版《建设工程工程量清单计价规范》对国有资金的定位进一步强化，规定“使用国有资金投资的建设工程发承包，必须采用工程量清单计价”。

2. 风险范围约定内容的变化

对于计价中的风险内容，2003 版和 2008 版《建设工程工程量清单计价规范》并不存在“强制性”条款，然而，当事人在实践中经常对此进行约定。2013 版《建设工程工程量清单计价规范》中对此进行了明确规定，并列入了强制性条款。其要求招标文件或合同必须明确风险的具体内容及范围。

3. 工程量清单准确性的责任变化

2003 版《建设工程工程量清单计价规范》只是明确工程量清单应作为招标文件的组成部分，而 2008 版和 2013 版《建设工程工程量清单计价规范》则规定：工程量清单必须作为招标文件的组成部分，其准确性和完整性由招标人负责。

四、合同价格形式

合同的价格形式，直接关乎当事人采用何种方式进行合同价格的计算、调整和确认，随着我国施工合同计价方式的变革，合同价格形式也经历了一些变化，下面概括性介绍较为重要的两个时期。

（一）固定价、可调价、成本加酬金

2001年，原建设部发布《建筑工程施工发包与承包计价管理办法》（已废止），伴随着当时流行的定额计价模式，上述办法明确规定合同价可以采用三种方式：固定价、可调价、成本加酬金。所谓固定价，是指合同总价或者单价在合同约定的风险范围内不可调整；所谓可调价，是指合同总价或者单价在合同实施期内，根据合同约定的办法调整；所谓成本加酬金，是指双方约定以施工工程成本再加合同约定酬金的方式进行合同价款计算、调整和确认。

上述三种成为当时施工领域的主要计价模式。比如，1999版《施工合同示范文本》就体现了上述内容，该示范文本第23.2款明确："下列三种确定合同价款的方式，双方可在专用条款内约定采用其中一种：（1）固定价格合同。双方在专用条款内约定合同价款包含的风险范围和风险费用的计算方法，在约定的风险范围内合同价款不再调整。风险范围以外的合同价款调整方法，应当在专用条款内约定。（2）可调价格合同。合同价款可根据双方的约定而调整，双方在专用条款内约定合同价款调整方法。（3）成本加酬金合同。合同价款包括成本和酬金两部分，双方在专用条款内约定成本构成和酬金的计算方法。"

（二）单价方式、总价方式、成本加酬金

1. 部门规章和国家标准

2013年，住建部发布最新的《建筑工程施工发包与承包计价管理办法》，此时施工领域的计价模式更多采用清单计价，上述办法对原来确定合同价款的方式也进行了调整，变成了单价方式、总价方式、成本加酬金方式。至于上述各种方式的适用范围，该办法第十三条第二款、第三款和第四款明确规定："实行工程量清单计价的建筑工程，鼓励发承包双方采用单价方式确定合同价款。建设规模较小、技术难度较低、工期较短的建筑工程，发承包双方可以采用总价方式确定合同价款。紧急抢险、救灾以及施工技术特别复杂的建筑工程，发承包双方可以采用成本加酬金方式确定合同价款。"

2013 版《建设工程工程量清单计价规范》依照上述办法的内容，规定了单价合同、总价合同、成本加酬金合同。单价合同，是指发承包双方约定以工程量清单及其综合单价进行合同价款计算、调整和确认的建设工程施工合同；总价合同，是指发承包双方约定以施工图及其预算和有关条件进行合同价款计算、调整和确认的建设工程施工合同；成本加酬金合同，是指发承包双方约定以施工工程成本再加合同约定酬金进行合同价款计算、调整和确认的建设工程施工合同。

2. 行业示范文本

2013 版《施工合同示范文本》第 12.1 款明确规定合同价格形式包括单价合同、总价合同和其他合同价格，并对其作了如下细化。其一，单价合同是指合同当事人约定以工程量清单及其综合单价进行合同价格计算、调整和确认的建设工程施工合同，并且在约定的范围内，合同单价不作调整。合同当事人应在专用合同条款中约定综合单价包含的风险范围和风险费用的计算方法，并约定风险范围以外的合同价格的调整方法，其中因市场价格波动引起的调整应按该文本第 11.1 款的规定执行。其二，总价合同是指合同当事人约定以施工图、已标价工程量清单或预算书及有关条件进行合同价格计算、调整和确认的建设工程施工合同，并且在约定的范围内，合同总价不作调整。合同当事人应在专用合同条款中约定总价包含的风险范围和风险费用的计算方法，并约定风险范围以外的合同价格的调整方法，其中因市场价格波动引起的调整按该文本第 11.1 款的规定执行，因法律变化引起的调整按该文本第 11.2 款的规定执行。其三，合同当事人可在专用合同条款中约定其他合同价格形式。

2017 版《施工合同示范文本》中的相关内容与 2013 版保持了一致，并未发生变化。2020 版《总承包合同示范文本》中明确其一般为总价合同，第 14.1.1 项载明："除专用合同条件中另有约定外，本合同为总价合同，除根据第 13 条［变更与调整］，以及合同中其它相关增减金额的约定进行调整外，合同价格不做调整。"

裁判规则指引

❶ 工程造价，是指工程项目从投资决策到竣工投产所需的建设费用，既可以是建设费用中的某个组成部分，如建筑安装工程费；也可以是所有建设费用的总和，如建设投资和建设期利息之和。工程造价在工程建设的不同阶段有具体的称谓，如投资决策阶段为投资估算，设计阶段为设计概算、施工图预算，招投标阶段为招标控制价、投标报价、合同价，施工阶段为竣工结算，等等。

❷ 工程计价，是指对工程造价及其构成内容，按照法律法规和标准（可以是国家标准、地方标准和企业标准）等规定的程序、方法，依据相应的工程计价依据、设计文件等工程技术资料进行预测或确定的行为。在投资决策阶段，一般指投资估算的编制；在设计阶段，一般指设计概算和施工图预算的编制；在招投标阶段，一般指招标控制价和投标报价的编制；在施工阶段，一般指竣工结算的编制；在竣工验收阶段，一般指竣工决算的编制等。

❸ 关于建筑安装工程费用的项目，可从两个角度进行划分。其一，按照费用构成要素划分，包括：由人工费、材料（包含工程设备）费、施工机具使用费、企业管理费、利润、规费和税金。其二，按照工程造价形成划分，包括：分部分项工程费、措施项目费、其他项目费、规费、税金。

❹ 清单计价即工程量清单计价，是由工程发包人或招标人提供工程量清单，承包人完成工程量清单项目所需费用的计价方式；该种计价模式下，工程造价由分部分项工程费、措施项目费、其他项目费、规费和税金组成。定额计价是按照国家或各省级建设行政主管部门和行业主管部门发布的定额项目和工程量计算规则，计算出人工费、材料费、施工机具使用费、企业管理费、利润、规费和税金等数额，进而汇总确定建设工程造价的方式。两者在定价理念、单位工程造价构成形式、分部分项工程单价构成、计价依据等方面存在差异。

❺施工合同的价格形式主要经历了两个重要时期。第一个时期以2001年《建筑工程施工发包与承包计价管理办法》为依据，主要包括固定价、可调价、成本加酬金三种形式。第二个时期以2013年《建筑工程施工发包与承包计价管理办法》为依据，主要包括单价合同、总价合同和其他价格形式（如成本加酬金）三种形式。

第二节　无资质承包人应得价款与间接费及税金的关系

实务疑难问题

1. 工程造价和工程价款之间是什么关系？
2. 合同无效后，鉴定意见中的间接费、税金能否计入无资质承包人应得工程价款？
3. 若无资质承包人无法开具特定发票，税金部分能否计入承包人应得工程价款？

建设工程施工合同无效后，对于承包人应得价款的确定，2004 年《建设工程施工合同解释》第二条确定了一个基本规则：建设工程经竣工验收合格，承包人可请求参照合同约定支付工程价款。该规则后被《民法典》第七百九十三条调整修改为：建设工程经验收合格的，可以参照合同关于工程价款的约定折价补偿承包人。在文字表述上，《民法典》显然更为科学，但相同的是，二者都将合同约定价格作为合同无效后确定承包人应得价款的重要基础。

实践中，对于裁判者而言，时常无法直接根据无效合同约定来确定承包人应得价款，需借助司法鉴定程序完成此项任务。一般而言，鉴定机构会依据国家和地方的定额规则计算出工程造价，其构成子目大都依据住建部 2013 年公布的《建筑安装工程费用项目组成》的规定，包括人工费、材料费、施工机具使用费、企业管理费、利润、规费和税金。其中人工费、材料费和施工机具使用费属于传统造价方式中的直接费内容，企业管理费、规费属于传统造价方式中的间接费内容。

在鉴定意见成为法院确定工程价款的重要基础后，当事人也时常就其中的各项名目是否应当支付产生争议，实践中的观点也有一定分歧。具体而言，合同无效进而启动鉴定程序之后，对于工程造价中的直接费即人工费、材料费、施工机具使用费并不存在争议，发包人应支付给承包人或实际施工人，但对于间接费（企业管理费、规费）和税金是否应当支付给无资质的承包人或实际施工人，则成为司法实践中的一大困惑。

一、无资质承包人应得价款与间接费、税金的争议

为了从相对广泛的角度观察此问题，笔者搜集整理了多地公开的案例。此外，为了分析相同因素下的实践观点，笔者又以合同无效原因和承包人身份性质为基础对裁判文书进行了适度区分。

具体而言，依照《新建设工程施工合同解释（一）》的规定，合同无效的理由主要有五个：其一，承包人无资质或超越资质等级；其二，实际施工人借用资质；其三，承包人转包或违法分包；其四，应招标而未招标或中标无效；其五，发包人未取得建设工程规划许可证。合同无效之后，“承包人”身份可能未曾变化，也可能变成了实际施工人。依据司法解释相关释义资料的记载，实际施工人的范围主要包括三类：转包合同的承包人、违法分包合同的承包人、借用资质的单位或个人。[①] 再结合《新建设工程施工合同解释（一）》第四十三条的规定可知，合同无效后可主张工程价款的主体包括承包人和实际施工人，就身份性质而言，此两类主体中又同时包括企业和个人两种情况。为了行文方便，下文将实际施工人和资质缺乏的承包人统称为无资质的承包人。

就合同无效的理由而言，如果仅涉及上述招投标制度和规划许可证制度，承包人一般均为单位，笔者查询的此类案例中，极少数涉及间接费和税金的争议，且未发现明显的差异性。如果涉及因资质问题或违法分包、转包导致合同无效，则会在间接费和税金的支付问题上出现分歧，相关观点主要有以下三种。

第一种观点：全部支持类。即发包人应当依照鉴定意见完全支付企业管理费、规费和税金。如济南中院（2016）鲁01民终5819号民事判决书认为，

---

① 最高人民法院民事审判第一庭编著：《最高人民法院新建设工程施工合同司法解释（一）理解与适用》，人民法院出版社2021年版，第445页。

鉴定意见应当作为王某等已完工部分工程造价确定的依据，一审法院认为王某等系个人，其工程造价中不应当包含作为企业承包人的“企业管理费”“利润”“规费”“社会保障费”“住房公积金”“税金”等项目，但一审法院该认定并无相应的法律依据，本院予以纠正，上述费用均应计入王某等完成的工程造价之中。该类观点中，支持企业管理费的主要理由是个人承包工程同样需要管理，支持规费和税金的理由主要集中在为避免利益失衡。

第二种观点：均不支持类。如北京二中院（2016）京02民终249号民事判决书认为，鉴于郭某系个人承包施工，并不产生企业管理费、规费、税金，故郭某应获得的工程款均应自鉴定结论中扣除企业管理费、规费、税金。此类观点在实践中颇为常见，且在笔者所收集到的各地裁判文书中，其占据了多数。

第三种观点：部分支持类。有的仅支持部分项目，如淮安中院（2017）苏08民终852号民事判决书认为，李某作为个人并无承接工程施工的资质，其无法以个人名义交纳规费，事实上也没有交纳规费，故不应计取；关于税金，因李某已提供部分以个人名义开具的工程款发票，表明个人亦应交税，故工程造价中的税金不应扣减。有的法院在不区分项目的基础上对总体费用进行酌减，如北京一中院（2014）一中民终字第07239号民事判决书认为，由于长江建筑公司超出资质承揽工程，其无权按照符合资质的企业从事工程的取费标准计算费用，故本院参照鉴定报告中单位工程费用表对企业管理与税金两项费用做适当调整，具体数额本院酌定。

上述观点之所以出现分歧，其原因之一在于观察视角不同。笔者认为，在工程造价技术和工程价款司法裁判的范围内，间接费、税金应分别具有不同的功能定位。

二、间接费和税金判断的两个视角

（一）工程造价项目的技术含义

工程造价，如前文所述，其属于建设工程领域的专业术语，顾名思义，就是工程的建造价格，是指为完成一个工程的建设所预期或实际所需的全部费用总和。[①] 从专业技术的角度分析，工程造价体现出一定的“客观性”，即依照固定的专业技术规则测算出一个固定的数字。工程价款，从双务合同的角度分析，是承包人完成合同约定的全部或阶段性建设义务之后，发包人应依合同约定或法定要求支付给承包人的金钱对价，其本质属于法律视野内权利义务涵盖的内容。就二者之间的关系而言，工程造价是确定工程价款的基础，代表了发包人为获得合格建筑工程所应付出的市场成本，但其又不能等同于工程价款，因工程价款是在考虑合同条款、履约程度等诸多法律因素之后确定的发包人应实际支付的对价。分析两者的上述区别的目的在于，提示确定工程价款或相应补偿时，虽离不开工程造价，然又需警醒造价的技术本质，避免僵化地陷入技术层面的价款确定。

从鉴定机构的角度而言，其出具的鉴定意见一般是技术层面的造价结果，就其中涉及的间接费和税金的含义而言，依据住建部2013年颁布的《建筑安装工程费用项目组成》规定，主要如下：

企业管理费，是指建筑安装企业组织施工生产和经营管理所需的费用，主要包括十四项，即：管理人员工资、办公费、差旅交通费、固定资产使用费、工具用具使用费、劳动保险和职工福利费、劳动保护费、检验试验费、工会经费、职工教育经费、财产保险费、财务费、税金（房产税、车船使用税等）、其他。其计算方式是参考主管部门编制的定额规则，依据不同的建设项目（如住宅或公共项目），由计费基数（如人工费或直接费）乘以固定的费率。

规费，是指按国家法律、法规规定，由省级政府和省级有关权力部门规定必须缴纳或计取的费用，主要包括三项内容，即社会保险费（五险）、住房公积金、工程排污费。规费因政策变化和各省的规定导致其差异很大。此外，2018年之后，工程排污费已改革为环境保护税，在此之前，尚有省份如河北省将该笔费用纳入了企业管理费之中。至于社会保险费和住房公积金的计算，则是以定额人工费为计算基础，根据工程所在地省、自治区、直辖市或行业建设主管部门的规定费率计算。

---

① 魏蓉编著：《工程造价》，清华大学出版社2019年版，第3页。

税金，是指国家税法规定的应计入建筑安装工程造价内的营业税、城市维护建设税、教育费附加以及地方教育附加。随着政策变化，建设工程领域的营业税也逐步调整为增值税。依据住建部自2016年起下发的一系列通知，其主要确定了两个原则：其一，工程造价税金进行了调整，工程造价 = 税前工程造价 ×（1 + 9%），9%为建筑业拟征增值税税率；其二，对工程造价内容进行了调整，税前工程造价为人工费、材料费、施工机具使用费、企业管理费、利润和规费之和，各费用项目均以不包含增值税可抵扣进项税额的价格计算。

税金种类的变化直接导致了发包人获取的发票性质不同，即由普通发票换成了增值税专用发票，且增值税专用发票是发包人进项税额的凭证，可凭此与销项税金的抵扣确定应交的增值税。

（二）承包人应得价款确定的法律原则

1. 参照合同或鉴定意见确定承包人应得价款时应遵循同样的逻辑

对于合同无效后承包人应得的价款，《民法典》第七百九十三条明确了“参照合同”折价补偿。至于“参照”的具体方法，鉴于该条款来源于2004年《建设工程施工合同解释》第二条，故其相关释义资料依然具有参考意义，即“在建设工程经竣工验收合格后，无效合同与有效合同在建筑法制定的根本目的上已无很大的区别……认为合同无效，承包人只能要求合同约定的直接费和间接费，不能主张利润及税金的观点同样有不当之处，就建设工程而言，其价值就是建设工程的整体价值，也即建设工程的完整造价。如果合同无效，承包人只能主张合同约定价款中的直接费和间接费，则承包人融入建筑工程产品当中的利润及税金就被发包人获得，发包人依据无效合同取得承包人应得的利润，这与无效合同的处理原则不符，其利益向一方当事人倾斜，不能很好地平衡当事人之间的利益关系”。[①] 案例方面也有体现，如最高人民法院（2017）最高法民终360号民事判决书认为：“在雅居园公司与晟元公司

① 最高人民法院民事审判第一庭编著：《最高人民法院建设工程施工合同司法解释的理解与适用》，人民法院出版社2004年版，第38页。

之间，案涉工程的价值为工程造价，包括规费和利润。案涉工程项目由雅居园公司占有，雅居园公司应按照工程造价补偿晟元公司。私法救济目的是使双方的利益恢复均衡，如果自折价补偿款中扣减部分规费和利润，则雅居园公司既享有工程项目的价值，又未支付足额对价，获得额外利益，不符合无效合同的处理原则。故雅居园公司主张在工程造价中扣除50%的利润和规费，缺乏依据。"

由此可见，无论结合《民法典》"参照合同"条款的历史由来，还是现有案例，在确定承包人应得价款时，间接费均非应当扣除的范围，且无须区分个人和企业。此一逻辑同样应当适用于通过鉴定确定承包人应得价款的情形。试想：在合同无效的境遇下，参照合同和启动鉴定的目的当是相同的，都在寻求一种折价补偿的方式，且司法鉴定还是参照合同的"替补方式"，在此前提下，有何理由对间接费等区别对待呢？如果说个人根本无权获得间接费，那么参照合同（且是无效合同）约定时为何不将该项费用剔除呢？故此，对合同约定和鉴定意见区别对待以确定工程价款的方式，在逻辑上难以成立。

2. 工程质量合格与建设成本付出之间应成正比

对于发包人而言，在工程质量合格的前提下，其合同目的已实现，故无论是直接费、间接费还是税金等，都是发包人应当付出的常规市场成本，如果此成本因施工人的资质而区别对待的话，则在某种程度上意味着发包人获得了"不当利益"，其与承包人利益之间将出现严重的失衡状态。此外，间接费、税金等名目只不过是确定工程造价的流程步骤，并非严格区分承包人身份及工程价款数额的法律规则。换言之，通常情况下，当以合同约定方式或鉴定意见确定的造价数额作为确定发包人应付工程对应价值的基础。

三、间接费和税金支付的确定规则

在以上分析的基础上，可以得出如下结论：合同无效但工程质量合格的前提下，当以鉴定意见中的造价总额作为确定承包人应得价款的基础；工程造价的组成项目仅是确定工程成本的技术性要素，其不能成为法院区分不同施工主体获得不同价款数额的基础。然此结论的完整性论证，尚需要解决实践中的两个疑问和一种特殊情况。

1. 两个疑问的回应

梳理案例，经常会发现发包人存在如此疑问：其一，个人不具有承包资质，如何能计取企业管理费？其二，个人根本无法交纳规费，如何能计入承包人应得价款？

除却上文分析的基础性理由，尚需说明的是，如果坚持认为只有有资质的企业才能计取企业管理费，则必须要面对的问题是：工程建设本身就是一个系统的过程，故无论企业还是自然人施工，其都无法离开组织和管理流程，在质量合格的前提下，如何确定个人所付出的管理成本一定比企业低呢？如果仅因"企业"二字剥夺个人的管理费成本，则太过于僵化。此外，发包人在工程质量合格时，是否还会核查企业为管理而支出的费用明细呢？实践中鲜有如此案例，既然如此，发包人又有何理由区别对待企业和个人承包者呢？

关于规费，如上文所述，其不仅内容多变，且在部分省内还存在与企业管理费的交叉重叠，两者的界限已经模糊。此外，承包人或实际施工人能否交纳规费、是否已交纳规费，与第一手的发包人应当付出的造价成本之间并无必然联系。换言之，其并非判断发包人应当支付工程对价时的考虑因素，即使实际施工人确实应交而未交规费，涉及的也应是行政机关的处罚范围。

2. 一种特殊情况的处理

所谓特殊情况，是指关于税金和他人已交纳的规费。与间接费相比，税金存在一定的特殊性。之所以将税金计入工程造价，是因为承包人获得工程价款后需为此向国家支付一定的税金，并且承包人也将依《发票管理办法》的规定而负有开具发票的义务。如上文所述，因增值税专用发票直接影响发包人的纳税，即承包人开具的增值税税额将会成为发包人以后交纳增值税的"进项"抵扣数额，故如果发包人无法获得此票，其利益将会受损。也正因如此，2015 年《第八次全国法院民事商事审判工作会议（民事部分）纪要》第三十四条明确规定："承包人不履行配合工程档案备案、开具发票等协作义务的，人民法院视违约情节，可以依据合同法第六十条、第一百零七条规定，判令承包人限期履行、赔偿损失等。"不可否认的是，依据现行的税务政策，此种情形下的自然人只能申请税务部门代开普通发票，无法开具增值税专用发票。故此，在确定承包人应得价款时，如果实际施工人为自然人或无法开具增值税专用发票的企业，就税金部分的损失应当着重考察发包人的抗辩内容，并结合发包人、承包人各自的举证情形，将税金损失进行全部或部分扣除。

关于已交纳规费的情形，多发生在转包、违法分包和借用资质时。此种情形中存在双层或多层法律关系，即发包人与承包人的合同关系，转包人、违法分包人与实际施工人的合同关系。一般而言，转包人、违法分包人或被挂靠人是向实际施工人支付价款的主体。实践中，因各地规定不同，不乏转包人或违法分包人提前支付规费的情形。如北京市人力资源和社会保障局等四单位在2015年发布的《关于做好北京市建筑业工伤保险工作的通知》要求："建设项目工伤保险费已包含在工程总预算造价中，作为不可竞争费，不参与竞标，并作为专用款项由建设单位在开工前一次性拨付施工总承包企业或直接发包的专业承包企业（以下统称'承包单位'），承包单位负责以建设项目和本单位名称存入银行帐户。承包单位在项目开工前一次性缴纳工伤保险费，覆盖项目使用的所有建设项目职工，包括专业分包企业、劳务分包企业使用的建设项目职工。承包单位在工程分包计费时，不再向分包企业另行计提、划拨工伤保险费。"故此，如果转包人、违法分包人或被挂靠人已向行政部门交纳了全部或部分规费，则应在实际施工人获得的工程价款中相应扣除，因其对于实际施工人而言，已不具有构成造价成本的意义。相反，如果转包人或违法分包人等未能提供交纳规费的凭证，则规费依然作为工程造价成本的组成项目，由转包人、违法分包人或被挂靠人向实际施工人支付。

裁判规则指引

❶ 工程造价是专业术语，是指为完成一个工程的建设所预期或实际所需的全部费用的总和；从专业技术角度分析，工程造价体现出一定的客观性，即依照固定的技术规则测算出固定数字。工程价款一般是合同对价，是承包人完成约定的全部或阶段性义务之后，发包人支付给承包人的金钱对价。工程造价是确定工程价款的基础，但不等同于工程价款，因工程价款尚需考虑合同条款、履约程度等诸多法律因素之后才能确定具体数额。

❷ 在合同无效需依据鉴定意见确定承包人应得价款时，应考虑两个基本原则：一是参照合同或鉴定意见确定承包人应得价款时应遵循同样的逻辑；二是工程质量合格与建设成本付出之间应成正比。

❸ 合同无效但工程质量合格时，应以鉴定意见中的造价总额作为承包人应得价款的基础；工程造价的组成项目仅是确定工程成本的技术性要素，不能成为区分不同施工主体获得不同价款数额的基础。

❹ 如果转包人、违法分包人或被挂靠人已向行政部门交纳了全部或部分规费，则应在实际施工人获得的工程价款中相应扣除，因其对实际施工人已不具有构成造价成本的意义。

❺ 如果实际施工人为自然人或无法开具增值税专用发票的企业，就税金部分的损失应着重考察发包人的抗辩内容，并结合发包人、承包人各自的举证情形，将税金损失从发包人应付价款中全部或部分扣除。

第三节　工程价款结算中“管理费”的处理思路

实务疑难问题

1. 挂靠或转包情形中约定的“管理费”是一种什么性质的费用?
2. 若挂靠或转包情形中约定了“管理费”，工程价款结算时能否参照合同约定处理?
3. “管理费”的处理方式所对应的法理基础是什么?
4. 发包人已完成或未完成工程款支付义务时，“管理费”的处理方式有何差异?

依据《新建设工程施工合同解释（一）》第一条的规定，挂靠和转包行为将直接导致建设工程施工合同无效。该规则在2004年《建设工程施工合同解释》中便已存在，长期以来，挂靠、转包行为依然泛滥，其背后原因多为利益驱动，且该利益常以“管理费”的名义出现。合同无效后，在工程价款的结算中，当事人时常就“管理费”应否支付产生争议，该问题也长期困扰着司法实践。

一、“管理费”的性质界定

就管理费而言，现行规范下，具有“法定”身份的主要是企业管理费，即建筑安装企业组织施工生产和经营管理所需的费用，其属于《建筑安装工程费用项目组成》中明确规定的建筑安装工程费用的组成部分，主要包括管理人员工资、差旅交通费等十四项内容。另外，还有部分行业示范文本中针对具体事项约定了管理费，如2020版《总承包合同示范文本》第13.5款中明确规定，“对于每笔暂列金额，发包人可以指示用于下列支付：……承包人购买的工程设备、材料、工作或服务，应支付包括承包人已付（或应付）的实际金额以及相应的管理费等费用和利润［管理费和利润应以实际金额为基数根据合同约定的费率（如有）或百分比计算］”。

然而，本节所讨论的管理费并非上述或其他具有法定地位的管理费，而是“非法”的管理费。换言之，是指因被挂靠人出借资质、转包人转包工程所获得的“牟利性”对价，因挂靠和转包行为被法律所禁止，故上述费用当然不具有合法的身份。此外，除了明确使用管理费的名义，当事人还时常以“让利”“挂靠费”“结算比”等方式表述同类性质的牟利所得，故为了分析便利，下文将上述费用统称为“管理费”，将挂靠情形中的主体统称为被挂靠人和挂靠人，将转包情形中的主体统称为转包人和转承包人。

二、“管理费”处理的争议观点

对于挂靠、转包所涉管理费应如何处理，实践中观点多、差异大。笔者经过梳理发现，其大致存在肯定和否定两种类型，每种类型之下又可细分为若干情形。

（一）肯定类观点

该类型处理方式原则上认可管理费是当事人之间的“意思自治”，即使合同无效，其依然具有参照性。根据肯定的程度差异，可再细分为如下两种情形。

其一，全部肯定型。该观点认为，建设工程施工合同虽然无效，然在确定工程价款时依然需参照约定，进而将管理费条款也一并予以参照。在此前提下，转包人、被挂靠人可向转承包人、挂靠人主张管理费，而挂靠人、转承包人要求返还管理费则不予支持。①

其二，酌情肯定型。该观点认为，需考察转包人或被挂靠人在工程建设过程中是否履行了组织、管理义务，若已履行，则可参照合同约定全部或部分支持管理费，即“违法分包、转包工程合同或者挂靠合同中约定管理费，如果分包人、转包人或被挂靠人在工程施工过程中履行了管理义务，其主张

---

① 安徽省高级人民法院（2016）皖民终110号民事判决书。

参照合同约定收取劳务费用的，可予支持；实际施工人有证据证明合同约定的管理费过高的，可依法予以调整”。[①]

（二）否定类观点

该类处理方式不仅否认了合同的效力，还认为管理费的约定条款也不具有参照“结算”或“支付”功能，但在具体处理后果上，又可细分为如下三类。

其一，不予认可类。该观点认为当事人关于管理费条款的约定无效，故参照合同无效的情形处理，如被挂靠人、转包人起诉主张管理费的，不予支持；如挂靠人、转承包人主张返还管理费的，则予以支持。[②]

其二，强制收缴类。该观点认为依照2004年《建设工程施工合同解释》第四条的规定，转包或挂靠情形中的管理费属非法所得，故应予以收缴。此类案例虽然存在，但数量并不多。再者，随着2020年《新建设工程施工合同解释（一）》的施行，“收缴当事人已经取得的非法所得”内容已被删除，故上述观点也会退出实践舞台。

其三，“原地停留”类。该观点对于管理费约定条款的效力虽持否定态度，但对其处理方式却处于一种看似“消极”的“旁观者”态度，即如挂靠人、转承包人尚未支付管理费，则被挂靠人、转包人索要时不予支持；如挂靠人、转承包人已支付管理费，则其再要求被挂靠人、转包人返还时同样不予支持。[③]

三、“管理费”争议中的双重误解

分析上述观点，笔者认为，分歧存在的原因之一，是对于“管理费”本身存在一定的误解。

---

① 具体可参见2017年《广东省高级人民法院关于审理建设工程合同纠纷案件疑难问题的解答》第二十六条。该文件已经被废止，但该种观点在实践中依然具有一定的代表性。

② 海南省高级人民法院（2016）琼民终324号民事判决书。

③ 河南省高级人民法院（2017）豫民终800号民事判决书。

（一）工程价款和管理费处理规则的误解

合同无效后，将管理费参照合同约定进行判断的观点混淆了工程价款和管理费的性质及处理规则。在合同无效但工程验收合格的前提下，依照《民法典》第七百九十三条的规定，承包人应得补偿价款可参照合同约定确定。《民法典》的该条内容是结合建设工程的特点，吸收已有的司法解释的内容，确定了一种合同无效后的折价补偿方式，其本质是要在获取标的物的“发包人”和付出成本的“承包人”之间实现利益的平衡，故工程价款确定时“参照”的内容，应当是合同中所约定的关于工程建设本身所包含的对价性因素，如人工、材料、机械、规费等。

反观挂靠、转包中的管理费，其价格的形成与工程建设涉及的成本无关，且挂靠人和被挂靠人单独签订的协议也难以归入建设工程施工合同范畴，而所谓的管理费，完全是被挂靠人、转包人违反法律出借资质、“倒卖”工程的非法牟利。故此，管理费的约定条款在建设工程施工合同无效后并不具有参照的意义，其本身并非工程价款的组成和对价性要素。

鉴于管理费和工程价款的确定要素存在本质区别，此时如果采取另一种方式，即将转包人、被挂靠人是否履行了一定的“组织、管理”义务作为应否支付管理费的依据，也将会面临如下困境。

其一，可能助长建筑市场的乱象。被挂靠人、转包人的最终目的在于进行“倒卖式”牟利，故如果仅以其形式上是否进行了组织、管理作为确定“管理费”应否支付的依据，必将会催生另一种“乱象”——“表演式管理”，即被挂靠人、转包人为了获取管理费，制造“作秀式”的管理数据和证据，从而进一步加剧建筑市场的乱象。

其二，难以在逻辑上自圆其说。无论被挂靠人、转包人是否对工程进行了管理，都不能改变其出借资质、转包行为的违法性，且从行政监管的角度分析，也不会改变处罚的结果。此外，依据《建设工程质量管理条例》第六十一条的规定，管理费属于非法所得，其要面临的是被“没收”的命运，“没收”的存在必然会排斥民事裁判将该笔费用在当事人之间“分配”的结果。管理费与转包人、被挂靠人因为付出“劳务”而应获得的报酬完全是两个概念，如果转包人、被挂靠人因其上述行为导致转承包人、挂靠人获得利益，当然可向转承包人、挂靠人主张一定的补偿，其法理基础应当是考虑无因管理或不当得利，其利益分配基础应当是转承包人、挂靠人的合法收入，而不能将非法所得的“管理费”作为利益平衡的因素，否则将会对非法所得的国家没收权造成影响。

（二）合同无效与不法原因给付后果的误解

当下实践中，合同无效后的处理方式主要依赖于《民法典》第一百五十七条的规定，即：“民事法律行为无效、被撤销或者确定不发生效力后，行为人因该行为取得的财产，应当予以返还；不能返还或者没有必要返还的，应当折价补偿。有过错的一方应当赔偿对方由此所受到的损失；各方都有过错的，应当各自承担相应的责任。法律另有规定的，依照其规定。”上述条款主要吸收了原《合同法》第五十八条关于合同无效处理的规定，然正如有的学者所言，“合同法关于合同无效的处理后果问题，并非完善，而是存在很多理论体系上的漏洞和实际操作上的难题，导致现有的规定难以调整到不法原因给付的情形”。[①]

举例言之，对于给付的赌债、为谋取不法利益的“请托款”，在合同遭受否定评价之后还应返还给付人吗？观察实践，上述款项或被刑事判决没收或遭民事判决“漠视”的不在少数，究其法理，即在于不法原因给付，给付人因其给付原因非法而丧失了借助公权力要求返还的权利，其处理规则与上述合同无效的后果并不相同。就本节所探讨的管理费而言，其给付原因同样具有不法性，故对其处理时如不加区分，直接适用合同无效后的常规方式并不妥当。

《民法典》第一百五十七条确定返还和折价补偿原则的目的是助力当事人的利益趋于平衡或恢复至合同履行前状态。比如，建设工程施工合同无效后，既然建筑物归属于发包人，发包人就应为此而向承包人支付相应的财产对价。此外，因合同标的物即建设工程本身并不具有“不法性”，故就建设工程价款的支付而言，其也不属于“不法原因给付”的范畴。然对于管理费，则当另

---

① 李永军、李伟平：《论不法原因给付的制度构造》，载《政治与法律》2016年第10期。

行看待。管理费产生的原因在于当事人希望借助该项费用的支付而获取非法利益，故对其处理时应当体现出一定的惩戒性，具体规则将在下文论述。

四、“管理费”的处理思路

法律之所以异常严格地禁止挂靠、转包行为，是因为其不仅会扰乱建筑市场秩序，还会给工程质量带来很大隐患，故伴随着挂靠、转包而衍生的管理费也具有强烈的不法性。鉴于其长存于民事法律关系之中且又难以逃离行政监管的视野，笔者认为，对该类费用的处理规则需要兼顾三个方面：一是体现民法的性质，防止越界；二是体现司法的态度，有利于规制建筑市场；三是体现基础性法理，能够逻辑融洽。以此为前提，笔者认为，当可借助传统民法中的“不法原因给付”理论，梳理出关于管理费的裁判思路。

（一）不法原因给付的法律后果

不法原因给付制度源于罗马法中的不道德返还诉制度，即给付的结果致使受领人的受领与善良风俗、公共道德相悖，即不道德的事实仅发生于受领人一方，则构成不当得利，给付人可主张返还；若不道德的行为存在于给付人一方或双方时，则实行“占有者占优”的原则，所为给付不得请求返还。其概念发展至今，内涵已演变为基于违反强行法规或公序良俗而为的给付。理论界一般认为这一类的给付既包括毒品交易、性交易等标的不法给付，也包括诸如为赌博所约定的给付、为达不法目的而为的金钱给付等标的合法但给付内容不法的给付。①

就不法原因给付的法律后果而言，颇具参考价值的是诸多大陆法系国家的处理方式，即依据本国法典中确立的不当得利的例外规则，明确若仅受领人一方存在不法原因，当事人可主张不当得利的返还；若不法原因存在于给付人一方或给付人与受领人双方，则不得要求返还。简单列举，如我国台湾地区“民法”第一百八十条包含如下内容：因不法原因而为之给付，不得请求返还；但不法之原因，仅于受领人一方存在时，不在此限。既然当事人选

① 李永军、李伟平：《论不法原因给付的制度构造》，载《政治与法律》2016 年第 10 期。

择了不法原因给付，便已经表明其置自己于法律和公序良俗的秩序之外，法律对其最好的制裁措施便是让其目的落空，即不允许返还；反之，如果允许返还，无疑会激起当事人从事不法原因行为给付的热情，某种程度上还会对不法原因给付人起到保护的作用。

我国现行法律规范并未规定不法原因给付制度，然实践中与此相关的行为却屡见不鲜。在合同无效制度难以兼顾的前提下，借助“不法原因给付”的法理来解决实践问题，不失为一种务实的选择。

（二）“管理费”的处理思路

结合上述不法原因给付的法理和《建筑法》《建设工程质量管理条例》等法律法规的规定，挂靠、转包情形中的管理费可归入“给付内容不法”的类型中。具体来说，被挂靠人、转包人和挂靠人、转承包人是以金钱和资质、工程之间的交换作为给付内容，而此内容显然违反了法律的强制性规定。故此，总体性的处理思路可总结为：若管理费已完成支付，则给付一方要求返还的，不予支持；若管理费尚未支付，一方请求履行的，不予支持。结合实践中的不同情形，可再细分如下。

1. 若发包人已将工程款直接给付被挂靠人、转包人

此种情形下，被挂靠人、转包人必然要就工程价款再次与挂靠人、转承包人进行结算，依照其“业内潜规则”，被挂靠人、转包人均要扣留部分管理费后再行支付。此时，若挂靠人、转承包人以合同无效为由主张被挂靠人、转包人不应扣除管理费的，则不予支持。原因在于，工程款中包含着“管理费”，且该“管理费”已经在被挂靠人、转包人处，应视为已经完成管理费的给付，转承包人、挂靠人无权再要求返还。

2. 若发包人已将工程款直接支付挂靠人、转承包人

此种情形下，因被挂靠人、转包人并未得到实质利益，故其时常起诉挂靠人、转承包人要求支付管理费。诚然如上文所述，管理费的约定既然无效，被挂靠人、转包人的请求自然也不能得到支持。

3. 发包人尚未支付工程款

此种情形下，被挂靠人、转包人和挂靠人、转承包人之间时常会单独就

管理费形成协议，提前完成支付或未完成支付。此时，遵循同样的逻辑：若管理费已经支付，当事人要求返还的请求不予支持，若管理费未完成支付，当事人要求继续履行的请求不予支持。

总之，对于管理费的处理思路应坚持“原地停留”原则。当然，此种民事裁判虽有惩戒性，但毕竟力度不够，且非法所得的管理费终归要被行政机关没收，故民事裁判的同时亦可向行政机关移送相关材料。

（三）一点补充：关于违法分包

除却本节所论及的挂靠、转包，管理费还存在于违法分包之中，对此，笔者认为原则上其处理方式应当与挂靠、转包相同。然鉴于违法分包的情形异常复杂，判断标准亦在不断变化，并且，对于个别“违法”分包行为是否必然导致建设工程施工合同无效尚存在诸多争议，故对此问题本节不再展开分析。

裁判规则指引

❶ 挂靠、转包中的管理费，是指因被挂靠人出借资质、转包人转包工程所获得的“牟利性”对价。挂靠、转包行为被法律所禁止，其价格的形成与工程建设成本无关，也并非工程价款的组成和对价性要素。

❷ 施工合同无效但工程验收合格时，依照《民法典》第七百九十三条的规定，可参照合同约定的工程价款折价补偿承包人，目的是在获取标的物的发包人和付出成本的承包人之间实现利益平衡；折价补偿参照的内容，应当是合同约定的关于工程建设本身的对价性因素，如人工、材料、机械等费用。挂靠、转包中的管理费并非工程建设的对价性要素，不具有参照意义。

❸ 结合《建筑法》《建设工程质量管理条例》等规定，关于挂靠、转包情形中的管理费支付和返还问题，可以不法原因给付理论作为基础，区分情形进行处理。

❹ 对于当事人在挂靠或转包中约定的“管理费”，处理的一般原则是：若已完成支付，则给付一方要求返还的不予支持；若尚未支付，一方请求履行的不予支持。具体情形中，若发包人已将工程款直接给付被挂靠人、转包人，挂靠人、转承包人以合同无效为由主张被挂靠人、转包人不应扣除管理费的，不应支持；若发包人已将工程款直接支付挂靠人、转承包人，被挂靠人、转包人主张挂靠人、转承包人支付管理费的，不应支持。

第四节　工程价款之利息与违约金的关系

实务疑难问题

1. 施工合同中约定的利息和违约金之间是什么关系？
2. 施工合同中同时约定利息和违约金时，承包人或实际施工人能否向发包人一并主张？
3. 施工合同中仅约定违约金或利息时，承包人或实际施工人能否向发包人同时主张两项费用？
4. 施工合同中约定的利率标准是否存在幅度范围限制？
5. 施工合同未进行约定时，应当如何确定利率的标准？

一、利息与违约金的内涵

“利息”一词属于经济学的概念，“利息”产生的土壤是历史久远的借贷关系，其本质是对债权人因丧失金钱控制和流动性机会而产生损失的赔偿。

对于孳息而言，传统民法理论中，一般将其划分为自然孳息和法定孳息。自然孳息，是指根据自然规律由原物所生的孳息；法定孳息，是指就原物实施一定法律行为而由原物派生出来的孳息，如租金、利息等。我国法律规范中，孳息的概念虽多次出现，但对于孳息的具体含义，法律规范并未给出界定。《新建设工程施工合同解释（一）》第二十六条规定：“当事人对欠付工程价款利息计付标准有约定的，按照约定处理。没有约定的，按照同期同类贷款利率或者同期贷款市场报价利率计息。”该条规范来自 2004 年《建设工程施工合同解释》第十七条。在最初形成过程中，对于“利息”的性质，也曾存在过争议：一种观点认为，工程欠款利息不是工程款孳息，属于承担违约责任的方式；另一种观点认为，欠付工程款利息的性质是法定孳息，而不是违约金。司法解释最终采纳了后一种观点。[①]

对于违约金而言，其是当事人约定或法律规定的，在一方当事人不履行或不完全履行合同时向另一方当事人支付的金钱赔偿。《民法典》第五百八十五条第一款规定："当事人可以约定一方违约时应当根据违约情况向对方支付一定数额的违约金，也可以约定因违约产生的损失赔偿额的计算方法。"对于上述违约金的性质，依照理论界和实务界通说，其是以补偿性为主，惩罚性为辅。既然以补偿性为主，其补偿的基础应是守约方遭受的客观损失，故此，当事人也享有了请求法院调整违约金的权利。

结合上述概念的分析可知，利息本质上属于经济学的概念，孳息则属于法学上的概念。依照我国理论界的多数观点，利息属于法定孳息的一种。虽然利息存在"法定"的外观，然就除却金融机构的民事主体之间而言，利息的多少通常取决于当事人的意思自治，只不过法律规范为其设定了上限。就利息和违约金而言，虽然其概念、内涵存在差异，然亦不乏交叉之处，如利息可以成为确定违约金的一种方式，或者违约金的范围可以包含利息。故从此一角度出发，利息和违约金之间并不存在非此即彼的排斥关系。

二、利息计算及其与违约金关系的争议

以《新建设工程施工合同解释（一）》第二十六条为基础，实践中经常存在的争议问题有二：其一，利息的计算标准如何确定；其二，利息与违约金能否同时获得法院支持。对此，实践中的处理方式存在差异，对其中的代表性观点梳理如下。

（一）利息计算标准的争议观点

对于利息的计算标准，依照《新建设工程施工合同解释（一）》第二十六条的规定，当事人有约定者从约定，无约定者按照中国人民银行发布的同

---

① 最高人民法院民事审判第一庭编著：《最高人民法院建设工程施工合同司法解释的理解与适用》，人民法院出版社2004年版，第157页。《新建设工程施工合同解释（一）》第二十六条的释义中采取同样观点，参见最高人民法院民事审判第一庭编著：《最高人民法院新建设工程施工合同司法解释（一）理解与适用》，人民法院出版社2021年版，第268页。

期同类贷款利率或同期贷款市场报价利率计息。从文字表述上分析，该条对利息上限并未予以限制，但在司法解释相关的释义资料中，对此阐述得较为明确，即“既然欠付工程价款的利息性质为法定孳息，合同约定的利率应当在国家法定利率上下限内才予以保护，当约定的利率违反国家规定时，则不予保护”。[①] 由此似乎应当得出的结论是：即使当事人之间对于利息存在约定，其利率标准也不应超过中国人民银行发布的上限。

但是，2020 年第二次修正的《最高人民法院关于审理民间借贷案件适用法律若干问题的规定》第二十五条规定：“出借人请求借款人按照合同约定利率支付利息的，人民法院应予支持，但是双方约定的利率超过合同成立时一年期贷款市场报价利率四倍的除外。前款所称‘一年期贷款市场报价利率’，是指中国人民银行授权全国银行间同业拆借中心自 2019 年 8 月 20 日起每月发布的一年期贷款市场报价利率。”

以上述与利率相关的司法解释为背景，再来观察建设工程实践，可以发现对于利率标准的确定，多地同时参考了法定利率和同时期的民间借贷司法解释的规定，大概形成了以下两种意见。

1. 区分约定和未约定时的利息标准

遵循建设工程相关司法解释的原则，有观点对利息的计算标准区分了约定和未约定两种情形。如《江苏省高级人民法院关于审理建设工程施工合同纠纷案件若干问题的解答》第十一条明确规定：“当事人对欠付工程价款利息计付标准有约定的，按照约定处理，但不得超过年利率 24%。没有约定的，参照《最高人民法院关于审理买卖合同纠纷案件适用法律问题的解释》第 24 条第 4 款的规定，可以中国人民银行同期同类人民币贷款基准利率为基础，参照逾期罚息利率标准计算。”[②]

---

① 最高人民法院民事审判第一庭编著：《最高人民法院新建设工程施工合同司法解释（一）理解与适用》，人民法院出版社 2021 年版，第 272 页。

② 参见 2018 年《江苏省高级人民法院关于审理建设工程施工合同纠纷案件若干问题的解答》，该解答已被废止，但其中所反映的实践观点依然具有研究意义。关于该观点中的利率标准，来自 2015 年《最高人民法院关于审理民间借贷案件适用法律若干问题的规定》第二十六条第一款的规定，“借贷双方约定的利率未超过年利率 24%，出借人请求借款人按照约定的利率支付利息的，人民法院应予支持”。

2. 未区分约定和未约定时的利息标准

以下文所述的《安徽省高级人民法院关于审理建设工程施工合同纠纷案件适用法律问题的指导意见（二）》第十六条为代表，部分地区法院并未严格区分约定和未约定的情形，而是概括性地将当事人可以主张的利息上限界定在了中国人民银行公布的同期同类贷款利率的4倍范围以内。[①]

（二）利息与违约金适用关系的争议观点

关于利息与违约金能否同时获得支持的问题，实践中主要存在以下三种处理方式。

1. 同时支持类

承包人在诉讼中一并主张违约金和利息时，原则上可同时获得支持。比如，《安徽省高级人民法院关于审理建设工程施工合同纠纷案件适用法律问题的指导意见（二）》第十六条明确规定："当事人同时主张违约金和利息的，可予支持。当事人主张的总额在中国人民银行公布的同期同类贷款利率或贷款基础利率4倍范围内的，应当综合违约行为的情节、程度，给守约方造成损失的大小等因素进行确定。当事人主张的总额超出中国人民银行公布的同期同类贷款利率或贷款基础利率4倍范围的，应当举证证明实际损失的数额，人民法院按照《最高人民法院关于适用〈中华人民共和国合同法〉若干问题的解释（二）》）第二十九条的规定处理。"

2. 约定优先+选择支持

当事人能否同时主张违约金和利息，首先需考察合同约定，如果有约定，则可同时主张，如果无约定，原则上只能选择其一主张。比如，《北京市高级人民法院关于审理建设工程施工合同纠纷案件若干疑难问题的解答》第三十六条明确规定："建设工程施工合同明确约定发包人逾期支付工程款，承包人可以同时主张逾期付款违约金和利息的，依照其约定，发包人主张合同约定

---

① 该利率的标准来自1991年《最高人民法院关于人民法院审理借贷案件的若干意见》（已废止），其第六条规定："民间借贷的利率可以适当高于银行的利率，各地人民法院可根据本地区的实际情况具体掌握，但最高不得超过银行同类贷款利率的四倍（包含利率本数）。超出此限度的，超出部分的利息不予保护。"

的违约金和利息之和过分高于实际损失请求予以适当减少的，按照《最高人民法院关于适用〈中华人民共和国合同法〉若干问题的解释（二)》第二十九条的规定处理；没有约定或约定不明的，对承包人的主张，一般不应同时支持，但承包人有证据证明合同约定的违约金或利息单独不足以弥补其实际损失的除外。”

3. 选择支持类

当事人对于违约金和利息不可同时主张，只能选择其一。比如，《浙江省高级人民法院民事审判第一庭关于审理建设工程施工合同纠纷案件若干疑难问题的解答》第二十一条规定：“承包人不能按照建设工程施工合同的约定，既请求承包人承担逾期支付工程款的违约金，又同时请求支付相应利息。”

三、利息与违约责任、逾期履行义务的关系

（一）利息与违约责任的关系

对于利息的性质，上文已有论述，故无论置身于何种语境中，利息的内涵都应是确定的，且不应与违约金的含义产生混同。其原因在于，概念和性质的不同，将直接决定其所应接受约束的法律规范也会存在差异。具体而言，在我国目前的法律语境下，除却金融机构，利息的确定还要受到民间借贷司法解释的约束；违约金的判断则主要受到《民法典》及相关司法解释的约束。如果模糊了利息和违约金的内涵，将可能导致法律适用层面的混乱。

对于孳息以及法定孳息的含义，虽存在分歧，然不妨将目光暂时脱离概念性的争论，转向问题的解决之道。搁置争议，即使将利息界定为一种法定孳息，然是否意味着利息与违约责任之间有一条不可融合的楚河汉界？恐非如此。具体来说，从利息的起源和本质可以得知，其是出借人依据合同取得“收益”的一部分，如涉及其他非借贷类合同，如买卖、建设工程施工合同，在权利义务的交换过程中，只要一方怠于履行金钱支付义务，同样会使权利人丧失金钱的占有和流动，进而导致利息的失去。从此角度观察便可发现，只要迟延支付行为存在，利息便成了权利人必然失去的财产，上述“失去”的后果与债务人的违约行为具有直接的因果关系且不因建设工程或承揽合同

而存在任何差异。《民法典》第五百七十七条规定："当事人一方不履行合同义务或者履行合同义务不符合约定的，应当承担继续履行、采取补救措施或者赔偿损失等违约责任。"此时，将权利人失去的利息作为损失归入违约责任的范畴并无不妥。此外，就违约金而言，其当然也属于违约责任承担的一种表现形式，主要目的也在于弥补守约人的损失。

由此可见，利息是否属于法定孳息的争论结果并不会影响将其归入违约责任的范畴。

（二）逾期还款和逾期付款中的利息规则

逾期还款与逾期付款，虽一字之差，然其所依附的基础法律关系却存在区别。"还款"所依赖的前提是"出借金钱"，对应者应是借贷合同之法律关系；"付款"所依赖的前提是"等价物交换"，对应者应是买卖、承揽等其他合同之法律关系。对于逾期还款者和逾期付款者所应支付的利息代价，我国法律规范设置了不同规则。

1. 逾期还款的规则

1991 年颁布的《最高人民法院关于人民法院审理借贷案件的若干意见》（已废止）第九条规定："公民之间的定期无息借贷，出借人要求借款人偿付逾期利息，或者不定期无息贷款经催告不还，出借人要求偿付催告后利息的，可参照银行同类贷款的利率计息。"

2011 年，《最高人民法院关于依法妥善审理民间借贷纠纷案件促进经济发展维护社会稳定的通知》中明确规定："当事人既未约定借期内利率，也未约定逾期利率的，出借人参照中国人民银行同期同类贷款基准利率，主张自逾期还款之日起的利息损失的，依法予以支持。"

2015 年，《最高人民法院关于审理民间借贷案件适用法律若干问题的规定》第二十九条第二款规定："未约定逾期利率或者约定不明的，人民法院可以区分不同情况处理：（一）既未约定借期内的利率，也未约定逾期利率，出借人主张借款人自逾期还款之日起按照年利率 6% 支付资金占用期间利息的，人民法院应予支持……”[①] 对于上述6%的来历，相关释义资料载明：“根据近年来中国人民银行发布的一年期的基准贷款利率大致为6%的情况，考虑到同期同类贷款利率种类较多，计算复杂，为统一裁判标准，本条规定按照年利率6%计算利息。”[②]

由上述分析可知，对于逾期还款，我国相关法律规范保持了一致的思路：参照中国人民银行的同期同类贷款利率，并未附加上“罚息”。

2. 逾期付款的规则

1999年，《最高人民法院关于逾期付款违约金应当按照何种标准计算问题的批复》（已废止）规定：“对于合同当事人没有约定逾期付款违约金标准的，人民法院可以参照中国人民银行规定的金融机构计收逾期贷款利息的标准计算逾期付款违约金。中国人民银行调整金融机构计收逾期贷款利息的标准时，人民法院可以相应调整计算逾期付款违约金的计算标准。参照中国人民银行1996年4月30日发布的银发〔1996〕156号《关于降低金融机构存、贷款利率的通知》的规定，目前，逾期付款违约金标准可以按每日万分之四计算。”

2000年，《最高人民法院关于修改〈最高人民法院关于逾期付款违约金应当按照何种标准计算问题的批复〉的批复》（已废止）删除了上述批复中“参照中国人民银行1996年4月30日发布的银发〔1996〕156号《关于降低金融机构存、贷款利率的通知》的规定，目前，逾期付款违约金标准可以按每日万分之四计算”的内容。

2003年，《最高人民法院关于审理商品房买卖合同纠纷案件适用法律若干问题的解释》（已被修正）第十七条中规定：“商品房买卖合同没有约定违约金数额或者损失赔偿额计算方法，违约金数额或者损失赔偿额可以参照以下标准确定：逾期付款的，按照未付购房款总额，参照中国人民银行规定的金

---

① 《最高人民法院关于审理民间借贷案件适用法律若干问题的规定》在2020年进行了修正，该条款仍为第二十九条第二款，但相关内容被调整为：“未约定逾期利率或者约定不明的，人民法院可以区分不同情况处理：（一）既未约定借期内利率，也未约定逾期利率，出借人主张借款人自逾期还款之日起承担逾期还款违约责任的，人民法院应予支持……”

② 杜万华主编、最高人民法院民事审判第一庭编著：《最高人民法院民间借贷司法解释理解与适用》，人民法院出版社2015年版，第514页。

融机构计收逾期贷款利息的标准计算。”该司法解释在2020年进行了修正，上述内容得以保留，调整为第十三条。

2012年，《买卖合同纠纷解释》（已被修正）第二十四条第四款规定：“买卖合同没有约定逾期付款违约金或者该违约金的计算方法，出卖人以买受人违约为由主张赔偿逾期付款损失的，人民法院可以中国人民银行同期同类人民币贷款基准利率为基础，参照逾期罚息利率标准计算。”该司法解释在2020年进行了修正，上述内容得以保留，调整为第十八条第四款：“买卖合同没有约定逾期付款违约金或者该违约金的计算方法，出卖人以买受人违约为由主张赔偿逾期付款损失，违约行为发生在2019年8月19日之前的，人民法院可以中国人民银行同期同类人民币贷款基准利率为基础，参照逾期罚息利率标准计算；违约行为发生在2019年8月20日之后的，人民法院可以违约行为发生时中国人民银行授权全国银行间同业拆借中心公布的一年期贷款市场报价利率（LPR）标准为基础，加计30—50%计算逾期付款损失。”

由此可知，虽然相关司法解释因为中国人民银行关于逾期贷款利率的调整而出现表述上的变化，但对于逾期付款的后果，原则上坚持了以贷款利率为基础并附加“罚息”的标准。

在上文分析的基础上，再来观察《新建设工程施工合同解释（一）》第二十六条中“欠付工程价款”的含义。显然，发包人和承包人因工程建设而发生的法律关系的本质是“买卖”标的物，而非借款合同，就发包人“欠付”的工程款而言，无疑属于应付而未付的“逾期付款”范畴。

四、现行规范的实然选择和相关思考

对于上述实践中争议的两个问题，结合现行的法律规范和上文分析，其裁判规则也会逐渐清晰。

（一）违约金和利息的处理规则

1. 违约金和利息在程序选择上并不矛盾

利息和违约金之所以在实践中形成诸多纠结点，除却法定孳息和违约责任的争论，尚与建设工程施工合同的示范文本相关。1999版《施工合同示范文本》之通用条款第33.3款显示："发包人收到竣工结算报告及结算资料后28天内无正当理由不支付工程竣工结算价款，从第29天起按承包人同期向银行贷款利率支付拖欠工程价款的利息，并承担违约责任。"上述内容也使利息与违约金在能否并用层面产生了一些争议和困惑。

然而，在2013版的示范文本中，该内容已出现很大的变化，2013版《施工合同示范文本》第14.2款中载明："除专用合同条款另有约定外，发包人应在签发竣工付款证书后的14天内，完成对承包人的竣工付款。发包人逾期支付的，按照中国人民银行发布的同期同类贷款基准利率支付违约金；逾期支付超过56天的，按照中国人民银行发布的同期同类贷款基准利率的两倍支付违约金。"可见其已不再将利息和违约金（违约责任）作为并列性的概念使用，而将依照利率计算出的利息作为违约金。2017版《施工合同示范文本》中，同样保留了上述条款。当然，从另一个角度而言，上述修正性条款的出现也不能完全忽视司法处理方式对其产生的影响。

结合上文的分析以及施工合同示范文本的修改可知，无论违约金还是利息，都可纳入违约责任的承担范畴，因为其主要目的都在于弥补守约方的损失。依据《民法典》第五百八十五条的规定，当事人对违约的后果可以约定一定数额的违约金，也可以约定损失赔偿额的计算方法。故此，在利息属于承包人当然损失的前提下，当事人在合同中约定的利率应属关于利息损失赔偿的计算方法。然而，承包人尚可能因为发包人的违约而产生其他损失，此时依据违约金调整的"填补"性原则，债权人当然可同时享有主张违约金的权利，单纯从程序上否定利息与违约金一并主张的观点并不存在坚实的理论基础，亦有违实践需要。

2. 三种情形的处理方式

就施工合同中利息和违约金的存在情形而言，大致可分为如下三种：其一，当事人在合同中约定了违约金和利息，并明确可同时主张；其二，当事人在合同中约定了违约金和利息，未明确是否可同时主张；其三，当事人在合同中仅约定了利息或违约金。

对于上述第一种和第二种情况，如上文所述，利息属于当事人必然发生的损失，应当得到支持。至于利率标准，笔者认为，贷款市场报价利率主要针对金融机构，该标准并不是民事主体之间约定利率的上限，作为施工合同的当事人，约定利率参考适用民间借贷的相关标准更为合适，故应以 2020 年第二次修正的《最高人民法院关于审理民间借贷案件适用法律若干问题的规定》第二十五条为基础，将约定利率限制在“合同成立时一年期贷款市场报价利率四倍”以内。至于违约金能否同时得到支持，取决于发包人的迟延支付是否还给承包人造成了其他损失，如有，则当依据损失情况，结合《全国法院贯彻实施民法典工作会议纪要》第十一条的规定，适度确定或调整违约金。①

然而，尚需关注的另一个问题是，如果当事人约定的利息高于“合同成立时一年期贷款市场报价利率四倍”，且没有违约金条款，而承包人实际遭受的损失又多于上述约定利息时，能否直接支持“高”利息？笔者认为，在利息含义确定的前提下，应当严格遵循 2020 年第二次修正的《最高人民法院关于审理民间借贷案件适用法律若干问题的规定》的限制幅度，以确保法律衔接的统一性。至于额外产生的其他损失，可通过损失赔偿的方式予以确定。

对于第三种情况，如果合同中仅约定了违约金，那么因为利息的损失属于必然发生的内容，故应结合《民法典》的规定，以“利息损失”及其他损失为基础，确定是否调整违约金，而无必要再将利息以单独的名目列出。如果合同中仅约定了利息，而承包人因为发包人的违约行为所遭受的损失超过了约定利息，则可以请求发包人赔偿其他损失，但此时并非“违约金”的名义。

然而，尚需说明的是，上述关于违约金和利息的规则讨论当限制在一个前提之下：仅针对发包人的逾期付款行为。反之，如果施工合同针对逾期付款规

---

① 《全国法院贯彻实施民法典工作会议纪要》第十一条规定：“民法典第五百八十五条第二款规定的损失范围应当按照民法典第五百八十四条规定确定，包括合同履行后可以获得的利益，但不得超过违约一方订立合同时预见到或者应当预见到的因违约可能造成的损失。当事人请求人民法院增加违约金的，增加后的违约金数额以不超过民法典第五百八十四条规定的损失为限。增加违约金以后，当事人又请求对方赔偿损失的，人民法院不予支持。当事人请求人民法院减少违约金的，人民法院应当以民法典第五百八十四条规定的损失为基础，兼顾合同的履行情况、当事人的过错程度等综合因素，根据公平原则和诚信原则予以衡量，并作出裁判。约定的违约金超过根据民法典第五百八十四条规定确定的损失的百分之三十的，一般可以认定为民法典第五百八十五条第二款规定的‘过分高于造成的损失’。当事人主张约定的违约金过高请求予以适当减少的，应当承担举证责任；相对人主张违约金约定合理的，也应提供相应的证据。”

定了利息，同时针对其他违约行为又规定了违约金，在后续履行过程中，发包人存在多种违约行为时，则应以一并支持为基本原则。具体言之，逾期付款行为导致了利息损失的必然发生，故应当得到支持；对于发包人存在的其他违约行为，发包人也应为此付出代价，至于该情形中违约金的确定标准，笔者认为，依然可以参照《全国法院贯彻实施民法典工作会议纪要》第十一条的规定。

（二）未作约定时工程款利息的处理

如果当事人对于欠付工程款利息的计付标准并未约定，又当如何处理？该问题涉及两个角度的考虑。

其一，从实然的角度，现行的《新建设工程施工合同解释（一）》第二十六条已经作出了明确回答，即应当按照同期同类贷款利率或者同期贷款市场报价利率计息。

其二，从完善建议的角度，依上文所述，欠付工程款的行为属于逾期付款，从我国法律规范的延续性分析，发包人需要承担的不仅是同期同类贷款基准利率或同期贷款市场报价利率，还包括一定的“罚息”。究其原因，在于如果逾期付款的成本低于或等于正常贷款途径获得融资所付出的成本，则会在客观上促使发包方基于利益考量而产生违约冲动。故在当事人未约定欠付工程款利息时，建议将其标准确定为：以同期同类贷款利率或者同期贷款市场报价利率为基础，参照逾期罚息利率标准或加计30% -50%计算。

裁判规则指引

❶ 利息本质上是经济学的概念，多数观点认为利息属于法定孳息的一种。违约金是当事人约定或法律规定，在一方不履行或不完全履行合同时向另一方支付的金钱对价。虽然利息和违约金在内涵上存在差异，但在应用中不乏交叉，如利息可以成为确定违约金的一种方式，违约金的范围可以包含利息。利息和违约金均可纳入违约责任范畴，且目的之一都在于弥补守约方损失，故二者之间不存在非此即彼的排斥关系。

❷ 如果当事人在合同中同时约定了欠付工程价款的违约金和利息，守约方可一并向违约方主张，但应结合《民法典》第五百八十五条和《全国法院贯彻实施民法典工作会议纪要》第十一条的规定，适度确定或调整违约金。

❸ 如果当事人在合同中仅约定了违约金，因违约方迟延付款时，利息属于守约方必然产生的损失，故在衡量守约方损失的基础上调整违约金数额即可，无须再就利息单独主张。如果当事人在合同中仅约定了利息且利息不足以弥补损失的，守约方可同时主张违约方赔偿损失。

❹ 当事人在合同中约定的欠付工程价款利息的计付标准，应当符合2020年第二次修正的《最高人民法院关于审理民间借贷案件适用法律若干问题的规定》第二十五条的要求。

❺ 当事人对于欠付工程款利息的计付标准未作约定时，从实然的角度，当遵循《新建设工程施工合同解释（一）》第二十六条的规定，即按照同期同类贷款利率或者同期贷款市场报价利率计息。从未来发展的角度来看，因欠付工程款属于逾期付款行为，发包人尚需承担一定的“罚息”，故建议利息标准以同期同类贷款利率或者同期贷款市场报价利率为基础，参照逾期罚息利率标准或加计30%－50%计算。

第六章

工程价款优先受偿权

第一节　优先受偿权的发展及性质

实务疑难问题

1. 工程价款优先受偿权在我国经历了哪几个发展阶段？
2. 工程价款优先受偿权是一种什么性质的权利？

一、优先受偿权的发展脉络

关于工程价款优先受偿权，在我国立法及司法实践中主要历经三个阶段。

（一）《合同法》阶段

工程价款优先受偿权发端于1999年之前的《合同法（征求意见稿）》第一百六十一条，该条规定，建设工程完成后，建设人未按照约定支付价款的，承建人应当催告建设人支付价款，催告的期限不得少于2个月。建设人逾期不支付的，承建人可以与建设人协议将该工程折价，也可以将该工程依法拍卖。承建人就该工程折价或者拍卖的价款优先受偿。①

1999年3月正式公布的《合同法》，第二百八十六条确立了工程价款优先受偿权，即“发包人未按照约定支付价款的，承包人可以催告发包人在合理期限内支付价款。发包人逾期不支付的，除按照建设工程的性质不宜折价、拍卖的以外，承包人可以与发包人协议将该工程折价，也可以申请人民法院将该工程依法拍卖。建设工程的价款就该工程折价或者拍卖的价款优先受偿。”

两相比较，可以发现正式稿将征求意见稿中承包人“应当催告”改为

① 全国人大常委会法制工作委员会民法室编著：《〈中华人民共和国合同法〉及其重要草稿介绍》，法律出版社2000年版，第133页。

"可以催告"，将"催告的期限不得少于两个月"改为"合理期限"，这也成为司法实务中的一大争议焦点（详见本书第六章第四节）。

（二）司法解释、规范性文件阶段

为解决《合同法》第二百八十六条的适用问题，2002 年最高人民法院公布了《优先受偿权问题批复》。该批复一则确定了商品房消费者权利、优先受偿权、抵押权、其他债权的实现顺位；二则确定了优先受偿权的范围；三则确定了优先受偿权的行使期限。该批复的主要内容如下："一、人民法院在审理房地产纠纷案件和办理执行案件中，应当依照《中华人民共和国合同法》第二百八十六条的规定，认定建筑工程的承包人的优先受偿权优于抵押权和其他债权。二、消费者交付购买商品房的全部或者大部分款项后，承包人就该商品房享有的工程价款优先受偿权不得对抗买受人。三、建筑工程价款包括承包人为建设工程应当支付的工作人员报酬、材料款等实际支出的费用，不包括承包人因发包人违约所造成的损失。四、建设工程承包人行使优先权的期限为 6 个月，自建设工程竣工之日或者建设工程合同约定的竣工之日起计算。"在相当长的时间里，该司法解释一直是解决工程价款优先权问题的重要依据。

2004 年，《最高人民法院关于装修装饰工程款是否享有合同法第二百八十六条规定的优先受偿权的函复》公布。该函复一则明确了装饰装修工程与优先受偿权的关系；二则明确了装饰装修领域工程价款优先受偿权的行使条件。该函复的主要内容如下："装修装饰工程属于建设工程，可以适用《中华人民共和国合同法》第二百八十六条关于优先受偿权的规定，但装修装饰工程的发包人不是该建筑的所有权人或者承包人与该建筑物的所有权人之间没有合同关系的除外。享有优先权的承包人只能在建筑物因装修装饰而增加价值的范围内优先受偿。"

2006 年，《最高人民法院关于公路建设单位对公路收费权是否享有建设工程价款优先受偿权以及建设工程价款优先权是否优于质权的请示的答复》公布。该答复一则明确了价款优先受偿权与可转让经营权之间的关系；二则明确了价款优先受偿权在收费公路领域的执行方式。其主要内容如下："《合同法》286 条规定的建设工程的折价或者拍卖虽原则上指工程所有权的转让，但对收费公路这类特殊工程的可转让的经营权，也应适用。因此，申请执行人作为公路施工单位，有权通过对被执行人享有的公路工程经营权的执行优先受偿。车辆通行收费权是公路经营权中的主要内容，执行中可以转让收费权或者直接从所收费中提取款项。施工单位的优先受偿权应及于该收费权，可以从提取的款项中优先受偿。根据《担保法》及最高人民法院有关司法解释的精神，工程款优先受偿权应优先于异议人就公路收费权设定的质押权。"

2008 年，《最高人民法院〈关于对人民法院调解书中未写明建设工程款有优先受偿权应如何适用法律问题的请示〉的复函》公布。其一则明确了价款优先受偿权的性质；二则明确了行使期间的性质。该复函载明，建设工程款优先受偿权是一种法定优先权，无须当事人另外予以明示。《优先受偿权问题批复》第四条明确规定，建设工程承包人行使优先权的期限为 6 个月。依据该条规定，建设工程承包人行使优先权的期限为 6 个月，且为不变期间，不存在中止、中断或延长的情形。①

2018 年，《建设工程施工合同解释（二）》公布。该解释第十七条至第二十三条对工程价款优先受偿权相关问题进行了更为全面的规定，一则明确了行使主体是与发包人有合同关系的承包人；二则明确了装修装饰工程承包人可行使优先权；三则明确了优先受偿权的行使前提是工程质量合格；四则明确了优先受偿范围的参照规则；五则明确了优先受偿权的行使期限是 6 个月；

---

① 最高人民法院的裁判文书中引用过上述复函，如（2016）最高法民申 1281 号民事裁定书中，最高人民法院认为："最高人民法院曾于 2008 年 2 月 29 日对广东省高级人民法院作出〔2007〕执他字第 11 号《关于对人民法院调解书中未写明建设工程款有优先受偿权应如何适用法律问题的请示的复函》。该复函载明，建设工程价款优先受偿权是一种法定优先权，无需当事人另外予以明示。该函是就广东省高级人民法院关于对人民法院调解书中未写明建设工程款有优先受偿权应如何适用法律问题的请示所作出的答复。因此，人民法院在判决书、调解书中未明确建设工程款享有优先受偿权的，并不妨碍权利人申请行使其优先受偿的权利。因此，中人公司和新兴公司虽未明确主张优先受偿权，但并不影响其享有该权利。故再审申请人江门中行认为被申请人中人公司和新兴公司提起执行分配方案异议之诉所依据的优先受偿权的实体权利并未获得司法认定的申请理由不能成立。"鉴于该复函的内容尚具有一定的实践价值，故笔者将其列出，但同时提醒读者在条件具备时，通过官方途径查阅该复函。

六则明确了优先受偿权的放弃或限制条件。

2020年，《新建设工程施工合同解释（一）》公布。该解释第三十五条至第四十二条涉及工程价款优先权，主要内容吸收了上述《建设工程施工合同解释（二）》的相关规定，但也作了一些调整。一则修改了装饰装修工程中优先权的行使条件；二则修改了优先权的行使期限，即优先权的行使期限最长不得超过18个月。

（三）《民法典》阶段

2020年公布的《民法典》第八百零七条是关于工程价款优先权的规定，即："发包人未按照约定支付价款的，承包人可以催告发包人在合理期限内支付价款。发包人逾期不支付的，除根据建设工程的性质不宜折价、拍卖外，承包人可以与发包人协议将该工程折价，也可以请求人民法院将该工程依法拍卖。建设工程的价款就该工程折价或者拍卖的价款优先受偿。"除了个别用词有所区别，该条基本全文吸收了原《合同法》第二百八十六条的内容。

二、优先受偿权的性质争议

（一）性质相关的四种学说

关于工程价款优先权的性质，争议已久，概括而言，主要有以下四种观点。

第一种观点认为是留置权。持该观点的学者认为，建设工程合同实际上是一种特殊类型的承揽合同，原《合同法》第二百八十六条扩大了留置财产的范围①。若发包人不支付价款，则承包人可以留置工程，如果工程已验收、交付，则不能让承包人有留置权，否则，会使第三人受不测之害。②

第二种观点认为是法定抵押权。持该观点的学者认为，从立法过程可知，原《合同法》第二百八十六条从设计、起草、讨论、修改、审议直至正式通过，始终是指法定抵押权，且在历次专家讨论会上，未有任何人对此表示异

---

① 参见江平主编：《中华人民共和国合同法精解》，中国政法大学出版社1999年版，第223－224页。

② 隋彭生：《合同法要义》（第2版），中国政法大学出版社2003年版，第528页。

议，未有任何人提出过规定承包人优先权的建议。[①]

第三种观点认为是法定优先权。持该观点的学者认为，工程价款优先权类似于船舶优先权、航空器优先权，是法律直接赋予特定权利人享有优先于其他权利人受偿的权利，是法律基于立法政策和保护特定利益的需要为特定权利人设定的特权，无须登记即产生法律效力。[②]

第四种观点认为，优先受偿权应定性为一种法定担保物权。法定担保物权，须以贯彻公平原则或鼓励创造经济价值为基本目标，特别保障与担保财产有牵连关系的债权。此定性的实益在于，作为担保物权一般规定的《民法典》第三百八十六条至第三百九十三条可以直接适用，进而基本满足了优先受偿权的制度需求。[③]

（二）本书的观点

关于工程价款优先权的性质，立法机关的释义资料中只是列明了争议观点，并未明确界定。[④] 以实务为观察视角，笔者倾向于上述第三种观点，这也将是本书后续分析优先受偿权行使、实现和对抗问题的基础。具体理由如下：

其一，留置权的观点与我国现行法律规定不符，《民法典》中的留置限于动产。"法定抵押权"的观点亦有值得商榷之处。所谓法定抵押权，"系指基于法律规定而生之抵押权而言，此种抵押权不待登记，即生效力，与普通抵押权系因当事人合意而设定，需经登记始生效力者有异，故属于特殊抵押权"[⑤]。工程价款优先受偿权表面看似与我国台湾地区"民法"中的承揽人之法定抵押权类似，在制度设计上却存在显著区别。在我国台湾地区"民法"中，"1930 年施行之民法所定第五一三条之承揽人之抵押权，原属法定抵押权

---

① 参见梁慧星：《合同法第二百八十六条的权利性质及其适用》，载《山西大学学报（哲学社会科学版）》2001 年第 3 期。

② 参见陈旻：《建设工程案件审判实务与案例精析》，中国法制出版社 2014 年版，第 378 页。

③ 参见李建星：《〈民法典〉第 807 条（建工价款的优先受偿权）评注》，载《南京大学学报（哲学·人文科学·社会科学）》2021 年第 4 期。

④ 参见黄薇主编：《中华人民共和国民法典释义及适用指南》（中册），中国民主法制出版社 2020 年版，第 1205－1206 页。

⑤ 谢在全：《民法物权论》，中国政法大学出版社 2011 年版，第 929 页。

一种，然于1999年4月修正后，性质上为强制性之意定抵押权”[①]。我国台湾地区“民法”第五百一十三条原规定“承揽之工作为建筑物或其他土地上之工作物，或为此等工作物之重大修缮者，承揽人就承揽关系所生之债权，对于其工作所附之定作人之不动产，有抵押权”，后以该项抵押权未以公示方法彰显于外，有碍交易安全，遂修正为必须办理登记。[②] 故此，我国台湾地区“民法”以条文规范的形式对工程承揽人之抵押权进行了规定，其“法定”身份当无异议。我国《民法典》并未明确法定抵押权的存在，亦未明确工程价款优先受偿权的“抵押权”性质，将其界定为法定抵押权似有不妥。至于法定担保物权的观点，我国《民法典》设有“担保物权”分编，其中仅包括抵押权、质权、留置权，如再将优先受偿权界定为法定担保物权，不免与现行规范相矛盾。综上，虽然法定优先权的观点也存在不尽完美之处，但相对而言，如此界定不仅可以避免不必要的概念之争，符合现行法律规定精神，而且与其他国家和地区相关立法例一致。[③]

其二，法定优先权的界定并不排斥其所具有的担保属性。于我国而言，《民法典》所规定的承包人优先受偿权来自原《合同法》，该项权利的产生具有一定的现实基础。关于《民法典》第八百零七条的立法背景，立法机关的释义资料中记载：“从20世纪90年代初到现在，随着固定资产投资规模的增长，拖欠工程款的现象一直存在，并成为广受关注的社会问题。不少地区工程款拖欠数额庞大，有的工程拖欠付款期限很长，问题相当突出，不仅严重地影响建设企业的生产经营，制约了建设企业的发展，也影响了工程建设进度，制约了投资效益的提高。为了切实解决拖欠工程款的问题，保障承包人价款债权的实现……”[④] 从上述记载可知，优先权设置的重要目的在于保障承包人能够获得工程价款，而保障的方式，就是赋予建设工程本身以工程价款支付的“担保”功能，一旦发包人未能按期支付价款，承包人可就工程本身

---

① 谢在全：《民法物权论》，中国政法大学出版社2011年版，第914页。

② 参见谢在全：《民法物权论》，中国政法大学出版社2011年版，第915页。

③ 最高人民法院民事审判第一庭编著：《最高人民法院新建设工程施工合同司法解释（一）理解与适用》，人民法院出版社2021年版，第371－373页。

④ 黄薇主编：《中华人民共和国民法典释义及适用指南》（中册），中国民主法制出版社2020年版，第1204页。

的价值优先受偿。故此，建设工程价款优先受偿权的担保属性也被学界多数观点所认可。[①]

裁判规则指引

❶ 工程价款优先受偿权在我国主要经历了三个阶段，即《合同法》阶段、司法解释和规范性文件阶段、《民法典》阶段。关于工程价款优先受偿权的性质，主要存在留置权、法定抵押权、法定优先权、法定担保物权四种学说。

❷ 司法实践中，多数观点倾向于认为工程价款优先受偿权是一种法定优先权，在某种程度上类似于船舶优先权、航空器优先权，是法律直接赋予特定权利人享有优先于其他权利人受偿的权利，无须登记即产生法律效力，且具有明显的担保属性。

---

① 参见江必新、何东宁等：《最高人民法院指导性案例裁判规则理解与适用》（房地产卷），中国法制出版社 2014 年版，第 258－260 页；高印立：《规则与裁判：民法典下建设工程司法解释适用与拓展》，法律出版社 2021 年版，第 254 页。

第二节　优先受偿权主体相关问题

实务疑难问题

1. 享有工程价款优先受偿权的主体包括哪些？
2. 勘察设计合同的承包人是否享有优先受偿权？
3. 挂靠人可否直接向发包人主张实现优先受偿权？
4. 实际施工人可否代位行使优先受偿权？
5. 工程债权转让的，受让人可否主张优先受偿权？

一、优先受偿权主体确定的基本规则

关于优先受偿权的主体范围，原《合同法》只是概括性地规定了“承包人”，但由于施工领域情形复杂，“承包人”的范围时常难以准确界定，故分包人、实际施工人、勘察设计人等主体是否享有优先受偿权，长期以来存在争议。

2018 年《建设工程施工合同解释（二）》公布，该解释第十七条规定：“与发包人订立建设工程施工合同的承包人，根据合同法第二百八十六条规定请求其承建工程的价款就工程折价或者拍卖的价款优先受偿的，人民法院应予支持。”该条内容在很大程度上厘清了优先受偿权的主体范围，避免了一些不必要的争议。

2020 年，《新建设工程施工合同解释（一）》公布，该解释第三十五条基本上延续了 2018 年《建设工程施工合同解释（二）》的内容，只是在个别词语上作了调整，即“与发包人订立建设工程施工合同的承包人，依据民法典第八百零七条的规定请求其承建工程的价款就工程折价或者拍卖的价款优先受偿的，人民法院应予支持”。

依照上述司法解释的规定，一个主体能够享有优先受偿权，需要具备两个前提条件：其一，需要是工程承包人；其二，需要与发包人订立了施工合同。在此条件下，与发包人未直接发生合同关系的分包人、因转包或违法分包产生的实际施工人等主体都不应当享有优先受偿权。至于勘察设计承包人、挂靠中的实际施工人（挂靠人）、装饰装修承包人等，因存在一些特殊规则，故在下文分别论述。

二、勘察设计合同承包人与优先受偿权

关于勘察设计合同承包人是否享有优先受偿权的问题，有观点认为，勘察人、设计人对建设工程增值具有直接贡献，故勘察人、设计人、施工人均得享有建设工程优先权，其优先权都是随着建设工程的出现而成立的，因此三方的优先权同时成立，没有先后受偿的依据。[①] 笔者倾向于认为，依照现有法律和司法解释的规范内容、立法目的，勘察设计合同的承包人一般不享有工程价款优先受偿权，主要理由如下：

其一，规范的文义解释角度。《民法典》第七百九十一条第一款规定："发包人可以与总承包人订立建设工程合同，也可以分别与勘察人、设计人、施工人订立勘察、设计、施工承包合同。发包人不得将应当由一个承包人完成的建设工程支解成若干部分发包给数个承包人。"《民事案件案由规定》中在"建设工程合同纠纷"下设置了9个二级案由，其中包括建设工程勘察合同纠纷、建设工程设计合同纠纷、建设工程施工合同纠纷。在此基础上，再来分析《新建设工程施工合同解释（一）》第三十五条的内容可以发现，该条将法律关系限定在了"与发包人订立建设工程施工合同的承包人"，并未涵盖勘察、设计合同。

其二，优先受偿权的立法目的角度。《民法典》第八百零七条相关的释义资料中对优先受偿权制度的设立背景进行了介绍，即"发包人在工程建设完成后，对竣工验收合格的工程应当按照合同约定的方式和期限进行工程决算，支付价款，在向承包人支付价款后接受工程……为了切实解决拖欠工程款的问题，保障承包人价款债权的实现，本条规定了发包人未按照约定支付价款

---

① 参见孙科峰、杨遂全：《建设工程优先受偿权主体的争议与探究——〈合同法〉第286条之分析》，载《河北法学》2013年第6期；张东旺、孟宪东：《论建设工程优先权》，载《法学论坛》2001年第3期。

的，承包人可以催告发包人在合理期限内支付价款”。[①] 由此也可以看出，优先受偿权制度的主要目的在于解决施工价款的拖欠问题。

其三，勘察设计人的救济手段角度。对于勘察设计人而言，其劳动成果并非工程本身，而是其提交的成果资料、工程设计图纸及设计说明。在发包人拖欠勘察设计费时，勘察设计人当然可以通过留置的方式保护自己的权利，无须借助工程价款优先受偿权。此外，基于工程建设的顺序是勘察、设计、施工，如果发包人拖欠勘察设计费，在工程完工之前也不能对工程实现优先受偿权。退一步来说，即便可以等到工程完工之后再行使，也会发生勘察设计费和施工费用在优先权实现层面的重叠，形成新的难题。

当然，如果建设工程的价款中包括了勘察、设计等费用，特别是在工程总承包合同中，因为设计费用包括在建设工程价款范围之内，与工程价款同时支付、结算，承包人自然可以就该部分费用一并主张优先受偿权。

三、挂靠人与优先受偿权

（一）挂靠人与实际施工人的关系

挂靠，在建设工程领域一般是指实际施工主体借用他人的名义承揽工程，包括没有资质的借用有资质的、低资质的借用高资质的、同等资质借用的、高资质的借用低资质的等多种情形。为避免陷入借用资质与合同效力之间的关系争议，本节探讨的仅是无资质、低资质借用有资质、高资质的导致合同无效的典型情形。

挂靠人也属于实际施工人。实际施工人，并不是法律概念，而是司法解释创造的一个特定称谓，是指建设工程施工合同被认定无效后，具体实施工程建设的人，包括转包关系中的承包方、违法分包关系中的承包方、挂靠或借用建筑业企业资质的承包方等。[②] 对于转包、违法分包关系中的实际施工人，如上文所述，因其与发包人之间不存在直接的合同关系，故一般不享有

---

① 黄薇主编：《中华人民共和国民法典释义及适用指南》（中册），中国民主法制出版社 2020 年版，第 1204 页。

② 最高人民法院民事审判第一庭编著：《最高人民法院新建设工程施工合同司法解释（一）理解与适用》，人民法院出版社 2021 年版，第 363 页。

优先受偿权。

相比而言，挂靠显得有些特殊。该种情形中，挂靠人通常是“借壳”，即以被挂靠人的名义与发包人订立合同，后续实际履行施工义务的也是挂靠人，被挂靠人只是出借了资质，一般不实际参与工程的招标和后续施工。此时的挂靠人是否享有优先受偿权，和挂靠人、被挂靠人与发包人之间的合同关系、工程款支付关系的判断紧密相关。《新建设工程施工合同解释（一）》第四十三条第二款赋予了实际施工人突破合同相对性直接向发包人主张价款的权利，但相关的释义资料中明确“本条第二款的规定原则上不适用于挂靠情形的实际施工人”,[①] 由此也使挂靠人能否向发包人主张价款以及如何主张价款成为实践中的难题，争议不断，分歧频现，进而也波及优先受偿权问题的处理。

（二）挂靠人主张优先受偿权的处理

鉴于挂靠的复杂多变，从实务角度出发，对该问题的处理，笔者倾向于坚持两个原则：第一，“化繁为简”，直接穿破挂靠“面纱”，便捷有效地解决实际问题；第二，最大限度地保护善意发包人的利益。以此为基础，笔者建议考虑如下规则。

1. 订立合同时，如发包人知道或者应当知道挂靠事实，则发包人和挂靠人形成事实上的合同关系，挂靠人在验收合格后可直接向发包人主张价款和优先受偿权

具体来说，若发包人知晓挂靠，就意味着发包人和挂靠人之间已经达成默契，在事实上围绕订立、履行建设工程施工合同形成一系列法律关系，虽然合同无效，但双方当事人之间会基于这些法律关系产生债法上的请求权，实际施工人可直接向发包人请求支付工程价款。[②] 自然，作为实际施工人的挂

---

① 最高人民法院民事审判第一庭编著：《最高人民法院新建设工程施工合同司法解释（一）理解与适用》，人民法院出版社 2021 年版，第 451 页。

② 最高人民法院民事审判第一庭编著：《最高人民法院新建设工程施工合同司法解释（一）理解与适用》，人民法院出版社 2021 年版，第 451 页。最高人民法院民事审判第一庭法官会议也持相同观点，具体可参见《最高法院民一庭：借用资质的实际施工人与发包人形成事实上的建设工程施工合同关系且工程验收合格的，可以请求发包人参照合同约定折价补偿》，载微信公众号“最高人民法院民一庭”2022 年 1 月 7 日，https：//mp. weixin. qq. com/s/Bbf9mUi4WH0QcAs43ecZUA。

靠人也可以同时主张优先受偿权。

2. 订立合同时，如发包人不知道挂靠事实，挂靠人作为实际付出成果的人，可直接向发包人主张价款和优先受偿权；发包人可向挂靠人、被挂靠人主张共同承担因合同无效产生的责任

具体来说，该种情形中，应当在“化繁为简”的基础上最大限度保护发包人的利益。合同因挂靠无效后，挂靠人、被挂靠人均暴露在发包人面前，二者因挂靠施工必定形成过资质借用的合意，形成了利益共同体。故相对于发包人而言，此时的合同相对方就是一个“共同主体”即挂靠人、被挂靠人，且是这个“共同主体”的原因导致了合同无效，可以请求他们承担共同责任。① 与之相类似的情形如2020年第二次修正的《最高人民法院关于审理民间借贷案件适用法律若干问题的规定》第二十二条规定：“法人的法定代表人或者非法人组织的负责人以单位名义与出借人签订民间借贷合同，有证据证明所借款项系法定代表人或者负责人个人使用，出借人请求将法定代表人或者负责人列为共同被告或者第三人的，人民法院应予准许。法人的法定代表人或者非法人组织的负责人以个人名义与出借人订立民间借贷合同，所借款项用于单位生产经营，出借人请求单位与个人共同承担责任的，人民法院应予支持。”

在工程质量合格、利益得到最大维护的基础上，工程价款的请求方是挂靠人还是被挂靠人，对发包人而言已没有那么重要。但是，对于挂靠人却至关重要，因为其是工程建设成本的付出方，急需资金回笼，而被挂靠人因为利益较少而时常怠于向发包人主张，故此，直接赋予挂靠人向发包人主张价款的权利是目前可行的务实之举，否则，只能促使挂靠人继续借用被挂靠人

---

① 因该处将挂靠人、被挂靠人视为一个合同签订方的“共同体”，故采用了“共同责任”的表述。除了文中所述民间借贷的司法解释之外，我国其他相关法律中也有类似表达，如《民法典》第一千零八十九条规定：“离婚时，夫妻共同债务应当共同偿还。共同财产不足清偿或者财产归各自所有的，由双方协议清偿；协议不成的，由人民法院判决。”此外，在多种合同中，两个以上债务人并存并签字时，其涉及的也是“共同责任”。当然，关于“共同责任”是不是等同连带责任，有一定的分歧，但实践中大多按照连带责任执行。具体可参见黄薇主编：《中华人民共和国民法典婚姻家庭编释义》，法律出版社2020年版，第188页；杜万华主编、最高人民法院民事审判第一庭编著：《最高人民法院民间借贷司法解释理解与适用》，人民法院出版社2015年版，第391－392页。

的名义进行诉讼活动或者陷入维权主体的疑惑。更进一步，在被挂靠人向发包人主张价款的诉讼中，如果已查明挂靠存在且导致合同无效，也建议直接追加挂靠人为有独立请求权第三人，确定发包人直接将款项支付给挂靠人，避免挂靠人的利益受损。实践中，也有部分法院采取类似处理方式，如《河南省高院关于实际施工人相关问题的会议纪要》第五条规定："无论是被挂靠企业起诉发包人还是实际施工人以被挂靠企业名义起诉发包人，均符合合同相对性原则，均不违反程序法的规定。但如果实际施工人不同意被挂靠企业单独起诉发包人主张工程款，要求参加诉讼，人民法院应当追加实际施工人为有独立请求权第三人，一体解决纠纷。实际施工人和被挂靠企业同时参加诉讼的，经审理查明涉案工程确由实际施工人施工或实际施工人与发包人已形成事实上建设工程施工合同关系的，应当判决发包人直接向实际施工人支付工程款，不宜再以合同相对性为由判决发包人向被挂靠企业支付工程款，以免损害实际施工人合法权益。"

至于被挂靠人和挂靠人之间的对价，涉及非法管理费，参照本书前文的观点，属于"不法原因给付"，上述处理思路也不会导致挂靠人、被挂靠人之间出现利益失衡的后果。

3. 一个相关的判例

关于《新建设工程施工合同解释（一）》第三十五条①以及挂靠人能否主张优先受偿权的问题，最高人民法院（2019）最高法民申 6085 号民事裁定书对此有过较为详细的阐述："在第一条第二项'没有资质的实际施工人借用有资质的建筑施工企业名义的'情况下，实际施工人和建筑施工企业谁是承包人，谁就享有工程价款请求权和优先受偿权。在合同书上所列的'承包人'是具有相应资质的建筑施工企业，即被挂靠人；而实际履行合同书上所列承包人义务的实际施工人，是挂靠人。关系到发包人实际利益的是建设工程是否按照合同约定的标准和时间完成并交付到其手中，只要按约交付了建设工程，就不损害发包人的实际利益。但是否享有工程价款请求权和优先受偿权，直接关系到对方当事人的实际利益。事实上，是挂靠人实际组织员工进行了

---

① 该条基本吸收了 2018 年《建设工程施工合同解释（二）》第十七条的内容。

建设活动，完成了合同中约定的承包人义务。所以，挂靠人因为实际施工行为而比被挂靠人更应当从发包人处得到工程款，被挂靠人实际上只是最终从挂靠人处获得管理费。因此，挂靠人比被挂靠人更符合法律关于承包人的规定，比被挂靠人更应当享有工程价款请求权和优先受偿权。挂靠人既是实际施工人，也是实际承包人，而被挂靠人只是名义承包人，认定挂靠人享有主张工程价款请求权和优先受偿权，更符合法律保护工程价款请求权和设立优先受偿权的目的。”“在本案中，钰隆公司借用安徽三建的资质，以挂靠方式对发包人蓝天公司发包的1、4、5号楼进行了实际施工，属于实际施工人；同时，钰隆公司与蓝天公司之间已经履行了发包人与承包人之间的义务，双方在事实上形成了建设工程施工合同关系，钰隆公司是案涉工程的实际承包人。而且，蓝天公司从签订合同开始到实际履行合同过程中，知道并认可钰隆公司是借用安徽三建资质进行实际施工的事实，还接受了钰隆公司直接支付给自己的保证金，并向钰隆公司直接支付过工程价款，更进一步证明蓝天公司认可了钰隆公司系工程实际承包人的事实。所以，一审判决①认为钰隆公司享有优先受偿权是正确的。原判决②认为：‘现行法律及司法解释并未赋予实际施工人享有建设工程价款优先受偿的权利。因此，钰隆公司作为案涉工程的实际施工人主张建设工程价款的优先受偿权，缺乏法律依据，不予支持。’将《最高人民法院关于审理建设工程施工合同纠纷案件适用法律问题的解释（二）》第十七条解释为只要是实际施工人，便缺乏行使优先受偿权的法律依据，排除了挂靠关系中的实际施工人作为实际承包人应该享有优先受偿权的情形，适用法律确有错误。”③

四、实际施工人与代位行使优先受偿权

（一）实践中的分歧观点

《新建设工程施工合同解释（一）》第四十四条规定：“实际施工人依据

① 该处的“一审判决”是宁夏回族自治区高级人民法院作出的（2018）宁民初41号民事判决书。

② 该处的“原判决”是最高人民法院作出的（2019）最高法民终15号民事判决书。

③ 最高人民法院（2019）最高法民申6085号民事裁定书。

民法典第五百三十五条规定，以转包人或者违法分包人怠于向发包人行使到期债权或者与该债权有关的从权利，影响其到期债权实现，提起代位权诉讼的，人民法院应予支持。”该条规范中实际施工人代位行使的权利范围是否包括优先受偿权，实践中分歧很大。

肯定性观点认为，实际施工人可代为行使优先受偿权。如《河北省高级人民法院建设工程施工合同案件审理指南》第三十三条规定：“建设工程施工合同无效、但建设工程质量合格，承包人主张建设工程价款就该工程折价或拍卖的价款优先受偿的，人民法院应予以支持；分包人或实际施工人在总包人或非法转包人怠于主张工程价款时，主张建设工程价款就该工程折价或拍卖的价款优先受偿的，人民法院应予支持。”①

否定性观点认为，实际施工人不能代位行使优先受偿权。因为实际施工人身份的认定本身就是争议很大的问题，如果实际施工人均享有建设工程价款优先受偿权，则围绕建设工程建立的一系列法律关系均处于不稳定之中，不仅会损害交易安全和其他相关方的利益，还会对建设工程的使用、转让等造成不良影响。《新建设工程施工合同解释（一）》第四十三条和第四十四条突破合同的相对性，对实际施工人的利益予以保护，是以不加重发包人的责任为前提的，如果发包人在与承包人签订建设工程施工合同时并不知道工程会由实际施工人施工，其本意就是由承包人负责施工，结果承包人与实际施工人背地里签订了转包或者违法分包合同，已经损害了发包人权益，如果还允许实际施工人向其主张建设工程价款优先受偿权，对发包人明显不公平。②

（二）本书的观点

笔者认为，从法律规范的角度，判断实际施工人能否代位行使优先受偿

① 该规范性文件中虽然未明确规定实际施工人是“代位行使”，但综合其所规定的“总包人或非法转包人怠于主张”的前提和实际施工人可主张权利的结果，可知晓实际施工人代位行使优先受偿权自然没有问题。

② 最高人民法院民事审判第一庭编著：《最高人民法院新建设工程施工合同司法解释（一）理解与适用》，人民法院出版社2021年版，第456－457页。

权，主要依赖于《民法典》第五百三十五条[①]和《新建设工程施工合同解释（一）》第四十四条[②]的规定。显然，从上述两个规范条文中，无法解读出实际施工人不能代位行使优先受偿权的结论。如果将优先受偿权排除在实际施工人代位行使的权利范围之外，可能需要面对和解决如下几个困惑性的问题。

第一，如何理解可代位行使的“从权利”内涵。《新建设工程施工合同解释（一）》第四十四条来源于《民法典》第五百三十五条，两者对于代位权所包括的“从权利”的内涵应当是一致的。所谓从权利，是指以其他民事权利的存在为前提或依靠其他权利而存在的民事权利。《民法典》释义资料中虽从列举的角度认为从权利“主要是指担保权利（包括担保物权和保证）”，[③]但并不意味着排除了工程价款优先受偿权。理由在于：一则，优先受偿权的性质长期存在争议，故释义资料在列举从权利时未予明确也属正常；二则，优先受偿权依附于承包人的主债权即工程价款，该权利所具有的担保属性已是共识，故自“从权利”的基本内涵分析，也只能将优先受偿权界定为从权利，否则，其定位将出现真空。在此前提下，如果将优先受偿权排除在实际施工人可代位行使的“从权利”之外，将需要对“从权利”内涵出现限缩的理由作出妥当的解读。

第二，如何理解合法分包人与实际施工人权利的差异。在否定实际施工人代位行使优先受偿权的观点中，理由之一是实际施工人时常仅完成工程的部分内容，即便赋予其优先受偿权也难以实现。但若依此逻辑，将会导致很多正常的权利主体丧失代位权，比如合法的分包人，其在工程范围层面时常与违法分包的实际施工人并无差异。故此，以实现层面的“困难”来否定实际施工人的优先受偿权的观点还需要更为充分的论证。

---

① 《民法典》第五百三十五条规定：“因债务人怠于行使其债权或者与该债权有关的从权利，影响债权人的到期债权实现的，债权人可以向人民法院请求以自己的名义代位行使债务人对相对人的权利，但是该权利专属于债务人自身的除外。代位权的行使范围以债权人的到期债权为限。债权人行使代位权的必要费用，由债务人负担。相对人对债务人的抗辩，可以向债权人主张。”

② 《新建设工程施工合同解释（一）》第四十四条规定：“实际施工人依据民法典第五百三十五条规定，以转包人或者违法分包人怠于向发包人行使到期债权或者与该债权有关的从权利，影响其到期债权实现，提起代位权诉讼的，人民法院应予支持。”

③ 黄薇主编：《中华人民共和国民法典合同编释义》，法律出版社2020年版，第193页。

第三，如何理解实际施工人本身权利与代位权利的差异。依照现行司法解释的规定，未与发包人订立合同的实际施工人不享有优先受偿权。但是，这与实际施工人能否代位行使优先受偿权是两个问题，更进一步说，恰是因为实际施工人不直接享有该权利，才需要通过代位权制度维护自己的债权。故此，因为实际施工人不享有优先受偿权就否定其可代位行使该项权利的观点，在逻辑上还需要进一步论证。另外，代位权以债权人与债务人、债务人与相对人的债权届期，且债务均未履行为要件。未支付建设工程价款的发包人，本就面临着被起诉的风险。由分包人、实际施工人代位行使，抑或由承包人直接主张，只是原告身份的不同，并未加重发包人的负担，恶化其法律地位。①

除此之外，实践中也有观点认为优先受偿权属于承包人的“专属权利”，故实际施工人无法代位。但是，依照《民法典》的规定，无法代位的情形限于“该权利专属于债务人自身”，至于其具体含义，相关释义资料显示：“对于专属于债务人自身的权利，例如基于抚养关系所产生的抚养费、赡养费、扶养费请求权只能由债务人自己行使，债权人不能代位行使。”② 《最高人民法院关于适用〈中华人民共和国合同法〉若干问题的解释（一）》（已废止）第十二条也可作为参考，即“专属于债务人自身的债权，是指基于扶养关系、抚养关系、赡养关系、继承关系产生的给付请求权和劳动报酬、退休金、养老金、抚恤金、安置费、人寿保险、人身伤害赔偿请求权等权利。”③ 对比可以发现，工程价款优先受偿权应当不是专属承包人自身的权利，如果以“专属性”为由将其排除在代位行使范围之外，也需要进一步论证。

综上，笔者倾向于认为，从现有的制度解读中，无法得出否定实际施工人代位行使优先受偿权的结论，且多地法院的规范性意见也对此持肯定意

---

① 李建星：《〈民法典〉第807条（建工价款的优先受偿权）评注》，载《南京大学学报（哲学·人文科学·社会科学）》2021年第4期。

② 黄薇主编：《中华人民共和国民法典合同编释义》，法律出版社2020年版，第194页。

③ 韩世远：《债权人代位权的解释论问题》，载《法律适用》2021年第1期。

见。[①] 当然，否定实际施工人可代位行使优先受偿权的观点也不无道理，但如果要在大范围内付诸实践，恐怕还需要在进一步论证的基础上，借助于法律或司法解释的明确规定。

五、工程价款债权受让人与优先受偿权

（一）实践中的分歧观点

承包人将工程款的债权转让之后，受让人是否享有优先受偿权，实务中存在一定分歧。

第一种是否定性观点：债权一旦转让优先受偿权即消失，受让人不可主张该项权利。建设工程价款优先受偿权的目的在于保护农民工利益，具有人身属性，因此，承包人将建设工程价款债权转让的，建设工程价款的优先受偿权消灭。[②] 如有的案例认为："建设工程价款的优先受偿权系专属于建设工程承包人的法定权利。本案所涉工程的承包人为江苏中昶信建设集团有限公司，生效判决亦确认金鼎公司应向江苏中昶信建设集团有限公司支付工程款及利息。案涉工程款优先受偿权应当专属于承包人江苏中昶信建设集团有限公司，受让人并不能因债权转让而取得该项从权利。"[③] 再如，《河北省高级人民法院建设工程施工合同案件审理指南》第三十七条规定："建设工程价款优先受偿权与建设工程价款请求权具有人身依附性，承包人将建设工程价款债权转让，建设工程价款的优先受偿权消灭。"

第二种是肯定性观点：优先受偿权随主债权一同转让，受让人可以主张优先受偿权。如有的案例认为："法律、法规并未禁止建设工程债权转让，也未明确规定建设工程价款优先受偿权专属于承包人。本案中，黎阳公司自愿将生效判决书确定的全部债权一并转让，闫某作为黎阳公司承建案涉工程的

---

① 相关内容可参见《浙江省高级人民法院民事审判第一庭关于审理建设工程施工合同纠纷案件若干疑难问题的解答》第二十二条、《安徽省高级人民法院关于审理建设工程施工合同纠纷案件适用法律问题的指导意见》第十八条。

② 李后龙、潘军锋：《建设工程价款优先受偿权审判疑难问题研究》，载《法律适用》2016 年第 10 期。

③ 安徽省高级人民法院（2020）皖民申 4235 号民事裁定书。

全额投资人，依据债权转让协议，在受让黎阳公司的债权后取得建设工程价款优先受偿权。”[①] 再如，2020 年《山东省高级人民法院民一庭关于审理建设工程施工合同纠纷案件若干问题的解答》第十二条规定：“建设工程价款优先受偿权依附于工程款债权，属于从属性权利，承包人将建设工程价款债权转让的，建设工程价款优先受偿权随之转让。”

（二）本书的观点

笔者倾向于第二种观点，即工程价款主债权转让的，作为从权利的优先受偿权一并转让。

首先，《民法典》第五百四十七条第一款规定：“债权人转让债权的，受让人取得与债权有关的从权利，但是该从权利专属于债权人自身的除外。”关于优先受偿权的“从权利”属性以及并非专属债权人自身权利的问题，上文已经分析，此处不再赘述。受让人基于债权的转让而取得工程款债权，因而其应当享有该工程款的优先受偿权。[②]

其次，即便从优先受偿权制度的目的，即保护承包人获得工程款进而更好地维护农民工权益出发，也应允许该“从权利”再转让，因为从另一个角度来看，受让人支付了对价，帮助了承包人和农民工实现权益。如果受让人在“成全”承包人及相关利益的同时，要导致免除发包人本应负担的优先权“成本”，无疑会变相鼓励受让人对工程债权避而远之，这样反而与优先受偿权制度的目的背道而驰。

最后，最高人民法院也不乏该类案例，如（2021）最高法民终 958 号民事判决书认为：“建设工程款债权转让后，中建七局享有的建设工程价款优先受偿权可以随之转让予中建海峡公司，理由如下：第一，建设工程价款优先受偿权为法定优先权，功能是担保工程款优先支付，系工程款债权的从权利，

---

① 河南省高级人民法院（2020）豫民终 744 号民事判决书；同类案例还有浙江省宁波市中级人民法院（2019）浙 02 民终 1094 号民事判决书、江苏省镇江市中级人民法院（2019）苏 11 民终 3832 号民事判决书。

② 本书研究组：《建设工程债权转让后，受让人是否享有优先受偿权》，载最高人民法院民事审判第一庭编：《民事审判指导与参考》（2016 年卷），人民法院出版社 2018 年版，第 188 页。

不专属于承包人自身，可以随建设工程价款债权一并转让……《最高人民法院关于审理建设工程施工合同纠纷案件适用法律问题的解释（二）》第十七条虽然规定由承包人主张优先受偿权，但是并不能得出建设工程价款优先受偿权具有人身专属性。故建设工程价款债权转让的，建设工程价款优先受偿权随之转让并不违反法律规定。”

裁判规则指引

❶ 依照《新建设工程施工合同解释（一）》的规定，享有工程价款优先受偿权的主体限于与发包人订立施工合同的承包人；与发包人未直接订立合同关系的分包人、因转包或违法分包产生的实际施工人一般不享有优先受偿权。

❷ 勘察设计合同的承包人一般不享有优先受偿权，但在工程总承包合同中，如设计等费用包含在了建设工程价款范围之内，承包人可就该部分费用一并主张优先受偿权。

❸ 订立合同时，如果发包人知道或者应当知道挂靠事实，发包人和挂靠人形成事实上的合同关系，挂靠人可直接向发包人主张工程相关的价款和优先受偿权；如果发包人不知道挂靠事实，挂靠人作为实际付出成本的主体，可直接向发包人主张工程相关的价款和优先受偿权；发包人可向挂靠人、被挂靠人主张共同承担因合同无效产生的责任。

❹ 关于实际施工人能否代位行使优先受偿权的问题，争议很大，否定性的观点影响很广。但从现有的规范解读中，无法得出否定实际施工人代位行使优先受偿权的结论，且还需要面对很多具体的实践困惑，该问题需要在进一步论证的基础上，借助于法律或司法解释进行明确。

❺ 工程价款债权转让的，作为从权利的优先受偿权随主债权一同转让，受让人可以主张优先受偿权。

第三节　优先受偿权成立及行使期间相关问题

实务疑难问题

1. 工程价款优先受偿权于何时成立?
2. 优先受偿权的行使期间是什么性质?
3. 《新建设工程施工合同解释（一）》第四十一条是否意味着当事人可自由约定优先受偿权行使期限?
4. 优先受偿权行使所依赖的“应当给付建设工程价款之日”应如何判断?

一、优先受偿权的成立

（一）实践中的分歧观点

对于承包人而言，优先受偿权是否能够实现依赖于权利的行使结果。然在该项权利行使之前，必须明确的基础性问题是：优先受偿权是何时成立的？就此问题，观点众多，笔者选择其中具有代表性的三种，简要总结如下。

第一种观点为债权未受清偿说。承包人的优先受偿权所担保的债权虽然在承包人与发包人订立合同之时就已经产生，但通常情况下，承包人在完成工程建设并竣工验收后才能行使工程价款给付请求权。所以，只有在发包人未按照约定支付工程价款的情形下，即承包人的债权未受清偿时，承包人的优先受偿权始得产生。[①]

第二种观点为合同成立说。法律设立优先权的理由无非是为了保护承包人的利益，并进而保护建筑工人的劳动报酬和人民居住的安全。因此，以建设工程合同成立之时为建设工程优先权发生的时间，使其及早生效，则保护

① 谢在全：《民法物权论》，中国政法大学出版社2011年版，第730页。

更周全，从而不至于在发包人不支付价款时，已由其他债权人先设定抵押权。[①]

第三种观点为工程质量合格说。对于已经竣工的工程，优先受偿权应于工程竣工验收合格之日成立。因为已通过验收的竣工工程具有较高的交换价值和使用价值，易于流通，而且这一设定也可起到督促承包人按质按量完成工程任务的作用，有利于提高经济效率，避免资源浪费和资金损失。对于未竣工的工程，质量合格仍然是承包人价款优先受偿权的成立条件[②]。

（二）本书的观点

笔者倾向于第三种观点。“成立”是优先权得以行使的基本前提，也是判断预先或嗣后放弃、限制优先权的时间节点。另外，鉴于优先受偿权实现的方式是对工程进行处分，故承包人形成“劳动成果”且质量合格应当是优先受偿权成立的基本条件，具体理由如下：

首先，优先受偿权制度是为了给承包人的工程价款提供保障，保障能力的实现需要依附于具体的“担保物”——合格的建设工程。施工合同签订之初，工程还没有开始建设或形成有价值的成果，若此时，认为承包人的优先受偿权已经成立，则难以找到该权利所依附的标的物。

其次，承包人能够享有优先受偿权的基础在于其投入了大量的人力、物力、财力，进而创造出了不动产，为了保证承包人的付出得到应有的对价，在发包人怠于支付工程价款时，承包人可就自己的“劳动成果”折价或拍卖来保证权益。若承包人的“劳动成果”尚没有形成就可以成立优先受偿权，未免在对价上也会显著失衡。

二、优先受偿权行使期间的性质

关于优先受偿权行使期间的性质，因立法和司法解释均未明确，实践中

---

① 郑玉波主编：《民法物权论文选辑》（下册），台北，五南图书出版公司1985年版，第688页。

② 高印立：《规则与裁判：民法典下建设工程司法解释适用与拓展》，法律出版社2021年版，第313页。

一直不乏分歧。另外，伴随着该项权利行使期间从“六个月”到“不超过十八个月”的变化，解决上述分歧的重要性也越来越突出。

（一）实践观点梳理

1.《新建设工程施工合同解释（一）》之前

原《合同法》虽规定了工程价款优先受偿权，但对于具体行使期间却未明确规定。为解决这一问题，2002年，《优先受偿权问题批复》公布，第一次明确“建设工程承包人行使优先权的期限为6个月，自建设工程竣工之日或者建设工程合同约定的竣工之日起计算”。对于该6个月的性质，当年较权威的观点倾向于除斥期间，即“这里的六个月期限为不变期间，不适用中止、中断或者延长的规定”。①

2008年2月，最高人民法院发布《关于对人民法院调解书中未写明建设工程价款有优先受偿权应如何适用法律问题的请示的复函》，其中明确建设工程承包人行使优先权的期限为六个月，且为不变期间，不存在中止、中断或延长的情形。

2018年，《建设工程施工合同解释（二）》公布，第二十二条规定：“承包人行使建设工程价款优先受偿权的期限为六个月，自发包人应当给付建设工程价款之日起算。”与该司法解释相对应的释义资料中明确：“优先受偿权的生效无须登记，不具有公示的形式，其行使对其他权利人影响巨大，不应当使权利人据此权利长期怠于行使而妨碍其他权利人权利的实现。因此，为了促使承包人积极行使权利，也为了保护其他权利人的合法权益及时得到实现，稳定社会经济秩序，此期限作为承包人的权利行使期，应当是除斥期间而非特殊诉讼时效，承包人必须在该期间内行使优先受偿权，否则将不能得到支持。”② 司法裁判中也不乏此类表述，如最高人民法院（2021）最高法民终754号民事判决书认为：“本案中，中天公司起诉主张的建设工程价款优先受偿权，并未超过凯元公司应当给付工程款六个月的除斥期间。凯元公司关

---

① 汪治平：《建设工程价款优先受偿权的若干问题》，载《人民司法》2002年第8期。

② 最高人民法院民事审判第一庭编著：《最高人民法院建设工程施工合同司法解释（二）理解与适用》，人民法院出版社2019年版，第447页。

于一审判决支持中天公司工程价款优先受偿权不具有现实必要性且缺乏合理性的主张，缺乏事实和法律依据，对其该项上诉理由不予支持。”

从上述资料中可以看出，在《新建设工程施工合同解释（一）》之前，对于工程价款优先受偿权行使期间的性质，司法实践观点较为一致，认为其就是除斥期间。同样，在理论界，很多学者也持相同观点。[①]

2.《新建设工程施工合同解释（一）》之后

2020年，《新建设工程施工合同解释（一）》公布，第四十一条规定："承包人应当在合理期限内行使建设工程价款优先受偿权，但最长不得超过十八个月，自发包人应当给付建设工程价款之日起算。”与2018年《建设工程施工合同解释（二）》第二十二条相比，该条最明显的变化有两处：其一，优先受偿权的行使多了一个“合理期限”；其二，优先受偿权行使有了最长期限即18个月。由此，也促使实务界和理论界对优先权行使期间的性质开始了新一轮思辨。

实践中有观点认为，这里的合理期限既不属于诉讼时效，也不属于除斥期间，是从保护施工人和其他权利人权益的角度拟制的期限。因此，当事人可以事先约定承包人行使优先受偿权的合理期限，但应注意对建筑工人的权利保护，如果约定损害了建筑工人利益的，则该约定应为无效。[②] 理论界也有相应的观点呼应，认为《新建设工程施工合同解释（一）》第四十一条已经允许当事人约定合理期限的长度，由此彻底动摇了除斥期间的立场。[③]

（二）本书的观点

笔者倾向认为：优先受偿权的行使期间在性质上依然还是一种除斥期间，

---

① 参见余能斌、范中超：《论法定抵押权——对〈合同法〉第286条之解释》，载《法学评论》2002年第1期；刘武元：《论建设工程承包人的优先受偿权的性质——兼评最高人民法院的司法解释》，载《西南民族学院学报（哲学社会科学版）》2003年第5期；洪浩：《学说制度案例——建设工程优先权问题研究》，北京大学出版社2014年版，第174页。

② 最高人民法院民事审判第一庭编著：《最高人民法院新建设工程施工合同司法解释（一）理解与适用》，人民法院出版社2021年版，第421页。

③ 李建星：《〈民法典〉第807条（建工价款的优先受偿权）评注》，载《南京大学学报（哲学·人文科学·社会科学）》2021年第4期。

而且是一种排除了当事人约定的法定除斥期间。如上文所述，鉴于《新建设工程施工合同解释（一）》实施之前的观点较为一致，故对其正当性不再过多论述。但是，《新建设工程施工合同解释（一）》实施后，如果要论证上述观点依然可行，显然还需要对《新建设工程施工合同解释（一）》第四十一条作出适当的解读。

三、《新建设工程施工合同解释（一）》第四十一条的含义

对于《新建设工程施工合同解释（一）》第四十一条中优先权的行使期限，笔者认为其核心要义有两个。第一，该条中的“合理期限”是倡导督促性条款，目的在于提醒承包人及时行使权利。第二，该条中的“十八个月”是承包人行使优先权的法定、不变的最长期限，且排除了当事人对此进行约定的空间。具体理由如下：

其一，从文义上分析，该条第一个半句中的“合理期限”应和第二个半句中的“最长不得超过十八个月”综合起来理解。法律督促承包人应当在条件具备时及时主张优先受偿权，一旦超过 18 个月，将无法得到法律的保护。换言之，只要承包人在 18 个月内行使了上述权利，都可以认定是在“合理期限”内。

其二，从演变上分析，关于优先受偿权期限的性质，从 2002 年《优先受偿权问题批复》、2018 年《建设工程施工合同解释（二）》到 2020 年《新建设工程施工合同解释（一）》，司法解释始终坚持的是一条不断明确、不断延长、最大限度地保护承包人利益的思路。正如司法解释相关释义资料中所述“六个月的行使期限可能存在过短的情况，为充分保证承包人的权益，保持裁判规则和司法政策的连续性，经与全国人大常委会法工委反复沟通，最终保留了《2018 年解释》第二十二条的基本内容，但对权利的行使期限根据立法机关的建议作出了修改”。故此，如果最新解释中的 18 个月变成了不确定期限，还需要再借助“合理期限”来判断能否行使的话，明显与上述思路不符。

其三，从效果上分析，如果将上述第四十一条理解成为优先权设定了两个行使期限，即“合理期限”和“十八个月”，将会引发诸多实践困惑。比

如：多长时间是合理期限，这个合理期限是当事人自由约定还是由法官行使自由裁量权判断，判断标准又是什么？超过了合理期限的法律后果是什么，这个合理期限与最长的 18 个月在期间性质上如何衔接？上述困惑的存在将会使承包人优先权的行使处于不稳定状态，不仅会破坏承包人的合理预期，而且会使裁判标准出现分歧，显然不符合最高人民法院的一贯思路。另外，如果允许当事人自由约定“合理期限”，可能还会引发该期限长短与是否损害建筑工人利益有关系的判断争议。

当然，上述观点的论证还需解决的另一个疑问是：《新建设工程施工合同解释（一)》第四十二条中明确发、承包人可以约定放弃或者限制建设工程价款优先受偿权，是否意味着当事人也可以“限制”优先权的行使期限？笔者认为，第四十二条的本质是尊重当事人对财产权利的自由处分，其处分的标的物是“权利”本身，而非法律保护权利的期限。换句话讲，当事人虽然可放弃或限制优先受偿权的内容、顺位，但是不能对法律保护该项权利的期限进行约定。这与诉讼时效、除斥期间与其他权利处分之间的关系相同。举例言之，债权人、债务人可以自由约定放弃或限制债权、抵押权的内容，却不能约定诉讼时效的行使期间、法定除斥期间的长短。

四、优先受偿权之起算时间的类型化梳理

依照司法解释的规定，优先受偿权自“发包人应当给付建设工程价款之日”起算，至于什么时间是“应当给付”的节点，则需要根据实践中的不同情形予以判断。此外，鉴于《新建设工程施工合同解释（一)》第二十七条中的“利息”也是从“应付工程价款之日”开始计付，故不乏有观点认为，在确定起算点的问题上，利息和优先受偿权可采同样标准。笔者认为，上述二者还是存在很多区别，具体内容如下文分析。

（一）《新建设工程施工合同解释（一)》第二十七条与第四十一条的关系

《新建设工程施工合同解释（一)》第二十七条规定：“利息从应付工程价款之日开始计付。当事人对付款时间没有约定或者约定不明的，下列时间视为应付款时间：（一）建设工程已实际交付的，为交付之日；（二）建设工

程没有交付的，为提交竣工结算文件之日；（三）建设工程未交付，工程价款也未结算的，为当事人起诉之日。”由此可以看出，针对付款时间没有约定或约定不明的情况，司法解释依据具体情形“推定”了3个应付款的时间节点，分别是工程交付之日、提交竣工结算文件之日、当事人起诉之日。

对于确定“工程交付之日”的原因，相关释义资料明确指出，“当建设工程已经交付时，对讼争建设工程实际控制已经由承包人转变为发包人，发包人有权依据法律规定对建设工程行使占有、使用、收益的权利。在这种情况下，发包人已经受益，应当支付承包人工程款，但仍然欠付承包人工程价款，双方的权利义务显然不对等，从此时开始发包人应当向承包人支付欠付的工程款利息”。①

对于确定“提交竣工结算文件之日”的原因，相关释义资料明确指出，“承包人已经在建设工程竣工验收合格后按照合同约定的时间提交了竣工结算文件，发包人如在合同约定的期限内不予答复的，以承包人提交竣工结算文件的时间作为应付款时间；以承包人提交竣工结算文件的时间作为工程价款结算的时间，有利于督促发包人行使权利，尽快审核工程竣工结算报告，及时支付工程价款。”②

对于确定“当事人起诉之日”的原因，相关释义资料明确指出，“主要考虑起诉为权利人向司法机关正式主张权利的时间点，当事人起诉时间在起诉状及法院的立案登记表上均有明确记载，操作性很强，人民法院经过审理最终认定了发包人欠付承包人工程价款的事实，如诉讼期间不计息，实际上扩大了承包人的损失，降低了发包人的成本，这对承包人来讲是不公平的”。③

分析上述时间节点的推定规则可以发现，鉴于第二十七条的目的在于解决利息计算问题，而利息计算的期限利益在承包人一方，因此，本条解释考虑了在发包人存在过错的情况下对承包人作有利推定，例如，一般情况下，

---

① 最高人民法院民事审判第一庭编著：《最高人民法院新建设工程施工合同司法解释（一）理解与适用》，人民法院出版社2021年版，第280页。

② 最高人民法院民事审判第一庭编著：《最高人民法院新建设工程施工合同司法解释（一）理解与适用》，人民法院出版社2021年版，第280页。

③ 最高人民法院民事审判第一庭编著：《最高人民法院新建设工程施工合同司法解释（一）理解与适用》，人民法院出版社2021年版，第281页。

从承包人提交竣工结算文件到发包人审核结算文件，再到发包人应向承包人支付工程款之日都有一定期限，为了惩罚发包人拖延审核结算文件的行为，法院便不再保护其期限利益。[①]

反观《新建设工程施工合同解释（一）》第四十一条，其目的在于解决优先权的行使期限问题，若发包人存在过错，依然要对承包人作有利推定，但推定的结果却与上述第二十七条截然不同：计算利息时，起算点越早对承包人越有利；计算优先权行使期限时，则是起算点越晚对承包人越有利。举例来说，承包人在竣工验收合格后如期提交了竣工结算文件，发包人怠于答复时，如果再以承包人提交竣工结算文件的时间作为优先受偿权的起算点，相当于变相缩短了承包人的优先权行使期限，显然对承包人不公平。故此，《新建设工程施工合同解释（一）》第二十七条中的“应付款时间”虽然具有参考意义，但是不能完全成为第四十一条确定优先权起算时点的标准。

（二）优先受偿权起算的类型化分析

《新建设工程施工合同解释（一）》第四十一条确定了优先权的行使期限，但如上文所述，其起算节点的确定依赖于“应当给付建设工程价款之日”的确定，对此应当如何判断，笔者在厘清该司法解释第二十七条和第四十一条关系的基础上，结合实践类型做了如下分析。

1. 约定了支付时间且工程价款数额明确

该种情形中，优先受偿权的起算时间一般不会出现争议，直接以约定的付款时间（质量保证金除外）作为起算起点即可。至于质量保证金，若将其性质界定为工程价款的话，其返还时间多在 2 年之后且存在不确定性，显然无法将其作为优先权行使期限的计算起点，更何况其是否属于工程价款本身就存在不少争议。

2. 约定了支付时间但发包人拖延结算

该种情形可再细分为两种情况。

---

① 参见谢勇：《建设工程施工合同案件裁判规则解析》，中国法制出版社 2020 年版，第 263 页。

第一种情况，约定了支付时间和逾期未提异议的后果。实践中，当事人多数会在合同中约定结算、审核、支付等一系列的时间，并明确发包人逾期未提异议的后果。如2017版《施工合同示范文本》第14条约定了“竣工结算”，其一般流程是：(1) 承包人在竣工验收合格后28天内提交竣工结算申请单；(2) 监理人收到后14天内核查并报发包人，发包人收到后14天内完成审批并签认付款证书（若发包人收到结算申请书后28天内未完成审批且未提出异议的，视为认可，并自第29天起视为已签发竣工付款证书）；(3) 发包人签发付款证书后14天内，完成付款。如果是上述情形，则应当按照约定内容“推定”出应当支付工程价款的时间，以此作为优先受偿权起算的时间点。

第二种情况，约定了支付时间但未约定逾期答复后果。此种情形下，承包人如期提交了竣工结算文件，但发包人长期怠于答复，导致工程款难以结算。此时，如上文所述，因发包人的过错导致工程款支付时间难以确定，如果再以承包人提交结算文件之日为计算优先受偿权行使的起点，并不能达到惩罚发包人、保护承包人的目的。鉴于此时的承包人只能通过向裁决机关起诉的方式主张工程款，故笔者倾向于以起诉之日作为承包人优先受偿权行使期限的起算点。

3. 约定了支付时间但产生结算争议

很多合同中，当事人虽然约定了支付时间，但其时常是结算完成后一定时间内支付，而后续沟通中，当事人往往会产生多种争议，难以就工程价款达成一致，且无法认定哪方存在过错或者是否双方均存在过错。该种情形下，因难以推断一个准确的“应付款时间节点”，故笔者依然倾向于以起诉之日作为承包人优先受偿权行使期限的起算点。实践中也不乏此类案例，如最高人民法院（2021）最高法民终754号民事判决书认为：“根据《施工协议书》的约定，应付案涉工程结算总价95%的时间为对工程结算总价完成审计并经发包方与承包方双方确认之时。但是，案涉工程完工后，中天公司与凯元公司对工程造价一直未履行审计程序，双方对工程造价也未达成一致意见。鉴于双方对工程竣工验收及工程款的结算均负有责任，一审法院酌定该部分工程款的应付时间按照中天公司起诉之日起算，即2017年3月24日，并无不妥。”

4. 没有约定付款时间或约定不明

该种情形下，可有选择性地参照《新建设工程施工合同解释（一）》第二十七条的规定来进行判断。具体来说，如果建设工程已经实际交付，承包人主张工程款的时间已经明确，故应以交付之日作为优先权行使期限的起算点。如果建设工程未交付，承包人已经提交了竣工结算文件，但发包人怠于结算，与上文“约定了支付时间但未约定逾期答复后果”的情形类似，也应当以起诉之日作为优先受偿权行使期限的起算点。如果建设工程未交付，工程价款也未结算，此时与上文所述“约定了支付时间但产生结算争议”的情形类似，也是应当以起诉之日作为优先受偿权行使期限的起算点。

裁判规则指引

❶ 优先受偿权成立的前提条件是承包人形成工程建设的“劳动成果”且质量合格。

❷ 优先受偿权的行使期间在性质上是一种除斥期间，为不变期间，不适用中止、中断或者延长的规定。

❸《新建设工程施工合同解释（一）》第四十一条中的“合理期限”是倡导督促性条款，目的在于提醒承包人及时行使权利；该条中的“十八个月”是承包人行使优先权的法定、不变的最长期限，且排除了当事人对此进行约定的情形。

❹ 如果当事人约定了工程价款支付时间且数额明确，应以约定的支付时间（质量保证金除外）作为优先受偿权的起算点；发包人拖延结算时，如果当事人约定了工程价款支付时间和逾期未提异议的后果，应按照约定内容推断出应付价款时间，并以此作为优先受偿权的起算点；如果约定了工程价款支付时间但未约定逾期答复后果，应以起诉之日作为优先受偿权行使期限的起算点；如果约定了工程价款支付时间但产生结算争议，且无法认定哪方存在过错或者双方均存在过错，应以起诉之日作为优先受偿权行使期限的起算点。

⑤ 如果对工程价款支付时间没有约定或约定不明，建设工程已经实际交付的，以交付之日作为优先受偿权行使期限的起算点；如果建设工程未交付也未结算，或者承包人提交了竣工结算文件但发包人怠于结算的，以起诉之日作为优先受偿权行使期限的起算点。

第四节　优先受偿权行使条件及方式相关问题

实务疑难问题

1. 催告是否为优先受偿权行使的必备前提条件?
2. 什么类型的工程属于不宜折价、拍卖的范围?
3. 承包人发函主张优先受偿权能否产生法律效力?
4. 承包人能否通过实现担保物权程序行使优先受偿权?

工程价款优先受偿权成立之后，承包人能否正常行使，还需要判断其条件是否具备。依照《民法典》第八百零七条的规定，主要涉及三个条件：第一，发包人未按约定支付价款；第二，承包人催告；第三，工程性质可折价、拍卖。第一个条件简单明了，一般不会发生争议；第二个条件和第三个条件在实践操作中时常会出现分歧。

一、优先受偿权的行使条件

发包人未能如期支付价款，是承包人主张优先受偿权的首要条件，对此不再赘述，下文主要分析其他两个条件。

（一）催告程序是否必须

1. 理论、立法和实践观点梳理

《民法典》第八百零七条规定："发包人未按照约定支付价款的，承包人可以催告发包人在合理期限内支付价款。发包人逾期不支付的，除根据建设工程的性质不宜折价、拍卖外，承包人可以与发包人协议将该工程折价，也可以请求人民法院将该工程依法拍卖。建设工程的价款就该工程折价或者拍卖的价款优先受偿。"

关于“承包人可以催告”的具体含义，笔者从理论、立法、实践三个方面作如下观察。

（1）理论方面。主要存在“必须催告”和“非必须催告”两种观点。坚持第一种观点的学者认为，承包人向发包人发出催告通知后，经过一个合理期限，而发包人仍未支付建设工程价款是优先受偿权的行使条件；此合理期限应当从发包人收到催告通知之日起算，且此催告通知应当采用书面形式，至于合理期限究竟是多少天，应由法院按照建筑行业习惯及建筑工程合同具体情形判断。① 还有学者进一步认为，因承包人受偿权优先于其他抵押权人或债权人，且无须登记，不具公示形式，若承包人于发包人债务履行期限届满之时便得径直就工程折价或申请拍卖，无疑将对其他权利人利益造成极大影响。②

坚持第二种观点的学者认为，按照法律规范的内容，承包人可以催告发包人在合理期限内支付价款，而非应当催告，即意味着也可以不催告，且为彻底保护承包人权益，应直接规定发包人未按约定支付工程款时，承包人即可行使优先受偿权。③

（2）立法方面。1999 年以前的《合同法（征求意见稿）》中曾规定，建设工程完成后，建设人未按照约定支付价款的，承建人应当催告建设人支付价款，催告的期限不得少于 2 个月。建设人逾期不支付的，承建人可以与建设人协议将该工程折价，也可以将该工程依法拍卖。承建人就该工程折价或者拍卖的价款优先受偿。④

1999 年公布的《合同法》正式稿中，修改了征求意见稿的内容，不仅将“应当催告”改为“可以催告”，还删除了催告的具体期限。但是，立法机关

---

① 梁慧星：《合同法第二百八十六条的权利性质及其适用》，载《山西大学学报（哲学社会科学版）》2001 年第 3 期。

② 丁建勇、张然、刘文鹏：《建设工程优先受偿权之行使期限及方式（二）》，载中国建设工程法律评论第四工作组编著：《建设工程优先受偿权》，法律出版社 2017 年版。

③ 戴曙：《民事执行程序中建设工程款优先受偿权问题》，载《法治论丛（上海政法学院学报）》2008 年第 1 期。

④ 全国人大常委会法制工作委员会民法室编著：《〈中华人民共和国合同法〉及其重要草稿介绍》，法律出版社 2000 年版，第 133 页。

在释义资料中对此问题的观点一直比较明确：承包人的催告是将工程折价、拍卖的前置程序。如其释义资料载明："发包人不支付价款的，承包人不能立即将该工程折价、拍卖，而是应当催告发包人在合理期限内支付价款。如果在该期限内，发包人已经支付了价款，承包人只能要求发包人承担支付约定的违约金或者支付逾期的利息、赔偿其他损失等违约责任。如果在催告后的合理期限内，发包人仍不能支付价款的，承包人才能将该工程折价或者拍卖以优先受偿。"①《民法典》相关释义资料全文吸收了上述内容。②

（3）实践方面。笔者在检索中发现，极少有因为承包人未履行催告而丧失优先受偿权的案例。多数案例中，司法观点认为催告并非优先受偿权行使的前提要件或者将起诉本身视为一种催告，比如，黄冈中院（2020）鄂11民终1313号民事判决书认为："《中华人民共和国合同法》第二百八十六条关于承包人可以催告发包人在合理期限内支付价款的规定，并非主张优先受偿权的前置条件，鲁班公司未经催告程序，亦可直接起诉主张优先受偿权，鲁班公司向法院起诉，本身也是一种催告。"再如，吉林高院（2018）吉民终715号民事判决书认为："《中华人民共和国合同法》第二百八十六条关于'发包人未按照约定支付价款的，承包人可以催告发包人在合理期限内支付价款'的规定，'催告'并非承包人行使优先受偿权的前置性要件，属提示性条款。同时，没有法律规定优先受偿权行使的前提必须是欠付工程款数额明确，故恒大公司关于惠德公司不享有优先受偿权的上诉理由不成立，本院不予支持。"

2. 操作层面的理解与困惑

关于催告程序在承包人行使优先受偿权中的应用，笔者倾向于以实践为基础，树立催告方式可以灵活多样的理念，比如承包人向法院提起诉讼应当是最重要的一种催告方式。③ 相反，如果坚持将诉讼排除在"催告"方式之

---

① 参见《中华人民共和国合同法释义》，载中国人大网2000年11月25日，http：//www. npc. gov. cn/npc/c2196/flsyywd_ list. shtml。

② 参见黄薇主编：《中华人民共和国民法典释义及适用指南》（中册），中国民主法制出版社2020年版，第1204－1205页。

③ 最高人民法院民事审判第一庭编著：《最高人民法院新建设工程施工合同司法解释（一）理解与适用》，人民法院出版社2021年版，第377－378页。

外，另行要求承包人必须以可证明的其他方式履行催告，可能会在操作层面出现如下困惑。

其一，若承包人已提起诉讼却没有进行催告，如何处理？此时，如果法院仅以“未催告”为由驳回承包人关于优先受偿权的请求，其导致的后果就是承包人将立即再催告一次发包人，随后再起诉主张权利，或者承包人在起诉后立即“补充”催告形式。如此流程，很难说具有实质意义。因为发包人若能支付工程款，在起诉之时就应立即支付，自然不会再有争议；若不能支付，催告一次也难以发挥应有的作用。

其二，若承包人进行了催告，如何判断期限是否合理，以及不合理时应如何处理？承包人向发包人催告之时，原则上需要在合同约定时间之外再设定一个“宽限”期限，该期限是否合理将直接影响优先受偿权能否行使，然而判断标准该如何确定？若将其再次纳入自由裁量的范围，不免又会出现一些分歧。另外，如果裁判者认为承包人设定的期限过短，如何处理？驳回承包人的诉讼请求让承包人再“补充”延长通知发包人支付价款的时间显然不太合适，故此也会形成一大难题。

其三，催告期间和优先受偿权的除斥期间如何衔接？按照《新建设工程施工合同解释（一）》第四十一条的规定，优先受偿权自发包人应当给付工程款之日起算，最长不超过18个月。至于“应当给付”的时间节点，本书前文已经阐述，即或者按照合同约定或者进行推定，但显然都没有将承包人催告的期间考虑在内。如此一来，就意味着承包人的优先受偿权期限虽然已经开始计算，但承包人还需要经过催告才能行使优先权，且承包人催告期间应当计入优先受偿权的除斥期间，这不仅变相压缩了优先受偿权的期限，不利于承包人利益的维护，而且还会从反向上导致承包人最大限度压缩催告期间。再退一步而言，如果将催告期间排除在优先受偿权除斥期间计算之外，那么，上述司法解释第四十一条中的“发包人应当给付建设工程价款之日”将被解读为“合同约定（推定）＋催告期间”，这不仅与发包人的义务不符，也与实践中长期坚持的做法存在分歧。

故此，基于上述困惑的存在，笔者还是建议在判断承包人是否履行了催告程序时，树立催告方式可以灵活多样的理念，注意平衡发包人和承包人之间的利益，避免过于僵化而引发操作层面的难题。

（二）工程性质与可折价、拍卖的关系

优先受偿权的实现需要对工程价值进行“变现”，故工程具有折价、拍卖的可能性是基本前提。对于何种工程属于不宜折价、拍卖的范围，《民法典》第八百零七条并未细化，笔者倾向于认为应当包括如下情形。

其一，性质特殊、具有公益用途的工程。如国家机关办公用房、军事设施、公益性建筑等，这些工程用途特殊，涉及公共利益，属于不宜折价、拍卖的范围。如最高人民法院（2018）最高法民终59号民事判决书所载：“按照建设工程的性质不宜折价、拍卖的，承包人不能将该工程折价或者拍卖。关于不宜折价、拍卖的情形，应当是指建筑工程的性质及其用途特殊，不适合以折价或者拍卖的规则加以转让……首先，新宁广场公共停车场综合改造项目系市政重点工程和民生项目，具有社会公益性质，其次，该项目所有权不属于发包人明瑞公司，因此该项目属于不宜折价、拍卖的工程。”

其二，违法建筑。对于此类标的物，实践中也多称违章建筑，一般是指缺乏规划许可手续的建筑。由于建筑物违反了法律、行政法规的规定，难以完成不动产的权利登记，缺乏市场的流通价值，自然也无法进行拍卖、折价。

二、承包人发函主张优先受偿权的后果

为避免因超过法定期间而导致权利丧失，承包人时常会通过多种方式证明其主张过优先受偿权。承包人通过协商折价、提起诉讼的方式自然可以，但是仅向发包人发函主张优先受偿权能否产生效力，实践中存在一定分歧。

（一）实践观点梳理

对此问题，实践中主要存在三种观点。

第一种观点，完全认可承包人通过发函方式主张优先受偿权的效力。该观点认为，既然法律允许承包人以非诉方式行使优先受偿权，则应为承包人以此方式行使权利构建相应的保障机制，承包人在法定期限内向发包人发函

主张优先受偿权，亦应受到法律保护。[①]

第二种观点，部分认可承包人通过发函方式主张优先受偿权的效力。该观点认为，承包人通过发函方式主张建设工程价款优先受偿权的，需要确定欠付工程款的数额和工程折价的数额，对欠付的工程款数额及工程折价的数额不明确的，不能认定为优先受偿权行使的有效方式。[②]

第三种观点，不认可承包人通过发函方式主张优先受偿权的效力。该观点认为，承包人在法定期限内主张优先受偿权需以诉讼或达成协议为限，仅在法定期间内发函催告，不受法律保护。工程价款优先受偿权具有对物属性，如果承包人仅是对发包人发函催告，则为纯粹地对人行使权利，与特定建设工程无关，不应具有法定的行使权利。[③]

（二）本书的观点

上述观点各有其道理，笔者更倾向于第三种观点，具体理由如下：

其一，从规范的文义角度。依照《民法典》第八百零七条的规定，承包人行使优先受偿权的方式只有两种：一种是承、发包人协议以工程折价，另一种是请求法院依法拍卖工程。从文字内容上，并不能解读出承包人可发函主张优先受偿权的结论。

其二，从与抵押权实现的类比角度。工程价款优先受偿权与抵押权相比，两者在标的物性质、担保作用层面具有一定的相似性，故抵押权的实现方式可以作为借鉴。《民法典》第四百一十条第一款和第二款规定："债务人不履行到期债务或者发生当事人约定的实现抵押权的情形，抵押权人可以与抵押人协议以抵押财产折价或者以拍卖、变卖该抵押财产所得的价款优先受偿。协议损害其他债权人利益的，其他债权人可以请求人民法院撤销该协议。抵押权人与抵押人未就抵押权实现方式达成协议的，抵押权人可以请求人民法

---

① 丁建勇、张然、刘文鹏：《建设工程优先受偿权之行使期限及方式（二）》，载中国建设工程法律评论第四工作组编著：《建设工程优先受偿权》，法律出版社 2017 年版，第 111 页。

② 李后龙、潘军锋：《建设工程价款优先受偿权审判疑难问题研究》，载《法律适用》2016 年第 10 期。

③ 李文奇：《承包人能否发函催告行使建设工程价款优先受偿权?》，载微信公众号"天同诉讼圈"2014 年 5 月 22 日，https：//mp. weixin. qq. com/s/ncTqXMAGwFtix719mm3aAQ。

院拍卖、变卖抵押财产。”

与优先受偿权的实现方式相比，可以发现两者非常类似，那么同样的问题也可以在抵押权领域提出，即债权人（抵押权人）能否向抵押人发函主张抵押权？对此，不少学者认为：如果抵押权人在司法保护期内与抵押人有过协商，在司法保护期满后才请求法院启动司法程序，法院不因抵押权人在司法保护期内向抵押权人主张权利而放宽限制，抵押权仍然不受法律保护。[①]“抵押权人在诉讼之外向抵押人主张抵押权并无积极意义（除非达成实现抵押权的协议），抵押人承认抵押权的存在，对抵押权的行使也无实际价值（同样除非达成实现抵押权的协议）……行使抵押权的方式仅限于达成实现抵押权的协议以及向人民法院请求拍卖、变卖抵押财产。”[②]

依照上述逻辑可以推断，若承包人向发包人发函主张优先受偿权，无论发包人承认与否，同样没有实质意义，其结果并不能帮助承包人实现优先受偿权。

其三，从如果可以发函主张所引发的后果角度。退一步来说，若承包人通过发函的方式主张了优先受偿权，发包人无非承认或拒绝，那么紧接着问题就是：发函产生了什么意义？下一步应该做什么？

考虑到优先受偿权的行使期限最长是 18 个月，承包人在 18 个月之内发函主张之后，会使 18 个月产生中断吗？显然不会发生该种后果。那么，是否会如保证期间一样，承包人发函类似于主张了“保证责任”，进而起算优先受偿权本身的诉讼时效？显然也不会。因为在《民法典》担保物权的制度体系中，担保物权的行使期限只是和主债权诉讼时效期间进行了关联，[③] 并没有再

① 曹士兵编著：《中国担保制度与担保方法》，中国法制出版社 2007 年版，第 276 页。

② 高圣平：《担保法前沿问题与判解研究》（第 4 卷），人民法院出版社 2019 年版，第 171 页。

③ 《民法典担保制度解释》第四十四条规定：“主债权诉讼时效期间届满后，抵押权人主张行使抵押权的，人民法院不予支持；抵押人以主债权诉讼时效期间届满为由，主张不承担担保责任的，人民法院应予支持。主债权诉讼时效期间届满前，债权人仅对债务人提起诉讼，经人民法院判决或者调解后未在民事诉讼法规定的申请执行时效期间内对债务人申请强制执行，其向抵押人主张行使抵押权的，人民法院不予支持。主债权诉讼时效期间届满后，财产被留置的债务人或者对留置财产享有所有权的第三人请求债权人返还留置财产的，人民法院不予支持；债务人或者第三人请求拍卖、变卖留置财产并以所得价款清偿债务的，人民法院应予支持。主债权诉讼时效期间届满的法律后果，以登记作为公示方式的权利质权，参照适用第一款的规定；动产质权、以交付权利凭证作为公示方式的权利质权，参照适用第二款的规定。”

如保证制度那样同时设立保证责任的除斥期间和诉讼时效期间。

三、优先受偿权的实现方式和途径

（一）工程折价的含义

当工程价款优先受偿权的条件具备时，承包人可以与发包人协议将该工程折价。至于“折价”后的标的物归属，有学者认为，是指承、发包双方协商确定价格，并将工程项目卖于第三人[①]；也有学者认为，折价系将工程项目所有权转移于承包人抵作工程款。[②]

笔者认为，基于工程价款优先受偿权所具有的担保特征，其实现时所依赖的“折价”应当与《民法典》“担保物权”分编中的“折价”保持统一的内涵。

《民法典》第四百一十条中关于抵押权的实现方式，规定了折价、变卖和拍卖三种形式。所谓折价，是抵押权人与抵押人协议，参照市场价格确定一定的价款，将抵押财产的所有权转移给抵押权人，以实现债权；所谓变卖，就是拍卖以外的生活中的一般的买卖形式，参照市场价格出让抵押财产；所谓拍卖，是指以公开竞争的方法将标的物卖给出价最高的买者，可分为自愿拍卖与强制拍卖，前者是出卖人与拍卖机构订立委托合同，委托拍卖机构拍卖；后者是债务人的财产基于某些法定原因由司法机关如人民法院强制性拍卖。[③]

由上文可知，优先受偿权实现中的折价是发包人和承包人之间参照市场价值转移工程所有权并进行“多退少补”的清算过程，其外在的表现形式当然离不开共同的意思表示，如折价协议、协议等形式。

（二）工程拍卖与实现担保物权程序

1. 实践观点梳理

关于优先受偿权实现的另一种方式——拍卖，《民法典》规定其需要通过

---

① 江平主编：《中华人民共和国合同法精解》，中国政法大学出版社 1999 年版，第 224 页。

② 胡康生主编：《中华人民共和国合同法释义》，中国法制出版社 1999 年版，第 439 页。

③ 黄薇主编：《中华人民共和国民法典释义及适用指南》（上册），中国民主法制出版社 2020 年版，第 621 - 622 页。

人民法院完成，但因该权利并非法定“担保物权”，由此也引发了另一个困惑：承包人可否通过实现担保物权程序实现工程的拍卖目的。对此，实践中存在分歧。

第一类观点持否定说。其认为，《民事诉讼法》专门建立了实现担保物权案件的特别程序，但《民事诉讼法解释》第三百五十九条将该程序的适用范围限定在抵押权、质权与留置权，并不包括优先受偿权，因此，承包人也不能通过该特别程序实现优先受偿权。[①] 2015 年《重庆市高级人民法院关于办理实现担保物权案件若干问题的解答》第三条规定：“目前关于建设工程款优先权的性质尚存争议，且民事诉讼法司法解释第三百六十一条未规定建设工程款优先权人可以作为实现担保物权案件的申请人，故不宜将其纳入实现担保物权案件申请人范围。”

第二类观点持肯定说。有学者认为，承包人既可以与发包人协议将该工程折价，也可以直接申请人民法院将该工程依法拍卖，这里规定的不是“提起诉讼”而是“申请法院拍卖”；立法意图是要改变法律规定的抵押权行使方式，由“对人诉讼”改为“对物诉讼”，即向法院申请执行抵押权。[②] 工程价款优先受偿权是法律出于保护承包人生存权利和维持建筑行业正常发展的需要作出的特别规定，属于建设工程承包人工程款债权的法定担保，故可以准用实现担保物权程序。[③]

2. 本书的观点

结合《民事诉讼法解释》相关释义资料和权威观点分析，笔者更倾向于认为承包人可以参照实现担保物权程序完成工程拍卖进而实现优先受偿权。具体理由如下：

其一，相关释义资料方面，并未排除工程价款优先受偿权的适用，其认为“合同法关于建设工程价款优先权的规定，可以说是优先权实现途径的破

---

① 邬砚：《建设工程合同纠纷：254 个裁判规则深度解析》，法律出版社 2019 年版，第 271 页。

② 参见梁慧星：《合同法第二百八十六条的权利性质及其适用》，载《山西大学学报（哲学社会科学版）》2001 年第 3 期。

③ 陈东强：《建设工程价款优先受偿权的行使与规制》，载《山东法官培训学院学报》2018 年第 5 期。

冰之举。但对于建设工程款优先权是否为法定抵押权，理论界和实务界存有争议。有的学者认为系法定抵押权，有的学者则认为应为法定留置权。也正是基于此，本司法解释并未明确建设工程款优先权可以适用该程序”。[①] 由此可见，基于优先受偿权的性质争议，司法解释未在条文中明确体现，但并不意味着对此严格排除。同时，《民事诉讼法解释》第三百六十一条规定“其他有权请求实现担保物权的人，包括抵押人、出质人、财产被留置的债务人或者所有权人等”。“本条司法解释最后加了个‘等’字，就是为将来随着社会的发展，其他主体也成为适格的申请人留有余地。”[②]

其二，相关权威观点方面，不仅肯定了优先受偿权相关规定在推动实现担保物权程序确立进程中的积极意义，而且肯定了承包人在实现担保物权程序中的位置。“从国外的立法例来看，对于担保物权的实现主要通过简便的非讼方式实现，即如果双方对担保物权的实现方式达不成协议的，担保物权人及其他有权请求实现担保物权的人可以直接向法院申请拍卖、变卖担保财产，而非通过诉讼的方式实现担保物权。有鉴于此，1999 年 10 月 1 日施行的合同法第二百八十六条对建设工程价款的支付问题明确规定……根据新民事诉讼法立法本意，除了物权法规定的三类申请主体外，我国合同法第二百八十六条规定的建设工程承包人也可以作为申请主体。”[③]

此外，对于抵押权、质权、留置权和工程价款优先受偿权，依照《民法典》的规定，在条件具备时，权利人实现目的的方式具有相同性，都可以“请求人民法院拍卖”，故在拍卖的实现程序上，原则上也应当保持一致。至于工程价款优先受偿权在实现担保物权程序中可能出现的工程价款真实性、当事人异议、利害关系人利益保护等相关问题，典型担保物权实现时也同样存在，而且《民事诉讼法解释》也规定了一些针对性的条款。故此，选择参照实现担保物权程序处理优先受偿权的问题，并在此基础上总结经验，不失

---

① 最高人民法院修改后民事诉讼法贯彻实施工作领导小组编著：《最高人民法院民事诉讼法司法解释理解与适用》，人民法院出版社 2015 年版，第 959 页。

② 最高人民法院修改后民事诉讼法贯彻实施工作领导小组编著：《最高人民法院民事诉讼法司法解释理解与适用》，人民法院出版社 2015 年版，第 956 页。

③ 高民智：《关于实现担保物权案件程序的理解与适用》，载《人民法院报》2012 年 12 月 9 日，第 4 版。

为司法实务中的一种较优的选择。

裁判规则指引

❶ 立法机关的释义资料中明确，发包人未按约定支付价款时，承包人履行催告程序是将工程折价、拍卖的前提条件；司法实践中，建议树立催告方式可以灵活多样的理念，比如承包人向法院提起诉讼应当是最重要的一种催告方式。

❷ 不宜折价的工程范围主要包括两类：一类是性质特殊、具有公益用途的工程，如国家机关办公用房、军事设施、其他公益性建筑等；另一类是违法建筑，该类建筑由于缺乏规划许可手续，违反了法律、行政法规的规定，难以完成不动产的权利登记，缺乏市场的流通价值。

❸ 承包人在法定期限内主张优先受偿权需以诉讼或达成折价协议为限，除此之外，承包人以发函的形式向发包人主张优先受偿权无积极意义，发包人承认优先受偿权的存在，对优先受偿权的行使也无实际价值。

❹ 结合《民事诉讼法解释》相关释义资料和权威观点分析，承包人可以参照实现担保物权程序完成工程拍卖，进而实现优先受偿权。

第五节　优先受偿权追及和对抗效力相关问题

实务疑难问题
1. 对于已转让的建筑物，工程价款优先受偿权是否具有追及效力?
2. 《优先受偿权问题批复》废止之后，商品房消费者权利是否还存在以及能否对抗工程价款优先受偿权?
3. 被征收人权利能否对抗工程价款优先受偿权?
4. 预告登记能否对抗工程价款优先受偿权?

一、优先受偿权追及效力问题

对于工程价款优先受偿权而言，如果具有追及效力，就是指标的物无论辗转落入何人之手，除法律另有规定外，权利人均可追及至物的所在行使优先受偿权。对于符合条件的商品房消费者、特定被征收人而言，因其权利可对抗优先受偿权，故无论建筑物是否完成产权转移，承包人都无法对其主张追及效力。对于其他主体而言，建筑物所有权转移之后，承包人能否享有优先受偿权的追及力，实践中存在一定分歧。

（一）实践观点梳理

第一种观点：否定优先受偿权的追及效力，认为其仅限在发包人所有的建设工程范围内。承包人的优先受偿权仅限于建设工程折价或者拍卖所得价款，也就是说，承包人的优先权只能存在于属于发包人所有的建筑物或者建设工程上，如果商品房的所有权已转移，承包人的优先受偿权即不存在。[①]

第二种观点：肯定优先受偿权的追及效力。建设工程被转让，受让人实

① 汪治平：《建设工程价款优先受偿权的若干问题》，载《人民司法》2002 年第 8 期。

际取得发包人的地位；法定优先权具有担保属性，具有一定的追及效力，其功能是担保工程款优先支付，该权利依附于所担保的工程而存在，即使被担保的工程发生转让，也不影响工程价款优先受偿权的实现。① 抵押权具有追及效力，优先受偿权既然优于抵押权和其他债权，依照“举轻以明重”的类推解释方法，优先受偿权人也能享有追及权。②

第三种观点：一定范围内肯定优先受偿权的追及效力。对于承包人已提起确认优先受偿权的诉讼或仲裁程序，且采取了查封标的物的保全措施的，或就生效裁判文书申请执行的，查封措施可对优先受偿权产生公示效力，此时，承包人的建设工程价款优先受偿权具有追及效力；建设工程的受让人知道或者应当知道承包人就工程价款享有优先受偿权的，该优先受偿权具有追及效力；对于受让人不知道或者不应当知道承包人享有工程价款优先受偿权，且承包人未采取查封保全措施或未申请执行的，因无法产生工程价款优先受偿权的公示效力，故宜认定该优先受偿权不具有追及效力。③

（二）本书的观点

笔者认为，工程价款优先受偿权追及效力的规则，应体现出以下三个原则。

其一，追及力规则应体现出优先受偿权的担保属性。优先受偿权的性质虽有分歧，但对于工程价款优先受偿权所具有的担保属性，当无争议，而担保功能的发挥，需要依附于“担保物”。若“担保物”一经流转，担保功能即丧失的话，将会给担保人或债务人逃避担保债务提供可乘之机。工程价款优先受偿权成立之后，承包人往往脱离了对建筑物的占有，若建筑物一旦交易，承包人就无条件丧失优先受偿权的话，承包人将会因为发包人的不诚信而陷入维权的困境。

---

① 最高人民法院民事审判第一庭编著：《最高人民法院新建设工程施工合同司法解释（一）理解与适用》，人民法院出版社 2021 年版，第 366 页。

② 林雪：《〈关于建设工程价款优先受偿权问题的批复〉第 2 条的解释与适用——以利益衡量为视角》，载《研究生法学》2017 年第 5 期。

③ 高印立：《规则与裁判：民法典下建设工程司法解释适用与拓展》，法律出版社 2021 年版，第 285 页。

其二，追及力规则应区分优先受偿权与不动产抵押权的公示性差异。对于不动产抵押而言，其设立需要登记，若进入交易，受让人可以知悉财产上是否负担抵押权，受让人知道或者应当知道该财产上设有抵押权仍受让的，应当承担相应的风险。[①] 由此可见，不动产抵押权因登记而具有了显著的公示性，受让人一般很难以“不知晓”为由排除抵押权的追及力。相比而言，工程价款优先受偿权则不同，目前我国尚未建立起该项权利的登记制度，对于受让人而言，其时常难以判断建筑物是否存在优先受偿权，此时若不加区分地“追及”所有受让建筑物，不仅会对交易秩序造成冲击，也会损害部分受让人的权益。故此，对于优先受偿权而言，追及力并不是绝对的，在公示条件不足的前提下，应当进行适度限制，来平衡可能出现的权利冲突。

其三，追及力规则应关注优先受偿权的对抗效力与其他利益的平衡。无论是依照原来的《优先受偿权问题批复》，还是《新建设工程施工合同解释（一）》的规定，优先受偿权都优先于抵押权和其他债权。该项规则符合实践的需要，但也不乏学者对此提出完善建议，如“尽管建设工程价款优先受偿权的效力优于抵押权有一定的合理性，但必须注意的是，我国法上的建设工程价款优先受偿权是没有公示而直接依法产生的权利，故此，对交易安全威胁甚大。未来，应当通过登记来展现建设工程价款优先受偿权，并明确规定建设工程价款优先受偿权不登记不得对抗善意第三人”。[②] 故此，为更好地促进交易发展，避免利益失衡，在尊重优先受偿权超级对抗力的同时，也应谨慎地划定其适用范围。

综上分析，关于优先受偿权的追及效力规则，笔者总体倾向于上文第三种观点，但有一定的修正和补充：（1）优先受偿权是否具有追及力，需要结合受让人的主观状态进行判断。（2）若受让人不知道或者不应当知道承包人享有优先受偿权，则优先受偿权对已转移权属的建筑物不具有追及力；若受让人知道或者应当知道承包人享有优先受偿权，则优先受偿权对已转移权属的建筑物具有追及效力。（3）受让人是否知道或应当知道，可以结合受让人

① 黄薇主编：《中华人民共和国民法典释义及适用指南》（上册），中国民主法制出版社 2020 年版，第 615 页。

② 程啸：《担保物权研究》，中国人民大学出版社 2017 年版，第 395 页。

是否知晓发包人欠付工程款、承包人就工程款提起诉讼以及发包人转让时的告知情况等因素综合判断。

至于建筑物被采取查封保全措施的情况，因其本身无法完成权属转移，故笔者认为不属于追及力探讨的范围。《最高人民法院关于人民法院民事执行中查封、扣押、冻结财产的规定》第二十四条第一款规定："被执行人就已经查封、扣押、冻结的财产所作的移转、设定权利负担或者其他有碍执行的行为，不得对抗申请执行人。"有鉴于此，即便因为登记机关疏忽或其他非正常原因导致被查封的建筑物实现了产权转移，也无法对抗申请执行人，其涉及的只是对执行措施构成妨碍如何处理的问题。当然，依照上述司法解释的规定，如果人民法院的查封、扣押、冻结没有公示，其效力不得对抗善意第三人。

二、优先受偿权与商品房消费者、特定被征收人的关系

关于优先受偿权的对抗效力，《新建设工程施工合同解释（一）》第三十六条明确规定"承包人根据民法典第八百零七条规定享有的建设工程价款优先受偿权优于抵押权和其他债权"。然而实践中，除此之外，尚有部分特殊的权利，其和工程价款优先受偿权之间的对抗效力规则，也是实践中的热点问题。

（一）商品房消费者权利的起源和发展

在民法基础理论中，权利的种类大致包括物权、债权、知识产权、人身权等若干类型，严格意义上分析，商品房消费者权利并非严谨的学理分类，其只是人们对于购买商品房时具有消费者身份的自然人所享有的"特殊"民事权利的概括性称呼。该项权利在我国法律规范中的出现和发展，大致可分为如下三个阶段。

1. 商品房消费者权利的初现

商品房消费者权利始于2002年施行的《优先受偿权问题批复》，其中规定了如下内容："一、人民法院在审理房地产纠纷案件和办理执行案件中，应当依照《中华人民共和国合同法》第二百八十六条的规定，认定建筑工程的

承包人的优先受偿权优于抵押权和其他债权。二、消费者交付购买商品房的全部或者大部分款项后，承包人就该商品房享有的工程价款优先受偿权不得对抗买受人。”分析上述司法解释，其中出现了四种权利，分别是建设工程承包人的优先受偿权、抵押权、其他债权、购买商品房的消费者权利，最后这项权利后来被理论界、实务界广泛称为“商品房消费者权利”，上述司法解释也成为该项权利的来源。此外，在四种权利实现的顺序层面，形成了商品房消费者权利、承包人优先受偿权、抵押权、其他债权的先后保护顺序。

2. 商品房消费者权利的发展

《优先受偿权问题批复》虽然确定了商品房消费者的权利，但由于其内容过于原则，缺乏明晰化的操作规范，故在后续的司法应用中出现了诸多困惑，比如：人民法院在执行时该如何判断案外人是否构成“消费者”？“消费者”的权利对抗他人的物权、债权时需要具备什么条件？为了解决诸多实践难题，最高人民法院又陆续出台了答复和司法解释，进一步细化了商品房消费者权利的应用场景。

2005 年 12 月，为了答复广东省高级人民法院的请示，最高人民法院发布《最高人民法院执行工作办公室关于〈最高人民法院关于建设工程价款优先受偿权问题的批复〉中有关消费者权利应优先保护的规定应如何理解的答复》，其中明确：“《最高人民法院关于建设工程价款优先受偿权问题的批复》（法释〔2002〕16 号）第二条关于已交付购买商品房的全部或者大部分款项的消费者权利应优先保护的规定，是为了保护个人消费者的居住权而设置的，即购房应是直接用于满足其生活居住需要，而不是用于经营，不应作扩大解释。”

2015 年 5 月，《执行异议和复议规定》[①] 施行，第二十九条规定：“金钱债权执行中，买受人对登记在被执行的房地产开发企业名下的商品房提出异议，符合下列情形且其权利能够排除执行的，人民法院应予支持：（一）在人民法院查封之前已签订合法有效的书面买卖合同；（二）所购商品房系用于居住且买受人名下无其他用于居住的房屋；（三）已支付的价款超过合同约定总

---

① 该解释在 2020 年进行了修正，但第二十九条的内容未发生变化。

价款的百分之五十。”

分析上述答复和司法解释，其出台的背景都是为了更好地解决执行中涉及的商品房消费者权利问题，故此，上述规则虽有了更强的可操作性，然只能应用于执行程序，难以适用于诉讼程序中解决权利的对抗问题。故此，如何在实质上特别是由执行而引发的执行异议之诉中，判断购房人是否属于商品房消费者以及其权利是否具有优先性，依然是实践中的难题。

3. 商品房消费者权利的初步完善

为了真正解决执行异议之诉的规范依据问题，明确商品房消费者权利的认定和对抗要件，2019 年以来，最高人民法院又通过会议纪要、司法解释等方式对此进行了初步的完善。

2019 年 11 月，最高人民法院印发《民商事审判工作纪要》，其中第一百二十五条明确了人民法院在审理执行异议之诉案件时候可以参照适用《执行异议和复议规定》第二十九条，并进一步细化了商品房消费者权利判断的相关条件，即“‘买受人名下无其他用于居住的房屋’，可以理解为在案涉房屋同一设区的市或者县级市范围内商品房消费者名下没有用于居住的房屋。商品房消费者名下虽然已有 1 套房屋，但购买的房屋在面积上仍然属于满足基本居住需要的，可以理解为符合该规定的精神”；“对于其中‘已支付的价款超过合同约定总价款的百分之五十’如何理解，审判实践中掌握的标准也不一致。如果商品房消费者支付的价款接近于百分之五十，且已按照合同约定将剩余价款支付给申请执行人或者按照人民法院的要求交付执行的，可以理解为符合该规定的精神。”

2019 年 11 月 29 日，《最高人民法院关于审理执行异议之诉案件适用法律问题的解释（一）（向社会公开征求意见稿）》（以下简称《执行异议之诉解释征求意见稿》）公布，其第十条规定：“方案一：金钱债权执行中，人民法院对登记在被执行的房地产开发建设主体名下的商品房实施强制执行，案外人以其系商品房的买受人为由，提起执行异议之诉，请求排除强制执行，同时符合下列条件的，人民法院应予支持：（一）在人民法院查封之前，案外人已与房地产开发建设主体签订合法有效的书面买卖合同；（二）所购商品房系用于居住且案外人名下无其他用于居住的房屋，或者案外人名下虽已有一套房屋，但所购商品房仍属于满足基本居住需要；（三）已支付的价款超过合同约定总价款的百分之五十。商品房预售中，抵押权人申请执行登记在被执行的房地产开发建设主体名下但已销售给前款规定的案外人的商品房，案外人提起执行异议之诉，请求排除强制执行的，人民法院应予支持。方案二：金钱债权执行中，买受人对登记在被执行的房地产开发企业名下的商品房提出异议，符合下列情形且其权利能够排除执行的，人民法院应予支持：（一）在人民法院查封之前已签订合法有效的书面买卖合同；（二）所购商品房系用于居住且买受人名下无其他用于居住的房屋；（三）已支付的价款超过合同约定总价款的百分之五十。”①

这也意味着，商品房消费者提起的执行异议之诉将有“专用”的规范依据，商品房消费者权利的判断也将有更为详细的判断规则。

（二）优先受偿权与商品房消费者权利的实现顺位

上文分析中已经明确，商品房消费者权利可对抗工程价款优先受偿权。然而需要面对的另一个问题是：《优先受偿权问题批复》废止之后，商品房消费者权利是否还存在对抗效力？笔者认为，该项权利依然存在，其对抗工程价款优先受偿权的规则依然适用。理由主要有两个：一是《执行异议和复议规定》依然有效，其中关于商品房买受人可排除执行的要件并未发生变化；二是《新建设工程施工合同解释（一）》未对此进行规定并不意味着该项权利消失，相关释义资料明确“本解释保留了《工程价款优先受偿批复》第二条的内容，但全国人大常委会法工委办公室认为，‘法律对此没有作出规定，宜作个案处理’。考虑到这一意见，本解释未就工程价款优先受偿权与消费者作为商品房的买受人的权利关系作出规定。该问题留待执行异议的司法解释处理”。② 上文所述《执行异议之诉解释征求意见稿》中，显然已经回应了该项权利。

---

① 本书成稿时该司法解释尚未正式出台，更为权威的内容请以该司法解释的正式公告文本为准。

② 最高人民法院民事审判第一庭编著：《最高人民法院新建设工程施工合同司法解释（一）理解与适用》，人民法院出版社2021年版，第377页。

（三）优先受偿权与特定被征收人权利的实现顺位

所谓特定被征收人，是指因为房屋被征收而选择以房屋产权调换形式安置的被征收人。对此，2003 年《最高人民法院关于审理商品房买卖合同纠纷案件适用法律若干问题的解释》（已被修正）第七条第一款曾确定了被征收人权利优先保护的规则，即："拆迁人与被拆迁人按照所有权调换形式订立拆迁补偿安置协议，明确约定拆迁人以位置、用途特定的房屋对被拆迁人予以补偿安置，如果拆迁人将该补偿安置房屋另行出卖给第三人，被拆迁人请求优先取得补偿安置房屋的，应予支持。"① 该条内容在 2020 年该司法解释修正之时被删除，但在此之前，2019 年公布的《执行异议之诉解释征求意见稿》中还是详细地明确了特定被征收人利益的优先保护，即征求意见稿第十四条："金钱债权执行中，人民法院对登记在被执行人名下的房屋实施强制执行，案外人在人民法院查封之前已经与房屋征收部门签订补偿协议，明确约定用于所有权调换房屋的地点和面积，案外人以其对相关执行标的享有权利为由，提起执行异议之诉，请求排除强制执行的，人民法院应予支持。"虽然更为准确的内容还需等待正式的司法解释公布，但上述情况可以为我们观察被征收人权利的优先性提供更广泛的视角。

所谓征收，是指政府基于公共利益需要，依照法律规定的权限和程序将集体所有或者个人所有的财产变为国家所有，再加以利用的行为。《民法典》第二百四十三条第一款规定："为了公共利益的需要，依照法律规定的权限和程序可以征收集体所有的土地和组织、个人的房屋以及其他不动产。"征收时，需要依法给予被征收人补偿，《国有土地上房屋征收与补偿条例》对此进行了细化，其第二十一条第一款和第二款规定："被征收人可以选择货币补偿，也可以选择房屋产权调换。被征收人选择房屋产权调换的，市、县级人民政府应当提供用于产权调换的房屋，并与被征收人计算、结清被征收房屋

① 该司法解释条文在表述上采取了"被拆迁人"的概念，这与相关规定的历史发展有关。2003 年的时候，主要是《城市房屋拆迁管理条例》（已废止）在规制相关领域内的事宜，故当时统称为"拆迁人""被拆迁人"。2011 年，《国有土地上房屋征收与补偿条例》取代了《城市房屋拆迁管理条例》，与此相关的"被拆迁人"也随之被称为"被征收人"。

价值与用于产权调换房屋价值的差价。”第二十五条第一款规定：“房屋征收部门与被征收人依照本条例的规定，就补偿方式、补偿金额和支付期限、用于产权调换房屋的地点和面积、搬迁费、临时安置费或者周转用房、停产停业损失、搬迁期限、过渡方式和过渡期限等事项，订立补偿协议。”

在征收过程中，如果被征收人选择产权调换的补偿方式，一般在签订补偿协议前后，已将原有房屋向征收部门或者实施单位交付，目的是尽早获得全新的安置房。以自己的房屋换取新的房屋，该种类型应属于特殊的“以物易物”。如果被征收人在交付自己的房屋之后，对于应当“换得”的房屋还要面临权利对抗的不确定状态，这无疑会对其生存、居住等基本权利造成伤害。故此，该种情形中的被征收人与商品房消费者相比，其在生存权益的保护价值层面与商品房消费者并无区别，也应当予以特别保护。换言之，原则上，被征收人权利也可以对抗一般金钱债权、抵押权、建设工程价款优先受偿权。当然，类似于商品房消费者权利的行使需要具备条件一样，被征收人权利的行使也需一定限制，笔者建议参考2003年《最高人民法院关于审理商品房买卖合同纠纷案件适用法律若干问题的解释》（已被修正）的相关规定和商品房消费者权利的内容，设定如下条件：一是被征收人在法院查封前与征收部门签订补偿协议；二是双方明确了产权调换房屋的具体位置和面积。

三、优先受偿权与预告登记的关系

所谓预告登记，是指为保全一项请求权而进行的不动产登记，该项请求权所要达到的目的，是在将来发生不动产物权变动；预告登记所登记的，不是不动产物权，而是将来发生不动产物权变动的请求权。[①] 我国《民法典》第二百二十一条规定了该项制度，即：“当事人签订买卖房屋的协议或者签订其他不动产物权的协议，为保障将来实现物权，按照约定可以向登记机构申请预告登记。预告登记后，未经预告登记的权利人同意，处分该不动产的，不发生物权效力。预告登记后，债权消灭或者自能够进行不动产登记之日起九十

① 黄薇主编：《中华人民共和国民法典释义及适用指南》（上册），中国民主法制出版社2020年版，第336页。

日内未申请登记的，预告登记失效。”

办理了预告登记之后，权利人的最大优势在于，其可以对抗其他人对标的物所做的处分。由此也会产生一个不可回避的问题：预告登记可否对抗承包人的工程价款优先受偿权？实践中也不乏分歧，有观点认为无法对抗，如《江苏省高级人民法院执行异议及执行异议之诉案件审理指南（二）》第十一条规定：“金钱债权执行中，执行法院对被执行人名下不动产采取执行措施，案外人以该不动产的受让人为由提出执行异议，请求停止处分，应根据下列情形予以处理：（1）案涉不动产已办理物权预告登记的，应予支持；（2）案涉不动产符合物权登记条件，且在预告登记有效期内的，应予支持；（3）案涉不动产的预告登记已经失效，或者在执行法院查封之后办理预告登记的，不予支持。建设工程合同承包人为实现其建设工程价款优先受偿权，申请对其建设施工的房屋予以强制执行，不适用本部分上述规定。但案外人系商品房消费者，且符合《异议复议规定》第二十九条规定的除外。”但也有观点认为可以对抗，如《四川省高级人民法院关于审理建设工程施工合同纠纷案件若干疑难问题的解答》第三十九条规定：“……具有下列情形之一，承包人、实际施工人请求工程价款就承建的建设工程折价或拍卖的价款优先受偿的，不予支持：……（五）消费者购买承包人承建的商品房，并已经办理商品房产权变更或预告登记，或者消费者已交付购买商品房的全部或者大部分款项的。”

就此，笔者认为，预告登记无法对抗工程价款优先受偿权，主要理由如下：

首先，从成立时间上分析。优先受偿权成立于承包人形成合格的“工程成果”之时，虽然在制度层面无法完成登记，但是并不妨害其法定身份的确认。对一般的建筑物买受人来说，其预告登记通常发生在建筑物完成后很长一段时间内，换言之，其成立是在优先受偿权之后，从时间维度上缺乏对抗优先受偿权的基础。如果以在建工程办理了抵押权的预告登记，因为抵押权本身就难以对抗优先受偿权，那么仅仅是抵押权的预告登记更无法形成对抗力。

其次，从实践效果上分析。如果仅办理预告登记，就可以对抗工程价款优先受偿权的话，一则，将可能架空商品房消费者权利判断要件中关于购房款交付等诸多条件的规定，导致诸多非消费者直接以预告登记为由对抗优先受偿权；二则，也会给发包人提供规避优先受偿权实现的可乘之机，损害承包人的利益。

裁判规则指引

❶ 建筑物转让之后，优先受偿权是否具有追及力，需要结合受让人的主观状态判断。若受让人不知道或者不应当知道承包人享有优先受偿权，则优先受偿权对已转移权属的建筑物不具有追及力；若受让人知道或者应当知道承包人享有优先受偿权，则优先受偿权对已转移权属的建筑物具有追及效力。受让人是否知道或应当知道，可以结合受让人是否知晓发包人欠付工程款、承包人就工程款提起诉讼以及发包人转让时的告知情况等因素综合判断。建筑物被采取查封保全措施之后，因其本身无法完成权属转移，故该种情形不属于追及力探讨的范围。

❷《优先受偿权问题批复》废止之后，商品房消费者权利并未消失，只是在立法技术层面拟将其纳入执行异议之诉相关司法解释的范围进行规制，故商品房消费者权利对抗工程价款优先受偿权的规则依然适用。

❸ 如果被征收人在人民法院查封之前已经与房屋征收部门签订补偿协议，且双方明确约定了用于所有权调换的房屋的位置和面积时，倾向于认为被征收人的权利可以对抗工程价款优先受偿权。

❹ 优先受偿权成立于承包人形成合格的“工程成果”之时，一般早于建筑物买受人办理预告登记的时间，且预告登记的并非不动产物权，而是将来发生不动产物权变动的请求权，故预告登记不能对抗工程价款优先受偿权。

第六节 优先受偿权与工程质量保证金的关系

实务疑难问题

1. 关于优先受偿权和质量保证金（发包人扣留工程款形式）的关系主要有哪些观点？
2. 若质量保证金（发包人扣留工程款形式）享有优先受偿权，会伴随哪些实践难题？
3. 未来发展中，如何确定质量保证金的功能定位？

工程竣工验收合格经过2年或其他约定时间之后，承包人时常会向发包人主张质量保证金。此时，涉及的一个实践难题是：符合支付条件的质量保证金是否属于承包人优先受偿的范围？承包人先行交纳质量保证金、提交银行保函这两种形式，一般不会涉及承包人优先受偿的问题。故本节的探讨限定在狭义层面，即发包人通过扣留工程价款的形式所表现出的质量保证金。

一、优先受偿权与质量保证金关系的争议

第一种观点认为，工程质量保证金不属于优先受偿权的范围。持该种观点的学者认为，工程质量保证金本应由承包人于工程款之外以自有资金另行支付，在其与发包人约定以工程价款的一部分抵作质量保证金之后，虽然表面上看，该笔钱款是工程价款的一部分，但实际上是由发包人预先支付该部分工程款并转为承包人的工程质量保证金，该种性质的转变，已经使得该笔款项不再是工程价款，当然就不能再作为承包人的工程款纳入优先受偿范围。[①]

---

① 王旭光：《建筑工程优先受偿权制度研究——合同法第286条的理论与实务》，人民法院出版社2010年版，第174－175页。相同观点还可参见洪浩：《学说制度案例——建设工程优先权问题研究》，北京大学出版社2014年版，第147－148页。

《四川省高级人民法院关于审理建设工程施工合同纠纷若干疑难问题的解答》第三十八条规定："建设工程经验收合格，工程的直接成本、间接成本、利润和税金属于优先受偿范围。承包人、实际施工人支付的履约保证金、工程质量保证金、发包人应当支付的违约金等不属于优先受偿范围。承包人、实际施工人请求确认对建设工程占用范围内的土地使用权享有优先受偿权的，不予支持。"分析该类观点的核心理由，主要认为自发包人扣留工程款之时，其法律性质就已经转变为工程质量保证金，自此与工程款的界限不可逾越，自然也不再属于工程价款优先受偿的范围。

第二种观点认为，工程质量保证金属于优先受偿的范围。持该观点的学者认为，从建设工程价款中预扣的工程质量保证金，本质上仍属于建设工程价款的一部分，从某种意义上讲，返还建设工程价款中预扣的工程质量保证金可视为附期限的工程价款支付义务，可就建设工程折价或拍卖的价款优先受偿[①]。有学者进一步认为，"当发包人返还质量保证金的条件成就后，质量保证金的担保功能即告终止，其工程价款的性质同时恢复。因此，当发包人返还质量保证金的条件成就后，质量保证金应当纳入优先受偿权行使的范围"。[②] 该种观点在实践中较为普遍，且案例也较多，此处不再一一列举。

二、质量保证金享有优先受偿权伴随的难题

（一）质量保证金是否为工程价款

对于质量保证金是否属于承包人优先受偿的范围，如上文所述，多数持肯定意见，然质疑的声音也从未缺少。观点分歧的背后涉及一个基础问题：工程质量保证金究竟是否属于工程价款？或者换言之，当发包人扣留的工程价款转化为质量保证金时，其"工程价款"的属性是否依然存在？

在笔者阅读的范围内，该问题的分歧很大。多数观点认为，工程质量保证金就是工程价款的一部分，自然也应当享有工程价款相同的待遇。但也有

---

① 最高人民法院民事审判第一庭编著：《最高人民法院新建设工程施工合同司法解释（一）理解与适用》，人民法院出版社2021年版，第417页。

② 高印立：《规则与裁判——民法典下建设工程司法解释适用与拓展》，法律出版社2021年版，第354页。

观点坚持工程价款和质量保证金分属不同的性质，即“工程质量保证金从工程款中扣留也只是将本应作为工程款支付给承包人的款项，转变为承包人应交给发包人的工程质量保证金。故工程质量保证金虽从工程款中扣留，但究其性质并非工程款”。①

笔者认为，坚持工程质量保证金属于工程价款的观点可能受到了2005年《建设工程质量保证金管理暂行办法》（已废止）以及后续《建设工程质量保证金管理办法》中对质量保证金概念界定的影响，该类观点确实也有道理。但若更宽泛地考察质量保证金的目的属性、表现形式和周边相关权益，便会发现：若将质量保证金界定为工程价款进而享有优先受偿权的话，将同时伴随着诸多实践难题。

（二）质量保证金享有优先受偿权伴随的难题

1. 若与其他具有担保功能的形式相比，“扣留的工程款”具有“不利于发包人”的优先受偿性，那么发包人为何还要选择该种方式？

针对建设工程，发包人可通过多种方式实现担保功能。首先，依照《建设工程质量保证金管理办法》第六条，发包人可选择承包人交纳履约保证金、工程质量保证担保、工程质量保险、预留工程质量保证金等多种形式实现目的，且预留工程质量保证金与其他方式不可同时并用。其次，2017版《施工合同示范文本》通用条款第15.3.1项明确：承包人提供质量保证金至少有三种方式，即质量保证金保函、相应比例的工程款、双方约定的其他方式。第15.3.2项进一步明确：如承包人在发包人签发竣工付款证书后28天内提交质量保证金保函，发包人应同时退还扣留的作为质量保证金的工程价款。最后，实践中还存在承包人以自有资金交纳质量保证金、设立专门保证金账户等多种质量保证金的表现形式。

对于发包人而言，其正常的心理预期，无非是希望接收工程之后能够在一定期限内享受“有资金保障”的保修请求权，至于该种保障是以扣留工程

---

① 肖峰、韩浩：《建设工程价款结算及其优先受偿权的若干实务问题》，载《人民司法》2021年第22期。

款、承包人提前交纳金钱还是银行保函等形式来表现，那只是选择问题。但若上述形式在“优先受偿”上存在明显的差异，那么强势的发包人自然会倾向利益最大化的方案，也将会出现如下对比：若选择扣留部分工程款作为质量保证金，就意味着该笔款项一旦产生纠纷，建设工程可能就要被拍卖、折价并由承包人优先受偿；若选择承包人另行交纳质量保证金、银行保函等形式，就可避免上述风险。如此一来，发包人为什么还要选择扣留工程款的方式？长此以往，该种形式的质量保证金不但会逐步失去市场，还可能会蜕化为各种“异形”，比如发包人和承包人约定：鉴于承包人现有资金困难，故以扣留部分工程价款的形式作为承包人交纳的质量保证金，该笔资金视为承包人以自有资金交纳。

2. 工程质量保证金优先受偿权与其他工程价款优先受偿权，如何在实践中进行操作？

若质量保证金享有优先受偿权，因为其返还时间一般会晚于其他工程价款的支付时间，由此必然会产生两个操作层面的问题：其一，面对履行期限不同的其他工程价款和质量保证金，如何针对同一工程确定各自优先受偿权的起算点；其二，若其他工程价款的优先受偿权已进入执行阶段，如何平衡其他债权人和尚未到期的质量保证金优先受偿权之间的利益。

关于第一个问题，首先涉及对《新建设工程施工合同解释（一）》第四十一条的理解，该条明确：优先受偿权自发包人应当给付建设工程价款之日起算。相关的释义资料认为：“质量保修金系为保障工程质量而缴纳的，不属于本条规定应付工程款，因而不应以建设单位返还质量保修金的时间作为应付工程款的认定时间。”① 这也就意味着承包人的优先受偿权将会有两个计算起点：一个是其他工程价款，自发包人应当支付工程款之日起计算；另一个是质量保证金，自缺陷期经过、发承包人核算完毕且应当返还之日起计算。如此一来，将会给相关的经济交易带来极大的不确定性。建设工程价款优先受偿权无须登记，缺乏有效的公示形式，银行等抵押权人、其他债权人的利

---

① 最高人民法院民事审判第一庭编著：《最高人民法院新建设工程施工合同司法解释（一）理解与适用》，人民法院出版社 2021 年版，第 427 页。

益受其影响巨大，这也是司法解释限定该项权利行使期限的一个重要原因。[①]本来其他民事主体尚可从发包人应当支付工程款之日判断出优先权的行使期限，但若再加上质量保证金，意味着还要在2年或其他约定时间之后再至少计算18个月，如此漫长的优先受偿权行使期限，不仅会给抵押权人、其他债权人造成很大困扰，也会严重影响建筑物的流转价值。

关于第二个问题，首先，质量保证金未到期时，司法判决对优先受偿权的论述，一般仅涉及其他工程价款，不会涉及质量保证金的后续处理，判决主文的模型大致如下：甲于本判决生效之日起15日内向乙支付所欠工程款100万元（不包含质量保证金）及利息；乙在甲欠付工程款范围内对案涉工程折价或拍卖的价款享有优先受偿权。其次，以上述判决主文模型为基础，如果案件进入执行阶段且质量保证金未到期时，其他到期的权利将会相逢：承包人乙申请对建筑物拍卖并享有优先受偿权；发包人的抵押权人丙申请对建筑物实现抵押权；发包人甲的其他普通债权人丁申请参与分配。此时，若承包人的优先受偿权数额能够确定，则需要解决的问题只是优先受偿权、抵押权和普通债权的受偿顺序而已，并非难事，也不会影响到标的物的拍卖或折价。然而，如果承包人还要坚持质量保证金的优先受偿权，上述各种权利将会面临"尴尬"的局面：质量保证金还没有到期且到期后返还的数额也不确定，此时拍卖工程所得价款如何在承包人、抵押权人、其他债权人之间分配？若强行预留出质量保证金，规范依据是什么？若缺陷责任期届满但发包人无须返还质量保证金时，又如何在抵押权人、其他债权人之间再进行分配？

除此之外，在担保的属性方面，也会出现一些困惑：质量保证金本来是承包人为自己完成的工程质量提供的"担保"，到最后，为什么提供"担保"的承包人反而对自己提供的担保又享有了优先受偿权？

另外，在质量保证金和利息关系的判断方面也会出现难题。比如，2017版《施工合同示范文本》明确质量保证金返还时需要附带利息，如果将质量

---

① 参见最高人民法院民事审判第一庭编著：《最高人民法院新建设工程施工合同司法解释（一）理解与适用》，人民法院出版社2021年版，第421页。

保证金视为工程款，示范文本中该条款的合理性就会令人费解："质量保证金"本就属于发包人所有，其只是在约定条件具备时需要支付的"工程尾款"而已，那么发包人为何还要为此负担利息？诸如上述难题，恐怕难以在理论上获得妥当的解释。

三、本书的观点及反思

（一）本书的倾向性观点

鉴于将质量保证金视为工程价款的一部分进而享有优先权的观点存在诸多实践难题，故笔者尝试提出如下观点：本节所涉狭义的质量保证金可认定为一种金钱担保形式，其与工程价款分属不同性质，一旦发包人以扣留工程款的方式收取了质量保证金，则该笔金钱就不再属于工程价款，自然也就不享有优先受偿权。主要理由如下：

其一，无论是质量保证金、银行保函还是其他担保形式，其目的相同，都是发包人在工程质量方面渴求一定的"利益保障"。所以，质量保证金如要真正发挥作用，就应当是一个具有独立含义和作用的专有概念，而不是和工程价款之间藕断丝连、反复纠缠。如果当事人均同意采取发包人扣留部分工程款的形式实现质量保证金，那也只是承包人以这种"抵扣"的方式完成了质量保证金交纳的义务，而不是将其视为发包人欠付的部分工程款。

其二，如果采取该种观点，上述实践中的难题可迎刃而解，发包人无须纠结是让承包人自行交纳质量保证金还是扣留工程款，因为其性质、后果都相同；在面对工程价款优先受偿权时，也可以一次性解决承包人、发包人的抵押权人、发包人的其他债权人之间的权利实现问题，促使标的物尽快恢复"完整"的流转价值。

其三，从反向观察，如果采用该种观点，将会带来什么样的"负面"效果？首先，"影响"工程质量保证金的现有概念。因《建设工程质量保证金管理办法》将其界定为"从应付的工程款中预留"，然而，无论是 2017 版《施工合同示范文本》还是多地行政部门的规定，都已将质量保证金的形式拓宽到了银行保函、其他方式等，可见该概念已被实践修正。其次，“影响”承包人优先受偿权的数额。承包人本就负担着交纳质量保证金的义务，这也是发包人可以“扣留”工程款的基础，且承包人还可采取银行保函等其他形式替换“发包人扣款”方式。故此，当事人采取扣留工程款的方式，与承包人收到全部工程款再去交纳质量保证金相比，没有本质区别，也难说是其利益受损。

（二）关于质量保证金定位的一点反思

质量保证金虽然在建筑行业广泛存在，但法律或行政法规中一直未对其性质和相关内容作出系统界定。此外，质量保证金运用过程中，与法学理论、担保等周边制度衔接得也不够紧密，如此不免会形成一些实践争议和困惑。未来发展中，笔者建议结合实践现状和需求，适度整合现有的多种形式，在法律层面形成统一的“工程质量担保”制度。该制度的目的就是要求承包人以妥当的方式对工程质量提供担保，无论承包人采取何种合法形式，其本质都应是承包人以自有的财产、信用等完成担保义务，避免出现质量保证金和工程价款之间反复纠缠的局面。换句话说，如果允许发包人以扣留部分工程款的形式来收取质量保证金，则一旦完成“身份”转换，各自将分属不同领域，接受不同规则约束。

裁判规则指引

❶ 关于优先受偿权与工程质量保证金（发包人扣留工程款形式）的关系，主要有两种观点。第一种观点认为，工程质量保证金不属于优先受偿权范围，在发、承包人约定以部分工程价款抵作质量保证金之后，该笔价款在性质上已经不再是工程价款，也不能再作为承包人的工程款纳入优先受偿范围。第二种观点认为，工程质量保证金属于优先受偿权范围，从工程价款中预扣的质量保证金，本质上仍属于建设工程价款的一部分。实践中，第二种观点为多数观点。

❷ 工程质量保证金（发包人扣留工程款形式）享有优先受偿权虽为多数观点，但该观点也伴随着很多实践难题，主要有两个方面。其一，若与承包人提前交纳保证金、银行保函等形式相比，扣留部分工程款具有发包人不愿接受的优先受偿性，那么发包人将可能摒弃该种形式，进而导致该种形式的质量保证金失去市场。其二，质量保证金优先受偿权与其他工程价款优先受偿权实现时，存在操作层面的难题，比如：如何针对同一工程确定多个优先受偿权的起算点？如何平衡抵押权人、其他债权人和尚未到期的质量保证金优先受偿权之间的利益？

❸ 鉴于质量保证金（发包人扣留工程款形式）享有优先受偿权的观点存在诸多实践难题，故笔者认为，该种工程质量保证金可认定为一种金钱担保形式，其与工程价款分属不同性质，一旦发包人以该种方式收取了质量保证金，该笔金钱就不再属于工程价款，自然也就不享有优先受偿权。

❹ 未来发展中，笔者建议结合实践现状和需求，适度整合现有的多种形式，在法律层面形成统一的“工程质量担保”制度，要求承包人以自有财产、信用等方式对工程质量提供担保，避免出现质量保证金和工程价款之间纠缠的局面。

附　　录

一、法律法规

中华人民共和国民法典（节录）

（2020年5月28日第十三届全国人民代表大会第三次会议通过
2020年5月28日中华人民共和国主席令第45号公布
自2021年1月1日起施行）

第三编　合　　同

第一分编　通　　则

第一章　一 般 规 定

第四百六十三条　【合同编的调整范围】[①] 本编调整因合同产生的民事关系。

第四百六十四条　【合同的定义和身份关系协议的法律适用】 合同是民事主体之间设立、变更、终止民事法律关系的协议。

婚姻、收养、监护等有关身份关系的协议，适用有关该身份关系的法律规定；没有规定的，可以根据其性质参照适用本编规定。

第四百六十五条　【依法成立的合同效力】 依法成立的合同，受法律保护。

---

① 条文主旨为编者所加，供参考。

依法成立的合同，仅对当事人具有法律约束力，但是法律另有规定的除外。

第四百六十六条 【合同条款的解释】当事人对合同条款的理解有争议的，应当依据本法第一百四十二条第一款的规定，确定争议条款的含义。

合同文本采用两种以上文字订立并约定具有同等效力的，对各文本使用的词句推定具有相同含义。各文本使用的词句不一致的，应当根据合同的相关条款、性质、目的以及诚信原则等予以解释。

第四百六十七条 【非典型合同及涉外合同的法律适用】本法或者其他法律没有明文规定的合同，适用本编通则的规定，并可以参照适用本编或者其他法律最相类似合同的规定。

在中华人民共和国境内履行的中外合资经营企业合同、中外合作经营企业合同、中外合作勘探开发自然资源合同，适用中华人民共和国法律。

第四百六十八条 【非因合同产生的债权债务关系的法律适用】非因合同产生的债权债务关系，适用有关该债权债务关系的法律规定；没有规定的，适用本编通则的有关规定，但是根据其性质不能适用的除外。

第二章 合同的订立

第四百六十九条 【合同订立形式】当事人订立合同，可以采用书面形式、口头形式或者其他形式。

书面形式是合同书、信件、电报、电传、传真等可以有形地表现所载内容的形式。

以电子数据交换、电子邮件等方式能够有形地表现所载内容，并可以随时调取查用的数据电文，视为书面形式。

第四百七十条 【合同主要条款与示范文本】合同的内容由当事人约定，一般包括下列条款：

（一）当事人的姓名或者名称和住所；

（二）标的；

（三）数量；

（四）质量；

（五）价款或者报酬；

（六）履行期限、地点和方式；

（七）违约责任；

（八）解决争议的方法。

当事人可以参照各类合同的示范文本订立合同。

第四百七十一条　【合同订立方式】 当事人订立合同，可以采取要约、承诺方式或者其他方式。

第四百七十二条　【要约的定义及构成条件】 要约是希望与他人订立合同的意思表示，该意思表示应当符合下列条件：

（一）内容具体确定；

（二）表明经受要约人承诺，要约人即受该意思表示约束。

第四百七十三条　【要约邀请】 要约邀请是希望他人向自己发出要约的表示。拍卖公告、招标公告、招股说明书、债券募集办法、基金招募说明书、商业广告和宣传、寄送的价目表等为要约邀请。

商业广告和宣传的内容符合要约条件的，构成要约。

第四百七十四条　【要约生效时间】 要约生效的时间适用本法第一百三十七条的规定。

第四百七十五条　【要约撤回】 要约可以撤回。要约的撤回适用本法第一百四十一条的规定。

第四百七十六条　【要约不得撤销情形】 要约可以撤销，但是有下列情形之一的除外：

（一）要约人以确定承诺期限或者其他形式明示要约不可撤销；

（二）受要约人有理由认为要约是不可撤销的，并已经为履行合同做了合理准备工作。

第四百七十七条　【要约撤销】 撤销要约的意思表示以对话方式作出的，该意思表示的内容应当在受要约人作出承诺之前为受要约人所知道；撤销要约的意思表示以非对话方式作出的，应当在受要约人作出承诺之前到达受要约人。

第四百七十八条　【要约失效】 有下列情形之一的，要约失效：

（一）要约被拒绝；

（二）要约被依法撤销；

（三）承诺期限届满，受要约人未作出承诺；

（四）受要约人对要约的内容作出实质性变更。

第四百七十九条　【承诺的定义】 承诺是受要约人同意要约的意思表示。

第四百八十条　【承诺的方式】 承诺应当以通知的方式作出；但是，根据交易习惯或者要约表明可以通过行为作出承诺的除外。

第四百八十一条　【承诺的期限】 承诺应当在要约确定的期限内到达要约人。

要约没有确定承诺期限的，承诺应当依照下列规定到达：

（一）要约以对话方式作出的，应当即时作出承诺；

（二）要约以非对话方式作出的，承诺应当在合理期限内到达。

第四百八十二条　【承诺期限的起算点】 要约以信件或者电报作出的，承诺期限自信件载明的日期或者电报交发之日开始计算。信件未载明日期的，自投寄该信件的邮戳日期开始计算。要约以电话、传真、电子邮件等快速通讯方式作出的，承诺期限自要约到达受要约人时开始计算。

第四百八十三条　【合同成立时间】 承诺生效时合同成立，但是法律另有规定或者当事人另有约定的除外。

第四百八十四条　【承诺生效时间】 以通知方式作出的承诺，生效的时间适用本法第一百三十七条的规定。

承诺不需要通知的，根据交易习惯或者要约的要求作出承诺的行为时生效。

第四百八十五条　【承诺的撤回】 承诺可以撤回。承诺的撤回适用本法第一百四十一条的规定。

第四百八十六条　【逾期承诺】 受要约人超过承诺期限发出承诺，或者在承诺期限内发出承诺，按照通常情形不能及时到达要约人的，为新要约；但是，要约人及时通知受要约人该承诺有效的除外。

第四百八十七条　【因传递迟延造成逾期承诺的法律效果】 受要约人在承诺期限内发出承诺，按照通常情形能够及时到达要约人，但是因其他原因致使承诺到达要约人时超过承诺期限的，除要约人及时通知受要约人因承诺超过期限不接受该承诺外，该承诺有效。

第四百八十八条　【承诺对要约内容的实质性变更】 承诺的内容应当与要

约的内容一致。受要约人对要约的内容作出实质性变更的，为新要约。有关合同标的、数量、质量、价款或者报酬、履行期限、履行地点和方式、违约责任和解决争议方法等的变更，是对要约内容的实质性变更。

第四百八十九条　【承诺对要约内容的非实质性变更】承诺对要约的内容作出非实质性变更的，除要约人及时表示反对或者要约表明承诺不得对要约的内容作出任何变更外，该承诺有效，合同的内容以承诺的内容为准。

第四百九十条　【采用书面形式订立的合同成立时间】当事人采用合同书形式订立合同的，自当事人均签名、盖章或者按指印时合同成立。在签名、盖章或者按指印之前，当事人一方已经履行主要义务，对方接受时，该合同成立。

法律、行政法规规定或者当事人约定合同应当采用书面形式订立，当事人未采用书面形式但是一方已经履行主要义务，对方接受时，该合同成立。

第四百九十一条　【签订确认书的合同及电子合同成立时间】当事人采用信件、数据电文等形式订立合同要求签订确认书的，签订确认书时合同成立。

当事人一方通过互联网等信息网络发布的商品或者服务信息符合要约条件的，对方选择该商品或者服务并提交订单成功时合同成立，但是当事人另有约定的除外。

第四百九十二条　【合同成立地点】承诺生效的地点为合同成立的地点。

采用数据电文形式订立合同的，收件人的主营业地为合同成立的地点；没有主营业地的，其住所地为合同成立的地点。当事人另有约定的，按照其约定。

第四百九十三条　【书面合同成立地点】当事人采用合同书形式订立合同的，最后签名、盖章或者按指印的地点为合同成立的地点，但是当事人另有约定的除外。

第四百九十四条　【强制缔约义务】国家根据抢险救灾、疫情防控或者其他需要下达国家订货任务、指令性任务的，有关民事主体之间应当依照有关法律、行政法规规定的权利和义务订立合同。

依照法律、行政法规的规定负有发出要约义务的当事人，应当及时发出合理的要约。

依照法律、行政法规的规定负有作出承诺义务的当事人，不得拒绝对方合理的订立合同要求。

第四百九十五条　【预约合同】当事人约定在将来一定期限内订立合同的认购书、订购书、预订书等，构成预约合同。

当事人一方不履行预约合同约定的订立合同义务的，对方可以请求其承担预约合同的违约责任。

第四百九十六条　【格式条款】格式条款是当事人为了重复使用而预先拟定，并在订立合同时未与对方协商的条款。

采用格式条款订立合同的，提供格式条款的一方应当遵循公平原则确定当事人之间的权利和义务，并采取合理的方式提示对方注意免除或者减轻其责任等与对方有重大利害关系的条款，按照对方的要求，对该条款予以说明。提供格式条款的一方未履行提示或者说明义务，致使对方没有注意或者理解与其有重大利害关系的条款的，对方可以主张该条款不成为合同的内容。

第四百九十七条　【格式条款无效的情形】有下列情形之一的，该格式条款无效：

（一）具有本法第一编第六章第三节和本法第五百零六条规定的无效情形；

（二）提供格式条款一方不合理地免除或者减轻其责任、加重对方责任、限制对方主要权利；

（三）提供格式条款一方排除对方主要权利。

第四百九十八条　【格式条款的解释】对格式条款的理解发生争议的，应当按照通常理解予以解释。对格式条款有两种以上解释的，应当作出不利于提供格式条款一方的解释。格式条款和非格式条款不一致的，应当采用非格式条款。

第四百九十九条　【悬赏广告】悬赏人以公开方式声明对完成特定行为的人支付报酬的，完成该行为的人可以请求其支付。

第五百条　【缔约过失责任】当事人在订立合同过程中有下列情形之一，造成对方损失的，应当承担赔偿责任：

（一）假借订立合同，恶意进行磋商；

（二）故意隐瞒与订立合同有关的重要事实或者提供虚假情况；

（三）有其他违背诚信原则的行为。

第五百零一条　【当事人保密义务】当事人在订立合同过程中知悉的商业

秘密或者其他应当保密的信息，无论合同是否成立，不得泄露或者不正当地使用；泄露、不正当地使用该商业秘密或者信息，造成对方损失的，应当承担赔偿责任。

第三章　合同的效力

第五百零二条　【合同生效时间】依法成立的合同，自成立时生效，但是法律另有规定或者当事人另有约定的除外。

依照法律、行政法规的规定，合同应当办理批准等手续的，依照其规定。未办理批准等手续影响合同生效的，不影响合同中履行报批等义务条款以及相关条款的效力。应当办理申请批准等手续的当事人未履行义务的，对方可以请求其承担违反该义务的责任。

依照法律、行政法规的规定，合同的变更、转让、解除等情形应当办理批准等手续的，适用前款规定。

第五百零三条　【被代理人对无权代理合同的追认】无权代理人以被代理人的名义订立合同，被代理人已经开始履行合同义务或者接受相对人履行的，视为对合同的追认。

第五百零四条　【越权订立的合同效力】法人的法定代表人或者非法人组织的负责人超越权限订立的合同，除相对人知道或者应当知道其超越权限外，该代表行为有效，订立的合同对法人或者非法人组织发生效力。

第五百零五条　【超越经营范围订立的合同效力】当事人超越经营范围订立的合同的效力，应当依照本法第一编第六章第三节和本编的有关规定确定，不得仅以超越经营范围确认合同无效。

第五百零六条　【免责条款效力】合同中的下列免责条款无效：

（一）造成对方人身损害的；

（二）因故意或者重大过失造成对方财产损失的。

第五百零七条　【争议解决条款效力】合同不生效、无效、被撤销或者终止的，不影响合同中有关解决争议方法的条款的效力。

第五百零八条　【合同效力援引规定】本编对合同的效力没有规定的，适用本法第一编第六章的有关规定。

第四章　合同的履行

第五百零九条　【合同履行的原则】当事人应当按照约定全面履行自己的义务。

当事人应当遵循诚信原则，根据合同的性质、目的和交易习惯履行通知、协助、保密等义务。

当事人在履行合同过程中，应当避免浪费资源、污染环境和破坏生态。

第五百一十条　【合同没有约定或者约定不明的补救措施】合同生效后，当事人就质量、价款或者报酬、履行地点等内容没有约定或者约定不明确的，可以协议补充；不能达成补充协议的，按照合同相关条款或者交易习惯确定。

第五百一十一条　【合同约定不明确时的履行】当事人就有关合同内容约定不明确，依据前条规定仍不能确定的，适用下列规定：

（一）质量要求不明确的，按照强制性国家标准履行；没有强制性国家标准的，按照推荐性国家标准履行；没有推荐性国家标准的，按照行业标准履行；没有国家标准、行业标准的，按照通常标准或者符合合同目的的特定标准履行。

（二）价款或者报酬不明确的，按照订立合同时履行地的市场价格履行；依法应当执行政府定价或者政府指导价的，依照规定履行。

（三）履行地点不明确，给付货币的，在接受货币一方所在地履行；交付不动产的，在不动产所在地履行；其他标的，在履行义务一方所在地履行。

（四）履行期限不明确的，债务人可以随时履行，债权人也可以随时请求履行，但是应当给对方必要的准备时间。

（五）履行方式不明确的，按照有利于实现合同目的的方式履行。

（六）履行费用的负担不明确的，由履行义务一方负担；因债权人原因增加的履行费用，由债权人负担。

第五百一十二条　【电子合同标的交付时间】通过互联网等信息网络订立的电子合同的标的为交付商品并采用快递物流方式交付的，收货人的签收时间为交付时间。电子合同的标的为提供服务的，生成的电子凭证或者实物凭证中载明的时间为提供服务时间；前述凭证没有载明时间或者载明时间与实际提供服务时间不一致的，以实际提供服务的时间为准。

电子合同的标的物为采用在线传输方式交付的，合同标的物进入对方当事人指定的特定系统且能够检索识别的时间为交付时间。

电子合同当事人对交付商品或者提供服务的方式、时间另有约定的，按照其约定。

第五百一十三条　【政府定价、政府指导价】执行政府定价或者政府指导价的，在合同约定的交付期限内政府价格调整时，按照交付时的价格计价。逾期交付标的物的，遇价格上涨时，按照原价格执行；价格下降时，按照新价格执行。逾期提取标的物或者逾期付款的，遇价格上涨时，按照新价格执行；价格下降时，按照原价格执行。

第五百一十四条　【金钱之债中对于履行币种约定不明时的处理】以支付金钱为内容的债，除法律另有规定或者当事人另有约定外，债权人可以请求债务人以实际履行地的法定货币履行。

第五百一十五条　【选择之债中选择权归属与移转】标的有多项而债务人只需履行其中一项的，债务人享有选择权；但是，法律另有规定、当事人另有约定或者另有交易习惯的除外。

享有选择权的当事人在约定期限内或者履行期限届满未作选择，经催告后在合理期限内仍未选择的，选择权转移至对方。

第五百一十六条　【选择权的行使】当事人行使选择权应当及时通知对方，通知到达对方时，标的确定。标的确定后不得变更，但是经对方同意的除外。

可选择的标的发生不能履行情形的，享有选择权的当事人不得选择不能履行的标的，但是该不能履行的情形是由对方造成的除外。

第五百一十七条　【按份之债】债权人为二人以上，标的可分，按照份额各自享有债权的，为按份债权；债务人为二人以上，标的可分，按照份额各自负担债务的，为按份债务。

按份债权人或者按份债务人的份额难以确定的，视为份额相同。

第五百一十八条　【连带之债】债权人为二人以上，部分或者全部债权人均可以请求债务人履行债务的，为连带债权；债务人为二人以上，债权人可以请求部分或者全部债务人履行全部债务的，为连带债务。

连带债权或者连带债务，由法律规定或者当事人约定。

第五百一十九条 【连带债务人的份额确定及追偿权】连带债务人之间的份额难以确定的，视为份额相同。

实际承担债务超过自己份额的连带债务人，有权就超出部分在其他连带债务人未履行的份额范围内向其追偿，并相应地享有债权人的权利，但是不得损害债权人的利益。其他连带债务人对债权人的抗辩，可以向该债务人主张。

被追偿的连带债务人不能履行其应分担份额的，其他连带债务人应当在相应范围内按比例分担。

第五百二十条 【连带债务涉他效力】部分连带债务人履行、抵销债务或者提存标的物的，其他债务人对债权人的债务在相应范围内消灭；该债务人可以依据前条规定向其他债务人追偿。

部分连带债务人的债务被债权人免除的，在该连带债务人应当承担的份额范围内，其他债务人对债权人的债务消灭。

部分连带债务人的债务与债权人的债权同归于一人的，在扣除该债务人应当承担的份额后，债权人对其他债务人的债权继续存在。

债权人对部分连带债务人的给付受领迟延的，对其他连带债务人发生效力。

第五百二十一条 【连带债权的内外部关系及法律适用】连带债权人之间的份额难以确定的，视为份额相同。

实际受领债权的连带债权人，应当按比例向其他连带债权人返还。

连带债权参照适用本章连带债务的有关规定。

第五百二十二条 【向第三人履行的合同】当事人约定由债务人向第三人履行债务，债务人未向第三人履行债务或者履行债务不符合约定的，应当向债权人承担违约责任。

法律规定或者当事人约定第三人可以直接请求债务人向其履行债务，第三人未在合理期限内明确拒绝，债务人未向第三人履行债务或者履行债务不符合约定的，第三人可以请求债务人承担违约责任；债务人对债权人的抗辩，可以向第三人主张。

第五百二十三条 【由第三人履行的合同】当事人约定由第三人向债权人履行债务，第三人不履行债务或者履行债务不符合约定的，债务人应当向债权人承担违约责任。

第五百二十四条　【第三人代为履行】债务人不履行债务，第三人对履行该债务具有合法利益的，第三人有权向债权人代为履行；但是，根据债务性质、按照当事人约定或者依照法律规定只能由债务人履行的除外。

债权人接受第三人履行后，其对债务人的债权转让给第三人，但是债务人和第三人另有约定的除外。

第五百二十五条　【同时履行抗辩权】当事人互负债务，没有先后履行顺序的，应当同时履行。一方在对方履行之前有权拒绝其履行请求。一方在对方履行债务不符合约定时，有权拒绝其相应的履行请求。

第五百二十六条　【后履行抗辩权】当事人互负债务，有先后履行顺序，应当先履行债务一方未履行的，后履行一方有权拒绝其履行请求。先履行一方履行债务不符合约定的，后履行一方有权拒绝其相应的履行请求。

第五百二十七条　【不安抗辩权】应当先履行债务的当事人，有确切证据证明对方有下列情形之一的，可以中止履行：

（一）经营状况严重恶化；

（二）转移财产、抽逃资金，以逃避债务；

（三）丧失商业信誉；

（四）有丧失或者可能丧失履行债务能力的其他情形。

当事人没有确切证据中止履行的，应当承担违约责任。

第五百二十八条　【不安抗辩权的效力】当事人依据前条规定中止履行的，应当及时通知对方。对方提供适当担保的，应当恢复履行。中止履行后，对方在合理期限内未恢复履行能力且未提供适当担保的，视为以自己的行为表明不履行主要债务，中止履行的一方可以解除合同并可以请求对方承担违约责任。

第五百二十九条　【因债权人原因致债务履行困难时的处理】债权人分立、合并或者变更住所没有通知债务人，致使履行债务发生困难的，债务人可以中止履行或者将标的物提存。

第五百三十条　【债务人提前履行债务】债权人可以拒绝债务人提前履行债务，但是提前履行不损害债权人利益的除外。

债务人提前履行债务给债权人增加的费用，由债务人负担。

第五百三十一条　【债务人部分履行债务】债权人可以拒绝债务人部分履

行债务，但是部分履行不损害债权人利益的除外。

债务人部分履行债务给债权人增加的费用，由债务人负担。

第五百三十二条　【当事人姓名等变化对合同履行的影响】合同生效后，当事人不得因姓名、名称的变更或者法定代表人、负责人、承办人的变动而不履行合同义务。

第五百三十三条　【情势变更】合同成立后，合同的基础条件发生了当事人在订立合同时无法预见的、不属于商业风险的重大变化，继续履行合同对于当事人一方明显不公平的，受不利影响的当事人可以与对方重新协商；在合理期限内协商不成的，当事人可以请求人民法院或者仲裁机构变更或者解除合同。

人民法院或者仲裁机构应当结合案件的实际情况，根据公平原则变更或者解除合同。

第五百三十四条　【合同监管】对当事人利用合同实施危害国家利益、社会公共利益行为的，市场监督管理和其他有关行政主管部门依照法律、行政法规的规定负责监督处理。

第五章　合同的保全

第五百三十五条　【债权人代位权】因债务人怠于行使其债权或者与该债权有关的从权利，影响债权人的到期债权实现的，债权人可以向人民法院请求以自己的名义代位行使债务人对相对人的权利，但是该权利专属于债务人自身的除外。

代位权的行使范围以债权人的到期债权为限。债权人行使代位权的必要费用，由债务人负担。

相对人对债务人的抗辩，可以向债权人主张。

第五百三十六条　【保存行为】债权人的债权到期前，债务人的债权或者与该债权有关的从权利存在诉讼时效期间即将届满或者未及时申报破产债权等情形，影响债权人的债权实现的，债权人可以代位向债务人的相对人请求其向债务人履行、向破产管理人申报或者作出其他必要的行为。

第五百三十七条　【债权人代位权行使效果】人民法院认定代位权成立的，由债务人的相对人向债权人履行义务，债权人接受履行后，债权人与债务人、债务人与相对人之间相应的权利义务终止。债务人对相对人的债权或者与该债权有关的从权利被采取保全、执行措施，或者债务人破产的，依照相关法律的规定处理。

第五百三十八条　【撤销债务人无偿行为】债务人以放弃其债权、放弃债权担保、无偿转让财产等方式无偿处分财产权益，或者恶意延长其到期债权的履行期限，影响债权人的债权实现的，债权人可以请求人民法院撤销债务人的行为。

第五百三十九条　【撤销债务人有偿行为】债务人以明显不合理的低价转让财产、以明显不合理的高价受让他人财产或者为他人的债务提供担保，影响债权人的债权实现，债务人的相对人知道或者应当知道该情形的，债权人可以请求人民法院撤销债务人的行为。

第五百四十条　【债权人撤销权行使范围以及必要费用承担】撤销权的行使范围以债权人的债权为限。债权人行使撤销权的必要费用，由债务人负担。

第五百四十一条　【债权人撤销权行使期间】撤销权自债权人知道或者应当知道撤销事由之日起一年内行使。自债务人的行为发生之日起五年内没有行使撤销权的，该撤销权消灭。

第五百四十二条　【债权人撤销权行使效果】债务人影响债权人的债权实现的行为被撤销的，自始没有法律约束力。

第六章　合同的变更和转让

第五百四十三条　【协议变更合同】当事人协商一致，可以变更合同。

第五百四十四条　【变更不明确推定为未变更】当事人对合同变更的内容约定不明确的，推定为未变更。

第五百四十五条　【债权转让】债权人可以将债权的全部或者部分转让给第三人，但是有下列情形之一的除外：

（一）根据债权性质不得转让；

（二）按照当事人约定不得转让；

（三）依照法律规定不得转让。

当事人约定非金钱债权不得转让的，不得对抗善意第三人。当事人约定金钱债权不得转让的，不得对抗第三人。

第五百四十六条　【债权转让通知】债权人转让债权，未通知债务人的，该转让对债务人不发生效力。

债权转让的通知不得撤销，但是经受让人同意的除外。

第五百四十七条　【债权转让时从权利一并变动】债权人转让债权的，受让人取得与债权有关的从权利，但是该从权利专属于债权人自身的除外。

受让人取得从权利不因该从权利未办理转移登记手续或者未转移占有而受到影响。

第五百四十八条　【债权转让时债务人抗辩权】债务人接到债权转让通知后，债务人对让与人的抗辩，可以向受让人主张。

第五百四十九条　【债权转让时债务人抵销权】有下列情形之一的，债务人可以向受让人主张抵销：

（一）债务人接到债权转让通知时，债务人对让与人享有债权，且债务人的债权先于转让的债权到期或者同时到期；

（二）债务人的债权与转让的债权是基于同一合同产生。

第五百五十条　【债权转让增加的履行费用的负担】因债权转让增加的履行费用，由让与人负担。

第五百五十一条　【债务转移】债务人将债务的全部或者部分转移给第三人的，应当经债权人同意。

债务人或者第三人可以催告债权人在合理期限内予以同意，债权人未作表示的，视为不同意。

第五百五十二条　【债务加入】第三人与债务人约定加入债务并通知债权人，或者第三人向债权人表示愿意加入债务，债权人未在合理期限内明确拒绝的，债权人可以请求第三人在其愿意承担的债务范围内和债务人承担连带债务。

第五百五十三条　【债务转移时新债务人抗辩和抵销】债务人转移债务的，新债务人可以主张原债务人对债权人的抗辩；原债务人对债权人享有债权的，新债务人不得向债权人主张抵销。

第五百五十四条　【债务转移时从债务一并转移】债务人转移债务的，新债务人应当承担与主债务有关的从债务，但是该从债务专属于原债务人自身的除外。

第五百五十五条　【合同权利义务一并转让】当事人一方经对方同意，可以将自己在合同中的权利和义务一并转让给第三人。

第五百五十六条　【合同权利义务一并转让的法律适用】合同的权利和义务一并转让的，适用债权转让、债务转移的有关规定。

第七章　合同的权利义务终止

第五百五十七条　【债权债务终止情形】有下列情形之一的，债权债务终止：

（一）债务已经履行；

（二）债务相互抵销；

（三）债务人依法将标的物提存；

（四）债权人免除债务；

（五）债权债务同归于一人；

（六）法律规定或者当事人约定终止的其他情形。

合同解除的，该合同的权利义务关系终止。

第五百五十八条　【后合同义务】债权债务终止后，当事人应当遵循诚信等原则，根据交易习惯履行通知、协助、保密、旧物回收等义务。

第五百五十九条　【债权的从权利消灭】债权债务终止时，债权的从权利同时消灭，但是法律另有规定或者当事人另有约定的除外。

第五百六十条　【债的清偿抵充顺序】债务人对同一债权人负担的数项债务种类相同，债务人的给付不足以清偿全部债务的，除当事人另有约定外，由债务人在清偿时指定其履行的债务。

债务人未作指定的，应当优先履行已经到期的债务；数项债务均到期的，优先履行对债权人缺乏担保或者担保最少的债务；均无担保或者担保相等的，优先履行债务人负担较重的债务；负担相同的，按照债务到期的先后顺序履行；到期时间相同的，按照债务比例履行。

第五百六十一条　【费用、利息和主债务的抵充顺序】债务人在履行主债务外还应当支付利息和实现债权的有关费用，其给付不足以清偿全部债务的，除当事人另有约定外，应当按照下列顺序履行：

（一）实现债权的有关费用；

（二）利息；

（三）主债务。

第五百六十二条　【合同约定解除】当事人协商一致，可以解除合同。

当事人可以约定一方解除合同的事由。解除合同的事由发生时，解除权人可以解除合同。

第五百六十三条　【合同法定解除】有下列情形之一的，当事人可以解除合同：

（一）因不可抗力致使不能实现合同目的；

（二）在履行期限届满前，当事人一方明确表示或者以自己的行为表明不履行主要债务；

（三）当事人一方迟延履行主要债务，经催告后在合理期限内仍未履行；

（四）当事人一方迟延履行债务或者有其他违约行为致使不能实现合同目的；

（五）法律规定的其他情形。

以持续履行的债务为内容的不定期合同，当事人可以随时解除合同，但是应当在合理期限之前通知对方。

第五百六十四条　【解除权行使期限】法律规定或者当事人约定解除权行使期限，期限届满当事人不行使的，该权利消灭。

法律没有规定或者当事人没有约定解除权行使期限，自解除权人知道或者应当知道解除事由之日起一年内不行使，或者经对方催告后在合理期限内不行使的，该权利消灭。

第五百六十五条　【合同解除程序】当事人一方依法主张解除合同的，应当通知对方。合同自通知到达对方时解除；通知载明债务人在一定期限内不履行债务则合同自动解除，债务人在该期限内未履行债务的，合同自通知载明的期限届满时解除。对方对解除合同有异议的，任何一方当事人均可以请求人民法院或者仲裁机构确认解除行为的效力。

当事人一方未通知对方，直接以提起诉讼或者申请仲裁的方式依法主张解除合同，人民法院或者仲裁机构确认该主张的，合同自起诉状副本或者仲裁申请书副本送达对方时解除。

第五百六十六条　【合同解除的效力】合同解除后，尚未履行的，终止履行；已经履行的，根据履行情况和合同性质，当事人可以请求恢复原状或者采取其他补救措施，并有权请求赔偿损失。

合同因违约解除的，解除权人可以请求违约方承担违约责任，但是当事人另有约定的除外。

主合同解除后，担保人对债务人应当承担的民事责任仍应当承担担保责任，但是担保合同另有约定的除外。

第五百六十七条　【合同终止后有关结算和清理条款效力】合同的权利义务关系终止，不影响合同中结算和清理条款的效力。

第五百六十八条　【债务法定抵销】当事人互负债务，该债务的标的物种类、品质相同的，任何一方可以将自己的债务与对方的到期债务抵销；但是，根据债务性质、按照当事人约定或者依照法律规定不得抵销的除外。

当事人主张抵销的，应当通知对方。通知自到达对方时生效。抵销不得附条件或者附期限。

第五百六十九条　【债务约定抵销】当事人互负债务，标的物种类、品质不相同的，经协商一致，也可以抵销。

第五百七十条　【标的物提存的条件】有下列情形之一，难以履行债务的，债务人可以将标的物提存：

（一）债权人无正当理由拒绝受领；

（二）债权人下落不明；

（三）债权人死亡未确定继承人、遗产管理人，或者丧失民事行为能力未确定监护人；

（四）法律规定的其他情形。

标的物不适于提存或者提存费用过高的，债务人依法可以拍卖或者变卖标的物，提存所得的价款。

第五百七十一条　【提存成立及提存对债务人效力】债务人将标的物或者将标的物依法拍卖、变卖所得价款交付提存部门时，提存成立。

提存成立的，视为债务人在其提存范围内已经交付标的物。

第五百七十二条　【提存通知】标的物提存后，债务人应当及时通知债权人或者债权人的继承人、遗产管理人、监护人、财产代管人。

第五百七十三条　【提存期间风险、孳息和提存费用】标的物提存后，毁损、灭失的风险由债权人承担。提存期间，标的物的孳息归债权人所有。提存费用由债权人负担。

第五百七十四条　【提存物的受领及受领权消灭】债权人可以随时领取提存物。但是，债权人对债务人负有到期债务的，在债权人未履行债务或者提供担保之前，提存部门根据债务人的要求应当拒绝其领取提存物。

债权人领取提存物的权利，自提存之日起五年内不行使而消灭，提存物扣除提存费用后归国家所有。但是，债权人未履行对债务人的到期债务，或者债权人向提存部门书面表示放弃领取提存物权利的，债务人负担提存费用后有权取回提存物。

第五百七十五条　【债务免除】债权人免除债务人部分或者全部债务的，债权债务部分或者全部终止，但是债务人在合理期限内拒绝的除外。

第五百七十六条　【债权债务混同】债权和债务同归于一人的，债权债务终止，但是损害第三人利益的除外。

第八章　违 约 责 任

第五百七十七条　【违约责任】当事人一方不履行合同义务或者履行合同义务不符合约定的，应当承担继续履行、采取补救措施或者赔偿损失等违约责任。

第五百七十八条　【预期违约责任】当事人一方明确表示或者以自己的行为表明不履行合同义务的，对方可以在履行期限届满前请求其承担违约责任。

第五百七十九条　【金钱债务继续履行】当事人一方未支付价款、报酬、租金、利息，或者不履行其他金钱债务的，对方可以请求其支付。

第五百八十条　【非金钱债务继续履行责任及违约责任】当事人一方不履行非金钱债务或者履行非金钱债务不符合约定的，对方可以请求履行，但是有下列情形之一的除外：

（一）法律上或者事实上不能履行；

（二）债务的标的不适于强制履行或者履行费用过高；

（三）债权人在合理期限内未请求履行。

有前款规定的除外情形之一，致使不能实现合同目的的，人民法院或者仲裁机构可以根据当事人的请求终止合同权利义务关系，但是不影响违约责任的承担。

第五百八十一条　【替代履行】当事人一方不履行债务或者履行债务不符合约定，根据债务的性质不得强制履行的，对方可以请求其负担由第三人替代履行的费用。

第五百八十二条　【瑕疵履行的补救】履行不符合约定的，应当按照当事人的约定承担违约责任。对违约责任没有约定或者约定不明确，依据本法第五百一十条的规定仍不能确定的，受损害方根据标的的性质以及损失的大小，可以合理选择请求对方承担修理、重作、更换、退货、减少价款或者报酬等违约责任。

第五百八十三条　【违约损害赔偿责任】当事人一方不履行合同义务或者履行合同义务不符合约定的，在履行义务或者采取补救措施后，对方还有其他损失的，应当赔偿损失。

第五百八十四条　【损害赔偿范围】当事人一方不履行合同义务或者履行合同义务不符合约定，造成对方损失的，损失赔偿额应当相当于因违约所造成的损失，包括合同履行后可以获得的利益；但是，不得超过违约一方订立合同时预见到或者应当预见到的因违约可能造成的损失。

第五百八十五条　【违约金】当事人可以约定一方违约时应当根据违约情况向对方支付一定数额的违约金，也可以约定因违约产生的损失赔偿额的计算方法。

约定的违约金低于造成的损失的，人民法院或者仲裁机构可以根据当事人的请求予以增加；约定的违约金过分高于造成的损失的，人民法院或者仲裁机构可以根据当事人的请求予以适当减少。

当事人就迟延履行约定违约金的，违约方支付违约金后，还应当履行债务。

第五百八十六条　【定金担保】当事人可以约定一方向对方给付定金作为

债权的担保。定金合同自实际交付定金时成立。

定金的数额由当事人约定；但是，不得超过主合同标的额的百分之二十，超过部分不产生定金的效力。实际交付的定金数额多于或者少于约定数额的，视为变更约定的定金数额。

第五百八十七条　【定金罚则】债务人履行债务的，定金应当抵作价款或者收回。给付定金的一方不履行债务或者履行债务不符合约定，致使不能实现合同目的的，无权请求返还定金；收受定金的一方不履行债务或者履行债务不符合约定，致使不能实现合同目的的，应当双倍返还定金。

第五百八十八条　【违约金与定金竞合时的责任】当事人既约定违约金，又约定定金的，一方违约时，对方可以选择适用违约金或者定金条款。

定金不足以弥补一方违约造成的损失的，对方可以请求赔偿超过定金数额的损失。

第五百八十九条　【拒绝受领和受领迟延】债务人按照约定履行债务，债权人无正当理由拒绝受领的，债务人可以请求债权人赔偿增加的费用。

在债权人受领迟延期间，债务人无须支付利息。

第五百九十条　【不可抗力】当事人一方因不可抗力不能履行合同的，根据不可抗力的影响，部分或者全部免除责任，但是法律另有规定的除外。因不可抗力不能履行合同的，应当及时通知对方，以减轻可能给对方造成的损失，并应当在合理期限内提供证明。

当事人迟延履行后发生不可抗力的，不免除其违约责任。

第五百九十一条　【减损规则】当事人一方违约后，对方应当采取适当措施防止损失的扩大；没有采取适当措施致使损失扩大的，不得就扩大的损失请求赔偿。

当事人因防止损失扩大而支出的合理费用，由违约方负担。

第五百九十二条　【双方违约和与有过错】当事人都违反合同的，应当各自承担相应的责任。

当事人一方违约造成对方损失，对方对损失的发生有过错的，可以减少相应的损失赔偿额。

第五百九十三条　【第三人原因造成违约时违约责任承担】当事人一方因

第三人的原因造成违约的，应当依法向对方承担违约责任。当事人一方和第三人之间的纠纷，依照法律规定或者按照约定处理。

第五百九十四条 【国际贸易合同诉讼时效和仲裁时效】因国际货物买卖合同和技术进出口合同争议提起诉讼或者申请仲裁的时效期间为四年。

第二分编 典型合同

第十七章 承揽合同

第七百七十条 【承揽合同定义和承揽主要类型】承揽合同是承揽人按照定作人的要求完成工作，交付工作成果，定作人支付报酬的合同。

承揽包括加工、定作、修理、复制、测试、检验等工作。

第七百七十一条 【承揽合同主要内容】承揽合同的内容一般包括承揽的标的、数量、质量、报酬，承揽方式，材料的提供，履行期限，验收标准和方法等条款。

第七百七十二条 【承揽工作主要完成人】承揽人应当以自己的设备、技术和劳力，完成主要工作，但是当事人另有约定的除外。

承揽人将其承揽的主要工作交由第三人完成的，应当就该第三人完成的工作成果向定作人负责；未经定作人同意的，定作人也可以解除合同。

第七百七十三条 【承揽辅助工作转交】承揽人可以将其承揽的辅助工作交由第三人完成。承揽人将其承揽的辅助工作交由第三人完成的，应当就该第三人完成的工作成果向定作人负责。

第七百七十四条 【承揽人提供材料时的义务】承揽人提供材料的，应当按照约定选用材料，并接受定作人检验。

第七百七十五条 【定作人提供材料时双方当事人的义务】定作人提供材料的，应当按照约定提供材料。承揽人对定作人提供的材料应当及时检验，发现不符合约定时，应当及时通知定作人更换、补齐或者采取其他补救措施。

承揽人不得擅自更换定作人提供的材料，不得更换不需要修理的零部件。

第七百七十六条 【定作人要求不合理时双方当事人的义务】承揽人发现定作人提供的图纸或者技术要求不合理的，应当及时通知定作人。因定作人怠于答复等原因造成承揽人损失的，应当赔偿损失。

第七百七十七条　【定作人变更工作要求的法律后果】定作人中途变更承揽工作的要求，造成承揽人损失的，应当赔偿损失。

第七百七十八条　【定作人协助义务】承揽工作需要定作人协助的，定作人有协助的义务。定作人不履行协助义务致使承揽工作不能完成的，承揽人可以催告定作人在合理期限内履行义务，并可以顺延履行期限；定作人逾期不履行的，承揽人可以解除合同。

第七百七十九条　【定作人监督检验】承揽人在工作期间，应当接受定作人必要的监督检验。定作人不得因监督检验妨碍承揽人的正常工作。

第七百八十条　【承揽人工作成果交付】承揽人完成工作的，应当向定作人交付工作成果，并提交必要的技术资料和有关质量证明。定作人应当验收该工作成果。

第七百八十一条　【工作成果不符合质量要求时的违约责任】承揽人交付的工作成果不符合质量要求的，定作人可以合理选择请求承揽人承担修理、重作、减少报酬、赔偿损失等违约责任。

第七百八十二条　【定作人支付报酬的期限】定作人应当按照约定的期限支付报酬。对支付报酬的期限没有约定或者约定不明确，依据本法第五百一十条的规定仍不能确定的，定作人应当在承揽人交付工作成果时支付；工作成果部分交付的，定作人应当相应支付。

第七百八十三条　【定作人未履行付款义务时承揽人权利】定作人未向承揽人支付报酬或者材料费等价款的，承揽人对完成的工作成果享有留置权或者有权拒绝交付，但是当事人另有约定的除外。

第七百八十四条　【承揽人保管义务】承揽人应当妥善保管定作人提供的材料以及完成的工作成果，因保管不善造成毁损、灭失的，应当承担赔偿责任。

第七百八十五条　【承揽人保密义务】承揽人应当按照定作人的要求保守秘密，未经定作人许可，不得留存复制品或者技术资料。

第七百八十六条　【共同承揽人连带责任】共同承揽人对定作人承担连带责任，但是当事人另有约定的除外。

第七百八十七条　【定作人任意解除权】定作人在承揽人完成工作前可以随时解除合同，造成承揽人损失的，应当赔偿损失。

第十八章　建设工程合同

第七百八十八条　【建设工程合同定义和种类】建设工程合同是承包人进行工程建设，发包人支付价款的合同。

建设工程合同包括工程勘察、设计、施工合同。

第七百八十九条　【建设工程合同的形式】建设工程合同应当采用书面形式。

第七百九十条　【建设工程招投标活动的原则】建设工程的招标投标活动，应当依照有关法律的规定公开、公平、公正进行。

第七百九十一条　【建设工程的发包、承包、分包】发包人可以与总承包人订立建设工程合同，也可以分别与勘察人、设计人、施工人订立勘察、设计、施工承包合同。发包人不得将应当由一个承包人完成的建设工程支解成若干部分发包给数个承包人。

总承包人或者勘察、设计、施工承包人经发包人同意，可以将自己承包的部分工作交由第三人完成。第三人就其完成的工作成果与总承包人或者勘察、设计、施工承包人向发包人承担连带责任。承包人不得将其承包的全部建设工程转包给第三人或者将其承包的全部建设工程支解以后以分包的名义分别转包给第三人。

禁止承包人将工程分包给不具备相应资质条件的单位。禁止分包单位将其承包的工程再分包。建设工程主体结构的施工必须由承包人自行完成。

第七百九十二条　【订立国家重大建设工程合同】国家重大建设工程合同，应当按照国家规定的程序和国家批准的投资计划、可行性研究报告等文件订立。

第七百九十三条　【建设工程合同无效、验收不合格的处理】建设工程施工合同无效，但是建设工程经验收合格的，可以参照合同关于工程价款的约定折价补偿承包人。

建设工程施工合同无效，且建设工程经验收不合格的，按照以下情形处理：

（一）修复后的建设工程经验收合格的，发包人可以请求承包人承担修复费用；

（二）修复后的建设工程经验收不合格的，承包人无权请求参照合同关于工程价款的约定折价补偿。

发包人对因建设工程不合格造成的损失有过错的，应当承担相应的责任。

第七百九十四条　【勘察、设计合同的内容】勘察、设计合同的内容一般包括提交有关基础资料和概预算等文件的期限、质量要求、费用以及其他协作条件等条款。

第七百九十五条　【施工合同的内容】施工合同的内容一般包括工程范围、建设工期、中间交工工程的开工和竣工时间、工程质量、工程造价、技术资料交付时间、材料和设备供应责任、拨款和结算、竣工验收、质量保修范围和质量保证期、相互协作等条款。

第七百九十六条　【建设工程监理】建设工程实行监理的，发包人应当与监理人采用书面形式订立委托监理合同。发包人与监理人的权利和义务以及法律责任，应当依照本编委托合同以及其他有关法律、行政法规的规定。

第七百九十七条　【发包人的检查权】发包人在不妨碍承包人正常作业的情况下，可以随时对作业进度、质量进行检查。

第七百九十八条　【隐蔽工程】隐蔽工程在隐蔽以前，承包人应当通知发包人检查。发包人没有及时检查的，承包人可以顺延工程日期，并有权请求赔偿停工、窝工等损失。

第七百九十九条　【建设工程的竣工验收】建设工程竣工后，发包人应当根据施工图纸及说明书、国家颁发的施工验收规范和质量检验标准及时进行验收。验收合格的，发包人应当按照约定支付价款，并接收该建设工程。

建设工程竣工经验收合格后，方可交付使用；未经验收或者验收不合格的，不得交付使用。

第八百条　【勘察人、设计人对勘察、设计的责任】勘察、设计的质量不符合要求或者未按照期限提交勘察、设计文件拖延工期，造成发包人损失的，勘察人、设计人应当继续完善勘察、设计，减收或者免收勘察、设计费并赔偿损失。

第八百零一条　【施工人对建设工程质量承担的民事责任】因施工人的原因致使建设工程质量不符合约定的，发包人有权请求施工人在合理期限内无偿修理或者返工、改建。经过修理或者返工、改建后，造成逾期交付的，施工人应当承担违约责任。

第八百零二条　【合理使用期限内质量保证责任】 因承包人的原因致使建设工程在合理使用期限内造成人身损害和财产损失的，承包人应当承担赔偿责任。

第八百零三条　【发包人未按约定的时间和要求提供相关物资的违约责任】 发包人未按照约定的时间和要求提供原材料、设备、场地、资金、技术资料的，承包人可以顺延工程日期，并有权请求赔偿停工、窝工等损失。

第八百零四条　【因发包人原因造成工程停建、缓建所应承担责任】 因发包人的原因致使工程中途停建、缓建的，发包人应当采取措施弥补或者减少损失，赔偿承包人因此造成的停工、窝工、倒运、机械设备调迁、材料和构件积压等损失和实际费用。

第八百零五条　【因发包人原因造成勘察、设计的返工、停工或者修改设计所应承担责任】 因发包人变更计划，提供的资料不准确，或者未按照期限提供必需的勘察、设计工作条件而造成勘察、设计的返工、停工或者修改设计，发包人应当按照勘察人、设计人实际消耗的工作量增付费用。

第八百零六条　【合同解除及后果处理的规定】 承包人将建设工程转包、违法分包的，发包人可以解除合同。

发包人提供的主要建筑材料、建筑构配件和设备不符合强制性标准或者不履行协助义务，致使承包人无法施工，经催告后在合理期限内仍未履行相应义务的，承包人可以解除合同。

合同解除后，已经完成的建设工程质量合格的，发包人应当按照约定支付相应的工程价款；已经完成的建设工程质量不合格的，参照本法第七百九十三条的规定处理。

第八百零七条　【发包人未支付工程价款的责任】 发包人未按照约定支付价款的，承包人可以催告发包人在合理期限内支付价款。发包人逾期不支付的，除根据建设工程的性质不宜折价、拍卖外，承包人可以与发包人协议将该工程折价，也可以请求人民法院将该工程依法拍卖。建设工程的价款就该工程折价或者拍卖的价款优先受偿。

第八百零八条　【适用承揽合同】 本章没有规定的，适用承揽合同的有关规定。

中华人民共和国建筑法

（1997年11月1日第八届全国人民代表大会常务委员会第二十八次会议通过　根据2011年4月22日第十一届全国人民代表大会常务委员会第二十次会议《关于修改〈中华人民共和国建筑法〉的决定》第一次修正　根据2019年4月23日第十三届全国人民代表大会常务委员会第十次会议《关于修改〈中华人民共和国建筑法〉等八部法律的决定》第二次修正）

目　　录

第一章　总　　则

第一条　【立法目的】为了加强对建筑活动的监督管理，维护建筑市场秩序，保证建筑工程的质量和安全，促进建筑业健康发展，制定本法。

第二条　【适用范围】在中华人民共和国境内从事建筑活动，实施对建筑活动的监督管理，应当遵守本法。

本法所称建筑活动，是指各类房屋建筑及其附属设施的建造和与其配套的线路、管道、设备的安装活动。

第三条　【建筑活动要求】建筑活动应当确保建筑工程质量和安全，符合国家的建筑工程安全标准。

第四条　【国家扶持】国家扶持建筑业的发展，支持建筑科学技术研究，提高房屋建筑设计水平，鼓励节约能源和保护环境，提倡采用先进技术、先进设备、先进工艺、新型建筑材料和现代管理方式。

第五条　【从业要求】从事建筑活动应当遵守法律、法规，不得损害社会公共利益和他人的合法权益。

任何单位和个人都不得妨碍和阻挠依法进行的建筑活动。

第六条　【管理部门】国务院建设行政主管部门对全国的建筑活动实施统一监督管理。

第二章　建筑许可

第一节　建筑工程施工许可

第七条　【许可证的领取】建筑工程开工前，建设单位应当按照国家有关规定向工程所在地县级以上人民政府建设行政主管部门申请领取施工许可证；但是，国务院建设行政主管部门确定的限额以下的小型工程除外。

按照国务院规定的权限和程序批准开工报告的建筑工程，不再领取施工许可证。

第八条　【许可证申领条件】申请领取施工许可证，应当具备下列条件：

（一）已经办理该建筑工程用地批准手续；

（二）依法应当办理建设工程规划许可证的，已经取得建设工程规划许可证；

（三）需要拆迁的，其拆迁进度符合施工要求；

（四）已经确定建筑施工企业；

（五）有满足施工需要的资金安排、施工图纸及技术资料；

（六）有保证工程质量和安全的具体措施。

建设行政主管部门应当自收到申请之日起七日内，对符合条件的申请颁发施工许可证。

第九条　【开工期限】 建设单位应当自领取施工许可证之日起三个月内开工。因故不能按期开工的，应当向发证机关申请延期；延期以两次为限，每次不超过三个月。既不开工又不申请延期或者超过延期时限的，施工许可证自行废止。

第十条　【施工中止与恢复】 在建的建筑工程因故中止施工的，建设单位应当自中止施工之日起一个月内，向发证机关报告，并按照规定做好建筑工程的维护管理工作。

建筑工程恢复施工时，应当向发证机关报告；中止施工满一年的工程恢复施工前，建设单位应当报发证机关核验施工许可证。

第十一条　【不能按期施工处理】 按照国务院有关规定批准开工报告的建筑工程，因故不能按期开工或者中止施工的，应当及时向批准机关报告情况。因故不能按期开工超过六个月的，应当重新办理开工报告的批准手续。

第二节　从业资格

第十二条　【从业条件】 从事建筑活动的建筑施工企业、勘察单位、设计单位和工程监理单位，应当具备下列条件：

（一）有符合国家规定的注册资本；

（二）有与其从事的建筑活动相适应的具有法定执业资格的专业技术人员；

（三）有从事相关建筑活动所应有的技术装备；

（四）法律、行政法规规定的其他条件。

第十三条　【资质等级】 从事建筑活动的建筑施工企业、勘察单位、设计单位和工程监理单位，按照其拥有的注册资本、专业技术人员、技术装备和已完成的建筑工程业绩等资质条件，划分为不同的资质等级，经资质审查合格，取得相应等级的资质证书后，方可在其资质等级许可的范围内从事建筑活动。

第十四条　【执业资格的取得】 从事建筑活动的专业技术人员，应当依法取得相应的执业资格证书，并在执业资格证书许可的范围内从事建筑活动。

第三章 建筑工程发包与承包

第一节 一般规定

第十五条 【承包合同】建筑工程的发包单位与承包单位应当依法订立书面合同，明确双方的权利和义务。

发包单位和承包单位应当全面履行合同约定的义务。不按照合同约定履行义务的，依法承担违约责任。

第十六条 【活动原则】建筑工程发包与承包的招标投标活动，应当遵循公开、公正、平等竞争的原则，择优选择承包单位。

建筑工程的招标投标，本法没有规定的，适用有关招标投标法律的规定。

第十七条 【禁止行贿、索贿】发包单位及其工作人员在建筑工程发包中不得收受贿赂、回扣或者索取其他好处。

承包单位及其工作人员不得利用向发包单位及其工作人员行贿、提供回扣或者给予其他好处等不正当手段承揽工程。

第十八条 【造价约定】建筑工程造价应当按照国家有关规定，由发包单位与承包单位在合同中约定。公开招标发包的，其造价的约定，须遵守招标投标法律的规定。

发包单位应当按照合同的约定，及时拨付工程款项。

第二节 发 包

第十九条 【发包方式】建筑工程依法实行招标发包，对不适于招标发包的可以直接发包。

第二十条 【公开招标、开标方式】建筑工程实行公开招标的，发包单位应当依照法定程序和方式，发布招标公告，提供载有招标工程的主要技术要求、主要的合同条款、评标的标准和方法以及开标、评标、定标的程序等内容的招标文件。

开标应当在招标文件规定的时间、地点公开进行。开标后应当按照招标文件规定的评标标准和程序对标书进行评价、比较，在具备相应资质条件的投标者中，择优选定中标者。

第二十一条　【招标组织和监督】 建筑工程招标的开标、评标、定标由建设单位依法组织实施，并接受有关行政主管部门的监督。

第二十二条　【发包约束】 建筑工程实行招标发包的，发包单位应当将建筑工程发包给依法中标的承包单位。建筑工程实行直接发包的，发包单位应当将建筑工程发包给具有相应资质条件的承包单位。

第二十三条　【禁止限定发包】 政府及其所属部门不得滥用行政权力，限定发包单位将招标发包的建筑工程发包给指定的承包单位。

第二十四条　【总承包原则】 提倡对建筑工程实行总承包，禁止将建筑工程肢解发包。

建筑工程的发包单位可以将建筑工程的勘察、设计、施工、设备采购一并发包给一个工程总承包单位，也可以将建筑工程勘察、设计、施工、设备采购的一项或者多项发包给一个工程总承包单位；但是，不得将应当由一个承包单位完成的建筑工程肢解成若干部分发包给几个承包单位。

第二十五条　【建筑材料采购】 按照合同约定，建筑材料、建筑构配件和设备由工程承包单位采购的，发包单位不得指定承包单位购入用于工程的建筑材料、建筑构配件和设备或者指定生产厂、供应商。

第三节　承　　包

第二十六条　【资质等级许可】 承包建筑工程的单位应当持有依法取得的资质证书，并在其资质等级许可的业务范围内承揽工程。

禁止建筑施工企业超越本企业资质等级许可的业务范围或者以任何形式用其他建筑施工企业的名义承揽工程。禁止建筑施工企业以任何形式允许其他单位或者个人使用本企业的资质证书、营业执照，以本企业的名义承揽工程。

第二十七条　【共同承包】 大型建筑工程或者结构复杂的建筑工程，可以由两个以上的承包单位联合共同承包。共同承包的各方对承包合同的履行承担连带责任。

两个以上不同资质等级的单位实行联合共同承包的，应当按照资质等级低的单位的业务许可范围承揽工程。

第二十八条　【禁止转包、分包】 禁止承包单位将其承包的全部建筑工程转包给他人，禁止承包单位将其承包的全部建筑工程肢解以后以分包的名义分别转包给他人。

第二十九条　【分包认可和责任制】建筑工程总承包单位可以将承包工程中的部分工程发包给具有相应资质条件的分包单位；但是，除总承包合同中约定的分包外，必须经建设单位认可。施工总承包的，建筑工程主体结构的施工必须由总承包单位自行完成。

建筑工程总承包单位按照总承包合同的约定对建设单位负责；分包单位按照分包合同的约定对总承包单位负责。总承包单位和分包单位就分包工程对建设单位承担连带责任。

禁止总承包单位将工程分包给不具备相应资质条件的单位。禁止分包单位将其承包的工程再分包。

第四章　建筑工程监理

第三十条　【监理制度推行】国家推行建筑工程监理制度。

国务院可以规定实行强制监理的建筑工程的范围。

第三十一条　【监理委托】实行监理的建筑工程，由建设单位委托具有相应资质条件的工程监理单位监理。建设单位与其委托的工程监理单位应当订立书面委托监理合同。

第三十二条　【监理监督】建筑工程监理应当依照法律、行政法规及有关的技术标准、设计文件和建筑工程承包合同，对承包单位在施工质量、建设工期和建设资金使用等方面，代表建设单位实施监督。

工程监理人员认为工程施工不符合工程设计要求、施工技术标准和合同约定的，有权要求建筑施工企业改正。

工程监理人员发现工程设计不符合建筑工程质量标准或者合同约定的质量要求的，应当报告建设单位要求设计单位改正。

第三十三条　【监理事项通知】实施建筑工程监理前，建设单位应当将委托的工程监理单位、监理的内容及监理权限，书面通知被监理的建筑施工企业。

第三十四条　【监理范围与职责】工程监理单位应当在其资质等级许可的监理范围内，承担工程监理业务。

工程监理单位应当根据建设单位的委托，客观、公正地执行监理任务。

工程监理单位与被监理工程的承包单位以及建筑材料、建筑构配件和设备供应单位不得有隶属关系或者其他利害关系。

工程监理单位不得转让工程监理业务。

第三十五条　【违约责任】工程监理单位不按照委托监理合同的约定履行监理义务，对应当监督检查的项目不检查或者不按照规定检查，给建设单位造成损失的，应当承担相应的赔偿责任。

工程监理单位与承包单位串通，为承包单位谋取非法利益，给建设单位造成损失的，应当与承包单位承担连带赔偿责任。

第五章　建筑安全生产管理

第三十六条　【管理方针、目标】建筑工程安全生产管理必须坚持安全第一、预防为主的方针，建立健全安全生产的责任制度和群防群治制度。

第三十七条　【工程设计要求】建筑工程设计应当符合按照国家规定制定的建筑安全规程和技术规范，保证工程的安全性能。

第三十八条　【安全措施编制】建筑施工企业在编制施工组织设计时，应当根据建筑工程的特点制定相应的安全技术措施；对专业性较强的工程项目，应当编制专项安全施工组织设计，并采取安全技术措施。

第三十九条　【现场安全防范】建筑施工企业应当在施工现场采取维护安全、防范危险、预防火灾等措施；有条件的，应当对施工现场实行封闭管理。

施工现场对毗邻的建筑物、构筑物和特殊作业环境可能造成损害的，建筑施工企业应当采取安全防护措施。

第四十条　【地下管线保护】建设单位应当向建筑施工企业提供与施工现场相关的地下管线资料，建筑施工企业应当采取措施加以保护。

第四十一条　【污染控制】建筑施工企业应当遵守有关环境保护和安全生产的法律、法规的规定，采取控制和处理施工现场的各种粉尘、废气、废水、固体废物以及噪声、振动对环境的污染和危害的措施。

第四十二条　【须审批事项】有下列情形之一的，建设单位应当按照国家有关规定办理申请批准手续：

（一）需要临时占用规划批准范围以外场地的；

（二）可能损坏道路、管线、电力、邮电通讯等公共设施的；

（三）需要临时停水、停电、中断道路交通的；

（四）需要进行爆破作业的；

（五）法律、法规规定需要办理报批手续的其他情形。

第四十三条　【安全生产管理部门】 建设行政主管部门负责建筑安全生产的管理，并依法接受劳动行政主管部门对建筑安全生产的指导和监督。

第四十四条　【施工企业安全责任】 建筑施工企业必须依法加强对建筑安全生产的管理，执行安全生产责任制度，采取有效措施，防止伤亡和其他安全生产事故的发生。

建筑施工企业的法定代表人对本企业的安全生产负责。

第四十五条　【现场安全责任单位】 施工现场安全由建筑施工企业负责。实行施工总承包的，由总承包单位负责。分包单位向总承包单位负责，服从总承包单位对施工现场的安全生产管理。

第四十六条　【安全生产教育培训】 建筑施工企业应当建立健全劳动安全生产教育培训制度，加强对职工安全生产的教育培训；未经安全生产教育培训的人员，不得上岗作业。

第四十七条　【施工安全保障】 建筑施工企业和作业人员在施工过程中，应当遵守有关安全生产的法律、法规和建筑行业安全规章、规程，不得违章指挥或者违章作业。作业人员有权对影响人身健康的作业程序和作业条件提出改进意见，有权获得安全生产所需的防护用品。作业人员对危及生命安全和人身健康的行为有权提出批评、检举和控告。

第四十八条　【企业承保】 建筑施工企业应当依法为职工参加工伤保险缴纳工伤保险费。鼓励企业为从事危险作业的职工办理意外伤害保险，支付保险费。

第四十九条　【变动设计方案】 涉及建筑主体和承重结构变动的装修工程，建设单位应当在施工前委托原设计单位或者具有相应资质条件的设计单位提出设计方案；没有设计方案的，不得施工。

第五十条　【房屋拆除安全】 房屋拆除应当由具备保证安全条件的建筑施

工单位承担，由建筑施工单位负责人对安全负责。

第五十一条　【事故应急处理】施工中发生事故时，建筑施工企业应当采取紧急措施减少人员伤亡和事故损失，并按照国家有关规定及时向有关部门报告。

第六章　建筑工程质量管理

第五十二条　【工程质量管理】建筑工程勘察、设计、施工的质量必须符合国家有关建筑工程安全标准的要求，具体管理办法由国务院规定。

有关建筑工程安全的国家标准不能适应确保建筑安全的要求时，应当及时修订。

第五十三条　【质量体系认证】国家对从事建筑活动的单位推行质量体系认证制度。从事建筑活动的单位根据自愿原则可以向国务院产品质量监督管理部门或者国务院产品质量监督管理部门授权的部门认可的认证机构申请质量体系认证。经认证合格的，由认证机构颁发质量体系认证证书。

第五十四条　【工程质量保证】建设单位不得以任何理由，要求建筑设计单位或者建筑施工企业在工程设计或者施工作业中，违反法律、行政法规和建筑工程质量、安全标准，降低工程质量。

建筑设计单位和建筑施工企业对建设单位违反前款规定提出的降低工程质量的要求，应当予以拒绝。

第五十五条　【工程质量责任制】建筑工程实行总承包的，工程质量由工程总承包单位负责，总承包单位将建筑工程分包给其他单位的，应当对分包工程的质量与分包单位承担连带责任。分包单位应当接受总承包单位的质量管理。

第五十六条　【工程勘察、设计职责】建筑工程的勘察、设计单位必须对其勘察、设计的质量负责。勘察、设计文件应当符合有关法律、行政法规的规定和建筑工程质量、安全标准、建筑工程勘察、设计技术规范以及合同的约定。设计文件选用的建筑材料、建筑构配件和设备，应当注明其规格、型号、性能等技术指标，其质量要求必须符合国家规定的标准。

第五十七条　【建筑材料供给】建筑设计单位对设计文件选用的建筑材料、建筑构配件和设备，不得指定生产厂、供应商。

第五十八条　【施工质量责任制】建筑施工企业对工程的施工质量负责。

建筑施工企业必须按照工程设计图纸和施工技术标准施工，不得偷工减料。工程设计的修改由原设计单位负责，建筑施工企业不得擅自修改工程设计。

第五十九条　【建筑材料设备检验】建筑施工企业必须按照工程设计要求、施工技术标准和合同的约定，对建筑材料、建筑构配件和设备进行检验，不合格的不得使用。

第六十条　【地基和主体结构质量保证】建筑物在合理使用寿命内，必须确保地基基础工程和主体结构的质量。

建筑工程竣工时，屋顶、墙面不得留有渗漏、开裂等质量缺陷；对已发现的质量缺陷，建筑施工企业应当修复。

第六十一条　【工程验收】交付竣工验收的建筑工程，必须符合规定的建筑工程质量标准，有完整的工程技术经济资料和经签署的工程保修书，并具备国家规定的其他竣工条件。

建筑工程竣工经验收合格后，方可交付使用；未经验收或者验收不合格的，不得交付使用。

第六十二条　【工程质量保修】建筑工程实行质量保修制度。

建筑工程的保修范围应当包括地基基础工程、主体结构工程、屋面防水工程和其他土建工程，以及电气管线、上下水管线的安装工程，供热、供冷系统工程等项目；保修的期限应当按照保证建筑物合理寿命年限内正常使用，维护使用者合法权益的原则确定。具体的保修范围和最低保修期限由国务院规定。

第六十三条　【质量投诉】任何单位和个人对建筑工程的质量事故、质量缺陷都有权向建设行政主管部门或者其他有关部门进行检举、控告、投诉。

第七章　法 律 责 任

第六十四条　【擅自施工处罚】违反本法规定，未取得施工许可证或者开工报告未经批准擅自施工的，责令改正，对不符合开工条件的责令停止施工，可以处以罚款。

第六十五条　【非法发包、承揽处罚】发包单位将工程发包给不具有相应资质条件的承包单位的，或者违反本法规定将建筑工程肢解发包的，责令改正，处以罚款。

超越本单位资质等级承揽工程的，责令停止违法行为，处以罚款，可以责令停业整顿，降低资质等级；情节严重的，吊销资质证书；有违法所得的，予以没收。

未取得资质证书承揽工程的，予以取缔，并处罚款；有违法所得的，予以没收。

以欺骗手段取得资质证书的，吊销资质证书，处以罚款；构成犯罪的，依法追究刑事责任。

第六十六条　【非法转让承揽工程处罚】建筑施工企业转让、出借资质证书或者以其他方式允许他人以本企业的名义承揽工程的，责令改正，没收违法所得，并处罚款，可以责令停业整顿，降低资质等级；情节严重的，吊销资质证书。对因该项承揽工程不符合规定的质量标准造成的损失，建筑施工企业与使用本企业名义的单位或者个人承担连带赔偿责任。

第六十七条　【转包处罚】承包单位将承包的工程转包的，或者违反本法规定进行分包的，责令改正，没收违法所得，并处罚款，可以责令停业整顿，降低资质等级；情节严重的，吊销资质证书。

承包单位有前款规定的违法行为的，对因转包工程或者违法分包的工程不符合规定的质量标准造成的损失，与接受转包或者分包的单位承担连带赔偿责任。

第六十八条　【行贿、索贿刑事责任】在工程发包与承包中索贿、受贿、行贿，构成犯罪的，依法追究刑事责任；不构成犯罪的，分别处以罚款，没收贿赂的财物，对直接负责的主管人员和其他直接责任人员给予处分。

对在工程承包中行贿的承包单位，除依照前款规定处罚外，可以责令停业整顿，降低资质等级或者吊销资质证书。

第六十九条　【非法监理处罚】工程监理单位与建设单位或者建筑施工企业串通，弄虚作假、降低工程质量的，责令改正，处以罚款，降低资质等级或者吊销资质证书；有违法所得的，予以没收；造成损失的，承担连带赔偿责任；构成犯罪的，依法追究刑事责任。

工程监理单位转让监理业务的，责令改正，没收违法所得，可以责令停业整顿，降低资质等级；情节严重的，吊销资质证书。

第七十条　【擅自变动施工处罚】违反本法规定，涉及建筑主体或者承重结构变动的装修工程擅自施工的，责令改正，处以罚款；造成损失的，承担赔偿责任；构成犯罪的，依法追究刑事责任。

第七十一条　【安全事故处罚】建筑施工企业违反本法规定，对建筑安全事故隐患不采取措施予以消除的，责令改正，可以处以罚款；情节严重的，责令停业整顿，降低资质等级或者吊销资质证书；构成犯罪的，依法追究刑事责任。

建筑施工企业的管理人员违章指挥、强令职工冒险作业，因而发生重大伤亡事故或者造成其他严重后果的，依法追究刑事责任。

第七十二条　【质量降低处罚】建设单位违反本法规定，要求建筑设计单位或者建筑施工企业违反建筑工程质量、安全标准，降低工程质量的，责令改正，可以处以罚款；构成犯罪的，依法追究刑事责任。

第七十三条　【非法设计处罚】建筑设计单位不按照建筑工程质量、安全标准进行设计的，责令改正，处以罚款；造成工程质量事故的，责令停业整顿，降低资质等级或者吊销资质证书，没收违法所得，并处罚款；造成损失的，承担赔偿责任；构成犯罪的，依法追究刑事责任。

第七十四条　【非法施工处罚】建筑施工企业在施工中偷工减料的，使用不合格的建筑材料、建筑构配件和设备的，或者有其他不按照工程设计图纸或者施工技术标准施工的行为的，责令改正，处以罚款；情节严重的，责令停业整顿，降低资质等级或者吊销资质证书；造成建筑工程质量不符合规定的质量标准的，负责返工、修理，并赔偿因此造成的损失；构成犯罪的，依法追究刑事责任。

第七十五条　【不保修处罚及赔偿】建筑施工企业违反本法规定，不履行保修义务或者拖延履行保修义务的，责令改正，可以处以罚款，并对在保修期内因屋顶、墙面渗漏、开裂等质量缺陷造成的损失，承担赔偿责任。

第七十六条　【行政处罚机关】本法规定的责令停业整顿、降低资质等级和吊销资质证书的行政处罚，由颁发资质证书的机关决定；其他行政处罚，由建设行政主管部门或者有关部门依照法律和国务院规定的职权范围决定。

依照本法规定被吊销资质证书的，由工商行政管理部门吊销其营业执照。

第七十七条 【非法颁证处罚】违反本法规定，对不具备相应资质等级条件的单位颁发该等级资质证书的，由其上级机关责令收回所发的资质证书，对直接负责的主管人员和其他直接责任人员给予行政处分；构成犯罪的，依法追究刑事责任。

第七十八条 【限包处罚】政府及其所属部门的工作人员违反本法规定，限定发包单位将招标发包的工程发包给指定的承包单位的，由上级机关责令改正；构成犯罪的，依法追究刑事责任。

第七十九条 【非法颁证、验收处罚】负责颁发建筑工程施工许可证的部门及其工作人员对不符合施工条件的建筑工程颁发施工许可证的，负责工程质量监督检查或者竣工验收的部门及其工作人员对不合格的建筑工程出具质量合格文件或者按合格工程验收的，由上级机关责令改正，对责任人员给予行政处分；构成犯罪的，依法追究刑事责任；造成损失的，由该部门承担相应的赔偿责任。

第八十条 【损害赔偿】在建筑物的合理使用寿命内，因建筑工程质量不合格受到损害的，有权向责任者要求赔偿。

第八章 附 则

第八十一条 【适用范围补充】本法关于施工许可、建筑施工企业资质审查和建筑工程发包、承包、禁止转包，以及建筑工程监理、建筑工程安全和质量管理的规定，适用于其他专业建筑工程的建筑活动，具体办法由国务院规定。

第八十二条 【监管收费】建设行政主管部门和其他有关部门在对建筑活动实施监督管理中，除按照国务院有关规定收取费用外，不得收取其他费用。

第八十三条 【适用范围特别规定】省、自治区、直辖市人民政府确定的小型房屋建筑工程的建筑活动，参照本法执行。

依法核定作为文物保护的纪念建筑物和古建筑等的修缮，依照文物保护的有关法律规定执行。

抢险救灾及其他临时性房屋建筑和农民自建低层住宅的建筑活动，不适用本法。

第八十四条 【**军用工程特别规定**】军用房屋建筑工程建筑活动的具体管理办法，由国务院、中央军事委员会依据本法制定。

第八十五条 【**生效日期**】本法自 1998 年 3 月 1 日起施行。

建设工程质量管理条例

（2000 年 1 月 30 日国务院令第 279 号公布　根据 2017 年 10 月 7 日国务院令第 687 号《关于修改部分行政法规的决定》第一次修订　根据 2019 年 4 月 23 日国务院令第 714 号《关于修改部分行政法规的决定》第二次修订）

第一章　总　　则

第一条 为了加强对建设工程质量的管理，保证建设工程质量，保护人民生命和财产安全，根据《中华人民共和国建筑法》，制定本条例。

第二条 凡在中华人民共和国境内从事建设工程的新建、扩建、改建等有关活动及实施对建设工程质量监督管理的，必须遵守本条例。本条例所称建设工程，是指土木工程、建筑工程、线路管道和设备安装工程及装修工程。

第三条 建设单位、勘察单位、设计单位、施工单位、工程监理单位依法对建设工程质量负责。

第四条 县级以上人民政府建设行政主管部门和其他有关部门应当加强对建设工程质量的监督管理。

第五条 从事建设工程活动，必须严格执行基本建设程序，坚持先勘察、后设计、再施工的原则。

县级以上人民政府及其有关部门不得超越权限审批建设项目或者擅自简化基本建设程序。

第六条 国家鼓励采用先进的科学技术和管理方法，提高建设工程质量。

第二章　建设单位的质量责任和义务

第七条 建设单位应当将工程发包给具有相应资质等级的单位。

建设单位不得将建设工程肢解发包。

第八条　建设单位应当依法对工程建设项目的勘察、设计、施工、监理以及与工程建设有关的重要设备、材料等的采购进行招标。

第九条　建设单位必须向有关的勘察、设计、施工、工程监理等单位提供与建设工程有关的原始资料。

原始资料必须真实、准确、齐全。

第十条　建设工程发包单位不得迫使承包方以低于成本的价格竞标，不得任意压缩合理工期。

建设单位不得明示或者暗示设计单位或者施工单位违反工程建设强制性标准，降低建设工程质量。

第十一条　施工图设计文件审查的具体办法，由国务院建设行政主管部门、国务院其他有关部门制定。

施工图设计文件未经审查批准的，不得使用。

第十二条　实行监理的建设工程，建设单位应当委托具有相应资质等级的工程监理单位进行监理，也可以委托具有工程监理相应资质等级并与被监理工程的施工承包单位没有隶属关系或者其他利害关系的该工程的设计单位进行监理。

下列建设工程必须实行监理：

（一）国家重点建设工程；

（二）大中型公用事业工程；

（三）成片开发建设的住宅小区工程；

（四）利用外国政府或者国际组织贷款、援助资金的工程；

（五）国家规定必须实行监理的其他工程。

第十三条　建设单位在开工前，应当按照国家有关规定办理工程质量监督手续，工程质量监督手续可以与施工许可证或者开工报告合并办理。

第十四条　按照合同约定，由建设单位采购建筑材料、建筑构配件和设备的，建设单位应当保证建筑材料、建筑构配件和设备符合设计文件和合同要求。

建设单位不得明示或者暗示施工单位使用不合格的建筑材料、建筑构配件和设备。

第十五条 涉及建筑主体和承重结构变动的装修工程，建设单位应当在施工前委托原设计单位或者具有相应资质等级的设计单位提出设计方案；没有设计方案的，不得施工。

房屋建筑使用者在装修过程中，不得擅自变动房屋建筑主体和承重结构。

第十六条 建设单位收到建设工程竣工报告后，应当组织设计、施工、工程监理等有关单位进行竣工验收。

建设工程竣工验收应当具备下列条件：

（一）完成建设工程设计和合同约定的各项内容；

（二）有完整的技术档案和施工管理资料；

（三）有工程使用的主要建筑材料、建筑构配件和设备的进场试验报告；

（四）有勘察、设计、施工、工程监理等单位分别签署的质量合格文件；

（五）有施工单位签署的工程保修书。

建设工程经验收合格的，方可交付使用。

第十七条 建设单位应当严格按照国家有关档案管理的规定，及时收集、整理建设项目各环节的文件资料，建立、健全建设项目档案，并在建设工程竣工验收后，及时向建设行政主管部门或者其他有关部门移交建设项目档案。

第三章 勘察、设计单位的质量责任和义务

第十八条 从事建设工程勘察、设计的单位应当依法取得相应等级的资质证书，并在其资质等级许可的范围内承揽工程。

禁止勘察、设计单位超越其资质等级许可的范围或者以其他勘察、设计单位的名义承揽工程。禁止勘察、设计单位允许其他单位或者个人以本单位的名义承揽工程。

勘察、设计单位不得转包或者违法分包所承揽的工程。

第十九条 勘察、设计单位必须按照工程建设强制性标准进行勘察、设计，并对其勘察、设计的质量负责。

注册建筑师、注册结构工程师等注册执业人员应当在设计文件上签字，对设计文件负责。

第二十条 勘察单位提供的地质、测量、水文等勘察成果必须真实、准确。

第二十一条　设计单位应当根据勘察成果文件进行建设工程设计。

设计文件应当符合国家规定的设计深度要求，注明工程合理使用年限。

第二十二条　设计单位在设计文件中选用的建筑材料、建筑构配件和设备，应当注明规格、型号、性能等技术指标，其质量要求必须符合国家规定的标准。

除有特殊要求的建筑材料、专用设备、工艺生产线等外，设计单位不得指定生产厂、供应商。

第二十三条　设计单位应当就审查合格的施工图设计文件向施工单位作出详细说明。

第二十四条　设计单位应当参与建设工程质量事故分析，并对因设计造成的质量事故，提出相应的技术处理方案。

第四章　施工单位的质量责任和义务

第二十五条　施工单位应当依法取得相应等级的资质证书，并在其资质等级许可的范围内承揽工程。

禁止施工单位超越本单位资质等级许可的业务范围或者以其他施工单位的名义承揽工程。禁止施工单位允许其他单位或者个人以本单位的名义承揽工程。

施工单位不得转包或者违法分包工程。

第二十六条　施工单位对建设工程的施工质量负责。

施工单位应当建立质量责任制，确定工程项目的项目经理、技术负责人和施工管理负责人。

建设工程实行总承包的，总承包单位应当对全部建设工程质量负责；建设工程勘察、设计、施工、设备采购的一项或者多项实行总承包的，总承包单位应当对其承包的建设工程或者采购的设备的质量负责。

第二十七条　总承包单位依法将建设工程分包给其他单位的，分包单位应当按照分包合同的约定对其分包工程的质量向总承包单位负责，总承包单位与分包单位对分包工程的质量承担连带责任。

第二十八条　施工单位必须按照工程设计图纸和施工技术标准施工，不得擅自修改工程设计，不得偷工减料。

施工单位在施工过程中发现设计文件和图纸有差错的，应当及时提出意见和建议。

第二十九条 施工单位必须按照工程设计要求、施工技术标准和合同约定，对建筑材料、建筑构配件、设备和商品混凝土进行检验，检验应当有书面记录和专人签字；未经检验或者检验不合格的，不得使用。

第三十条 施工单位必须建立、健全施工质量的检验制度，严格工序管理，作好隐蔽工程的质量检查和记录。隐蔽工程在隐蔽前，施工单位应当通知建设单位和建设工程质量监督机构。

第三十一条 施工人员对涉及结构安全的试块、试件以及有关材料，应当在建设单位或者工程监理单位监督下现场取样，并送具有相应资质等级的质量检测单位进行检测。

第三十二条 施工单位对施工中出现质量问题的建设工程或者竣工验收不合格的建设工程，应当负责返修。

第三十三条 施工单位应当建立、健全教育培训制度，加强对职工的教育培训；未经教育培训或者考核不合格的人员，不得上岗作业。

第五章 工程监理单位的质量责任和义务

第三十四条 工程监理单位应当依法取得相应等级的资质证书，并在其资质等级许可的范围内承担工程监理业务。

禁止工程监理单位超越本单位资质等级许可的范围或者以其他工程监理单位的名义承担工程监理业务。禁止工程监理单位允许其他单位或者个人以本单位的名义承担工程监理业务。

工程监理单位不得转让工程监理业务。

第三十五条 工程监理单位与被监理工程的施工承包单位以及建筑材料、建筑构配件和设备供应单位有隶属关系或者其他利害关系的，不得承担该项建设工程的监理业务。

第三十六条 工程监理单位应当依照法律、法规以及有关技术标准、设计文件和建设工程承包合同，代表建设单位对施工质量实施监理，并对施工质量承担监理责任。

第三十七条 工程监理单位应当选派具备相应资格的总监理工程师和监理

工程师进驻施工现场。

未经监理工程师签字，建筑材料、建筑构配件和设备不得在工程上使用或者安装，施工单位不得进行下一道工序的施工。未经总监理工程师签字，建设单位不拨付工程款，不进行竣工验收。

第三十八条　监理工程师应当按照工程监理规范的要求，采取旁站、巡视和平行检验等形式，对建设工程实施监理。

第六章　建设工程质量保修

第三十九条　建设工程实行质量保修制度。

建设工程承包单位在向建设单位提交工程竣工验收报告时，应当向建设单位出具质量保修书。质量保修书中应当明确建设工程的保修范围、保修期限和保修责任等。

第四十条　在正常使用条件下，建设工程的最低保修期限为：

（一）基础设施工程、房屋建筑的地基基础工程和主体结构工程，为设计文件规定的该工程的合理使用年限；

（二）屋面防水工程、有防水要求的卫生间、房间和外墙面的防渗漏，为5年；

（三）供热与供冷系统，为2个采暖期、供冷期；

（四）电气管线、给排水管道、设备安装和装修工程，为2年。

其他项目的保修期限由发包方与承包方约定。

建设工程的保修期，自竣工验收合格之日起计算。

第四十一条　建设工程在保修范围和保修期限内发生质量问题的，施工单位应当履行保修义务，并对造成的损失承担赔偿责任。

第四十二条　建设工程在超过合理使用年限后需要继续使用的，产权所有人应当委托具有相应资质等级的勘察、设计单位鉴定，并根据鉴定结果采取加固、维修等措施，重新界定使用期。

第七章　监督管理

第四十三条　国家实行建设工程质量监督管理制度。

国务院建设行政主管部门对全国的建设工程质量实施统一监督管理。国务院铁路、交通、水利等有关部门按照国务院规定的职责分工，负责对全国的有关专业建设工程质量的监督管理。

县级以上地方人民政府建设行政主管部门对本行政区域内的建设工程质量实施监督管理。县级以上地方人民政府交通、水利等有关部门在各自的职责范围内，负责对本行政区域内的专业建设工程质量的监督管理。

第四十四条 国务院建设行政主管部门和国务院铁路、交通、水利等有关部门应当加强对有关建设工程质量的法律、法规和强制性标准执行情况的监督检查。

第四十五条 国务院发展计划部门按照国务院规定的职责，组织稽察特派员，对国家出资的重大建设项目实施监督检查。

国务院经济贸易主管部门按照国务院规定的职责，对国家重大技术改造项目实施监督检查。

第四十六条 建设工程质量监督管理，可以由建设行政主管部门或者其他有关部门委托的建设工程质量监督机构具体实施。

从事房屋建筑工程和市政基础设施工程质量监督的机构，必须按照国家有关规定经国务院建设行政主管部门或者省、自治区、直辖市人民政府建设行政主管部门考核；从事专业建设工程质量监督的机构，必须按照国家有关规定经国务院有关部门或者省、自治区、直辖市人民政府有关部门考核。经考核合格后，方可实施质量监督。

第四十七条 县级以上地方人民政府建设行政主管部门和其他有关部门应当加强对有关建设工程质量的法律、法规和强制性标准执行情况的监督检查。

第四十八条 县级以上人民政府建设行政主管部门和其他有关部门履行监督检查职责时，有权采取下列措施：

（一）要求被检查的单位提供有关工程质量的文件和资料；

（二）进入被检查单位的施工现场进行检查；

（三）发现有影响工程质量的问题时，责令改正。

第四十九条 建设单位应当自建设工程竣工验收合格之日起 15 日内，将建设工程竣工验收报告和规划、公安消防、环保等部门出具的认可文件或者准许使用文件报建设行政主管部门或者其他有关部门备案。

建设行政主管部门或者其他有关部门发现建设单位在竣工验收过程中有违反国家有关建设工程质量管理规定行为的，责令停止使用，重新组织竣工验收。

第五十条　有关单位和个人对县级以上人民政府建设行政主管部门和其他有关部门进行的监督检查应当支持与配合，不得拒绝或者阻碍建设工程质量监督检查人员依法执行职务。

第五十一条　供水、供电、供气、公安消防等部门或者单位不得明示或者暗示建设单位、施工单位购买其指定的生产供应单位的建筑材料、建筑构配件和设备。

第五十二条　建设工程发生质量事故，有关单位应当在24小时内向当地建设行政主管部门和其他有关部门报告。对重大质量事故，事故发生地的建设行政主管部门和其他有关部门应当按照事故类别和等级向当地人民政府和上级建设行政主管部门和其他有关部门报告。

特别重大质量事故的调查程序按照国务院有关规定办理。

第五十三条　任何单位和个人对建设工程的质量事故、质量缺陷都有权检举、控告、投诉。

第八章　罚　　则

第五十四条　违反本条例规定，建设单位将建设工程发包给不具有相应资质等级的勘察、设计、施工单位或者委托给不具有相应资质等级的工程监理单位的，责令改正，处50万元以上100万元以下的罚款。

第五十五条　违反本条例规定，建设单位将建设工程肢解发包的，责令改正，处工程合同价款百分之零点五以上百分之一以下的罚款；对全部或者部分使用国有资金的项目，并可以暂停项目执行或者暂停资金拨付。

第五十六条　违反本条例规定，建设单位有下列行为之一的，责令改正，处20万元以上50万元以下的罚款：

（一）迫使承包方以低于成本的价格竞标的；

（二）任意压缩合理工期的；

（三）明示或者暗示设计单位或者施工单位违反工程建设强制性标准，降低工程质量的；

（四）施工图设计文件未经审查或者审查不合格，擅自施工的；

（五）建设项目必须实行工程监理而未实行工程监理的；

（六）未按照国家规定办理工程质量监督手续的；

（七）明示或者暗示施工单位使用不合格的建筑材料、建筑构配件和设备的；

（八）未按照国家规定将竣工验收报告、有关认可文件或者准许使用文件报送备案的。

第五十七条 违反本条例规定，建设单位未取得施工许可证或者开工报告未经批准，擅自施工的，责令停止施工，限期改正，处工程合同价款百分之一以上百分之二以下的罚款。

第五十八条 违反本条例规定，建设单位有下列行为之一的，责令改正，处工程合同价款百分之二以上百分之四以下的罚款；造成损失的，依法承担赔偿责任：

（一）未组织竣工验收，擅自交付使用的；

（二）验收不合格，擅自交付使用的；

（三）对不合格的建设工程按照合格工程验收的。

第五十九条 违反本条例规定，建设工程竣工验收后，建设单位未向建设行政主管部门或者其他有关部门移交建设项目档案的，责令改正，处1万元以上10万元以下的罚款。

第六十条 违反本条例规定，勘察、设计、施工、工程监理单位超越本单位资质等级承揽工程的，责令停止违法行为，对勘察、设计单位或者工程监理单位处合同约定的勘察费、设计费或者监理酬金1倍以上2倍以下的罚款；对施工单位处工程合同价款百分之二以上百分之四以下的罚款，可以责令停业整顿，降低资质等级；情节严重的，吊销资质证书；有违法所得的，予以没收。

未取得资质证书承揽工程的，予以取缔，依照前款规定处以罚款；有违法所得的，予以没收。

以欺骗手段取得资质证书承揽工程的，吊销资质证书，依照本条第一款规定处以罚款；有违法所得的，予以没收。

第六十一条　违反本条例规定，勘察、设计、施工、工程监理单位允许其他单位或者个人以本单位名义承揽工程的，责令改正，没收违法所得，对勘察、设计单位和工程监理单位处合同约定的勘察费、设计费和监理酬金 1 倍以上 2 倍以下的罚款；对施工单位处工程合同价款百分之二以上百分之四以下的罚款；可以责令停业整顿，降低资质等级；情节严重的，吊销资质证书。

第六十二条　违反本条例规定，承包单位将承包的工程转包或者违法分包的，责令改正，没收违法所得，对勘察、设计单位处合同约定的勘察费、设计费百分之二十五以上百分之五十以下的罚款；对施工单位处工程合同价款百分之零点五以上百分之一以下的罚款；可以责令停业整顿，降低资质等级；情节严重的，吊销资质证书。

工程监理单位转让工程监理业务的，责令改正，没收违法所得，处合同约定的监理酬金百分之二十五以上百分之五十以下的罚款；可以责令停业整顿，降低资质等级；情节严重的，吊销资质证书。

第六十三条　违反本条例规定，有下列行为之一的，责令改正，处 10 万元以上 30 万元以下的罚款：

（一）勘察单位未按照工程建设强制性标准进行勘察的；

（二）设计单位未根据勘察成果文件进行工程设计的；

（三）设计单位指定建筑材料、建筑构配件的生产厂、供应商的；

（四）设计单位未按照工程建设强制性标准进行设计的。

有前款所列行为，造成工程质量事故的，责令停业整顿，降低资质等级；情节严重的，吊销资质证书；造成损失的，依法承担赔偿责任。

第六十四条　违反本条例规定，施工单位在施工中偷工减料的，使用不合格的建筑材料、建筑构配件和设备的，或者有不按照工程设计图纸或者施工技术标准施工的其他行为的，责令改正，处工程合同价款百分之二以上百分之四以下的罚款；造成建设工程质量不符合规定的质量标准的，负责返工、修理，并赔偿因此造成的损失；情节严重的，责令停业整顿，降低资质等级或者吊销资质证书。

第六十五条　违反本条例规定，施工单位未对建筑材料、建筑构配件、设备和商品混凝土进行检验，或者未对涉及结构安全的试块、试件以及有关材料取样检测的，责令改正，处 10 万元以上 20 万元以下的罚款；情节严重的，责令停业整顿，降低资质等级或者吊销资质证书；造成损失的，依法承担赔偿责任。

第六十六条 违反本条例规定，施工单位不履行保修义务或者拖延履行保修义务的，责令改正，处 10 万元以上 20 万元以下的罚款，并对在保修期内因质量缺陷造成的损失承担赔偿责任。

第六十七条 工程监理单位有下列行为之一的，责令改正，处 50 万元以上 100 万元以下的罚款，降低资质等级或者吊销资质证书；有违法所得的，予以没收；造成损失的，承担连带赔偿责任：

（一）与建设单位或者施工单位串通，弄虚作假、降低工程质量的；

（二）将不合格的建设工程、建筑材料、建筑构配件和设备按照合格签字的。

第六十八条 违反本条例规定，工程监理单位与被监理工程的施工承包单位以及建筑材料、建筑构配件和设备供应单位有隶属关系或者其他利害关系承担该项建设工程的监理业务的，责令改正，处 5 万元以上 10 万元以下的罚款，降低资质等级或者吊销资质证书；有违法所得的，予以没收。

第六十九条 违反本条例规定，涉及建筑主体或者承重结构变动的装修工程，没有设计方案擅自施工的，责令改正，处 50 万元以上 100 万元以下的罚款；房屋建筑使用者在装修过程中擅自变动房屋建筑主体和承重结构的，责令改正，处 5 万元以上 10 万元以下的罚款。

有前款所列行为，造成损失的，依法承担赔偿责任。

第七十条 发生重大工程质量事故隐瞒不报、谎报或者拖延报告期限的，对直接负责的主管人员和其他责任人员依法给予行政处分。

第七十一条 违反本条例规定，供水、供电、供气、公安消防等部门或者单位明示或者暗示建设单位或者施工单位购买其指定的生产供应单位的建筑材料、建筑构配件和设备的，责令改正。

第七十二条 违反本条例规定，注册建筑师、注册结构工程师、监理工程师等注册执业人员因过错造成质量事故的，责令停止执业 1 年；造成重大质量事故的，吊销执业资格证书，5 年以内不予注册；情节特别恶劣的，终身不予注册。

第七十三条　依照本条例规定，给予单位罚款处罚的，对单位直接负责的主管人员和其他直接责任人员处单位罚款数额百分之五以上百分之十以下的罚款。

第七十四条　建设单位、设计单位、施工单位、工程监理单位违反国家规定，降低工程质量标准，造成重大安全事故，构成犯罪的，对直接责任人员依法追究刑事责任。

第七十五条　本条例规定的责令停业整顿，降低资质等级和吊销资质证书的行政处罚，由颁发资质证书的机关决定；其他行政处罚，由建设行政主管部门或者其他有关部门依照法定职权决定。

依照本条例规定被吊销资质证书的，由工商行政管理部门吊销其营业执照。

第七十六条　国家机关工作人员在建设工程质量监督管理工作中玩忽职守、滥用职权、徇私舞弊，构成犯罪的，依法追究刑事责任；尚不构成犯罪的，依法给予行政处分。

第七十七条　建设、勘察、设计、施工、工程监理单位的工作人员因调动工作、退休等原因离开该单位后，被发现在该单位工作期间违反国家有关建设工程质量管理规定，造成重大工程质量事故的，仍应当依法追究法律责任。

第九章　附　　则

第七十八条　本条例所称肢解发包，是指建设单位将应当由一个承包单位完成的建设工程分解成若干部分发包给不同的承包单位的行为。

本条例所称违法分包，是指下列行为：

（一）总承包单位将建设工程分包给不具备相应资质条件的单位的；

（二）建设工程总承包合同中未有约定，又未经建设单位认可，承包单位将其承包的部分建设工程交由其他单位完成的；

（三）施工总承包单位将建设工程主体结构的施工分包给其他单位的；

（四）分包单位将其承包的建设工程再分包的。

本条例所称转包，是指承包单位承包建设工程后，不履行合同约定的责任和义务，将其承包的全部建设工程转给他人或者将其承包的全部建设工程肢解以后以分包的名义分别转给其他单位承包的行为。

第七十九条 本条例规定的罚款和没收的违法所得，必须全部上缴国库。

第八十条 抢险救灾及其他临时性房屋建筑和农民自建低层住宅的建设活动，不适用本条例。

第八十一条 军事建设工程的管理，按照中央军事委员会的有关规定执行。

第八十二条 本条例自发布之日起施行。

二、司 法 解 释

最高人民法院关于审理建设工程施工合同纠纷案件适用法律问题的解释（一）

（2020 年 12 月 25 日最高人民法院审判委员会第 1825 次会议通过
2020 年 12 月 29 日公布　法释〔2020〕25 号　自 2021 年 1 月 1 日起施行）

为正确审理建设工程施工合同纠纷案件，依法保护当事人合法权益，维护建筑市场秩序，促进建筑市场健康发展，根据《中华人民共和国民法典》《中华人民共和国建筑法》《中华人民共和国招标投标法》《中华人民共和国民事诉讼法》等相关法律规定，结合审判实践，制定本解释。

第一条 建设工程施工合同具有下列情形之一的，应当依据民法典第一百五十三条第一款的规定，认定无效：

（一）承包人未取得建筑业企业资质或者超越资质等级的；

（二）没有资质的实际施工人借用有资质的建筑施工企业名义的；

（三）建设工程必须进行招标而未招标或者中标无效的。

承包人因转包、违法分包建设工程与他人签订的建设工程施工合同，应当依据民法典第一百五十三条第一款及第七百九十一条第二款、第三款的规定，认定无效。

第二条 招标人和中标人另行签订的建设工程施工合同约定的工程范围、

建设工期、工程质量、工程价款等实质性内容，与中标合同不一致，一方当事人请求按照中标合同确定权利义务的，人民法院应予支持。

招标人和中标人在中标合同之外就明显高于市场价格购买承建房产、无偿建设住房配套设施、让利、向建设单位捐赠财物等另行签订合同，变相降低工程价款，一方当事人以该合同背离中标合同实质性内容为由请求确认无效的，人民法院应予支持。

第三条　当事人以发包人未取得建设工程规划许可证等规划审批手续为由，请求确认建设工程施工合同无效的，人民法院应予支持，但发包人在起诉前取得建设工程规划许可证等规划审批手续的除外。

发包人能够办理审批手续而未办理，并以未办理审批手续为由请求确认建设工程施工合同无效的，人民法院不予支持。

第四条　承包人超越资质等级许可的业务范围签订建设工程施工合同，在建设工程竣工前取得相应资质等级，当事人请求按照无效合同处理的，人民法院不予支持。

第五条　具有劳务作业法定资质的承包人与总承包人、分包人签订的劳务分包合同，当事人请求确认无效的，人民法院依法不予支持。

第六条　建设工程施工合同无效，一方当事人请求对方赔偿损失的，应当就对方过错、损失大小、过错与损失之间的因果关系承担举证责任。

损失大小无法确定，一方当事人请求参照合同约定的质量标准、建设工期、工程价款支付时间等内容确定损失大小的，人民法院可以结合双方过错程度、过错与损失之间的因果关系等因素作出裁判。

第七条　缺乏资质的单位或者个人借用有资质的建筑施工企业名义签订建设工程施工合同，发包人请求出借方与借用方对建设工程质量不合格等因出借资质造成的损失承担连带赔偿责任的，人民法院应予支持。

第八条　当事人对建设工程开工日期有争议的，人民法院应当分别按照以下情形予以认定：

（一）开工日期为发包人或者监理人发出的开工通知载明的开工日期；开工通知发出后，尚不具备开工条件的，以开工条件具备的时间为开工日期；因承包人原因导致开工时间推迟的，以开工通知载明的时间为开工日期。

（二）承包人经发包人同意已经实际进场施工的，以实际进场施工时间为开工日期。

（三）发包人或者监理人未发出开工通知，亦无相关证据证明实际开工日期的，应当综合考虑开工报告、合同、施工许可证、竣工验收报告或者竣工验收备案表等载明的时间，并结合是否具备开工条件的事实，认定开工日期。

第九条 当事人对建设工程实际竣工日期有争议的，人民法院应当分别按照以下情形予以认定：

（一）建设工程经竣工验收合格的，以竣工验收合格之日为竣工日期；

（二）承包人已经提交竣工验收报告，发包人拖延验收的，以承包人提交验收报告之日为竣工日期；

（三）建设工程未经竣工验收，发包人擅自使用的，以转移占有建设工程之日为竣工日期。

第十条 当事人约定顺延工期应当经发包人或者监理人签证等方式确认，承包人虽未取得工期顺延的确认，但能够证明在合同约定的期限内向发包人或者监理人申请过工期顺延且顺延事由符合合同约定，承包人以此为由主张工期顺延的，人民法院应予支持。

当事人约定承包人未在约定期限内提出工期顺延申请视为工期不顺延的，按照约定处理，但发包人在约定期限后同意工期顺延或者承包人提出合理抗辩的除外。

第十一条 建设工程竣工前，当事人对工程质量发生争议，工程质量经鉴定合格的，鉴定期间为顺延工期期间。

第十二条 因承包人的原因造成建设工程质量不符合约定，承包人拒绝修理、返工或者改建，发包人请求减少支付工程价款的，人民法院应予支持。

第十三条 发包人具有下列情形之一，造成建设工程质量缺陷，应当承担过错责任：

（一）提供的设计有缺陷；

（二）提供或者指定购买的建筑材料、建筑构配件、设备不符合强制性标准；

（三）直接指定分包人分包专业工程。

承包人有过错的，也应当承担相应的过错责任。

第十四条　建设工程未经竣工验收，发包人擅自使用后，又以使用部分质量不符合约定为由主张权利的，人民法院不予支持；但是承包人应当在建设工程的合理使用寿命内对地基基础工程和主体结构质量承担民事责任。

第十五条　因建设工程质量发生争议的，发包人可以以总承包人、分包人和实际施工人为共同被告提起诉讼。

第十六条　发包人在承包人提起的建设工程施工合同纠纷案件中，以建设工程质量不符合合同约定或者法律规定为由，就承包人支付违约金或者赔偿修理、返工、改建的合理费用等损失提出反诉的，人民法院可以合并审理。

第十七条　有下列情形之一，承包人请求发包人返还工程质量保证金的，人民法院应予支持：

（一）当事人约定的工程质量保证金返还期限届满；

（二）当事人未约定工程质量保证金返还期限的，自建设工程通过竣工验收之日起满二年；

（三）因发包人原因建设工程未按约定期限进行竣工验收的，自承包人提交工程竣工验收报告九十日后当事人约定的工程质量保证金返还期限届满；当事人未约定工程质量保证金返还期限的，自承包人提交工程竣工验收报告九十日后起满二年。

发包人返还工程质量保证金后，不影响承包人根据合同约定或者法律规定履行工程保修义务。

第十八条　因保修人未及时履行保修义务，导致建筑物毁损或者造成人身损害、财产损失的，保修人应当承担赔偿责任。

保修人与建筑物所有人或者发包人对建筑物毁损均有过错的，各自承担相应的责任。

第十九条　当事人对建设工程的计价标准或者计价方法有约定的，按照约定结算工程价款。

因设计变更导致建设工程的工程量或者质量标准发生变化，当事人对该部分工程价款不能协商一致的，可以参照签订建设工程施工合同时当地建设行政主管部门发布的计价方法或者计价标准结算工程价款。

建设工程施工合同有效，但建设工程经竣工验收不合格的，依照民法典第五百七十七条规定处理。

第二十条 当事人对工程量有争议的，按照施工过程中形成的签证等书面文件确认。承包人能够证明发包人同意其施工，但未能提供签证文件证明工程量发生的，可以按照当事人提供的其他证据确认实际发生的工程量。

第二十一条 当事人约定，发包人收到竣工结算文件后，在约定期限内不予答复，视为认可竣工结算文件的，按照约定处理。承包人请求按照竣工结算文件结算工程价款的，人民法院应予支持。

第二十二条 当事人签订的建设工程施工合同与招标文件、投标文件、中标通知书载明的工程范围、建设工期、工程质量、工程价款不一致，一方当事人请求将招标文件、投标文件、中标通知书作为结算工程价款的依据的，人民法院应予支持。

第二十三条 发包人将依法不属于必须招标的建设工程进行招标后，与承包人另行订立的建设工程施工合同背离中标合同的实质性内容，当事人请求以中标合同作为结算建设工程价款依据的，人民法院应予支持，但发包人与承包人因客观情况发生了在招标投标时难以预见的变化而另行订立建设工程施工合同的除外。

第二十四条 当事人就同一建设工程订立的数份建设工程施工合同均无效，但建设工程质量合格，一方当事人请求参照实际履行的合同关于工程价款的约定折价补偿承包人的，人民法院应予支持。

实际履行的合同难以确定，当事人请求参照最后签订的合同关于工程价款的约定折价补偿承包人的，人民法院应予支持。

第二十五条 当事人对垫资和垫资利息有约定，承包人请求按照约定返还垫资及其利息的，人民法院应予支持，但是约定的利息计算标准高于垫资时的同类贷款利率或者同期贷款市场报价利率的部分除外。

当事人对垫资没有约定的，按照工程欠款处理。

当事人对垫资利息没有约定，承包人请求支付利息的，人民法院不予支持。

第二十六条 当事人对欠付工程价款利息计付标准有约定的，按照约定处理。没有约定的，按照同期同类贷款利率或者同期贷款市场报价利率计息。

第二十七条　利息从应付工程价款之日开始计付。当事人对付款时间没有约定或者约定不明的，下列时间视为应付款时间：

（一）建设工程已实际交付的，为交付之日；

（二）建设工程没有交付的，为提交竣工结算文件之日；

（三）建设工程未交付，工程价款也未结算的，为当事人起诉之日。

第二十八条　当事人约定按照固定价结算工程价款，一方当事人请求对建设工程造价进行鉴定的，人民法院不予支持。

第二十九条　当事人在诉讼前已经对建设工程价款结算达成协议，诉讼中一方当事人申请对工程造价进行鉴定的，人民法院不予准许。

第三十条　当事人在诉讼前共同委托有关机构、人员对建设工程造价出具咨询意见，诉讼中一方当事人不认可该咨询意见申请鉴定的，人民法院应予准许，但双方当事人明确表示受该咨询意见约束的除外。

第三十一条　当事人对部分案件事实有争议的，仅对有争议的事实进行鉴定，但争议事实范围不能确定，或者双方当事人请求对全部事实鉴定的除外。

第三十二条　当事人对工程造价、质量、修复费用等专门性问题有争议，人民法院认为需要鉴定的，应当向负有举证责任的当事人释明。当事人经释明未申请鉴定，虽申请鉴定但未支付鉴定费用或者拒不提供相关材料的，应当承担举证不能的法律后果。

一审诉讼中负有举证责任的当事人未申请鉴定，虽申请鉴定但未支付鉴定费用或者拒不提供相关材料，二审诉讼中申请鉴定，人民法院认为确有必要的，应当依照民事诉讼法第一百七十条第一款第三项的规定处理。

第三十三条　人民法院准许当事人的鉴定申请后，应当根据当事人申请及查明案件事实的需要，确定委托鉴定的事项、范围、鉴定期限等，并组织当事人对争议的鉴定材料进行质证。

第三十四条　人民法院应当组织当事人对鉴定意见进行质证。鉴定人将当事人有争议且未经质证的材料作为鉴定依据的，人民法院应当组织当事人就该部分材料进行质证。经质证认为不能作为鉴定依据的，根据该材料作出的鉴定意见不得作为认定案件事实的依据。

第三十五条　与发包人订立建设工程施工合同的承包人，依据民法典第八百零七条的规定请求其承建工程的价款就工程折价或者拍卖的价款优先受偿的，人民法院应予支持。

第三十六条 承包人根据民法典第八百零七条规定享有的建设工程价款优先受偿权优于抵押权和其他债权。

第三十七条 装饰装修工程具备折价或者拍卖条件，装饰装修工程的承包人请求工程价款就该装饰装修工程折价或者拍卖的价款优先受偿的，人民法院应予支持。

第三十八条 建设工程质量合格，承包人请求其承建工程的价款就工程折价或者拍卖的价款优先受偿的，人民法院应予支持。

第三十九条 未竣工的建设工程质量合格，承包人请求其承建工程的价款就其承建工程部分折价或者拍卖的价款优先受偿的，人民法院应予支持。

第四十条 承包人建设工程价款优先受偿的范围依照国务院有关行政主管部门关于建设工程价款范围的规定确定。

承包人就逾期支付建设工程价款的利息、违约金、损害赔偿金等主张优先受偿的，人民法院不予支持。

第四十一条 承包人应当在合理期限内行使建设工程价款优先受偿权，但最长不得超过十八个月，自发包人应当给付建设工程价款之日起算。

第四十二条 发包人与承包人约定放弃或者限制建设工程价款优先受偿权，损害建筑工人利益，发包人根据该约定主张承包人不享有建设工程价款优先受偿权的，人民法院不予支持。

第四十三条 实际施工人以转包人、违法分包人为被告起诉的，人民法院应当依法受理。

实际施工人以发包人为被告主张权利的，人民法院应当追加转包人或者违法分包人为本案第三人，在查明发包人欠付转包人或者违法分包人建设工程价款的数额后，判决发包人在欠付建设工程价款范围内对实际施工人承担责任。

第四十四条 实际施工人依据民法典第五百三十五条规定，以转包人或者违法分包人怠于向发包人行使到期债权或者与该债权有关的从权利，影响其到期债权实现，提起代位权诉讼的，人民法院应予支持。

第四十五条 本解释自2021年1月1日起施行。

三、地方法院规定*

河南省高院关于实际施工人相关问题的会议纪要

山东高院关于审理建设工程施工合同纠纷案件若干问题的解答

山东高院民一庭关于审理建设工程施工合同纠纷案件若干问题的解答

河北省高级人民法院建设工程施工合同案件审理指南

重庆市高级人民法院关于建设工程造价鉴定若干问题的解答

* 由于篇幅有限，此部分法规以二维码的形式呈现，读者可扫描二维码免费查阅法规。

四川省高级人民法院关于审理建设工程施工合同纠纷案件若干疑难问题的解答

安徽省高级人民法院关于审理建设工程施工合同纠纷案件适用法律问题的指导意见

安徽省高级人民法院关于审理建设工程施工合同纠纷案件适用法律问题的指导意见（二）

湖北省高级人民法院民事审判工作座谈会会议纪要（节录）

北京市高级人民法院关于审理建设工程施工合同纠纷案件若干疑难问题的解答

浙江省高级人民法院民事审判第一庭关于审理建设工程施工合同纠纷案件若干疑难问题的解答

四川省高级人民法院关于审理涉及招投标建设工程合同纠纷案件的有关问题的意见